DIE SCHÖNSTEN
INSELN DER WELT

ALLE TRAUMZIELE, DIE SIE GESEHEN HABEN SOLLTEN

Inhaltsverzeichnis

Der Traum vom Meer – Inseln der Welt	10	

Europa 12

1	**Grönland** – Eisige grüne Insel	14
2	**Island** – Gewaltige Natur am Polarkreis	18
3	**Die Färöer** – Unentdeckte Schönheit des Nordens	26
4	**Die Orkney-Inseln** – Nahe fremde Welt	28
5	**Isle of Skye** – Scotland in a nutshell	30
6	**Irland** – Von Klippen und Kelten	34
7	**Spitzbergen** – Insel der Arktis	38
8	**Senja** – Berge, Wälder, Fjorde und Seen	40
9	**Lofoten** – Der Fuß des Luchses	42
10	**Åland-Inseln** – Paradies für Kajakfahrer	46
11	**Gotland** – Ostseeinsel mit Charme	48
12	**Bornholm** – Die Sonneninsel	50
13	**Rügen** – Ein Bild von einer Insel	52
14	**Sylt** – Trauminsel mit Friesenflair	58
15	**Amrum** – Friesenkultur und Freiheitsgefühle	62
16	**Die Îles d'Hyères** – Mehrfach erobert	66
17	**Murano** – Nicht nur Glas	68
18	**Burano** – Fast schon ein Insidertipp	69
19	**Elba** – Grüne Insel im Tyrrhenischen Meer	70
20	**Giglio** – Bunte Insel, blaues Meer	74
21	**Korsika** – Rustikal und wild	76
22	**La Maddalena** – Wer ist die Schönste?	78
23	**Sardinien** – Das Paradies kann warten	82
24	**Capri** – Der wahre Inseltraum	84

Der Kirkjufell auf Island ist ein beliebtes Fotomotiv. Die Einwohner Irlands kommen zuweilen mit langen Ohren daher. Augustus ermahnt auf Capri unachtsame Touristen. Auf Madeira wird jedes Jahr im August der Wein gefeiert. Reine auf den Lofoten besticht mit den typischen Norwegerhäusern. Die saftigsten Zitronen bekommt man auf den italienischen Inseln (v.l.n.r.).

Imposant ragt der Lavabogen auf Dyrhólaey/Island ins Meer (oben).

25	**Stromboli** – Die Faszination eines Vulkans	86
26	**Lipari** – Die Chefin im Archipel der Äolen	88
27	**Sizilien** – Jahrhundertealtes Erbe	90
28	**Malta** – Auf den Spuren der Großen Göttin	94
29	**Kreta** – Wiege der abendländischen Kultur	98
30	**Santorin** – Traum in Weiß und Blau	100
31	**Mykonos** – Urlaubsfeeling pur	102
32	**Menorca** – Spröde Schönheit	104
33	**Mallorca** – Romantische Mandelblüte	106
34	**Azoren** – Wo das Hoch wohnt	110
35	**Madeira** – Blumen und eine grüne Hölle	112
36	**La Palma** – Grüner Felsen im Atlantik	118
37	**Gran Canaria** – Legenden über Saharasand	120

Afrika 122

38	**Die Kapverdischen Inseln** – Versprengt	124
39	**Sansibar** – Insel der Sultane	126
40	**Madagaskar** – Wo der Pfeffer wächst	130
41	**Mayotte** – L'île au lagon	132
42	**La Réunion** – Vulkanbrocken in tosender See	136
43	**Mauritius** – Mark Twains Traum	138
44	**Die Seychellen** – Traumhaftes Archipel	142

Asien 144

45	**Sri Lanka** – Strahlend schönes Land	146
46	**Ko Surin** – Das gerettete Paradies	152
47	**Ko Phi Phi** – Wie aus dem Bilderbuch	156
48	**Tarutao-Archipel** – Vom Tourismus verschont	158
49	**Ko Samui** – Ein Traum in Türkis	160

Inhaltsverzeichnis

50	**Ko Chang** – Erholung auf der Elefanteninsel	164
51	**Si Phan Don** – Viertausend Inseln	166
52	**Inseln bei Sihanoukville** – Eintauchen	170
53	**Phu Quoc** – Jenseits von Vietnam	172
54	**Con Dao** – Neues Trendziel	176
55	**Das Tengger-Vulkanmassiv auf Java** – Enorm	178
56	**Bali** – Die Insel der Götter	180
57	**Flores** – Perle im Land der letzten Drachen	188

Ozeanien 192

58	**Kangaroo Island** – Strände und Seelöwen	194
59	**Fraser Island** – Wertvoller Sand	198

Der Piton des Neiges ist der höchste Berg auf Réunion. Hulatänzern begegnet man auch auf den Cookinseln. Schnorchler lieben Bora Bora und ihre türkisfarbene Lagune. Auf Kangaroo Island können Koalas entspannen. Auf Bali ist der Glaube an hinduistische Gottheiten und Opfergaben an diese weit verbreitet. Ehemals eine Kaffeeinsel, wird nun vor allem Tee auf Sri Lanka angebaut (v.l.n.r.).

60	**Maria Island und Wineglass Bay** – Natur pur	200
61	**Stewart Island** – Durch tosende See	202
62	**Waiheke Island** – Insel der Weingüter	206
63	**Yasawa-Inseln/Fidschi** – Fromme Bewohner	208
64	**Samoa** – Stevensons »Schatzinsel«	212
65	**Tonga** – Die freundlichen Inseln	214
66	**Die Cookinseln** – Der Himmel auf Erden	216
67	**Bora Bora** – Eine Insel zum Verliebtsein	218
68	**Tuamotu-Archipel** – Traum-Atolle im Pazifik	220
69	**Die Marquesas** – Eine zackige Inselwelt	222
70	**Hawaii** – Tanz auf dem Vulkan	226

Amerika 230

71	**Galapagos-Inseln** – Auf Darwins Spuren	232
72	**Osterinsel** – Im Bann der Steinskulpturen	238
73	**Die Falkland-Inseln** – Wärmer als gedacht	240

Zahlreiche Fische wie Paletten-Doktorfische tummeln sich vor den Caymans (oben).

74	**Ilha Grande** – Das Alcatraz Brasiliens	242
75	**Fernando de Noronha** – Vulkanisch	244
76	**Tobago** – Easy going in der Karibik	246
77	**Grenada** – Im Zeichen der Muskatnuss	248
78	**St. Vincent** – Grüner Smaragd	250
79	**Barbados** – Insel der Bärtigen	252
80	**Martinique** – Insel der Blumen	258
81	**Dominica** – Die letzten Kariben	260
82	**Guadeloupe** – EU in der Karibik	262
83	**Saint John** – Winzige Jungferninsel	264
84	**Antigua** – Wer ist die Schönste?	266
85	**Saint Martin & Sint Maarten** – Über dem Wind	268
86	**Dominikanische Republik** – Kokoswälder	270
87	**Jamaika** – Reggae, Strand und Lebensfreude	274
88	**Cayman Islands** – Schildkröteninseln	280
89	**Kuba** – Nostalgie in der Karibik	282
90	**Long Island** – Eine magische Unterwasserwelt	290
91	**Exuma** – Schillernde Inselwelt	292
92	**Key West** – Mit einem Bein in der Karibik	293
93	**Eleuthera** – Durch die rosafarbene Brille	294
94	**New Providence** – Paradiesische Vorsehung	298
95	**Die Abaco-Inseln** – Wie ein Bumerang	302
96	**Galveston Island** – Wellen und Dampfer	304
97	**Martha's Vineyard** – Zwischen den Fluten	306
98	**Die Thousand Islands** – Von Insel zu Insel	308
99	**Cape Breton Island** – Willkommen	310
100	**Vancouver Island** – Wildnisparadies	312

Register	316
Text- und Bildnachweis	318
Impressum	320

Gar nicht so eisig sieht es hier auf der Landzunge Stokksnes in Island mit Blick auf das Klifatindur-Gebirge aus (oben). Dennoch gibt es mehr Sonnenstunden auf den Seychellen … und mehr Palmen (rechts).

Der Traum vom Meer – Inseln der Welt

Von Entdeckern und Touristen

Der Mythos Meer spukt in den Köpfen der Menschen schon seit jeher. Die Sehnsucht, zwischen peitschenden Wellen und endlosen Weiten Neues zu entdecken, prägte die gesamte Seefahrtsgeschichte. Und hin und wieder hatten sie Glück, die tapferen Seeleute, und stießen auf Eilande, die bis heute zahlreiche Touristen und Weltenbummler anziehen.

Zum Glück, muss man sagen, wurden diese Inseln von Abenteurern früher oder später entdeckt. Denn sonst könnten wir heute nicht über die kilometerlangen weißen Strände auf Barbados spazieren, nicht die Korallenriffe vor Ko Phi Phi auf Schnorcheltouren erkunden oder uns der wie verzaubert wirkenden Landschaft Islands hingeben. Inseln gibt es in allen erdenklichen Ausführungen, vom Archipel aus zahlreichen Mini-Eilanden über die größte Insel der Welt (pssst, das ist Grönland) bis hin zum einsamen Robinson-Traum ist alles geboten. Die Geschichte der Inseln unserer Welt ist so verschiedenartig wie die Beschaffenheit derselben. Erfahren Sie, wer die mysteriösen Steinskulpturen auf der Osterinsel errichtete, und wie ein Kapitän auf Amrum im 18. Jahrhundert hauste. Geheimtipps zu Ausflügen machen Sie zum Experten und lassen Sie in Ihrem nächsten Urlaub über den Tellerrand der immer gleichen Touristenfallen blicken. Kommen Sie mit an Bord und lassen sich auf eine Reise zu den schönsten Inseln entführen. Und wenn Sie Ihre Wunschdestination dann gefunden haben, nichts wie los! Ihr persönlicher Traumstrand wartet bereits auf Sie.

Beeindruckendere Klippen als auf der schottischen Isle of Skye – hier Neist Point – finden sich nicht so schnell (links). Zu den Bewohnern Menorcas zählen viele halbwilde Ziegen (oben). Siziliens bunte Keramik ist seit Jahrhunderten bekannt und beliebt (unten).

Nicht umsonst schmückt der Eisbär das Wappen Grönlands, er fühlt sich hier heimisch (oben). Die Stadt Ilulissat an der Westküste ist für ihre Eisberge bekannt (rechts oben). Über Grönland gibt es oft Nordlichter zu beobachten (rechts unten).

1 Eisige grüne Insel – Grönland

Geologischer Rekordhalter

Grönland ist mit 2 166 086 Quadratkilometern die größte Insel der Welt. Der Eisschild, der bis zu 3400 Meter dick ist, bildet die größte zusammenhängende Eismasse der nördlichen Hemisphäre. Hier wird das 3,8 Milliarden Jahre alte Mineral Grönlandit gefunden, eines der ältesten Gesteine der Welt. Grönland beheimatet einen der schnellsten Gletscher, und im Nordosten befindet sich der größte Nationalpark der Welt.

Skandinavien besteht genau genommen nur aus der skandinavischen Halbinsel mit Norwegen und Schweden. Aus historischen und kulturellen Gründen zählt man jedoch oft auch Dänemark dazu und damit auch das zu Dänemark gehörende Grönland. Ein Blick in die Zeit vor 420 bis 380 Millionen Jahren zeigt, dass auch eine geologische Verbindung besteht. An der Ostküste finden sich Gesteine, die während der Kaledonischen Gebirgsbildung entstanden sind. Dieses Gebirge ist später durch tektonische Vorgänge regelrecht auseinandergerissen worden. Die Reste finden sich auf der skandinavischen Halbinsel, in Schottland und eben auf Grönland wieder.

Grönland erstreckt sich über 2650 Kilometer vom Kap Farvel (59° 46′ N) im Süden bis zur Insel Kaffeklubben (83° 40′ N) weit jenseits des nördlichen Polarkreises, nur noch knapp 706 Kilometer vom Nordpol entfernt. Entgegen verbreiteter Meinung ist Grönland keineswegs durchgehend vereist. Die Insel besteht vielmehr aus verschiedenen Zonen: Da sind der grüne Süden, der bis zu 150 Kilometer breite, dank eines Ausläufers des Golfstroms eisfreie Küstenstreifen an der Westküste, die auch im Sommer oft vereiste Ostküste, der hocharktische Norden und natürlich das Inlandeis, auf dem im Winter schon Temperaturen bis zu minus 70 Grad Celsius gemessen wurden.

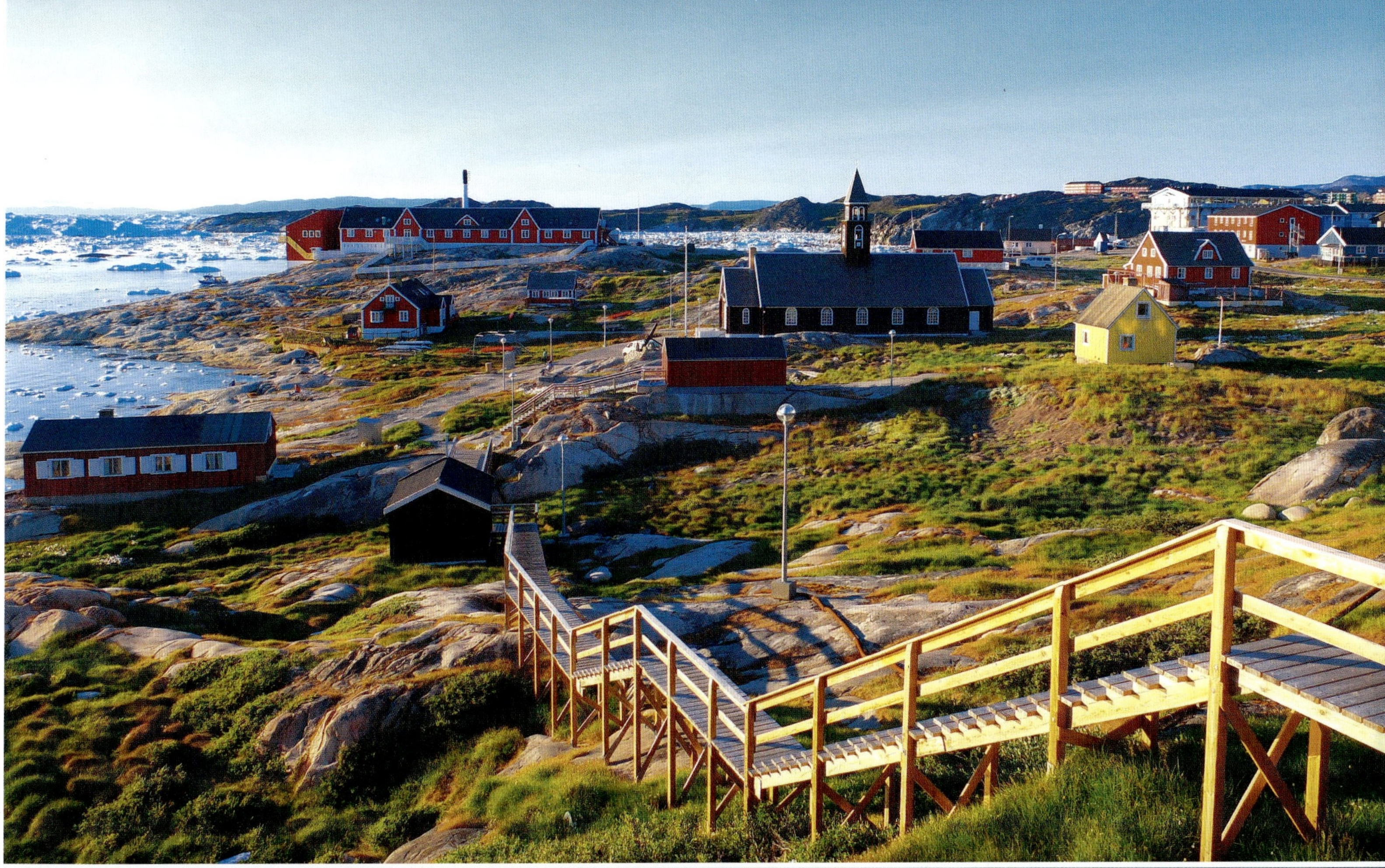
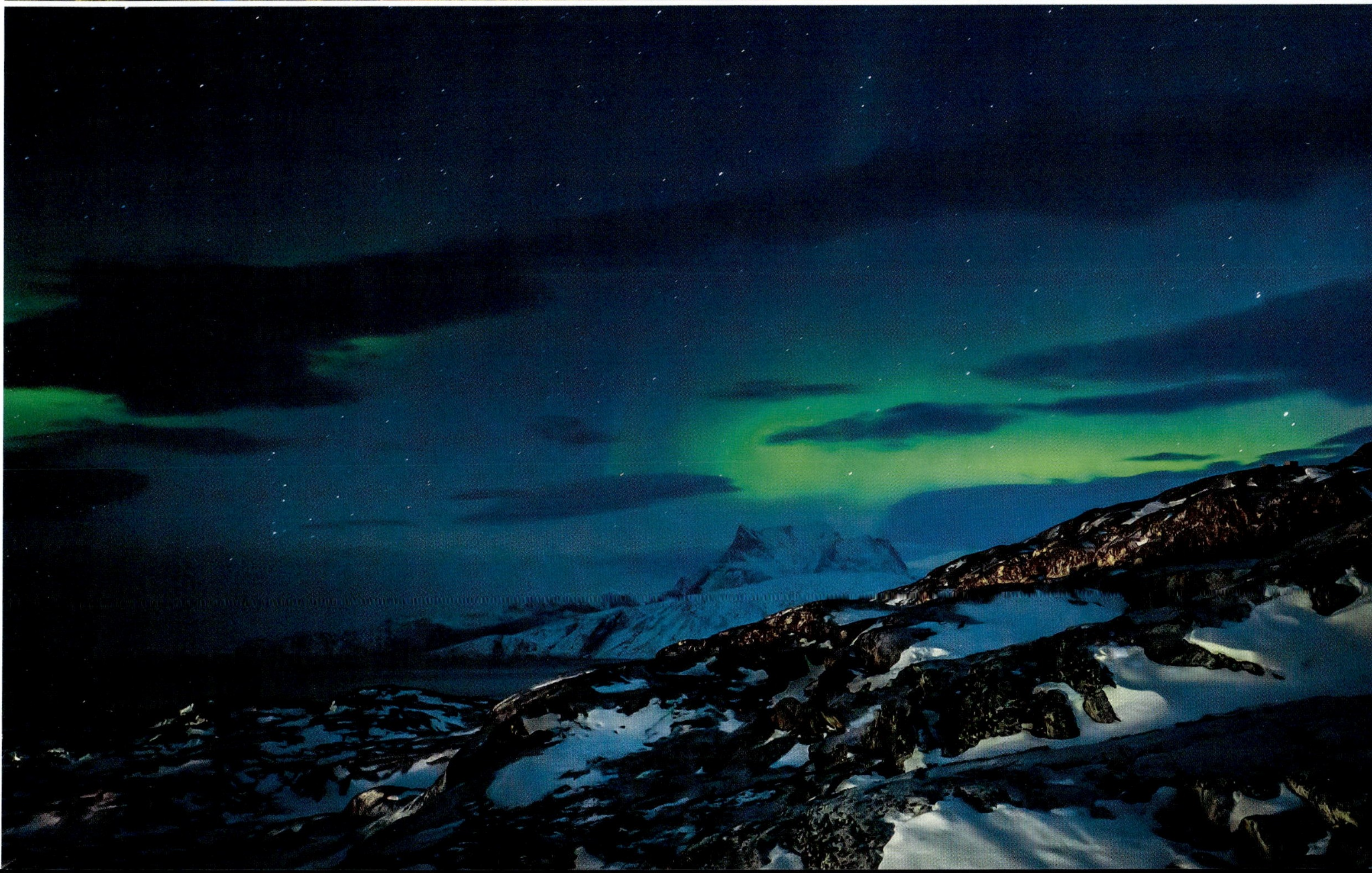

Europa

Auf Grönland leben noch etwa 50 000 Inuit. Für Touristen werfen sie sich in ihre traditionelle Tracht (unten), man kann sie auch bei Schlittenhundfahrten begleiten (ganz unten). Touristenanziehungspunkt ist ebenso die eisige Disko-Bucht (rechts).

Von der Saqqaq-Kultur zum modernen Grönland

Während der letzten Eiszeit, die vor etwa 10 000 Jahren endete, war ganz Grönland von einem mächtigen Eisschild bedeckt. Erst vor etwa 4400 Jahren waren an der Westküste Grönlands die ersten Küstenstreifen eisfrei geworden. Angehörige der Saqqaq-Kultur siedelten damals als Erste im Bereich der Disko-Bucht. Fische, Robben und Seevögel bildeten ihre Nahrungsgrundlage. Nach rund 1500 Jahren verschwanden sie plötzlich, und an ihre Stelle trat die Dorset-Kultur. Sie wiederum wurde etwa 1000 n. Chr. von der Thule-Kultur abgelöst, aus der dann in direkter Entwicklung die Inugsuq-Kultur hervorging, deren Nachfahren die heutigen Grönländer sind. Sie blieben jedoch nicht allein. Im Jahr 986 gründete der Wikinger Erik der Rote die erste dauerhafte Nordmännersiedlung Brattahlíð im Süden Grönlands. Bis 1550 lebten seine Nachfahren dort. Aus bisher ungeklärten Gründen wurden alle Siedlungen verlassen, und vorübergehend waren die Angehörigen der Thule-Kultur wieder allein auf der Insel. Erst zu Beginn des 18. Jahrhunderts kamen dänische Walfänger nach Grönland, ohne jedoch dauerhafte Siedlungen anzulegen. Das war protestantischen Missionaren vorbehalten, allen voran Hans Egede, der »Apostel der Grönländer«. Aber auch Angehörige der aus Böhmen stammenden Herrnhuter Brüdergemeine gründeten mehrere Missionsstationen. 1814 wurde Grönland dänische Kolonie. Inzwischen besitzt Grönland den Status einer »Nation im Königreich Dänemark« mit eigenem Parlament und eigener Verwaltung in der Hauptstadt Nuuk. Amtssprache ist Grönländisch, Dänisch ist eine rechtlich anerkannte Verkehrssprache. Auf Grönländisch heißt die Insel *Kalaallit Nunaat* – »Land der Menschen«.

Der Norden und Osten im Griff des Eises

An der Nordküste verschwimmen die Grenzen des Inlandeises mit dem Eis des Nordpolarmeeres. Hier im Nordost-Grönland-Nationalpark, dem größten Nationalpark der Welt, ist das Reich der Moschusochsen, Rentiere und Lemminge, die in der kargen, im Sommer aber bunt blühenden Tundra leben. Auf dem Eis und im Wasser leben Eisbären, Walrosse, Bartrobben, Narwale, Schwertwale und Grönlandwale. An den Klippen brüten Dickschnabellummen, Gryllteisten und Dreizehenmöwen. Polarfüchse leben während des Sommers an

Land, im Winter jedoch folgen sie den Eisbären oft weit hinaus aufs Eis und vertilgen die Reste der Eisbärenmahlzeiten. Mit dem aus dem Polarmeer nach Süden strömenden Ostgrönlandstrom gelangen Eisbären und Robben auch im Sommer gelegentlich weit nach Süden, wo sie jedoch selten überleben. Bis weit in den Sommer sind die Jäger mit ihren Hundeschlittengespannen auf dem Eis, denn auch heute noch sind Felle, Klauen und Zähne begehrte Trophäen. Im rauen Klima der Ostküste leben allerdings nur wenige Menschen. Ittoqqortoormiit und Tasiilaq sind die beiden größten Orte, ansonsten gibt es nur wenige Siedlungen, in denen jeweils eine Handvoll Menschen lebt.

Der grüne Süden und Westen

Ganz anders im Süden und Westen. Hier liegen mehrere Städte und Dörfer wie Perlen an der Schnur aufgereiht an der Küste. Schafe und Rinder finden auf den Weiden ihr Auskommen. In manchen Regionen wird wieder Gemüse angebaut und in Zeiten des Klimawandels wird auch wieder über den Anbau von Getreide nachgedacht, das jetzt schon in geringen Mengen als Winterfutter für das Vieh gedeiht. Den Haupterwerbszweig bildet aber traditionell die Fischerei. Schwarzer Heilbutt, Seewolf, Kabeljau, Seesaibling und Grönlandkrabben bilden den Großteil der Fänge, der auch in den Export geht. Es sind tatsächlich die einheimischen Fischer, die mit kleinen Schiffen in den Küstengewässern fischen. Die großen schwimmenden Fischfabriken sieht man hier nicht. Für den Eigenbedarf werden Robben gejagt, ebenso einige von der Internationalen Walfangkommission (IWC) freigegebene Wale.

Wirtschaftszweig Tourismus

Auch der Tourismus hat in den letzten Jahren an Bedeutung gewonnen. Im Sommer sind etliche Kreuzfahrtschiffe entlang der Westküste unterwegs. Eines der bevorzugten Ziele ist die Stadt Nuuk. Sie ist nicht nur Hauptstadt und Regierungssitz, sondern auch Universitätsstadt, Fischereizentrum und touristischer Mittelpunkt. Ein weiteres Ziel ist die nördlich gelegene Disko-Bucht, in der riesige Eisberge schwimmen, die vom Gletscher Sermeq Kujalleq abbrechen. Gelegentlich fährt auch eines der Schiffe weit in den Norden bis nach Thule, immer mit der atemberaubenden Kulisse Grönlands auf der Steuerbordseite. Die Ostküste ist nicht weniger reizvoll, wird jedoch wegen der auch im Sommer weitestgehend unsicheren Eisverhältnisse nur selten besucht.

EISBERGE UND WIKINGER

Der Höhepunkt jeder Grönlandreise ist der Besuch der Disko-Bucht. Bei dieser Gelegenheit lohnt es sich, das Dorf Qeqertarsuaq auf der Disko-Insel zu besichtigen. Mit Hubschraubern werden Touristen auf den Inselgletscher geflogen. Sie können von dort aus mit Hundeschlitten übers Eis fahren. Südlich der Disko-Bucht liegt der Ort Aasiaat. Er ist bekannt für die künstlerischen Skulpturen, die von Bildhauern aus den Felsen herausgearbeitet wurden. Walbeobachter kommen in der Bucht vor Aasiaat auf ihre Kosten. Auf den Spuren der Wikinger ist ein Besuch von Brattahlíð unverzichtbar. Neben den Fundamenten der alten Siedlung wurde ein Nachbau des historischen Langhauses errichtet. In Nuuk gibt es das Nationalmuseum mit den Mumien aus der Thule-Kultur.

WEITERE INFORMATIONEN

Tourismusinformation:
www.visitgreenland.com
Aufstellung verschiedener Reiseanbieter: www.greenland-guide.gl

Europa

2 Gewaltige Natur am Polarkreis – Island

Im Angesicht von Gletschern, Wasserfällen und Vulkanen

Island steht für unberührte Natur und grenzenlose Freiheit. Am Rande der Arktis entstand durch das Zusammenspiel von Feuer und Eis eine raue Vulkanlandschaft, die weltweit ihresgleichen sucht. Einen guten Eindruck von der Schönheit der sagenumwobenen Insel bietet eine Rundreise auf der Ringstraße. Ruhesuchende kommen in den entlegenen Westfjorden auf ihre Kosten.

Leuchttürme an der Westküste sollen auch bei stürmischer See Schiffe heil durch die sogenannte Dänemarkstraße lotsen (unten). Auch Island erblüht im Sommer wie hier die Lupinen vor der Kirche von Vík í Mýrdal (rechts), an der Südspitze der Insel.

Das Erste, was bei einem Besuch sogar in der Hauptstadt Reykjavík auffällt, ist die unglaublich klare und erfrischende Luft. Von der Panoramaterrasse über dem Warmwasserspeicher Perlan kann man an schönen Tagen völlig ungestört den Blick über die Bucht Faxaflói bis zum Vulkan Snæfellsjökull schweifen lassen – in einer Entfernung von 120 Kilometern! In den Genuss einer solchen Aussicht kommen Reisende nicht selten auch auf der Ringstraße. Wer die Insel heute auf der gut ausgebauten Straße Nr. 1 umrundet, kann sich kaum vorstellen, dass diese noch zu Beginn der 1990er-Jahre streckenweise nicht viel mehr als eine raue Schotterstraße war. Eine durchgehende Verbindung rund um die Insel existiert erst seit 1974, als endlich die großen Gletscherflüsse im Süden überbrückt waren. Im Verlauf der 1332 Kilometer langen Strecke offenbart sich eine erstaunliche landschaftliche Vielfalt. Den Westen und Nordwesten prägen sattgrüne Wiesen, eingerahmt von schroffen Bergen. Aus dieser Region stammen viele der bei Reitern beliebten und für die Insel weltweit bekannten Islandpferde. Eine traditionelle Hochburg der Pferdezucht ist die Region um

Die Landzunge Stokksnes im Südosten Islands besticht durch eine eindrucksvolle Kulisse: Im Vordergrund die schwarzen Sanddünen, im Hintergrund das zerklüftete Vestrahorn (oben).

Skagafjörður, wo die Tiere im Sommer in den Bergen ihre Freiheit genießen. Der Mitte September stattfindende Pferdeabtrieb fasziniert Jahr für Jahr zahllose Besucher. Einen Abstecher wert sind auch die perfekt konservierten Torfbauten in Nordisland, die die Wohnverhältnisse in vergangenen Jahrhunderten erlebbar machen. Glaumbær ist der bekannteste, Laufás der schönste dieser aus Treibholz und Grassoden errichteten Höfe. In der Torfkirche Víðimýri werden noch heute Trauungen vollzogen.

Von der Wikingersiedlung zur Weltstadt

Reykjavík ist die größte Stadt Islands und die nördlichste Hauptstadt der Welt. Der Wikinger und erste Siedler Ingólfur Arnarson nannte den Ort im 9. Jahrhundert Reykjavík, was übersetzt so viel wie »rauchende Bucht« bedeutet. Denn er sah den aufsteigenden Rauch aus den heißen Quellen. Lange war die heute pulsierende, moderne Stadt nur eine Ansammlung von ein paar Bauernhöfen. Anfang des 19. Jahrhunderts lebten gerade einmal 300 Menschen in dem kleinen Ort. Doch der Einfluss der Stadt wuchs stetig, vor allem ab dem Zeitpunkt, an dem der Bischofssitz von Skálholt hierher verlegt wurde. Im 19. Jahrhundert erwuchs der Wunsch nach Unabhängigkeit in der Bevölkerung, und immerhin wurde Island 1918 souverän, jedoch weiterhin mit dem dänischen König als Staatsoberhaupt. Die vollständige Unabhängigkeit erlangte Island schließlich 1944. Mit der Erstarkung als Nation gewann auch die Hauptstadt immer mehr an Bedeutung. Während der englisch-amerikanischen Besatzung im Zweiten Weltkrieg wurden die wichtigsten Straßen Reykjavíks und der Flughafen in Keflavík gebaut. Seit dieser Zeit wächst die Stadt beständig. Heute wohnen etwa zwei Drittel des Gesamtbevölkerung Islands im Einzugsgebiet der Hauptstadt. Das Stadtzentrum brodelt nur so vor hippen Cafés und zahlreichen Kulturveranstaltungen.
Und auch unter der Erde brodelt es in Reykjavík: Bei einem winterlichen Bummel durch die Straßen bekommt man keine kalten Füße, vielerorts sind die Bürgersteige dank des durch Wasserleitungen geleiteten heißen Wassers beheizt, ebenso wie die Straßen. Denn wenn Island eines im Überfluss hat, dann ist es das heiße Thermalwasser, das aus den Tiefen der Vulkaninsel entspringt.

Paradies und Hölle

Am Mývatn, dem »Mückensee«, im Nordosten Islands ertönt das Geschnatter von Tausenden

Gewaltige Natur am Polarkreis – Island

von Enten vor einer surrealen Kulisse von Pseudokratern, Tuffringen und bizarren Lavaformationen. Für Ornithologen ist der See ein Paradies. Hier brüten Wasservogelarten wie die Spatelente, Kragenente und Eistaucher, die in Europa nur hier vorkommen. Doch gleich nebenan lauert die Hölle: In den Geothermalgebieten von Hverarönd und Leirhnjúkur brodelt graublauer Schlamm in tiefen Löchern, und Solfataren hauchen ihren fauligen Atem aus. Düstere Lavafelder erstrecken sich bis zum Horizont, und auch die vielen Dehnungsspalten zeigen, dass die Erdkruste dort noch jung und ständig in Bewegung ist. Gewaltige Erosionskräfte schufen die beeindruckende Schlucht Jökulsárgljúfur, wo der Gletscherfluss Jökulsá á Fjöllum beim Wasserfall Dettifoss, dem »Niagarafall Europas«, auf 100 Metern Breite 45 Meter in die Tiefe stürzt.

Traumhafte Kulissen

Von Egilsstaðir führt die Ringstraße in die einsamen Ostfjorde und verbindet eine Reihe idyllischer Fischerdörfer wie Fáskrúðsfjörður, Stöðvarfjörður und Djúpivogur. Hinter Höfn beginnt der spektakulärste Abschnitt der Ringstraße, gesäumt von zahllosen Gletscherzungen der Eiskappe Vatnajökull. Vor dem mächtigen Breiðamerkurjökull breitet sich die von zahllosen Eisbergen übersäte Gletscherlagune Jökulsárlón aus, die schon als Kulisse für diverse Hollywoodstreifen diente – von *James Bond* bis *Batman Begins* … Auf einer Bootstour durch die Lagune kann man die Eisberge genauer unter die Lupe nehmen und man kommt den gigantischen Wänden des Gletschers ganz nah. Das geheimnisvolle Knirschen des Eises ruft dabei eine wohlige Gänsehaut hervor. Erläutert wird die frostige Welt der Gletscher im Besucherzentrum der nahen Oase Skaftafell. Vík wirbt mit dem imposanten Felstor des Kaps Dyrhólaey. Im nahen Skógar rauscht der Wasserfall Skógafoss majestätisch von der ehemaligen Steilküste hinunter. Auch ein Abstecher über den »Golden Circle« gehört einfach dazu. Die beliebte Reiseroute verbindet drei der bekanntesten Sehenswürdigkeiten der Insel: Der zweistufige Wasserfall Gullfoss wartet nachmittags oft mit einem schönen Regenbogen auf; im Geothermalgebiet Haukadalur schleudert der Geysir Strokkur alle fünf Minuten eine kochende Wassersäule empor und fasziniert die Besucher; in der auch für Geologen faszinierenden UNESCO-Weltkulturerbestätte Þingvellir

Europas größter Gletscher, der Vatnajökull, beherbergt auch eine gigantische Eishöhle, die auf Touren besichtigt werden kann (unten). Die Pferdezüchter lassen ihre berühmten Islandpferde von Juli bis Oktober in den Bergen frei laufen (ganz unten).

Europa

tagte schon im 9. Jahrhundert das erste isländische Parlament.

Wer Ruhe und Ursprünglichkeit sucht, wird im Westen Islands fündig. Die Halbinsel Snæfellsnes wird aufgrund ihrer Vielseitigkeit oft als »Island in der Nussschale« bezeichnet: Raue Lavafelder wechseln mit wilden Steilküsten, die Nordküste prägen kleine Fjorde, die Südküste dagegen beeindruckende lange Sandstrände. Und über allem thront der von Schnee und Eis bedeckte Vulkan Snæfellsjökull, dem Jules Verne im Roman Reise zum Mittelpunkt der Erde ein unvergessliches Denkmal setzte. Besonders einsam sind die Westfjorde. Schotterstraßen winden sich dort von einem Fjord zum nächsten, vorbei an kleinen Fischerorten und stillen Buchten. Eine führt zum größten Vogelberg Islands, Látrabjarg, im äußersten Westen. Die 14 Kilometer lange und bis zu 450 Meter hohe Steilküste bildet dabei die Westspitze Europas. Eine weitere Schotterstraße folgt dem Verlauf der Ostküste von Strandir und endet beim dampfenden Freibad von Krossnes, angelegt auf einem Kiesstrand, an dem sich die wilden Wellen des Nordmeeres brechen.

Ein Tag am Strand

Zugegeben, wenn man an eine Islandreise denkt, kommt einem beim ersten Gedanken sicher kein Strandurlaub in den Sinn. Auch nicht beim zweiten. Aber tatsächlich verfügt Island über zahlreiche Strände, die zum Flanieren, zum Entdecken von Flora und Fauna und, ja, sogar zum Baden einladen. Zumindest einen Badestrand kann die Vulkaninsel knapp unter dem nördlichen Polarkreis vorweisen: Ylströnd. Der »Wärmestrand« am Stadtrand von Reykjavík ist das Ergebnis einer genialen Stadtplanung. Warmes Geothermalwasser, zu Heizzwecken durch die Stadt geleitet, fließt schließlich bei Nauthólsvík ins Meer, wo es sich mit kaltem Meerwasser vermischt, sodass dort tatsächlich das ganze Jahr gebadet werden kann. Dazu gibt es Hot Pots (Warmwasserbecken) und ein Dampfbad. Dieses einmalige Badeerlebnis ist besonders bei Familien sehr beliebt. Ein weiterer beliebter Strand gehört zum südlichsten Dorf auf dem Festland Islands, Vík í Mýrdal. Der schwarze, von gewaltigen Brechern geprügelte Basaltstrand übt eine magische Anziehungskraft aus. Aus dem Wasser

Eldhraun ist eines der größten Lavafelder der Welt (unten), entstanden im 18. Jahrhundert beim Ausbruch des Laki-Vulkans. Das Dorf Vík í Mýrdal bietet einen einmaligen Blick auf die Felsnadeln Skessudrangur, Landdrangur und Langsamur (rechts oben).

Gewaltige Natur am Polarkreis – Island

AUF TUCHFÜHLUNG MIT SEEVÖGELN UND SEEHUNDEN

Auf Ingólfshöfði staunen Naturfreunde über die tollpatschigen Flugversuche junger Papageitaucher und die Angriffe der Raubmöwen. Ungewöhnlich ist die Anreise – mit dem Traktor. Urheber der »Vogelsafari« war Sigurður Bjarnason. Als die Erträge aus der Landwirtschaft nachließen, lud der Landwirt von Hofsnes 1991 erstmals Touristen statt Heuballen in den Anhänger und karrte diese zum entlegenen Vogelberg. Seitdem organisiert Öræfaferðir im Sommer täglich die rustikalen Fahrten übers Watt.
In den Westfjorden unternimmt Hotelier Gísli Pálmason mit seinen Gästen Seekajaktouren auf dem Mjóifjörður, einem Seitenarm des mächtigen Fjords Ísafjarðardjúp. Dabei erlebt man eine ungewöhnliche Nähe zu den Kegelrobben, die sich auf den Felsen aalen. Ab und zu recken sogar neugierige Zwergwale den Kopf aus dem Wasser.

WEITERE INFORMATIONEN
Vogelsafari:
www.fromcoasttomountains.com
Seekajaktouren: www.heydalur.is

ragen die Felsnadeln der Reynisdrangar weit in die Höhe, angeblich versteinerte Trolle. Nebenan nisten zahlreiche Papageitaucher und ziehen ihre Runden über die Wellen.
Im Süden der Westfjorde ist der bezaubernde Strand Rauðasandur gelegen. Der zehn Kilometer lange »Rote Strand« aus feinem Muschelsand lädt bei Ebbe zu ausgedehnten Spaziergängen ein. Seehunde, die sich auf den Sandbänken sonnen, schauen dabei neugierig herüber.
Der lang gezogene, helle Sandstrand Löngufjörur im Süden der Halbinsel Snæfellsnes ist bei Reitern äußerst beliebt. Sie können in geführten Touren den Strand entlangreiten und dabei den Blick auf den Snæfellsjökull-Vulkan bewundern.

Sagenhaftes Island
In Anbetracht der einzigartigen und berühmt-berüchtigten Landschaft Islands mit ihren rauen Vulkanen, riesigen Gletschern und tanzenden Nordlichtern, ist es kaum verwunderlich, dass die Insel seit jeher den Inselbewohnern als Inspirationsquelle für zahlreiche Sagen und Legenden diente. Tatsächlich ist Island ja über die Grenzen Europas noch weit hinaus für seine Mythologie und seine Fabelwesen berühmt. Da gibt es neben den Elfen das *huldufólk*, ein Volk zauberhafter Wesen, die seit jeher das grüne Eiland bewohnen sollen. Sie leben dem Volksglauben nach in den Klippen und Felsen der Insel, also ein ganz schön hartgesottenes Völkchen. Die Isländer hegen ihre magischen Ureinwohner gewissenhaft und versorgen sie bisweilen mit für sie bereitgestellten Snacks und planen sogar ihre Straßen mit Rücksicht auf die Elfenpopulation.
In Kópavogur etwa wurde die Straße Álfhólsvegur (Elfenweg) extra um einen Felsen, auf dem vermeintlich Elfen leben, herumgebaut. Es wäre ein Leichtes gewesen, den Felsen für die eigentlich schnurgerade verlaufende Straße einfach abzutragen, doch man wollte nicht den Zorn der isländischen »Ureinwohner« auf sich ziehen. Diese Rücksicht der Isländer zeigt sich in zahlreichen Bauprojekten, bei denen sich sowohl Behörden als auch Privatmenschen beraten lassen, um ja keinem magischen Wesen zu schaden.

Das wohl am häufigsten fotografierte Motiv Islands ist der 66 Meter hohe Wasserfall Seljalandsfoss. Und das ganz zu Recht.

Europa

3 Unentdeckte Schönheit des Nordens – Die Färöer

Schafzuchtparadies für Aussteiger

Rund 48 000 Menschen leben heute auf den Färöer-Inseln im Atlantik, 600 Kilometer von Norwegen entfernt. Hier ließen sich im 9. Jahrhundert Norweger nieder, die vor König Harald Schönhaar geflohen waren. Weit genug entfernt, wie sie meinten, um sich ungestört der Schafzucht widmen zu können, die bis in das 19. Jahrhundert hinein die wirtschaftliche Grundlage der »Schafsinseln« war.

Auf 48 000 menschliche Bewohner kommen knapp doppelt so viele Schafe auf den »Schafsinseln« (unten). Viele Holzhäuser kommen düster daher, da sie mit Teer gegen Wind und Wetter geschützt werden wie in Mikladalur auf Kalsoy (rechts oben).

Fischfang, Fischzucht und Fischverarbeitung sind die Haupteinnahmequellen der Färinger, wie sich die Bewohner der Inseln selbst nennen. Der Tourismus ist noch wenig entwickelt, gewinnt jedoch an Bedeutung. Bei alldem haben die Färinger sich ihre traditionelle Lebensweise bewahrt, die sich nicht nur darin äußert, dass sie eine eigene Sprache sprechen. Ein Beispiel ist eine zwischen den Einwohnern und Eiderenten eingegangene »Wirtschaftsgemeinschaft«. Während der Brutzeit werden die Nester der Enten bewacht, dafür sammeln die Färinger die Daunen ein, mit denen die Nester ausgepolstert waren. Nicht zuletzt wegen ihres Traditionsbewusstseins und ihrer nachhaltigen Wirtschaftsweise sind die Färöer-Inseln 2007 von der National Geographic Society, einer Gesellschaft zur Förderung der Geografie, zum besten Reiseziel der Welt erklärt worden – noch vor den Azoren und Lofoten. Ein Besuch auf den Inseln lohnt sich nicht nur deswegen, weil es dort keine Stechmücken gibt – dem ständigen Wind sei Dank; er verhindert allerdings auch, dass Bäume wachsen, wodurch andererseits der Blick frei über die grünen Landschaften schweifen kann.

Unentdeckte Schönheit des Nordens – Die Färöer

WANDERTOUREN ZU HOHEN KLIPPEN UND WILDEN VÖGELN

Die einmalige Naturlandschaft der Färöer lädt jeden Wanderfreund ein, das Land per pedes zu erkunden. Über Stock und Stein geht es an den (manchmal zugegebenermaßen spärlich) ausgewiesenen Wanderrouten entlang die 340 Gipfel hinauf, die einen unversperrten Blick auf das wilde und ursprüngliche Inselreich bieten. Ein besonderer Augenschmaus ist der Ausblick vom Kap Enniberg die 700 Meter hohen Steilklippen hinunter auf den Atlantik. Aber Vorsicht: Das raue Terrain erfordert Erfahrung im Bergsport und am besten einen einheimischen Guide. Oder man bucht gleich eine geführte Wanderreise, auf der die Schönheiten der Inseln nach und nach entdeckt werden. Dabei sollte auf jeden Fall ein Besuch der Vogelinsel Mykines eingeplant werden, bei der Papageitaucher, Dreizehenmöwen und Eissturmvögel in ihrer natürlichen Umgebung beobachtet werden können.

WEITERE INFORMATIONEN
Tourismusinformation:
www.visitfaroeislands.com
Wanderreiseveranstalter: www.wikinger-reisen.de, www.trails-reisen.de

Die Hauptstadt Tórshavn und ihre Umgebung

Tórshavn ist die kleinste Hauptstadt der Welt und damit auch die entspannteste: keine Staus, kein Lärm, kein Feinstaub. Die auf Streymoy liegende Stadt zählt gerade einmal 12 410 Einwohner. Die idyllische Stadt und der betriebsame Jachthafen laden auf einen Bummel ein. Sandstrände findet der Besucher wegen der vulkanischen Herkunft der Färöer-Inseln nur an ganz wenigen Stellen. Die Küsten sind zumeist steil und felsig. Die Wassertemperaturen steigen auch in den wärmsten Monaten nicht über 11 Grad Celsius. Wer sich trotzdem in die Fluten wagt, wird durch sauberes, erfrischendes Wasser belohnt. Ein kleiner und zauberhafter Sandstrand, Sandagerðisvegur, befindet sich südlich des Hafens. Wer erleben möchte, wie es auf den Färöern zur Wikingerzeit aussah, der besucht die Wikingersiedlung Kvivik, die eine halbe Autostunde von Tórshavn entfernt ist.

Das Glück dieser Erde …

Ob zu Fuß oder auf dem Rücken der Färöer-Ponys, die – wie die Islandpferde – fünf Gangarten beherrschen, es gibt viele Möglichkeiten, die Färöer zu erkunden. In den Seen und Flüssen scheinen Forellen, Lachse und Saiblinge nur darauf zu warten, an den Haken zu gehen. Ein touristischer Leckerbissen ist eine Bootstour zu den riesigen Vogelkolonien auf den Inseln Svínoy, Fugloy, Mykines und Suðuroy. Dort kann man im Sommer Tausende von Möwen, Papageitauchern, Basstölpeln und viele mehr der 305 Arten beim Brüten beobachten. Varmakelda ist die einzige Thermalquelle der Färöer und befindet sich nahe Fuglafjørður auf Eysturoy. Alle zwei Jahre findet hier das Volksfest Varmakeldustevna zur Sommersonnenwende statt. Auch ragt auf der zweitgrößten Insel der Färöer der 880 Meter hohe Slættaratindur empor. Es gibt organisierte Wandertouren auf den höchsten Berg des Archipels und bei gutem Wetter hat man vom Gipfel aus einen atemberaubenden Blick über alle Inseln. Wer lieber auf dem Boden bleibt, kann in Norðragøta das Freilichtmuseum Blásastova besuchen, das einen Eindruck vom Bauernleben im 19. Jahrhundert auf den Färöern vermittelt.

Kirkwall ist der größte Ort der Orkneys und mit seinen historischen Gebäuden Anziehungspunkt vieler Besucher (oben). Ebenfalls von Menschenhand geschaffen aber noch viel älter ist der Ring of Brodgar aus dem dritten Jahrtausend v. Chr. (rechts unten).

4 Nahe fremde Welt – Die Orkney-Inseln

Schottisch-Skandinavien

Orkney liegt in Sichtweite des schottischen Festlands, und doch bilden die Inseln des Archipels eine Welt für sich. Rund 70 Inseln umfasst die Gruppe, von denen nur 20 bewohnt sind. Der Archipel im hohen Norden wirkt eher skandinavisch und ist ein Mekka für alle, die sich für Frühgeschichte interessieren. Doch auch sonst sind die einsamen Orkney-Inseln einen Besuch wert

Der Archipel wirkt gar nicht schottisch, was sich aus seiner Geschichte erklärt. Immerhin gehörten die Orkney-Inseln 600 Jahre lang zu Norwegen. Sie wurden 875 von den Norwegern annektiert und 1472 von den Schotten wieder zurückerobert. Das skandinavische Erbe der Inseln ist überall zu erkennen, etwa an der St.-Magnus-Kathedrale aus dem 12. Jahrhundert in Kirkwall.

Von Mainland nach Hoy

Die rund 70 Inseln liegen nur 16 Kilometer von der Küste entfernt und sind von dort bei gutem Wetter zu sehen. Dennoch waren sie so abgeschieden, dass ihre Bewohner eine eigene Identität entwickelten. Insgesamt leben etwa 21 000 Menschen auf 20 Inseln verstreut, allein 9000 davon in der Hauptstadt Kirkwall auf Mainland. Noch immer eindrucksvoll ist die Ruine des wuchtigen Earl's Palace in Kirkwall. Die Burg wird allgemein zu den schönsten Bauwerken der schottischen Renaissance gezählt. Auf Mainland liegt zudem mit Stromness auch die zweitgrößte Stadt der Orkneys. Etwas über 2000 Einwohner leben in dem hübschen Hafenstädtchen, dessen enge Straßen von den typischen Steinhäusern gesäumt werden.
Ist Mainland die größte Insel, so ist die »Hohe Insel« Hoy sicherlich die interessanteste. Hier erhebt sich mit dem 479 Meter hohen Ward

Nahe fremde Welt – Die Orkney-Inseln

Hill der höchste Berg der Inselgruppe, und ihre hohen, steilen Klippen erinnern eher an die Highlands. Vor der Steilküste ragt der Old Man of Hoy knapp 140 Meter aus dem Meer.

Wikinger-Graffiti im neolithischen Maeshowe

Auf Mainland liegt die riesige jungsteinzeitliche Grabanlage Maeshowe, die zum UNESCO-Welterbe The Heart of Neolithic Orkney gehört. Es handelt sich vermutlich um das Grab einer mächtigen Person. Die Hauptkammer ist auf den Sonnenuntergang am Tag der Wintersonnenwende ausgerichtet. Im 12. Jahrhundert plünderten Wikinger das Grab. Sie müssen wohl etwas Wertvolles gefunden haben und brauchten mehrere Tage, um den Schatz zu bergen. Weder Archäologen noch Historiker können heute sagen, was es gewesen sein könnte. Die Nordländer benutzten die Grabanlage später als Unterschlupf und hinterließen darin eine der größten Sammlungen von Runen, die jemals entdeckt wurden. Es handelt sich dabei um Botschaften, die weit über formelhafte Anmerkungen hinausgehen. Sie verwendeten dabei alle drei bekannten Runenschriften. Dies machte es erst möglich, eine dieser Schriften zu entziffern.

Ring of Brodgar und Skara Brae

Auf Mainland zeugen zahlreiche mystisch anmutende Menhire von der frühen Besiedlung. Besonders eindrucksvoll ist der Ring of Brodgar, der am Ufer des Loch of Harray gelegen ist. Von den ursprünglich wohl 60 Steinen des 5000 Jahre alten Steinkreises sind immerhin noch 27 erhalten. Die faszinierendste steinzeitliche Hinterlassenschaft ist jedoch sicherlich Skara Brae an der Westküste von Mainland. Als »Europas am vollständigsten erhaltene jungsteinzeitliche Siedlung« gehört es heute zum Weltkulturerbe der UNESCO. Archäologen datieren die beeindruckende Siedlung auf die Zeit zwischen 3110 und 2500 v. Chr. Danach lag Skara Brae viele Jahrtausende lang unter Sand begraben, bis ein Teil 1850 bei einem besonders starken Sturm freigelegt wurde. Etwas ungewöhnlich und vor allem neueren Datums ist die Italian Chapel auf der Insel Lamb Holm. Dort waren während des Zweiten Weltkriegs italienische Kriegsgefangene interniert, die in dieser Zeit die Kapelle aus zwei Nissenhütten erbauten und eine Fassade mit dorischen Säulen davorsetzten. Die Innenausstattung wurde zu einem großen Teil von Domenico Chiocchetti gestaltet.

DIE GRABSTÄTTE DER ADLER

Ronald Simison entdeckte im Jahr 1958 auf seinem Acker einen *cairn*, wie die Hügel von Megalithanlagen genannt werden. Er fand drei Äxte, einen Keulenkopf, ein Messer aus Kalkstein und einen Knopf. 1976 fing er selbst an, die Grabstätte freizulegen, da den Archäologen die finanziellen Mittel fehlten. Dabei stieß er auf eine Grabkammer mit Nebenkammern. Die Hauptkammer ist durch Steinplatten in fünf Abteile geteilt und hat zusätzlich zwei Endkammern. Die Seitenzellen auf der Westseite sind intakt. In der Anlage fand Simison die Überreste von 338 Menschen sowie Knochen und Krallen von Seeadlern. Deshalb wird die Stätte, die eigentlich Isbister Chambered Cairn heißt, auch *Tomb of the Eagles* (»Grabstätte der Adler«) genannt. Mr Simison unterhält heute ein kleines Museum.

WEITERE INFORMATIONEN
Tomb of the Eagles:
www.tombofteagles.co.uk

Europa

5 Scotland in a nutshell – Isle of Skye

Auf der Insel der großen Berge

An der Westküste liegen einige Inseln, die auf kleinem Raum die gesamte Topografie Schottlands auf sich vereinen. Dazu gehört auch die Insel Skye. Hier können Besucher gut an einem Ort unterkommen und von dort aus jeden Tag einen anderen Ausflug planen, gibt es doch unendlich viel zu sehen, zu erleben und kennenzulernen. Auch den Schotten selbst kommt man auf diese Weise schnell näher.

Die Black Cuillins auf Skye kann man gut von der kleinen Ortschaft Sligachan aus erkunden (unten). Auch auf der Halbinsel Trotternish lässt es sich hervorragend wandern. Zum Beispiel zur berühmten Felsnadel Old Man of Storr (rechts).

Der Zauber dieser Insel liegt in ihrer atemberaubenden Landschaft und den Relikten ihrer Kulturgeschichte. Skye heißt auf Gälisch *Eilan A'Cheo fo sgail nam beannmor*, die »Insel des Nebels im Schatten der großen Berge«. Und tatsächlich sind die Black Cuillins häufig nebelverhangen. Die Berge haben etwas Mystisches an sich und sind besonders eindrucksvoll, wenn düstere Wolken vorüberziehen und der Sturm die Oberfläche des Loch Coruisk aufwirbelt, an dessen Ufer riesige Granitblöcke wie dahingeworfen liegen. Eindrucksvoll sind auch die Felsformationen des Quiraing bei Staffin hoch oben im Norden. Ungefähr 13 Kilometer nördlich von Portree stehen auf der Halbinsel Trotternish die 27 Meter hohen Storr Rocks, die von dem 30 Meter hohen Basaltmonolithen Old Man of Storr überragt werden.

Besiedelt seit der Jungsteinzeit

Vor über 5000 Jahren erreichten als erste Siedler neolithische Bauern aus dem Mittelmeerraum die Insel. Rund 1000 Jahre später kamen Nomaden vom Rhein und den Niederlanden. Vor 3000 Jahren etablierten sich die ersten keltischen Siedler. Die erste Invasion auf Skye er-

Europa

Dunvegan Castle ist Stammsitz der MacLeods und ältestes durchgehend bewohntes Schloss Schottlands (unten). Die robusten Hochlandrinder fühlen sich im rauen Inselklima pudelwohl (ganz unten). Die bunten Häuser von Portree ziehen Besucher an (rechts).

folgte im 6. Jahrhundert. Damals ließ sich der heilige Columban auf Iona vor der Insel Mull nieder und begann, die Bevölkerung zum Christentum zu bekehren. Unruhig wurde es auf der Insel mit Ankunft der Wikinger im 8. Jahrhundert. Unter dem Regime von Somerled und dessen Nachfahren bewahrte Skye seine Unabhängigkeit von den schottischen Königen. Diese Unabhängigkeit endete mit dem Einmarsch des Earl of Ross, der im Namen Alexanders II. von Schottland Kirchen niederbrennen sowie Frauen und Kinder ermorden ließ. Um der Inselbevölkerung zu helfen, versammelte der norwegische König Hakon Hakonsson bei Largs eine Flotte von 100 Schiffen. Ein wilder Oktobersturm sollte seiner Rettungsaktion, bei der auch machtpolitische Hintergedanken eine Rolle spielten, ein Ende setzen. 1266 wurden die Western Isles der schottischen Krone zugesprochen. Skye wanderte in den Besitz des Earl of Ross. Unter der Herrschaft der »Lords of the Isles« kam es bis zum 15. Jahrhundert zu ständigen Auseinandersetzungen und Schlachten. Der Titel wanderte hin und her, bis er schließlich 1649 der Krone zugesprochen wurde. Der heutige Lord of the Isles ist der britische Thronfolger Prinz Charles.

Teure und treue Verbindungen

Lange erreichten die Inselbewohner das Festland nur per Boot. Seit 1995 verbindet eine Brücke die Insel mit dem schottischen Festland. Architektonisch ist das Bauwerk uninteressant, dennoch ist es für die Inselbewohner von großer Bedeutung. Lange Zeit wurde es »Seufzerbrücke« genannt, denn die Bürger von Skye hatten sie nicht gewollt. Kaum war die feste Verbindung vollendet, stellte Schottlands berühmter Fährenbetreiber, Caledonian MacBrayne, den Fährdienst ein. Stattdessen wurde für die Brücke eine teure Maut erhoben. Es kam zu Demonstrationen und einer Kampagne gegen den Brückenzoll. 130 Aktivisten wurden verurteilt, weil sie sich weigerten, die Maut zu zahlen. Am 21. Dezember 2004 setzte Schottlands neues Parlament die Abschaffung der Maut durch. Eine Fähre der besonderen Art setzt vom Festland bei Glenelg zum Hafen von Kylerhea auf Skye über. Sie ist die einzige Autofähre in Schottland mit einer Drehscheibe, die noch von Hand gedreht wird. Die »MV Glenachulish« wurde 1969 gebaut, gehört den Einwohnern von Glenelg und wird auch von diesen betrieben. Die jetzige Route befährt sie seit 1982. Genau fünf Minuten dau-

ert die Fahrt auf der kürzesten Seeverbindung nach Skye. CalMac betreibt noch eine Fährlinie, die allerdings von Mallaig und Armadale aus operiert.

Ein Schloss und schwarze Häuser

Einer der berühmtesten Schottland-Reisenden war der Gelehrte Dr. Samuel Johnson, der mit seinem Biografen James Boswell den hohen Norden besuchte. 1773 kamen sie nach Skye. Johnson hatte viel zu bemäkeln, aber auch einiges zu loben: »Ich war nie in einem Haus auf den Inseln, wo ich nicht Bücher in mehr als einer Sprache fand.« Die beiden Reisenden aus London waren auch Gäste auf Dunvegan Castle. Das Schloss ist bereits seit dem 13. Jahrhundert Sitz des Clans der MacLeods. Seit 1933 werden auch Touristen in das Schloss gelassen. Es ist mehr als eine Trutzburg mit jahrhundertealten Ausstellungsobjekten. Dank des Golfstroms gibt es hier schon seit dem 18. Jahrhundert herrliche Gartenanlagen.

Welch ein Gegensatz dazu sind die sieben rekonstruierten *black houses* im Skye Museum of Island Life in Kilmuir auf der Halbinsel Trotternish! So manches *black house* wurde noch in den 1970er-Jahren bewohnt. Sie hatten keine Fenster und nur eine Tür, ihren Namen verdanken sie jedoch ihrer zentralen Feuerstelle. Da es keinen Schornstein gab, zog der Rauch durch das Schilfrohrdach ab. Zum einen blieb die Wärme so lange wie möglich im Haus erhalten, zum anderen wurden die im Giebel gelagerten Nahrungsmittel durch den Rauch konserviert. Die Wände bestanden aus doppelwandigen Trockensteinmauern, wobei eine Innenwand Tiere und Menschen trennte. Ab den 1880er-Jahren wurden langsam sogenannte *white houses* mit Schornstein und Fenstern eingeführt.

Im Land der gälischen Sprache

Kilmuir ist der einzige schottische Ort jenseits der Western Isles, in dem die Hälfte der Bevölkerung Gälisch spricht. »Schuld« daran ist der schottische Adelige Iain Noble, der 1935 in Berlin als Sohn eines britischen Diplomaten und einer norwegischen Mutter geboren wurde. Er war der wohl bekannteste Aktivist des Gaelic Revival, der Bewegung zur Erhaltung der gälischen Sprache. 1973 setzte er sich für die Einführung zweisprachiger Straßenschilder ein. Dieses Ansinnen schmetterte die Gemeindeverwaltung jedoch vehement ab. Dass sich Noble am Ende durchsetzte, zeigen die zweisprachigen Straßenschilder, die es überall in Schottland gibt.

WANDERUNG ZUM OLD MAN OF STORR

Das Bergmassiv The Storr bietet einen beeindruckenden Anblick. Rund acht Kilometer führt der Weg durch beständig ansteigendes Gebiet, das *the Sanctuary* genannt wird. Hier befinden sich The Old Man of Storr. Den »alten Mann« kann man schon von Weitem erkennen. Es handelt sich um eine fast 50 Meter hohe Felsnadel. Eine weitere Nadel wurde von den Inselbewohnern als die »Frau des Old Man« bezeichnet. Die alte Dame fiel allerdings schon vor vielen Jahren in sich zusammen. Der Überlieferung nach suchten beide nach einer entlaufenen Kuh. Sie trafen dabei auf Riesen und rannten davon. Als sie zurückblickten, erstarrten sie zu Stein. Die meisten Tagesausflügler geben sich vom Sanctuary aus mit einem Blick auf das Felsmassiv zufrieden. Es ist jedoch auch möglich, den Gipfel zu erklimmen.

WEITERE INFORMATIONEN
Wanderungen auf der Isle of Skye:
www.walkinghighlands.co.uk

So kennt man Irland: Die Klippen von Moher ragen stoisch über dem noch ruhigen Atlantik auf (oben). Der Charme Dublins zeigt sich beim Durchstreifen der Gassen: Schmucke Läden reihen sich an historische Pubs (rechts).

6 Von Klippen und Kelten – Irland

Europas grüne Perle

Irland ist eine sehr grüne Insel, das weiß jeder. Was viele nicht wissen, ist, dass man auf der Reise durchs Land in Herrenhäusern, Schlössern und Burgen übernachten kann. Wohnen wie ein Lord und dabei die unvergleichliche üppige Natur genießen. Außerdem kann man stimmungsvolle Klosterruinen, Friedhöfe und Überreste aus der Steinzeit entdecken.

Ein Urlaub in Irland, da denken die meisten an Regen, Sturm und Kälte. Doch auch in Irland scheint die Sonne, und man kann sich ins Meer wagen – der Golfstrom sorgt für moderate Temperaturen. Und wenn es regnet, gibt es genug Highlights zu sehen, welche die Zeit auf angenehme Weise vertreiben.

Nordirlands Küstenlandschaft

In Belfast, der Hauptstadt des britischen Nord-Irland, wird man trotz eindrucksvoller Bauten aus dem 19. Jahrhundert und belebter Fußgängerzonen nicht zwingend länger verweilen. Weitaus spektakulärer ist der Giant's Causeway, Nordirlands größtes Naturwunder: Wie Orgelpfeifen ragen an der Nordküste 40 000 meist sechseckige Basaltsäulen entlang der Brandung aus dem Boden. Und auf einer steilen Klippe ganz in der Nähe thront der reizende Mussenden Temple, Teil des Landsitzes vom Bischof von Derry. Der Rundbau, nach dem Vorbild eines römischen Vesta-Tempels erbaut, barg einst die Bibliothek des herrschaftlichen Anwesens. Ebenso abenteuerlich am Abgrund gelegen ragen die Ruinen von Dunluce Castle über dem Atlantik empor. Richard de Burgh, Earl von Ulster, errichtete die Burg über einem weit älteren Küstenfort. Zur Ruine wurde die Festung, als die Bewohner sie nach der Niederlage der Katholiken gegen die Truppen von Republikaner Oliver Cromwell verließen.

Europa

Historische Stätten sind über die Insel verteilt wie der 5000 Jahre alte Poulnabrone-Dolmen (unten). Am St. Patricks Day feiert Irland seinen Nationalheiligen (ganz unten). Auf dem Rock of Cashel thront das gleichnamige Schloss (rechts oben).

Königsresidenzen und Druidenkreise

Gleich hinter der Grenze zur Republik Irland lädt die wild-romantische Inishowen-Halbinsel an menschenleerem weißem Strand zum Baden ein. Die gewaltigen Mauerreste von Grianan of Aileach, einer kreisrunden Königsresidenz aus dem 5. Jahrhundert, eröffnen einen herrlichen Rundblick auf die raue Küstenlandschaft. Ganz in der Nähe der geheimnisvolle Druiden-Menhirkreis von Beltang. Die kleinen Städtchen Glenties und Ardara sind von friedlichen Seen und farbenprächtigen Mooren umgeben, Landschaften, die einem aus der historischen Landschaftsmalerei vertraut sind. Hier liegt Markree Castle aus dem 16. Jahrhundert, auch Dracula's Home genannt. Größte Sehenswürdigkeiten der Region sind drei Klosterruinen inmitten des satten Wiesengrüns: Boyle Abbey, Ross Abbey und Cong Abbey mit gut erhaltenen romanischen Bögen und Fensterkreuzen. Prachtvoll präsentiert sich wilde Natur in Connemara, einem Landstrich, wo Erika und gelber Stechginster blühen. Zu bewundern gibt es die verwitterten, mit Moos bewachsenen Klosterruinen von Clonmacnoise und Clonfert mit ihren bedeutenden Steinmetzarbeiten, steilen Rundtürmen und wunderbaren Steinkreuzen. Südlich schließt sich der Burren an, ein mächtiger Kalkstock, der in Stufen und steilen Wänden zum Meer hin abbricht. Die Karstflächen sind durchzogen von bizarren Ausspülungen und einem fast mediterran anmutenden Pflanzenbewuchs. Unweit davon erheben sich die eindrucksvollen Ruinen von Corconroe Abbey und die mächtigen Dolmen von Poulnabrone. Unbestrittener Höhepunkt sind die weltberühmten, 200 Meter hohen Klippen von Moher.

In Stein gemeißelt

Ganz anders dagegen zeigt sich der Südosten der Insel: Bedingt durch milde Temperaturen und hohe Luftfeuchtigkeit wachsen feuerrote Fuchsienhecken über den Sträßchen fast zusammen, gedeihen die Rhododendronbüsche übermannshoch und können Palmen den Winter im Freien überdauern. Der wundervolle Herrensitz Bantry House bietet die reizvollste Übernachtungsmöglichkeit der Insel und ist ein idealer Ausgangspunkt für Ausflüge zum Ring of Kerry und auf die Dingle-Halbinsel; die Küstenstraßen erlauben atemberaubende Ausblicke. Ein besonderes Kleinod am Wegesrand ist das Gallarus' Oratory, eine Kapelle in Form eines kieloben liegenden Schiffes aus dem

Von Klippen und Kelten – Irland

12. Jahrhundert und erbaut ganz ohne Mörtel, wie auch die gut erhaltenen Klosterruinen von Ardmore, Kilkooley und Muckross. Letztere mit einer 500 Jahre alten Eibe.

Cork ist Irlands drittgrößte Stadt. Ihr historischer Kern erstreckt sich auf einer Insel zwischen zwei Armen des Flusses Lee. Neben den vielen Pubs, Restaurants und Kneipen ist der bunte Traditionsflohmarkt Caol quai Hauptanziehungspunkt.

Im Süden blühen im Sommer die Leinfelder, darüber ein leuchtender Regenbogen – und man fühlt sich versetzt in eine Zauberwelt. Wer will, kann die sattgrüne Märchenlandschaft mit dem Pferd erkunden: auf Touren zum imposanten Hochkreuz von Moone oder zur Holycross Abbey mit ihrem herrlichen Chorschiff. Über 60 Meter hoch erhebt sich das Felsplateau Rock of Cashel nördlich des gleichnamigen Städtchens. Auf der »Akropolis Irlands« drängen sich die Sehenswürdigkeiten: ein hoher Rundturm mit Kegeldach am Querschiff der gotischen Kathedrale und die Cormac's Chapel. Ihr reicher Skulpturenschmuck gilt als vollendetes Beispiel irisch-romanischer Baukunst.

Dublin – Irlands lebendige Metropole

Dublin ist die pulsierende Hauptstadt der Republik Irland. Buchstäblich ins Auge sticht die 120 Meter hohe Stahlnadel »The Spire« (2003). Die nachts beleuchtete längste Skulptur der Welt ist ein beliebter Treffpunkt. Ganz in der Nähe erinnert eine Statue an den irischen Nationaldichter James Joyce, der Dublin mit seinem *Ulysses* ein literarisches Denkmal setzte. Pflichtprogramm neben dem altehrwürdigen Trinity College (1591) mit dem Book of Kells, einem Schmuckstück frühmittelalterlicher Buchillustration, und den Kathedralen St. Patrick's und Christ Church ist das Nationalmuseum mit seiner einzigartigen Sammlung irischer Altertümer, darunter die Tara-Brosche (720), ein vergoldetes Bronze-Kleinod von zeitloser Schönheit, und der 1200 Jahre alte, silberne Ardagh-Kelch. Nördlich der Metropole sollte man Newgrange besuchen. Die steinzeitliche Kultstätte ist eine gewaltige Grabanlage, die in vorkeltischer Zeit (um 300 v. Chr.) errichtet wurde. Das von einem künstlichen Hügel bedeckte Ganggrab zählt zu den bedeutendsten Megalithanlagen der Welt.

BOOTSFAHRT AUF DEM SHANNON

Am Lough Key beginnt ein besonderes Abenteuer: eine Bootsfahrt auf dem Shannon. Da in Irland kein Bootsführerschein vonnöten ist, kann jeder Volljährige zum Kapitän werden und auf dem bekanntesten und mit 370 Kilometern längsten Fluss der Insel Richtung Süden über Carrick-on-Shannon bis Killaloe am Lough Derg schippern.

Rund 250 Kilometer des Shannon sind schiffbar, doch ergibt sich durch die vielen großen und kleinen Seen eine befahrbare Strecke von mehr als 1000 Kilometern. Man muss sich also Zeit nehmen, die Natur zu genießen: Seen mit unzähligen Buchten und Inseln, die Moorgebiete der Midlands und die Schilfgürtel der Carnadoe Waters. Bilderbuchdörfer wechseln sich ab mit Grabstätten und Klosterruinen, stillen Zeugen der keltischen Vergangenheit. Ob auf ein kühles Guinness in den Pub oder die Ruhe am einsamen Liegeplatz genießen: So eine Fahrt mit dem Hausboot entspannt ungemein.

WEITERE INFORMATIONEN
Tourismusinformation:
www.discoverireland.com
Tourismusinformation für
Nordirland: discovernorthernireland.com

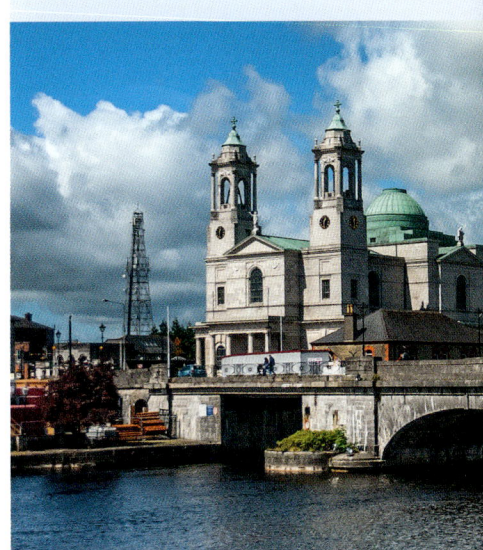

Auf Eisbrechern kann man die Nordwestküste von Spitzbergen vom Wasser aus erkunden, Eisberge inklusive (oben). Das Spitzbergen-Ren ist nach seiner Heimat benannt. Auf den Inseln ist es endemisch (rechts unten).

7 Insel der Arktis – Spitzbergen

Eine Reise zu Eisbären, Polarfüchsen und Walrossen

Hier ist die Natur noch nahezu unberührt. Spitzbergen, von den Norwegern *Svalbard*, »Land der kühlen Küste«, genannt, ist nur die größte Insel des Archipels, der aus sieben großen und einigen Hundert kleinen Inseln besteht. Sie liegen weit nördlich des Polarkreises zwischen 74° und fast 81° N. Bis zum Nordpol sind es gerade noch einmal 1000 Kilometer, das entspricht der Entfernung von Köln nach Oslo.

Am nördlichsten Punkt, auf der Insel Rossøya, geht die Sonne im Sommer vom 20. Mai bis zum 26. August überhaupt nicht mehr unter. Die finstere Polarnacht beginnt dagegen am 26. Oktober, und erst am 16. Februar taucht die Sonne erstmals wieder für wenige Minuten auf. Trotz der Lage ist das Klima dank der letzten Ausläufer des Golfstroms relativ mild. Die Durchschnittstemperatur liegt bei minus 4,4 Grad Celsius, im Sommer können aber 17 Grad Celsius erreicht werden.
Die meisten Besucher erkunden Svalbard mit einem der großen Kreuzfahrtschiffe, die die Hauptstadt Longyearbyen anlaufen und an der Küste entlangfahren.

Vom Walöl zum schwarzen Gold

Spitzbergen war lange nicht besiedelt. So waren es die Wikinger, die im 12. Jahrhundert die »kühle Küste« entdeckten. Als Erster nannte 1596 der Holländer Willem Barents die schroffen Zinnen an der Westküste der größten Insel Spitzbergen. Die hochnordischen Inseln mit ihren Vorkommen an Walen, Robben, Eisbären und Polarfüchsen zogen schließlich die Menschen an. Während die Walfänger ihre an Land errichteten Tranöfen nur während der Sommermonate nutzten, überwinterten die Pelztierjäger in Spitzbergen. Gegen Ende des 18. Jahrhunderts verlor der Walfang rapide an Bedeutung, weil die in Küstennähe lebenden

Insel der Arktis – Spitzbergen

Grönlandwale nahezu ausgerottet waren. Bald nahm auch die Jagd auf andere Tiere kontinuierlich ab und kam mit dem Ausbruch des Zweiten Weltkrieges zum Erliegen. Wirtschaftlich interessant wurde Spitzbergen auch durch die Kohlevorkommen, die man zu Beginn des 20. Jahrhunderts entdeckte. 1906 entstand die erste dauerhafte Siedlung, das heutige Longyearbyen. Von Beginn an waren mehrere Nationen im Kohlebergbau aktiv. Aufgrund des Spitzbergenvertrags von 1920 erlangte Norwegen fünf Jahre später die Souveränität über die Inseln.

Ein eisiges Tierparadies

Walfänger und Pelztierjäger haben in der Vergangenheit die Bestände fast bis zur Ausrottung gejagt, doch heute stehen viele Arten unter strengem Schutz. Etwa 3500 Eisbären zählen zur Spitzbergen-Population. Während des Sommers halten sich die meisten auf dem Packeis auf. Aber auch auf den Inseln ist immer mit Eisbären zu rechnen, die dem zurückweichenden Packeis im Frühsommer nicht rechtzeitig gefolgt sind. Auch die Walrosse sind zurückgekehrt. War bis vor 20 Jahren nur ein einziger der traditionellen Lagerplätze auf der streng geschützten Insel Moffen übrig geblieben, ist die riesige Robbenart heute auch auf der Amsterdamøya, am Torellneset und auf der Insel Edgeøya zu finden. Niemand kann sich der Faszination dieser bis zu vier Meter langen und 1500 Kilogramm schweren Tiere entziehen. Dagegen nehmen sich die anderen Robbenarten, voran die Bartrobben, fast bescheiden aus. Auch verschiedene Walarten werden in den Gewässern um Spitzbergen wieder gesichtet, vorwiegend Buckel-, Fin- und Weißwale, gelegentlich auch Schwertwale. In den letzten fünf Jahren sind auch wieder einzelne Blauwale registriert worden. Rentiere halten sich vorwiegend in den flacheren Küstenebenen auf. Dort finden sie in der schütteren Tundra genügend Äsungsflächen, um nicht nur im Sommer zu überleben. Polarfüchse sind im Sommer häufig unterhalb der riesigen Vogelkolonien zu finden. Die steilen Felsen, in denen Seevögel wie Lummen, Krabbentaucher, Dreizehen- und Eismöwen brüten, können sie zwar nicht direkt erreichen, aber immer wieder fallen Eier und Jungvögel herunter. Im Winter folgen sie den Eisbären auf das Packeis. Hier leben sie von den Resten der Eisbärenmahlzeiten.

KREUZFAHRTEN IN DIE POLARREGION

Spitzbergen besucht man am besten mit einem der kleinen Kreuzfahrtschiffe. Die Hauptstadt Longyearbyen wird auf Kreuzfahrten regelmäßig angesteuert. Sehenswert ist das Museum im Gebäude der Universität. Auch Ny-Ålesund steht auf dem Programm. In der ehemaligen Bergbausiedlung haben mehrere Nationen ihre Polarforschungsstationen eingerichtet. Außerdem steht hier das nördlichste Postamt der Welt. Die nächsten Anlandungen finden in der Wildnis statt – immer auf der Hut vor Eisbären. Die ehemalige Walfangstation Smeerenburg, der Liefdefjord mit dem großartigen Monaco-Gletscher und die Trapperhütte im Woodfjord muss man ebenso gesehen haben wie den Brutfelsen Alkefjellet mit 60 000 Lummenpaaren, die Walrosskolonie am Torellneset und die 160 Kilometer lange Eisabbruchkante des Brasvellbreen-Gletschers.

WEITERE INFORMATIONEN

Informationen zu Reisen nach Norwegen und Spitzbergen:
www.visitnorway.de
Tourismusinformation:
www.visitsvalbard.com

Europa

8 Berge, Wälder, Fjorde und Seen – Senja

Geheimtipp für Naturliebhaber

Senja ist mit 1570 Quadratkilometern nach Hinnøya die zweitgrößte Insel Norwegens, aber kaum jemand kennt sie. Dabei hat sie alles, was Norwegen zu bieten hat. Im Osten finden sich mit den dichten Wäldern Anklänge an Südnorwegen, im Westen fühlt man sich an die Lofoten und die zerklüfteten Fjorde des Fjordlandes erinnert und der Ånderdalen-Nationalpark im Süden begeistert mit seinen Seen, Flüssen, Wäldern und Hochebenen.

Majestätische Polarlichter wie über Bergsbotn lassen sich auf geführten Nordlichtjagden auf Senja aufspüren (unten). Abenteuerlustige begeben sich ins kühle Nass des Nordmeeres und erkundet per Kajak die zweitgrößte Insel Norwegens (rechts oben).

Vielleicht ist es ein Glück, dass die Insel Senja keinen eigenen Hafen für die Hurtigrutenschiffe hat. Zwar wird das auf dem Festland liegende Finnsnes angelaufen, und das ist nur durch den an dieser Stelle einen Kilometer breiten Gisund von der Insel getrennt, aber die Schiffe haben hier nur 30 Minuten Aufenthalt. Das ist genug, um sich die Füße zu vertreten, keinesfalls aber für die Erkundung der Insel.

Vielfalt auf kleinstem Raum

Wer aber den Weg über die 1250 Meter lange Gisund-Brücke, die übrigens eine der längsten Pfeilerbrücken Europas ist, genommen und die Ortschaft Silsand hinter sich gelassen hat, befindet sich in einem bis zu zehn Kilometer breiten Waldgürtel aus Birken und Kiefern, der sich am Gisund entlang nach Norden zieht. Wiesen und Weiden unterbrechen den Wald an manchen Stellen und lockern die Landschaft auf. Die Berge sind hier nur 300 bis 400 Meter hoch, eine liebliche Landschaft, die an den Süden Norwegens erinnert. Das ändert sich aber schnell, wenn man sich der Westküste nähert. Schroffe Berge ragen beidseits tiefer Fjorde bis fast 1000 Meter in die Höhe.

Berge, Wälder, Fjorde und Seen – Senja

Die Menschen auf der Insel leben auch heute noch vom Fischfang. Der hier gefangene Heilbutt ist berühmt. Auf dem schmalen Küstenstreifen drängen sich in Fischerdörfern die Häuser. Die Bewohner von Husøy sind noch enger zusammengezogen. Sie haben ihr Dorf auf einem winzigen Inselchen im Fjord gebaut. Höchstens fünf Minuten benötigen die 250 Einwohner, um von einem zum anderen Ende der Insel zu gelangen. Zum Schutz gegen die Stürme haben viele Bewohner ihre Häuser zusätzlich mit dicken Tauen gesichert.

Moore, Sümpfe und Seen im Ånderdalen-Nationalpark

Weiter nach Südosten werden die Berge wieder niedriger. Kiefern und Birken bestimmen das Landschaftsbild. Bald jedoch wird der Wald durch die Seen, Moore und Sümpfe des Ånderdalen-Nationalparks unterbrochen. Er wurde 1970 eingerichtet, um die typischen Wälder mit den Feuchtgebieten zu erhalten. Der zunächst nur 69 Quadratkilometer große Nationalpark wurde 2004 fast auf das doppelte vergrößert. Große abgerundete Granitblöcke sind Zeugen der verschiedenen Eiszeiten, während derer die Felsen glatt geschliffen wurden. Im Zentrum des Parks liegt der fischreiche See Ådervatn. Den Abfluss des Sees bildet der Ånderelva, der durch den Nationalpark nach Süden in den Tranøybotn fließt. Stromschnellen und Wasserfälle wechseln mit langsameren Passagen, wenn er durch kleine Seen fließt. Dort, wo sich das Wasser staut, bildeten sich ausgedehnte Sümpfe und Moore mit ihrer typischen Vegetation. Zwei seltene Orchideenarten haben hier ein Refugium gefunden. Der Weg des Flusses führt auch durch die Trollschlucht. An den steilen Hängen wachsen Birkenwälder, während im Tal knorrige Kiefern vorherrschen, die bis zu 500 Jahre alt sind. In früheren Zeiten hat es auf der Insel auch Bären und Wölfe gegeben, doch die sind längst ausgerottet. Fischotter, Wiesel und Füchse sind jedoch nicht selten. Auch Elche bekommt man gelegentlich zu sehen. Häufig sind dagegen Hausrentiere, die hier auf die Sommerweide geschickt werden. Sie gehören Sami, die nicht hier leben, sondern ihre Tiere traditionell im Frühjahr mit Booten auf die Insel bringen.

ÜBERNACHTEN IM MUSEUM

Etwa 15 Kilometer nördlich von Finnsnes liegt in Lenvik auf der Insel Senja das Lenvik Bygdemuseum. Mehrere alte Gebäude, darunter das alte Pfarrhaus, wurden restauriert und für die Besucher zugänglich gemacht. Dieses Heimatmuseum hat es sich zur Aufgabe gemacht, über das Leben und die Kultur der Küstenbewohner zu informieren. Auch die samische Vergangenheit der Insel wird dargestellt. Im Hafen ist eine alte Kaianlage mit Fischerhütten, Bootsschuppen und traditionellen Booten erhalten. Nun wäre das Bygdemuseum ein Museum unter vielen, wenn hier nicht die Gelegenheit bestünde, in den alten Fischerhütten, die inzwischen mit einer Miniküche, Dusche und Toilette ausgestattet sind, zu übernachten. Bis zu sechs Personen finden darin Platz. Die etwas andere Art, ein Museum zu besuchen.

WEITERE INFORMATIONEN
Lenvik Bygdemuseum:
www.lenvik-museum.no

Der Blick vom Berg Reinebringen auf Reine ist malerisch und die Gegend bietet viele Wanderrouten (oben). Rorbu-Häuser sind traditionell nur saisonal genutzte Fischerhütten, die immer häufiger zu Feriendomizilen umfunktioniert werden (rechts).

9 Der Fuß des Luchses – Lofoten

80 Inseln nördlich des Polarkreises

Aus welcher Richtung man sich auch den Lofoten nähert, unvermittelt ragen bis zu 1200 Meter hohe Berge aus dem Meer. Kahl und unwirtlich scheinen die Inseln auf den ersten Blick zu sein, dann werden grüne Küstenstreifen mit Wiesen, Äckern und bunten Fischerdörfern sichtbar, an den Berghängen wachsen Wälder, und die Schneefelder auf den Bergen speisen Bäche, die in wilden Kaskaden ihren Weg ins Meer suchen.

Wie ein 200 Kilometer langer Schutzwall liegen die Lofoten, die durch den Vestfjord vom Festland getrennt sind, vor der Küste Norwegens. Sie bilden das erste Hindernis für die von Westen heranziehenden Tiefdruckgebiete und mildern deren Einfluss auf das Festland. Die letzte Eiszeit hat die Inseln maßgeblich geformt und tiefe Fjorde und bizarre Felsformationen geschaffen, aber sie war nicht der einzige Landschaftsarchitekt. Heute noch nagen Wind und Wellen an den Felsen. Auch wenn die Eiszeiten ihnen im wahrsten Sinne des Wortes den letzten Schliff gegeben haben, erfuhren die Gesteine der Lofoten schon lange vorher so manche Veränderung. Auf Moskenesøy sind sie teilweise 3,5 Milliarden Jahre alt. Damit gehören sie zu den ältesten freiliegenden Gesteinen weltweit. Im Laufe der Zeit sind sie durch hohe Temperaturen und gewaltigen Druck verändert worden.

Was Namen verraten

Lófót hieß ursprünglich nur die Insel Vestvågøy. *Ló* ist die norwegische Bezeichnung für den Luchs und *fót* bedeutet so viel wie Fuß. »Luchsfuß« wurde die Insel also eigentlich genannt, weil ihr Umriss dem Pfotenabdruck eines Luchses ähneln soll, auch wenn dazu viel Fantasie nötig ist. Später ging der Name auf alle Inseln des Archipels über.

Europa

Die neugotische Vågan Kirke lockt viele Touristen in den Ort Kabelvåg (unten). Durch Trocknung auf Holzgerüsten wird der in ganz Skandinavien beliebte Stockfisch haltbar gemacht (ganz unten). Fischen ist ein beliebter Sport auf den Inseln (rechts).

Nördlich des Polarkreises und doch kein arktisches Klima

Nirgendwo sonst auf der Welt ist das Klima zwischen dem 67. und 68. Breitengrad so mild wie auf den Lofoten. Zwar können hier schwere Stürme wüten, ein Ausläufer des Golfstroms sorgt aber dafür, dass im Winter die Durchschnittstemperatur auf den am weitesten südlich gelegenen Inseln Røst und Værøy nicht unter den Gefrierpunkt sinkt. Selbst im etwa 140 Kilometer weiter nördlich gelegenen Svolvær liegt die Durchschnittstemperatur im Januar nur bei moderaten minus 1,5 Grad Celsius. Auf der gleichen Breite in Ostgrönland reichen die Gletscher bis an das Meer heran; im Winter ist es dort bis zu minus 40 Grad kalt. Das ist auf den Lofoten anders. Das Meer um die Inseln bleibt ganzjährig eisfrei und sichert den Menschen bis heute ihren Lebensunterhalt.

Vom Kabeljau zum Stockfisch

Bereits vor 6000 Jahren kamen die ersten Jäger und Fischer auf die Lofoten. Die Inseln waren mit Birken- und Kiefernwäldern bedeckt, in denen Elche, Hirsche, Rentiere, Biber, Luchse und Bären lebten. Auch das Leben im Meer war sehr vielfältig. Fische und Robben, später auch Wale, standen auf dem Speiseplan. Wegen des milden Klimas war auch Landwirtschaft möglich. Die ersten Getreideäcker wurden bereits vor 4000 Jahren angelegt. Obwohl die Landwirtschaft aufblühte, blieb doch der Fischfang der wichtigste Erwerbszweig. Auch als die Wikinger die Herrschaft übernahmen, änderte sich daran nichts. Im Winter ruderten Fischer vom Festland zu den Lofoten, um Kabeljau zu fangen, der aus der Barentssee in die Gewässer um die Lofoten zieht, um zu laichen. Da die Menschen dort überwinterten, benötigten sie auch Unterkünfte. König Øystein, der die Bedeutung der Fischerei erkannte, ließ daher bereits im frühen 12. Jahrhundert die sogenannten »Rorbuer«, Hütten für Ruderer, bauen, eine Tradition, die bis in das 20. Jahrhundert fortgesetzt wurde. Bis zu 16 Männer teilten sich ein Rorbu, die meist direkt auf Pfählen im Wasser standen. Die gefangenen Fische wurden ausgenommen, paarweise an den Schwänzen zusammengebunden und auf großen Holzgestellen zum Trocknen aufgehängt. Bereits im Mittelalter florierte ein schwungvoller Handel mit dem auf diese Weise haltbar gemachten Stockfisch, den die Norweger selbst *tørrfisk* nennen. Bis in den Mittelmeerraum wird der Fisch bis heute geliefert.

Teilhaber am Fischreichtum

Nicht nur den Fischern sichern die reichen Fischgründe der Lofoten ihr Auskommen, auch unzählige Seevögel bevölkern während der Brutzeit die Küsten. Etwa ein Viertel des gesamten Seevogelbestandes von Norwegen, das sind 2,5 Millionen Vögel, brütet auf den steilen Felsen südwestlich von Røstlandet, einer der südlichsten Inseln der Lofoten. Auch auf den anderen Inseln ziehen Kormorane, Mantelmöwen, Dreizehenmöwen, Eissturmvögel, Basstölpel, Papageitaucher und Eiderenten ihre Jungen auf. In Måstad auf der Insel Værøy wurde eine eigene Hunderasse, die Lundehunde, gezüchtet, die in die engen Bauten der Papageitaucher hineinkriechen können und dort die Jungvögel herausholen, die auf den Lofoten als Delikatesse gelten. Wo keine Hunde zur Verfügung standen, hat man früher die Papageitaucher beim Aus- oder Einfliegen in ihre Bauten mit Netzen gefangen. Auch Schwertwalen folgende Fischschwärme dringen tief in die Fjorde ein. Wegen der Riesentintenfische, die in großer Tiefe um die Lofoten leben, kommen Pottwale hierher. Diese größten Zahnwale können bis zu 3000 Meter tief tauchen und dabei zwei Stunden unter Wasser bleiben. Von den Inseln werden Walsafaris mit Garantie organisiert: Wer bei einer Ausfahrt keinen Wal gesehen hat, darf kostenlos an der nächsten Safari teilnehmen.

Artenreichtum nicht nur im Meer

Fanden die ersten Siedler auf den Lofoten noch dichte Wälder vor, so änderte sich das mit der Zeit. Holz wurde als Brennmaterial, zum Haus- und Bootsbau und natürlich auch für die Stockfisch-Trockengestelle und zum Auskochen von Tran benutzt. Bald war von den ursprünglich ausgedehnten Wäldern nicht mehr viel übrig. Langsam aber erholen sich die Wälder wieder, und die typischen Pflanzen kehren zurück. Die Vegetation der Lofoten ist eigenartig. Direkt nebeneinander kann man Gebirgspflanzen, Waldbewohner und Küstenpflanzen finden. Am Strand wächst die in Norwegen *østersurt*, Austernpflanze, genannte Mertensia maritima mit ihren kleinen blauen Blüten. Sie wurde wegen ihres Geschmacks, der an Austern erinnert, so genannt. Dicht daneben findet man häufig das Löffelkraut, das als Mittel gegen Skorbut gegessen wurde. Es wurde in eine schwache Salzlake eingelegt, in der es sich lange frisch hielt. Weiter im Inselinnern gibt es noch Moore, in denen Torfmoose und Moltebeeren gedeihen.

AUF DEN LOFOTEN MUSS ES FISCH SEIN!

Lofoten und Fisch, das sind fast Synonyme. Wer dort keinen Fisch gegessen hat, dem ist etwas wirklich Gutes entgangen. In nahezu jedem Dorf auf den Inseln kann man wunderbaren Fisch essen, aber die besten Fischgerichte bekommt man nach Meinung aller Gourmets im Restaurant Børsen Spiseri in Svinøya, dem ältesten Teil von Svolvær, direkt am Kai. Es ist in einer 170 Jahre alten Fischhalle untergebracht, die liebevoll restauriert und eingerichtet wurde. Der erste Krämerladen von Svolvær mit seiner historischen Ausstattung befindet sich direkt nebenan, ebenso wie 24 Rorbuer, die allerdings nicht mehr im Originalzustand sind, sondern für Touristen instand gesetzt wurden.

WEITERE INFORMATIONEN
Børsen Spiseri: www.svinoya.no

Europa

10 Paradies für Kajakfahrer – Åland-Inseln

Archipel im Bottnischen Meerbusen

Zwischen Turku an der finnischen Westküste und Stockholm an der schwedischen Ostküste erstreckt sich das Inselreich der Ålands. Bekannt ist der zu Finnland gehörende, aber weitgehend autonome Archipel für seine roten, von Wind und Wellen freigespülten Felsen. Erkunden kann man die Åland-Inseln am besten auf Touren mit dem Fahrrad oder dem Seekajak.

Zahlreiche kleine Eilande zählen sich zu den Åland-Inseln. Einsame Buchten zum Entspannen findet der gestresste Urlauber zur Genüge (unten). Im Sommer feiern die Bewohner Saltviks mit einem Mittelaltermarkt die Ursprünge ihres Dorfes (rechts oben).

Wie hingewürfelt liegen die unzähligen Inseln und Inselchen des Åland-Archipels mitten im Bottnischen Meerbusen zwischen Turku und Stockholm. Wer nachzählt, kommt auf etwa 6500 Eilande und eine Landfläche von rund 1527 Quadratkilometern.

Spuren der Wikinger

Heute leben auf dem Archipel lediglich 26 500 Einwohner. Noch im 7. Jahrhundert gehörten die Åland-Inseln aufgrund ihrer günstigen Lage und dem vergleichsweise milden Klima zu den am dichtesten besiedelten Gebieten Nordeuropas. Die lange Geschichte wird durch viele Funde aus der Wikingerzeit sowie Kirchen aus dem 13. Jahrhundert deutlich, die zu den ältesten Finnlands gehören. Der Archipel, der seit 1921 zu Finnland gehört, genießt eine große Autonomie. Hier wird Schwedisch gesprochen. Außerdem besitzt man eine eigene Flagge und seit 1984 eigene Briefmarken. Das sind die äußeren Anzeichen der Unabhängigkeit der demilitarisierten Inseln von Finnland. Lediglich in zentralen Fragen der Außen- und Sicherheitspolitik sind die Åländer an Vorgaben aus Helsinki gebunden.

Paradies für Kajakfahrer – Åland-Inseln

Heimat der Windjammer

Hauptort der Åland-Inseln ist Mariehamn, gegründet, als Åland noch zum russischen Zarenreich gehörte. Mariehamn war einst Heimathafen einer großen Windjammerflotte, zu der unter anderem die »Pamir« und die »Passat« gehörten. Heute erinnern das Seefahrtmuseum mit Galionsfiguren und Schiffsmodellen sowie die Viermastbark »Pommern« im Hafen an diese Zeit. Ein weiterer wichtiger Ort auf den Ålands ist Eckerö im Westen des Archipels. Hier legen Fährschiffe aus Schweden an und setzen damit eine langjährige Tradition fort. Vom Mittelalter bis 1920 wurde die Post zwischen Grisslehamn in Schweden und Eckerö per Ruderboot befördert. Die gefährliche, 40 Kilometer lange Ruderstrecke forderte insgesamt 200 Menschenleben. Entsprechend ihrer Bedeutung ist die ehemalige Post- und Zollstation in einem pompösen Gebäude untergebracht. An längst vergangene Zeiten erinnern die Festung Bomarsund in Sund, die in den 1830er-Jahren zum »Gibraltar des Nordens« werden sollte und gut zwei Jahrzehnte später von Kriegsschiffen der englisch-französischen Flotte zerstört wurde. Nicht weit davon entfernt liegt das schön restaurierte Schloss Kastelholm aus dem 14. Jahrhundert.

Rote Felsen und alter Champagner

An der Küste findet man Felsklippen aus rotem Granit, freigeschwemmt von den Wellen. Dazu kommen Felder und Wiesen, Obstbaumhaine sowie Nadelwälder. Landschaftlich und kulturell besonders reizvolle Abstecher lohnen sich auf die Inseln Föglö, Kökar mit der Kirche St. Anna sowie auf Källskär mit dem Anwesen des Grafen Göran Åkerhielm. Kulinarisch stehen vor allem Fischgerichte auf den Speisekarten ganz oben. Dazu kann man ein Bier der einheimischen Brauerei Stallhagen trinken und das Essen mit Hochprozentigem vom Weingut Tjudö abschließen, wo aus Äpfeln Liköre und Schnäpse produziert werden. Ein ganz besonderes Getränk hatte vor wenigen Jahren das Interesse der Genießer auf die Ålands gelenkt: 2010 fanden Taucher in einem Schiffswrack Champagner, der vermutlich in der ersten Hälfte des 19. Jahrhunderts abgefüllt worden war und noch heute trinkbar ist.

RADELN UND PADDELN

Star auf den Åland-Inseln ist die Natur. Und die lässt sich hervorragend mit dem Fahrrad erkunden. Es gibt zahlreiche wenig befahrene Straßen, und das flache Terrain birgt keine Schwierigkeiten. Auf Fähren kann man sein Zweirad auch auf die entlegenen Inseln mitnehmen. Allenfalls Gegenwind kann Radfahrer zum Schwitzen bringen. Aber die Abkühlung im Meer ist nahezu überall möglich. Am besten erleben kann man das Inselreich jedoch vom eigenen Boot aus. Im Schutz der unzähligen Inseln kommt man mit dem Seekajak auch bei Wind sehr gut voran. Man durchquert ein Labyrinth kleiner und größerer Eilande, erreicht ansonsten unzugängliche Stellen und kann entweder in Pensionen und Hotels, auf Zeltplätzen oder in der freien Natur übernachten – auf den Felsen direkt am Meer. Eine fantastische Erfahrung!

WEITERE INFORMATIONEN

Anbieter solcher Reisen ist Club Aktiv:
www.club-aktiv.de

Gotland besteht zum Großteil aus Kalkstein, so auch die sogenannten Raukar, bis zu zehn Meter hohe Steinsäulen (oben). Mittsommer wird in ganz Skandinavien zelebriert: Hier tanzen Gotländer etwa um einen traditionellen Mittsommerbaum (rechts unten).

11 Ostseeinsel mit Charme – Gotland

Lebendiges Mittelalter zwischen Sanddünen und Raukar

Wie ein Fels in der Brandung liegt die Insel Gotland mitten in der Ostsee. Im Mittelalter war sie einst ein bedeutender Handelsplatz, was man ihr heute noch an den vielen historisch einzigartigen Bauwerken anmerkt. Umgeben ist Gotland von einer Natur mit feinem Sand und schroffem Fels. Und die Legende, die sich um Gotlands Vergangenheit rankt, ist so zauberhaft wie die Insel selbst.

Die Insel war verzaubert. Nur nachts reckte sie ihre Felsen über den Meeresspiegel, tagsüber tauchte sie in den Ostseewellen unter. Doch dann kam ein Mann namens Tjelvar und entfachte ein Feuer auf der Insel – der Bann war gebrochen, Gotland von nun an immer sichtbar. Diesem Tjelvar muss man dankbar sein, denn es fehlte eine einzigartige Insel, wäre Gotland immer noch unter Wasser.

Händler, Ritter und Gaukler

Schon vor 8000 Jahren siedelten sich hier Menschen an. Dies zeigen in Form eines Schiffes aufgestellte Steinformationen aus der Bronzezeit und Bildsteine aus der Eisenzeit. In der Wikingerzeit wurde Gotland und vor allem die an der Ostseite der Insel liegende Stadt Visby zum Handelszentrum. Ausländische Kaufleute beherrschten den Handel, scherten sich jedoch nicht um die Landbevölkerung der Insel. Als ein dänisches Invasionsheer 1381 gegen die Bauerntruppen der Insel zu Felde zog, verschanzten sich die reichen Händler hinter den Stadttoren und schauten zu, wie die Gotländer von den Dänen niedergemetzelt wurden. 1525 wurde durch einen Überfall durch die Lübecker der Niedergang der Insel besiegelt. Sie brannten Visby nieder. Doch glücklicherweise überstanden etliche Gemäuer das Feuer, etwa die 3,6 Kilometer lange Stadtmauer, die mitsamt

Ostseeinsel mit Charme – Gotland

den mittelalterlichen Bauten seit 1995 zum Weltkulturerbe der UNESCO zählt. Während der Mittelalterwoche im August weht ein Hauch Vergangenheit durch Visby. Dann reiten wackere Ritter auf prächtig geschmückten Pferden durch die Stadt, ziehen Spielleute ihre Instrumente hervor, während Gaukler das Volk unterhalten. In der Kirche von Bro suchen die Gläubigen seit rund 800 Jahren Schutz und Trost. Kurios ist die Kirchturmuhr aus dem 15. Jahrhundert: Sie trägt eine Inschrift auf Plattdeutsch! Die Kirche von Dalhem gehört zu den berühmtesten Sakralbauten Gotlands. Sie stammt aus der gleichen Zeit wie die Kirche von Bro.

Auf die Inseln

Ganz im Norden Gotlands, rund 40 Kilometer von der Hauptinsel entfernt, liegt die Gotska Sandön im Meer. Das kleine Eiland besteht aus Sand. Ein dichter Kiefernwald verhindert, dass die Ostseestürme die Insel ins Meer tragen. Am Strand räkeln sich Kegelrobben und Sonnenhungrige. Ein einsames Plätzchen ist in dem Nationalpark überall zu finden. Nur durch einen schmalen Sund ist Fårö von der Hauptinsel getrennt. Auch hier spielt der Sand eine wichtige Rolle, bildet er doch im Gebiet der Bucht Sudersandsviken einen fantastischen Strand. Auf der westlichen Seite Fårös ragen mächtige Felstürme in den Himmel. Sie sind bis zu zehn Metern hoch und bestehen aus hartem, widerstandsfähigem Kalk. Sehenswert ist auch die Kirche auf der seit langer Zeit bewohnten Insel. Sie erhebt ihren spitzen Turm nur einen Steinwurf von einer flachen Meeresbucht entfernt. Das Gotteshaus stammt zwar aus dem Mittelalter, wurde aber im 18. und 19. Jahrhundert mehrfach umgebaut.

Kalkbrenner und Fischer

Kalk – das Gestein, aus dem Gotland besteht, ist ein wertvoller Baustoff. Manchmal wurden ganze Felsblöcke aus dem Untergrund geschlagen, in großen Öfen gebrannt und zum Hausbau verwendet. Bei Bläse im Norden ragen noch die Kamine in den Himmel. Seit Mitte des 20. Jahrhunderts werden die Öfen der Kalkbrennerei nicht mehr angeheizt, das Kalksteinwerk wurde zum Museum umgebaut. Für den Lebensunterhalt der Menschen spielt auch der Fischfang eine große Rolle. Er war für die Inselbewohner immer eine wichtige Einnahmequelle. Gnisvärd südlich von Visby war einst eine der größten Fischersiedlungen auf Gotland.

WEINBAU AUF GOTLAND

Das Klima auf Gotland ist mild. Sogar so mild, dass trotz der nördlichen Lage Wein angebaut werden kann. Seit Mitte der 1990er-Jahre stehen Rebstöcke auf dem Kalkboden im Süden der Insel. Erst war es ein Versuchsfeld. Doch mittlerweile dienen einige Hektar als Rebfläche, auf denen der kostbare Tropfen angebaut wird. Dabei handelt es sich übrigens um das nördlichste kommerzielle Weingut der Welt! Im Jahr 2002, dem ersten ernsthaften Erntejahr, wurden 500 Kilogramm Trauben gepflückt. Ziel ist es, in jeder Saison gut 15 000 Liter Wein herzustellen. Ein Problem ist allerdings das Monopol des schwedischen Staates auf Alkohol. Höherprozentiges ist nur in den Läden des »Systembolaget« erhältlich. Aber im kleinen Laden des Weinguts gibt es immerhin andere Köstlichkeiten zu kaufen.

WEITERE INFORMATIONEN
Gute Vingård AB: www.gutevingard.se

Die Bucht von Balka kann einen wunderschönen weißen Strand vorweisen, der vor allem bei Familien beliebt ist (oben). Die Rundkirche Nylars Kirke stammt aus dem 12. Jahrhundert und wurde früher auch zur Verteidigung genutzt (rechts unten).

12 Die Sonneninsel – Bornholm

Inselidylle aus dem Bilderbuch

Auf Bornholm kennt jeder jeden. Die 40 000 Einwohner gelten als eingeschworene Gemeinschaft, und viele Urlauber kommen immer wieder gerne her: wegen der Sonnengarantie, wegen der feinen Sandstrände und weil es Spaß macht, mit den Bornholmern gemeinsam »Bornholmer« zu essen. Nicht von ungefähr gilt die Insel als die einzig wahre »Perle der Ostsee«.

Sonne, nichts als Sonne. Festlandeuropa mag im Sommerregen versinken – auf Bornholm ist das kein Thema. Feigen- und Maulbeerbäume wachsen hier genauso wie Mandeln, und Weinbauern kelterten bis vor wenigen Jahren den geografisch nördlichsten Wein; jetzt sind es die Schweden. Tatsächlich weist die Statistik für die »Sonnenscheininsel« mehr Sonnenstunden aus als für das rund 80 Kilometer südlich gelegene Rügen. Und weil es hier auch wärmer als an der Nordsee ist, wissen auch die Jütland-Dänen ihre Ostsee-Insel zu schätzen. Neben den Deutschen bilden die dänischen Mitbürger die größte Urlaubergruppe auf der Insel, die eigentlich und genau genommen nichts mehr als ein gewaltiger Felsen in der Ostsee ist.

Südseeflair in der Ostsee

Die 158 Kilometer lange Küste umgrenzt eine Inselfläche, die in etwa so groß ist wie Hamburg. Die nordwest- und nordöstlichen Küstenlinien sind geprägt von Klipp- und Steilufern, in die sich viele Badebuchten einbetten. Auf der Südseite gibt es zwischen Dueodde und der Arnager-Bucht Südseefeeling: Hier ist der Sand so fein, dass er früher für Sanduhren verwendet wurde, und 2006 wurden der zehn Kilometer lange Strand und die Dünen bei Dueodde zum besten Strand Dänemarks ge-

Die Sonneninsel – Bornholm

kürt. Die sanft hügelige Landschaft im Inselinneren hat ihren wahren Höhepunkt im größten zusammenhängenden Waldgebiet Dänemarks, Amindingen genannt: Es ist der 162 Meter hohe Rytterknægten, den man kaum »Berg« nennen mag, der aber in dieser traumhaften Landschaft, die wie geschaffen ist für Radfahrer, herausragt. Mit ausreichend Kondition lassen sich auch noch zwei weitere Superlative Bornholms besuchen: Der mehr als 20 Meter hohe Wasserfall Døndalen im Nordosten ist Dänemarks höchster Wasserfall, und Hammershus gilt als größte Burgruine Nordeuropas. Über Jahrhunderte hinweg galt das mittelalterliche Gemäuer als Machtzentrum der Insel, auf der abwechselnd Dänen, Schweden und Deutsche regierten.

Die Kunstinsel

Bornholm ist ein beliebtes Domizil für Kunstschaffende und -liebhaber aus aller Welt, und die meisten der Maler, Glasbläser und Keramikkünstler haben sich auf einsamen Höfen niedergelassen. Kunst aus Glas und vor allem Keramik wurde hier schon im frühen 19. Jahrhundert kreiert, denn die Lehmerde der Insel gilt als besonders gutes Ausgangsprodukt. Und was dabei herauskommt, lässt sich am besten während einer Tour mit dem Kunsthandwerksbus erleben, mit dem man im Sommer die Werkstätten und Galerien auf der Insel besuchen kann. Da findet man leicht Urlaubsandenken, vor allem in Rønne, dem Hauptort, aber auch in den Touristenzentren Allinge und Svaneke, Nexø und Gudhjem, wo man unbedingt die »Sonne über Gudhjem« genießen sollte, ein traditionelles Heringsgericht.

Ein Muss: die Rundkirchen

Als Verdauungsspaziergang bietet sich der Besuch von Østerlars an, einige Kilometer südlich von Gudhjem gelegen und die größte der vier Rundkirchen der Insel. Es lässt sich trefflich darüber streiten, welche denn wohl die schönste der Insel sei, denn die Rundkirche Nylars bei Rønne belegt bei Touristen ebenfalls einen Spitzenplatz. Unstrittig ist dagegen, dass sie alle aus dem 12. Jahrhundert stammen und als Schutz vor Piraten dienten, die auf ihren Beutezügen auch vor Bornholm nicht haltmachten. So erklären sich die festungsartig verstärkten Außenmauern aus echtem Bornholmer Granit, der auch vermutlich die kommenden Jahrhunderte unbeschadet überstehen wird.

SONNE ÜBER GUDHJEM

Da läuft einem das Wasser im Mund zusammen: frisch geräucherter Hering, Dorsch und Heilbutt und dazu der Duft von kokelndem Buchen- und Erlenholz. »Bornholmer« heißt der besonders fette Hering, der zur »Sonne über Gudhjem« wird, serviert man ihn mit kräftigem Brot, Zwiebeln und Ei. Entlang der 140 Kilometer langen Inselküste wird überall kalt oder warm geräuchert. Der »Bornholmer« bekommt sein einzigartiges Aroma nur durch eine besondere Kombination der beiden Räuchermethoden. Prinzipiell ist das kalte Räuchern bei Temperaturen zwischen 20 und 30 Grad schonender als das Warmräuchern bei bis zu 80 Grad. Dafür dauert es kalt auch rund 15 und warm nur zwei Stunden. Einen Einblick in die Kunst des Räucherns gibt die Museumsräucherei in Hasle, natürlich darf man hier auch probieren.

WEITERE INFORMATIONEN
Mehr zur Bornholmer Räucherkunst:
www.bornholm.de/kulinarisch/raeuchern.html

Vor Rügen liegt das schmale Eiland Hiddensee mit dem berühmten Leuchtturm Dornbusch (oben). Der Ort Groß Zicker Ausbau wird auch »Rollmopshausen« genannt, da hier eine Fischfabrik stand. Diese musste mit der DDR weichen, der Fischfang blieb (rechts).

13 Ein Bild von einer Insel – Rügen

Lieblingsort von Künstlern und Urlaubern

Die größte und sonnigste deutsche Insel ist auch die beliebteste: Zu den knapp 80 000 Einwohnern auf Rügen gesellen sich jährlich stattliche 1,3 Millionen Urlauber, die vor allem in den Sommermonaten die Ostseeinsel bevölkern. Sandige Buchten, steile Kreidefelsen, Buchenwälder und muntere Orte machen den Reiz der tief von Bodden und Buchten zerklüfteten Insel aus.

Für die Schönheit der Insel waren offenbar schon Steinzeitmenschen empfänglich: Davon zeugen mehrere bis zu 5000 Jahre alte Hünengräber bei Lancken-Granitz auf halbem Wege von Putbus nach Göhren. Zwischen dem 8. und dem 12. Jahrhundert siedelten hier Slawen. An den slawischen Volksstamm der Ranen erinnern Überreste von Ringwällen, mit denen sie ihre Behausungen schützten. Später kamen die Dänen, dann die Schweden. Nach dem Wiener Kongress fiel Rügen mit Neupommern 1815 an Preußen. Auch die Nationalsozialisten fanden Gefallen an der Ferieninsel Rügen. Sie hinterließen mit dem gigantischen Betonriegel von Prora eine Bausünde, die kaum sinnvoll verändert oder aber abgerissen werden kann. Ein wesentlich schöneres Erbe sind die wunderbaren Alleen, die Rügen mit einer Gesamtlänge von 300 Kilometern durchziehen.

Vielfältige Landschaften

Zahlreiche Wanderstrecken überziehen Rügen: ein markiertes Wegenetz im Nationalpark Jasmund im Nordosten mit seinem Kontrastprogramm von weißen Kreidefelsen, grünem Buchenwald und blauem Meer oder Pfade durch Eichen- und Lindenwälder rund um den Rugard. Die zentrale Erhebung Rügens bringt es auf 91 Meter über N. N. Der Ernst-Moritz-

Europa

Reetdächer werden mit regional gewonnenem Schilfrohr gedeckt (unten). Autos gibt es auf Hiddensee keine, dafür aber Kutschen (ganz unten). Von der Steilküste vor Sellin bringt ein Aufzug die Besucher hinunter zur berühmten Seebrücke (rechts oben).

Arndt-Turm auf der Kuppe erhöht den Rugard-Blickpunkt um gut 25 Meter. Auf der westlich von Rügen gelegenen Insel Ummanz sind Routen ausgeschildert, die zu den besten Beobachtungsplätzen von Kranichen weisen. Steilufer wie bei Arkona, Stubbenkammer oder Göhren zeugen von der gewaltigen erodierenden Kraft des Meeres, das an anderer Stelle, etwa beim Buger Haken im Westen der Halbinsel Wittlow, Sand anträgt. Die stark zergliederte Küste misst insgesamt 570 Kilometer. Im Süden und Westen dominiert eine leicht gewellte Ebene, im hügeligen Nord- und Ostteil ragt der Piekberg 161 Meter hoch auf.

Rügens reizende Seebäder

Der »Rasende Roland«, eine dampfbetriebene Schmalspureisenbahn, schnauft seit 1895 zwischen Putbus, Binz, Sellin, Baabe und Göhren. Putbus hat seinen Namen von Wilhelm Malte I. zu Putbus. Der Fürst ließ seinen Residenzort 1810 in weißer klassizistischer Bäderarchitektur ausbauen und verhalf dem Ort damit zum Beinamen »Weiße Stadt am Meer«. Das Schloss existiert nicht mehr, aber der Ortskern um die Orangerie, der Marstall, in dem heute ein Theater residiert, und das Rathaus am Marktplatz lässt die vergangene Pracht erahnen. Binz ist Rügens bekanntestes Seebad und verfügt über eine vier Kilometer lange Strandpromenade, eine kleine Kunst- und Galerieszene und diverse Hotels. Das elegante Kurhaus ähnelt einem Adelspalais. Von der 370 Meter langen Seebrücke kann man auf die Ostsee schauen oder im Sommer Bootsausflüge zur Kreideküste unternehmen.

Das Jagdschloss Granitz südlich von Binz gehört zu den viel besuchten Ausflugszielen auf Rügen. Fürst Wilhelm Malte I. zu Putbus hatte sich hier 1836 ein Jagdschloss mit vier Ecktürmen und einem Mittelturm errichten lassen. Der aufwendig restaurierte Bau war bis 1944 in Privatbesitz und ist heute ein Museum. Weiter südlich streckt sich eine bewaldete Halbinsel in die Ostsee. Das frühere Fischerdorf Göhren hatte sich schon im 19. Jahrhundert zu einem eleganten Seebad gemausert. Weiße Ferienpensionen, eine 270 Meter lange Seebrücke und schöne Strände sind die werbeträchtigen Argumente des Badeortes. Vor Göhren liegt Deutschlands größter Findling im Meer.

Größenwahn aus Stein

Prora liegt nördlich von Binz. Das halb fertige Seebad wurde zwischen 1935 und 1939 ge-

baut: eine 4,5 Kilometer lange fünfstöckige Häuserblockreihe, die bis zu 20 000 »Kraft durch Freude«-Urlauber gleichzeitig aufnehmen sollte. Das gigantomanische Projekt der Nationalsozialisten steht seit dem Kriegsende als Fremdkörper in der Landschaft und verfällt langsam vor sich hin, derzeit sind jedoch Sanierungen für das denkmalgeschützte Monstrum geplant. Den Gebäudeabschnitt 15 belegt die Jugendherberge Prora, am südlichen Rand informiert das Dokumentationszentrum über den Mammutbau.

Ausflugsziele rund um Rügen

Die Natur steht im Mittelpunkt des neuen Erlebniszentrums nahe dem Kleinen Jasmunder Bodden, einer Lagune der Ostsee: Das Naturerbe Zentrum Rügen mit Baumwipfelpfad und 40 Meter hoher Aussichtsplattform informiert über die Ökosysteme Rügens – Wald, Ofenland und Feuchtgebiete.

Nicht weit entfernt, in Ralswiek, befand sich im Mittelalter ein wichtiger Hafen mit Handelsbeziehungen zu verschiedenen anderen Städten. Seit 1993 ziehen die jährlichen Störtebeker Festspiele viele Tausend Zuschauer zur Naturbühne des Ortes. Sassnitz war früher ein wichtiger Fährhafen. Die Personen- und Autofähren sowie die Frachtstrecken nach Skandinavien, Litauen und Russland werden inzwischen über moderne Anlagen in Neu Mukran abgewickelt. Der nette Fischereihafen ist Sassnitz geblieben, das mit dem Fischerei- und Hafenmuseum sowie einem U-Boot-Museum der Seefahrt verbunden bleibt. Zudem gilt der Ort als Ausgangspunkt für Ausflüge in den Nationalpark Jasmund und das Nationalparkzentrum Königsstuhl. Die alten Buchenwälder gehören zum UNESCO-Weltnaturerbe. Ein Hochuferweg führt elf Kilometer an der Kliffkante entlang bis zum Königsstuhl, dem bekanntesten der Kreidefelsen. Die Klippe ist durch das Bild »Kreidefelsen auf Rügen« von Caspar David Friedrich zu Weltruhm gelangt. Kap Arkona hat zwei Leuchttürme. Der eine wurde 1826 nach Plänen des preußischen Baumeisters Karl Friedrich Schinkel (1781–1841) viereckig und aus Backstein errichtet, er dient heute als Museum. Der andere sendet seit 1905 seine Lichtblitze aus. Die 45 Meter hohe Steilküste aus Geschiebemergel und Kreide des Kaps ganz im Norden gehört zu den beliebtesten Ausflugszielen. Hinter den Türmen erinnern die Überreste der Jaromarsburg, einer Tempelanlage, an die Ranen, die vor gut 1000 Jahren auf Rügen siedelten.

HIDDENSEE

Das teils nur 300 Meter schmale Eiland Hiddensee zieht sich auf 17 Kilometer Länge die Westküste von Rügen entlang. Fähren bringen Urlauber und die rund 1000 Einheimischen von Stralsund und Rügen auf die Insel. Autos sind tabu, so sind neben einer Buslinie Fahrräder und Kutschen die bevorzugten Verkehrsmittel. Hiddensee gehört überwiegend zum Nationalpark Vorpommersche Boddenlandschaft. Urlauber finden Ruhe, Sandstrände und Dünenheideflächen südlich des Ortes Vitte. Künstler und Intellektuelle entdeckten die Insel. Bertolt Brecht, Franz Kafka, Albert Einstein, Erich Heckel und Hans Fallada waren hier zu Gast, der Stummfilmstar Asta Nielsen besaß ein Haus in den Dünen und Gerhart Hauptmann liegt auf dem Inselfriedhof begraben.

WEITERE INFORMATIONEN
Seebad Hiddensee:
www.seebad-hiddensee.de
Nationalpark: www. nationalpark-vorpommersche-boddenlandschaft.de

Die Kreidefelsen im Nationalpark Jasmund sind stetigem Wandel unterworfen. Immer wieder lösen sich Teile der Klippen und stürzen ins Meer.

Europa

14 Trauminsel mit Friesenflair – Sylt

Sandstrand, Kultur und kulinarische Genüsse

Ein 40 Kilometer langer Sandstrand erstreckt sich von Norden bis zum Süden der Nordseeinsel Sylt, die schon seit mehr als 100 Jahren zu den beliebtesten Urlaubszielen Deutschlands gehört. Daneben gibt es friesische Kultur und Geschichte zu erforschen, viel Natur am Wattenmeer zu erkunden, attraktive Spitzenrestaurants und ein aufregendes Nachtleben zu entdecken.

Von Hörnum aus, das ganz im Süden liegt (unten) bieten sich eine Wanderung im Hörnumer Watt an. Wer Ruhe sucht, wird am Ellenbogen im Norden fündig: Das Naturschutzgebiet beherbergt wilde Schönheit (rechts).

Schon seit Mitte des 19. Jahrhunderts wissen Urlauber das Meer, die Landschaften und die gesunde Luft Sylts zu schätzen und pilgern an die weißen Strände. Damals gehörte die größte nordfriesische Insel, wie der Rest Schleswig-Holsteins, noch zum Einflussbereich des dänischen Königreiches.

Zu einem Drittel ist Sylt von Sand bedeckt. Wanderdünen, vom Westwind vorangetrieben, begruben einst ganze Dörfer unter unaufhaltsamen Sandmassen. Die sandige Dünenlandschaft ist heute überwiegend mit Strandhafer bepflanzt und steht unter Naturschutz.

Vom Ellenbogen bis zur Odde

Lange Strandspaziergänge und Entspannen gehören zu den populären Urlaubsvergnügungen auf Sylt. Wenn die Sonne abends spektakulär im Meer versinkt, ist klar, warum die lang gestreckte Insel jedes Jahr auch zu den Lieblingszielen von 850 000 anderen Urlaubern gehört. Rund 10 000 Strandkörbe bieten Schutz vor Sonne und Wind, die meisten konzentrieren sich an den Strandzugängen von Westerland, Wenningstedt und Kampen. Deren Bars wie das Samoa Seepferdchen und die Sansibar, die Strandpromenade von Westerland mit ihrer

Europa

Die »Reisende Riesen im Wind« von Martin Wolke sorgten bei ihrer Installation in Westerland für Furore. Heute gehören sie dazu (unten). Die berühmte »Sansibar« zieht Vergnügungssüchtige an (rechts oben), ebenso wie viele andere Locations (ganz unten).

Musikmuschel, »Wonnemeyer« oder »Gosch« am Kliff von Wenningstedt oder Kampens »La Grande Plage« sind beliebt. Strandspaziergänge der besonderen Art kann man ganz im Norden und an der Südspitze unternehmen. »Ellenbogen« nennt sich die einsame sandige Landzunge, die sich noch nördlich von List erstreckt. Die private Dünenlandschaft steht unter Naturschutz und ist für Spaziergänger frei zugänglich. Das Schwimmen im Meer ist hier wegen tückischer Strömungen überwiegend verboten, aber die Strandwanderung bis zur Spitze des Hakens mit Blick auf Rømø ist schon etwas Besonderes. Hörnumer Odde nennt sich die Landzunge ganz im Süden, die anders als ihr Pendant im Norden durch Stürme und Strömungen an Substanz verliert. Vorbei am Leuchtturm und mit Blick auf die Nachbarinseln Föhr und Amrum, lassen sich hier auf einer Bootstour mit etwas Glück Robben und Schweinswale ausmachen. Zu den Robbenbänken laufen regelmäßig Ausflugsdampfer vom Hörnumer Hafen aus.

Von Westerland an der Nordseeküste sind es rund 20 Kilometer bis zum nördlichen List, etwa genauso weit wie an die Südspitze bei Hörnum. Der Hindenburgdamm, der Sylt seit 1927 ganz im Inselosten über eine Eisenbahntrasse mit dem Festland verbindet, ist von Westerland rund 15 Kilometer entfernt.

Naturparadies im Norden

Große Inselflächen stehen seit Langem unter Naturschutz. Zwischen Westerland und Hörnum gedeihen in feuchtmoorigen Dünentälern seltene Pflanzen wie der fleischfressende Sonnentau. Allein 600 Schmetterlingsarten flattern im Sommer durch Sylts Lüfte. Sie laben sich auch am Nektar der Heide, die auf dem leicht erhöhten Geestrücken weitflächig gedeiht. Imposant sind das Rote Kliff mit seiner von Wind und Wellen gebeutelten Abbruchkante zwischen Wenningstedt und Kampen sowie das zwei Kilometer lange Morsum Kliff im ruhigeren Inselosten. Entlang der zusammengeschobenen Erdschichten passieren Besucher dort während eines Kurzrundgangs rund zehn Millionen Jahre Erdgeschichte.

Zugvögel legen auf der größten nordfriesischen Insel zu Hunderttausenden auf ihrem Weg vom Norden Skandinaviens oder Russlands in den warmen Süden und auf ihrer Rückreise eine Rast ein: im Rantumer Becken und im Königshafen bei List oder in anderen Marschgebieten auf der Insel.

Trauminsel mit Friesenflair – Sylt

Von Friesen und Fremden

Seit 700 n. Chr. leben Friesen auf Sylt und vielen anderen Inseln der deutschen und niederländischen Nordseeküste. Ihre Kultur wird auf Sylt von der »Söl'ring Foriining«, dem größten Heimatverein Schleswig-Holsteins, gehegt und gepflegt. Mehr als 2500 Sylter engagieren sich in der Vereinigung, die auch das Altfriesische Haus und das benachbarte Sylter Heimatmuseum in Keitum, den »Denghoog« in Wenningstedt sowie die Vogelkoje nördlich von Kampen betreut. Vor allem im Osten, zwischen Keitum und Morsum, wird noch Inselfriesisch als Umgangssprache gesprochen.

Seit mehr als 150 Jahren kommen Urlaubsgäste auf die Insel. Zu den vielen Inselbesuchern zählten von Beginn des Fremdenverkehrs an immer wieder mehr oder weniger prominente Zeitgenossen. Die Sozialistin Rosa Luxemburg gehörte dazu und der Schriftsteller Thomas Mann, sein Kollege Max Frisch, der Boxer Max Schmeling, die Schauspielerin Marlene Dietrich ebenso wie die Verleger Peter Suhrkamp, Ernst Rowohlt und Axel Springer. In den 1960er-Jahren erwarb sich vor allem Kampen den Ruf eines Sündenbabels mit wilden Strandfeten bei Buhne 16 mit Gunter Sachs oder Udo Jürgens. Die heutige Szene ist etwas weniger mondän; Schlagersänger und verblasste Sportgrößen halten sich an ihren Kelchen mit dem Sylter Modegetränk, Champagner-Bier, fest.

Genuss zu jeder Jahreszeit

Sylt hat sich zu Deutschlands kulinarischer (Strand-)Hochburg entwickelt. Wo früher Schweinskopfsülze zu einem Krug Warmbier serviert wurde, rühren heute Sterneköche in ihren Töpfen und exzellente Restaurants servieren internationale Gerichte. Dazu kommt frischer Fisch, vor allem von den Inselmatadoren Blum und Gosch, die Imbisse und Restaurants in mehreren Orten unterhalten.

Vor allem in der sommerlichen Hochsaison kann es auf Sylt voll werden; dann sind die Inselherbergen, vom Luxusresort bis zur einfachen Pension, ebenso wie die Strandkörbe zwischen Westerland und Kampen gut belegt. Auch zwischen Weihnachten und Neujahr, wenn hin und wieder der Ostwind die Insel mit Frost überzieht, hat Sylt Saison.

FRIESISCHE ROMANTIK IN KEITUM

Einst war Keitum der bedeutendste Inselort mit Hafen, prächtigen Kapitänshäusern und den meisten Einwohnern aller Inselgemeinden. Doch längst haben ihm die Seebäder an der Westseite den Rang abgelaufen. Heute präsentiert sich Keitum als das grüne Herz der Insel, mit mächtigen Linden, 100-jährigen Kastanienbäumen, blühenden Büschen und Hecken. Hier stehen noch viele alte reetgedeckte Friesenhäuser, in einige sind Landhotels oder Kunsthandwerksläden eingezogen. Dennoch hat die Gemeinde ihren friesischen Charakter nicht verloren. Ein schönes traditionelles Haus aus der reichen Walfängervergangenheit Sylts ist der »Mühlenhof« aus dem Jahr 1730. Besonders beliebt sind Keitums Mittwochskonzerte in der romanischen Kirche St. Severin, dem ältesten Sakralbau Schleswig-Holsteins.

WEITERE INFORMATIONEN

St. Severin: www.st-severin.de
Überblick über Orte und Veranstaltungen: www.insel-sylt.de

Radfahren ist die beste Methode, um Amrum zu erkunden, wie hier auf dem Deich vor Steenodde (oben). Weiß-rot leuchtet der Leuchtturm Amrum seit 1874 über die gleichnamige Insel (rechts).

15 Friesenkultur und Freiheitsgefühle – Amrum

Ein Strand, fast so groß wie die Insel selbst

Das Festland 20 Kilometer entfernt, den Rest der Welt einfach komplett vergessen. Durchatmen in einer Landschaft aus fast grenzenlosem Strand, Dünen, Wald, Heide und Wiesen. Besondere Inselmerkmale entdecken wie das Öömrang Hüs, den »Sprechenden Friedhof« und den bilderbuchschönen Leuchtturm – Sylts südliche Nachbarinsel Amrum hat ihren eigenen Charakter bewahrt.

Strand und Dünen, wohin man schaut: Ungefähr die gesamte Westhälfte von Amrum ist Natur pur. Mit dem Kniepsand hat die Insel einen der breitesten und schönsten Sandstrände Europas. Er ist 15 Kilometer lang und bis zu 1,5 Kilometer breit und nimmt damit tatsächlich fast die Hälfte Amrums ein. Rein geologisch gesehen gehört der Strand allerdings nicht zur Insel, sondern er ist ihr nur als Saum vorgelagert. Davon bemerken Besucher heute nichts mehr, denn der Kniepsand geht unmittelbar in die Dünenlandschaft der Westküste über. Das war noch in den 1960er-Jahren anders, als ein Wasserlauf, ein Priel, den Strand von Amrum trennte. Nach Prognosen von Experten wird er in den kommenden Jahrzehnten noch weiter um die Amrumer Odde – die Nordspitze – wandern.

Spaziergänge in den Dünen

Auf dem Holzweg zu sein, bedeutet auf Amrum keineswegs, sich getäuscht zu haben. Vielmehr ermöglichen die Bohlenpfade mühelose Spaziergänge durch die geschützte Dünenlandschaft. Oftmals führen die Plankenwege von den Ortschaften oder der Inselstraße direkt zum Kniepsand. Doch es lohnt sich auch, ihnen parallel zur Küste zu folgen. So gelangt man zum Dünensee Wriakhörn, einem Süßwassersee, an dem viele Vögel zu beobachten

Europa

Im Norden liegt, natürlich, Norddorf mit dem bei Windsurfern beliebten Strand (unten). Das Öömrang Hüs versetzt den Besucher in das 18. Jahrhundert (ganz unten). Nur mit Guide aufs Watt: Er kennt sich aus und weiß Interessantes zu berichten (rechts).

sind. Insgesamt breitet sich das Dünengebiet über 700 Hektar Fläche aus, es besteht aus verschiedenen Dünentypen und feuchten Dünentälern. Ihre große botanische Vielfalt und die Besonderheiten der Pflanzen werden bei Führungen der Schutzstation Wattenmeer erläutert. Amrums Wahrzeichen, der 1875 errichtete Leuchtturm, krönt die Dünenlandschaft. Rotweiß geringelt sieht er aus wie dem Bilderbuch entsprungen. Grandios ist auch die Aussicht, die sich von seiner Plattform bietet, denn zusammen mit der Düne, auf der er steht, erreicht der Turm eine Höhe von fast 68 Metern. In den Dünen zwischen Wittdün und dem Leuchtturm gibt es in herrlicher Lage einen Campingplatz.

Zwischen Watt und Waterkant

Die Fähre, die Besucher nach Amrum bringt, legt in Wittdün an. Das Nordseeheilbad an der Südspitze der Insel ist daher auch am stärksten vom Tourismus geprägt. Nördlich der Fahrrinne erstreckt sich das bei Ebbe teils trockenfallende Wattenmeer, und gegenüber ist die Insel Föhr zu erkennen. Während auf dieser Seite Wattwanderungen zu den bevorzugten Aktivitäten zählen, so breitet sich an Amrums Westküste der Strand in Richtung der offenen Nordsee aus, die hier auch hohe Wellen schlagen kann. Für Wellness und Badespaß bei jedem Wetter gibt es in Wittdün das Amrumspa und das AmrumBadeland.

Von Wittdün aus sind es über die Inselstraße fünf Kilometer bis Nebel. Das Friesendorf in der Inselmitte bezaubert mit Reetdachhäusern, gemütlichen Cafés und Restaurants und kleinen Läden. Besonders sehenswert ist das Öömrang Hüs, so benannt nach dem friesischen Inseldialekt Öömrang. In dem Friesenhaus aus dem 18. Jahrhundert sind mehrere Räume zu besichtigen, unter anderem die Wohnstube mit dem gusseisernen Beilegerofen, einem sogenannten »Bilegger« von 1681, vor einer Kachelwand, die ein Schmackschiff zeigt. Dem Kapitän des Küstenseglers gehörte einst das Haus. Zwei kurze Alkovenbetten erinnern daran, dass die Stube auch als Schlafraum genutzt wurde. Es gibt dort außerdem jährlich wechselnde Ausstellungen.

Den Mittelpunkt des Dorfes bildet die weiße St.-Clemens-Kirche aus dem 13. Jahrhundert, umgeben von einem »Sprechenden Friedhof«. Er wird so genannt, weil auf den Grabsteinen die Geschichten der hier beerdigten Seeleute stehen. Halbreliefs mit den Darstellungen von

Stürmen und Schiffsunglücken untermalen die Schilderungen. Sehenswert ist auch die Windmühle auf dem hohen Geesthügel des Dorfes, die ein weiteres Heimatmuseum beherbergt.

Naturerlebnisraum Vogelkoje

Ein schöner Spaziergang führt zur Vogelkoje Meerarm, eine ehemalige Fanganlage für Wildenten. Ursprünglich wurden die Vögel in die mit Netzen überspannten Seitenarme des Kojenteichs gelockt. So fing man im Zeitraum von 1866 bis 1936 fast 500 000 Wildenten. Inzwischen aber landen hier längst keine Vögel mehr in den Reusen, vielmehr stellt das Gelände nun ein wertvolles Brut- und Rastgebiet für viele Vogelarten dar. Seit 2011 ist die Vogelkoje zum Naturerlebnisraum gestaltet. Ein Bohlenweg führt vorbei an Infostationen. So erfahren die Besucher mehr über das Fangsystem, die künstliche Teichanlage, die Jagdmethoden und über »Kojenmann« und »Kojenhund«. In den Erlebnisraum einbezogen wurden außerdem archäologische Fundstätten der nahen Umgebung. Ein Kinderspielplatz und ein Damwildgehege bereichern das Ausflugsziel.
Über die Funktion des »Kojenmanns« – der Person, die seinerzeit für die Fanganlage zuständig war – berichtet eine Ausstellung im Naturzentrum Norddorf. Wie es der Name nahelegt, handelt es sich um die nördlichste Gemeinde auf Amrum. Das Naturzentrum liegt am Ortseingang.

Norddorf und die Amrumer Odde

Die Amrumer Odde, also die Nordspitze der Insel, ist ein Natur- und Vogelschutzgebiet, das ein Vogelwart des Vereins Jordsand in der Brutzeit betreut und bewacht. Besucher können es bei Führungen durchstreifen. Amrum zählt zum Hauptbrutgebiet der Eiderente. Außerdem bauen Austernfischer, Brandgänse, Küstenseeschwalben und verschiedene Möwenarten am Strand, in den Dünen oder am Wattenmeer ihre Nester. Hinzu kommen während der Zeit des Vogelzugs riesige Schwärme von gefiederten Gästen wie Knutt, Ringelgans oder Sanderling. Von der Odde aus starten auch die geführten Wattwanderungen nach Föhr, denn hier ist der Weg zur Nachbarinsel am kürzesten. Auch Norddorf selbst lohnt den Besuch. Es vereinen sich der alte Ortskern nahe dem Wattenmeer und ein modernerer Teil im Westen. Hier geht es über einen Fuß- und Radweg direkt an den Badestrand, die nördliche Verlängerung des Kniepsand, dem man von hier aus bis ans Südende der Insel folgen kann.

DURCH DAS WATT NACH FÖHR

Von Insel zu Insel laufen: Das geht nur im Wattenmeer und ist selbst dort etwas Besonderes. Die Tour von der Amrumer Odde nach Dunsum auf Föhr gilt als die »Perle unter den Wattwanderungen«. Für die rund acht Kilometer lange Strecke benötigt man drei bis vier Stunden. Den Rücktransport übernimmt die Fähre. Der Guide kann die Lage am besten einschätzen und weiß viel Interessantes über den besonderen Lebensraum zu berichten. Ohnehin lautet der dringende Rat: Immer, auch bei kürzeren Wanderungen, nur mit einem ortskundigen Wattführer laufen. Die Kraft und Schnelligkeit des Wassers wird oft unterschätzt. Der Start der fast täglich angebotenen Wattwanderungen ist gezeitenabhängig.

WEITERE INFORMATIONEN

Amrums Nationalpark-Wattführer Dark Blome: www.der-insellaeufer.de
Wattführer Reinhard Boyens: www.wattwandern-amrum.de
Tourismusinformation: www.amrum.de

Europa

16 Mehrfach erobert – Die Îles d'Hyères

Drei Perlen im Meer

An dem traumhaften Abschnitt der Côte d'Azur zwischen Hyères und Le Lavandou liegen vor der Küste Porquerolles, Port-Cros und Le Levant. Hier ist Wandern angesagt, denn Autos sind auf den drei Inseln verpönt und Fahrräder nur auf Porquerolles erlaubt. Porquerolles ist die größte, Le Levant die steinigste und Port-Cros die bergigste Insel. Welche die schönste ist, muss jeder selbst entscheiden.

Vom Fort Sainte Agathe aus dem 16. Jahrhundert hat man einen wunderbaren Blick über Porquerolles und die vorgelagerte Bucht (unten). Die Inseln bieten 24 Wanderrouten, auf denen es durch Kiefernwälder und an Steilküsten entlang geht (rechts oben).

Bis sie im 16. Jahrhundert vertrieben wurden, nutzten Piraten die Inseln als Unterschlupf und starteten von dort ihre Kaperfahrten. Anschließend profitierte das Militär von der strategisch günstigen Lage der Inseln. Es erbaute dort Festungen, um die Küste vor feindlichen Angriffen zu schützen. Erobert werden die Inseln aber erst seit einigen Jahrzehnten – durch die Touristen. Die allermeisten sind Tagesgäste, da es auf der Insel nur wenige Übernachtungsmöglichkeiten gibt. Am besten kommt man deshalb außerhalb der Saison im Frühling oder Herbst.

Auf Porquerolles

Porquerolles gehörte ab den 1930er-Jahren dem belgischen Ingenieur Jean-François-Joseph Fournier, dessen Erben die Insel 1971 an den französischen Staat verkauften. In der Folge wurde sie unter Naturschutz gestellt und ein Waldstreifen als Feuerschutzschneise gerodet. Dort pflanzte der Elsässer Winzer Laurent Vidal 1985 Reben und gründete damit seine Domaine de la Courtade. Porquerolles ist sieben Kilometer lang, 2,5 Kilometer breit und damit die größte der Îles d'Hyères. Während auf ihrer Südseite das Ufer steil abfällt, liegen

Mehrfach erobert – Die Îles d'Hyères

HIER STIMMT DIE LEISTUNG

Porquerolles und Port-Cros sind nicht gerade billig. Zu viele Besucher bei zu wenigen Betten treiben die Preise enorm nach oben. Daher sind Hotels in der Regel auch nur mit Halbpension zu buchen. Wenn dann wenigstens die Leistung stimmt, kann man glücklich sein. Die Auberge des Glycines auf Porquerolles lohnt einen mehrtägigen Aufenthalt: Die Preise halten sich vergleichsweise noch in Grenzen, die Zimmer sind angenehm. Das Restaurant zeigt sich in provenzalischem Dekor und auch die Küche ist provenzalisch inspiriert. Sie serviert Deftiges wie *daube* (Rinderschmorbraten), aber natürlich vor allem verschiedenste Meeresfrüchte (Seeigel!) und fangfrischen Fisch.

WEITERE INFORMATIONEN
Auberge des Glycines:
www.auberge-glycines.com
Nationalpark Port-Cros:
www.portcros-parcnational.fr
Tourismusinformation:
www.hyeres-tourisme.com

auf der Nordseite etliche Sandstrände. Vom Sandstrand La Courtade lohnt ein Abstecher zur gleichnamigen Villa, um dort die große Sammlung zeitgenössischer Kunst der Fondation Carmignac zu bewundern, darunter Werke von Andy Warhol und Roy Lichtenstein. Sehenswert ist auch das Fort Saint-Agathe. Es wird von einen 15 Meter hohen Turm mit vier Meter dicken Mauern überragt. Der auf der Insel gelegene Ort Porquerolles hat nichts Provenzalisches an sich. Die Place d'Armes mit Hotels, eine schlichten Kirche und einige Fischerhäuser – das war's. Interessanter ist das südwestlich gelegene botanische Konservatorium, das sich den Erhalt der mediterranen Flora zum Ziel gesetzt hat.

Nationalpark für Land und Meer

Die Île de Port-Cros besitzt den kleinsten Nationalpark Frankreichs. Er schützt die Insel und die sie umgebenden Gewässer. Hier darf man weder Feuer machen noch campen, Pflanzen sammeln, fischen, Fahrrad fahren oder die vorgegebenen Wege verlassen. Dennoch stellen die Touristenmassen eine Bedrohung für die Natur dar: Die Insel zählt jährlich etwa 600 000 Besucher – und hat nur ein einziges Hotel mit 21 Zimmern. Das geschützte Meer rund um Port-Cros ist ein Paradies für Taucher. Hier kann man Zackenbarsche beobachten, aber auch Barrakudas, Zahnbrassen und Doraden von enormer Größe. Das Seegras bildet hier eine regelrechte Untersee-Prärie und bietet Lebensraum für 70 Fischarten, Seepferdchen und Meeresschnecken. Auch Vögel lieben die Insel und haben sie zu ihrem Brutplatz erkoren, wie der Mittelmeersturmtaucher.

Für ausdauernde Spaziergänger empfehlen sich der zwei Stunden lange Weg im Vallon de la Solitude oder der Zehn-Kilometer-Rundweg vom Hafen bis zur östlichen Spitze Port-Man und zurück. Attraktionen im Norden sind die Plage de la Palud, das unter Richelieu erbaute Fort de l'Estissac und der 300 Meter lange Pfad vom Strand bis zur Mini-Insel Rascas. Der Weg verläuft unter Wasser vorbei an Infotafeln, die dafür notwendige Ausrüstung kann man sich ausleihen. Die dritte Insel, Le Levant, ist zu 90 Prozent militärisches Sperrgebiet, der restliche Teil ist ein Revier der Nudisten.

Murano, das Zentrum der Glaskunst, wartet mit bilderbuchhaften Gässchen und Kanälen auf und macht dem benachbarten Venedig damit Konkurrenz (oben).

17 Nicht nur Glas – Murano

Bunte Insel vor Venedig

Seit Jahrhunderten wird auf der Insel Murano in der Lagune von Venedig Glas geblasen. Noch heute schaffen Künstler hier gläserne Meisterwerke. Doch die Insel mit ihren farbenfrohen Häusern bietet noch viel mehr als Glasbläsereien und Geschäfte mit Glasobjekten.

Murano ist eine Art Kleinvenedig – allerdings ohne Paläste. Auf dieser Insel geht es gemütlicher und weniger touristisch zu. Kleine und schmale Gassen mit niedrigen Häusern locken zum Bummeln und Kaffeebars und Trattorien zum Verweilen. Die wichtigste Kirche ist Santa Maria e San Donato. Sie wurde in dem für die Lagune von Venedig typischen byzantinisch-venezianischen Stil errichtet und erinnert deshalb an Kirchen, wie man sie sonst nur in Istanbul zu sehen bekommt. Das Gotteshaus wurde im 12. Jahrhundert errichtet, mit marmornen Säulen im Innenraum, die von aufwendig gestalteten Kapitellen geziert werden. Der Fußboden ist eines der schönsten Mosaikwerke der Lagune. Auch die Wandmalereien stammen aus dem Mittelalter, während die Skulpturen, etwa die des Taufbeckens von Lazzaro Bastiani, während der Renaissance geschaffen wurden. Aus dem 14. Jahrhundert stammt der prächtige Palazzo Da Mula mit Architekturelementen aus dem Byzantinischen Reich. Die hatte man dort gestohlen, wie auch die Quadriga auf der Markuskirche 1204 von Venezianern auf dem Weg ins Heilige Land aus Konstantinopel geraubt wurde.

Ein Höhepunkt auf Murano ist das Museo dell'Arte Vetraria. Untergebracht im Palazzo Giustinian wird hier Glaskunst aus der Zeit vom 2. Jahrhundert bis heute ausgestellt. Interessant sind vor allem das antike Glas und Glasgegenstände aus dem Mittelalter. Auch Glaskunst aus Spanien, dem Deutschen Reich und aus Böhmen ist zu sehen.

18 Fast schon ein Insidertipp – Burano

Das unbekannte Gegenstück zu Murano

Im Gegensatz zur Insel Murano ist die Insel Burano weniger besucht. Nicht etwa, weil sie weniger reizvoll ist, sondern weil sie weiter entfernt liegt von Venedig, rund zehn Kilometer Luftlinie vom Markusplatz. Und doch ist dieses Eiland ein Geheimtipp.

Bunte Häuser sind typisch für Burano (oben), das eigentlich aus vier durch Brücken verbundene Inseln besteht.

Während auf Murano die Glaskunst zum Haupterwerbszweig wurde und den Menschen dort jahrhundertelang Brot und Arbeit bescherte, werden auf Burano seit Jahrhunderten *merletti* hergestellt. Das sind Klöppelarbeiten, die heute leider ziemlich unmodern geworden sind. Aber wenn man sich in verschiedenen Geschäften auf dieser Insel die Arbeiten anschaut, erkennt man, dass diese fein gearbeiteten Stoffstücke kostbares Kunsthandwerk sind, das auch in zeitgenössischen Wohnungen reizvoll sein kann.

In einem gotischen Gebäude auf Burano ist das Museo del Merletto untergebracht. Dort können Halskrausen aus früheren Jahrhunderten bestaunt werden, die nur dank der Klöppelarbeiten zu wahren Kunstwerken wurden. Ganz zu schweigen von Merletti-Tischdecken, wie sie während des Barock auf den Tischen der Gutbetuchten nicht fehlen durften. In der Schule der Klöppelarbeiten, die zum Museum gehört, begreift man, wie viel Fingerspitzengefühl dieses Kunsthandwerk erfordert. Im malerischen Städtchen Burano scheint die Zeit stillzustehen. Vor allem an späten Nachmittagen, wenn nur noch wenige Besucher auf der Insel sind und die bunt angemalten, kleinen Wohnhäuser in der Sonne zu leuchten scheinen. Kein Wunder, dass noch heute viele Maler diese Insel aufsuchen. Lohnend ist auch ein Ausflug von Burano auf die Insel San Francesco del Deserto. Eine wie verlassen liegende Insel mit uralten Zypressen und einem Franziskanerkloster aus dem 12. Jahrhundert.

Europa

19 Grüne Insel im Tyrrhenischen Meer – Elba

Magnet für Besucher aus aller Welt

Elba ist nach Sizilien und Sardinien Italiens größte Insel und ein Urlaubsziel von internationalem Ruf. Eine bezaubernde Natur, herrliche Sandstrände und steile Klippen, azurblaues, glasklares Wasser, mediterrane Macchia und mildes Klima, eigener Wein und traditionelle Gerichte, Kunst und eine jahrtausendealte Geschichte tragen das Ihre dazu bei.

In Portoferraio hat man einen wunderbaren Blick auf die Forte Stella und das Meer von der 79 Meter hoch gelegenen Forte Falcone (unten). Es gibt zahlreiche Bootstouren: ob mit dem klassischen Segelboot (rechts) oder dem Glasbodenboot Nautilus.

Elba liegt knappe zehn Kilometer vom Festland entfernt und ist direkt von Piombino aus mit der Fähre zu erreichen. Die Insel ist mit 224 Quadratkilometern Fläche die größte der sieben Hauptinseln des Toskanischen Archipels. Insgesamt 147 Kilometer Küsten mit über 150 zugänglichen Stränden und Buchten sorgen für Abwechslung und Vielfalt. Die 32 000 Bewohner verteilen sich auf acht Gemeinden. Elba ist vorwiegend eine gebirgige Insel. Der höchste Punkt ist der 1018 Meter hohe Monte Capanne. Teils wild, steil und zerklüftet und dann wieder sanft zum Meer abfallend präsentiert sich die Landschaft. Im zentralen Teil der Insel werden Wein und Oliven kultiviert. Im Osten hat der seit Jahrtausenden betriebene Abbau von Eisenerz seine Spuren hinterlassen.

Das Rad der Geschichte

Es gibt kaum eine Kultur im Mittelmeerraum, die der Insel im Lauf der Geschichte nicht ihren Stempel aufdrückt. Zum einen ist es das Eisenerz, das für großes Interesse sorgt, zum anderen die strategisch günstige Lage. Nach dem ligurischen Stamm der Ilvaten erwirtschaften die Etrusker ab 750 v. Chr. mit dem Eisenerzabbau und dem Handel mit Eisen große Vermögen. Diverse Nekropolen, die Über-

Europa

Elba hat sieben Gemeinden, das kleine Capoliveri besticht durch malerische Gassen (unten). Der Strand Cavoli besteht aus grobkörnigem Sand, der nicht an der Haut haftet (ganz unten). In einer natürlichen Bucht liegt Porto Azzurro (rechts).

reste von Brennöfen und Siedlungsgebieten erinnern noch heute an diese Periode. Zwischendurch besetzten die Griechen die Insel. Aristoteles berichtet von *Aithalia*, der funkensprühenden Insel. Im Jahr 246 v. Chr. erobern die Römer die Insel und geben ihr den Namen *Ilva*. Rund 800 Jahre lang ist sie ein Teil des Römischen Reiches und seiner Nachfolger – dem Ostgotenreich und Byzanz.

Im Mittelalter nutzt Pisa die Rohstoffe der Insel. Unter anderem stammen die imposanten Granitsäulen auf der Piazza dei Miracoli in Pisa von Elba. Auch sonst prägen die Pisaner das Bild der Insel, indem sie beeindruckende Kirchen im romanisch-pisanischen Stil errichten sowie die Festung von Marciana Marina und die Burg von Volterraio erbauen. 1548 übernimmt Florenz unter der Herrschaft der Medici und Cosimo I. die Macht auf der Insel. Cosimo I. tauft den Ort gleich *Cosmopoli*: »die Wiege der Zivilisation und Kultur, ein Beispiel von Ausgeglichenheit und Rationalität«. Die Spanier besetzen bald darauf Porto Azzurro und teilen sich die Macht mit Florenz. Sie erbauen die mächtige Festung San Giacomo.

Im 18. Jahrhundert strecken Österreich, Deutschland, England und Frankreich ihre Fühler nach der Insel aus. Diese wird schließlich im Vertrag von Fontainebleau am 11. April 1814 als Fürstentum mit »souveränem Besitz und Hoheitsrecht« Napoleon Bonaparte zugesprochen. Napoleon landet am 4. Mai 1814 auf der Insel und die Stahlindustrie wird wieder angekurbelt. Im Zweiten Weltkrieg setzen Bombenangriffe – zuerst vonseiten der Deutschen, dann von den Amerikanern – der Insel schwer zu. In den 1960er-Jahren werden die ersten Weichen für den aufkommenden Tourismus gestellt, heute mit großem Abstand der Wirtschaftsfaktor Nummer eins auf Elba. 1982 wird die letzte Eisenmine geschlossen.

Portoferraio, die Stadt Cosimos I.

Der Hauptort, Portoferraio, hat 12 000 Einwohner. Noch heute prägen die florentinischen Befestigungsanlagen das Stadtbild. Vom Hafen ausgehend beginnen die Militäranlagen mit der Porta a Terra und der Bastion Palle di Sotto. Danach beeindruckt der Fronte di Terra oder d'Attacco mit seinen verschiedenen Ebenen, vielen Tunnels und zwei Pulverlagern. Ihm schließt sich der Forte Falcone an. Von hier aus ist es nicht weit bis zur Casa Napoleonica, der Palazzina dei Mulini. Napoleons ehemalige Residenz ist heute ein Museum, das

zahlreiche persönliche Besitztümer des Herrschers präsentiert. Weiter geht es nun hinauf zum Forte Stella mit dem Leuchtturm. An der Piazza della Repubblica stehen der Dom aus dem 16. Jahrhundert und der Palazzo Comunale – die ehemalige Großbäckerei wird auch *biscotteria* genannt. Über die Porta a Mare geht es zurück zum Hafen. Linker Hand befindet sich die Fortezza della Linguella mit dem Archäologischen Museum.

Von Portoferraio nach Marina di Campo

Wir verlassen Portoferraio in Richtung Westen. Sechs Kilometer außerhalb steht die Sommerresidenz Napoleons, die Villa Napoleonica di San Martino. Biòdola und Procchio laden mit ihren weitläufigen Sandstränden zum Badeurlaub ein. Marciana Marina bietet längs der Promenade bunte Unterhaltung.
Die Fahrt durch dichte Kastanien- und Eichenwälder hinauf zu den Bergdörfern Poggio und Marciana gibt den Blick frei auf den Monte Capanne. Von Marciana fährt eine Seilbahn auf den Berg. Ein Spazierweg führt zum mittelalterlichen Santuario della Madonna del Monte. Im Archäologischen Museum im Palazzo Pretorio in Marciana sind wertvolle Fundstücke aus der Gegend ausgestellt. Über eine atemberaubende Küstenstraße geht die Fahrt rund um den Monte Capanne weiter bis zur äußersten Westspitze der Insel, der Punta Nera. Herrliche Sandstrände wechseln sich hier mit felsigen Klippen und romantischen Buchten ab. Ausnehmend schön sind die Strände von Fetovàia, Seccheto und Càvoli.

Von Portoferraio nach Porto Azzurro und Rio Marina

Der Weg Richtung Osten führt vorbei an Weinbergen in die Ortschaft Le Grotte. Dort befinden sich die Reste einer 2000 Jahre alten Patriziervilla. Porto Azzurro mit seiner glitzernden Bucht und seinem kleinen Hafen ist eine wahre Bilderbuchschönheit. Die von den Spaniern um 1600 erbaute grandiose Fortezza di San Giacomo di Longone dominiert die Ortschaft. Capolivieri thront auf einer Anhöhe über den Stränden Innamorata und Straccoligno und hat sich vom einstigen Bergbaudorf zum Ferienort entwickelt. Der Badeort Rio Marina bietet heute ein sehenswertes Bergbau- und Mineralienmuseum. Zum Abschluss der Rundreise: Tauchen und Schnorcheln, Segeln und Kajakfahren in den kristallklaren Wassern oder Wandern und Trekking im Inneren der Insel – Elba hat für jeden etwas zu bieten.

EINE INSEL MIT GESCHMACK

Die Küche ist ursprünglich arm, dafür aber reich an Vielfalt und Geschmack. An der Ostküste finden wir orientalische Einflüsse wie die *schiaccia briaca*, den »beschwipsten Kuchen«. Die Spanier steuern die *sburrita* mit Stockfisch und den Gemüseeintopf *gurguglione* bei. Für Napoleon wurde das Fischgericht *cacciucco* aufgetischt. Toskanische Spezialitäten wie *polpo lesso* (Krake) überzeugen. Und *cardanello* (geschmorte Innereien der Ziege), *fegatelli* (gebratene Schweineleber) und *frittata dell'orto* (Omelette mit Gemüse) finden wir noch heute auch im Inneren des Landes. Hinzu kommt die uralte Weinbautradition auf Elba mit spannenden einheimischen Rebsorten wie Procanico und Sangioveto, Aleatico, Moscato und dem raren Ansonico.

WEITERE INFORMATIONEN
Tourismusinformation:
www.elba-online.com
Aktuelles und mehr:
www.virtualelba.it

Hier herrscht ein kleiner Maßstab vor: So kann der größte Ort der Insel, Giglio Porto, gerade einmal 600 Einwohner vorweisen (oben). Auf der linken Seite des Hafens steht der im 16. Jahrhundert erbaute Sarazenenturm (rechts unten).

20 Bunte Insel, blaues Meer – Giglio

Ziegen oder Lilien?

Die Isola del Giglio ist ein zauberhaftes Eiland, in dessen mildem Klima vor allem im Frühling ein Meer von Wildblumen gedeiht. Dazu passt, dass sich sein Name mit »Lilieninsel« übersetzen lässt – obwohl er eigentlich auf dem altgriechischen Wort für »Ziege« beruht. Doch egal, ob Blume oder Herdentier: Giglio ist eine kleine, facettenreiche Welt mit Charakter, die jederzeit einen Besuch lohnt.

Dass zur Toskana neben dem beliebten Reiseziel Elba noch sechs weitere kleinere Inseln gehören, ist vielen Urlaubern nicht bewusst. Die Isola del Giglio, 18 Kilometer vor dem Festland gelegen, nimmt im Toskanischen Archipel den zweiten Rang ein, was Größe, Bekanntheitsgrad und Besucherzahlen betrifft. Man erreicht sie ganz bequem mit der Fähre von Porto Santo Stefano auf der Halbinsel Monte Argentario aus.

Mondänes Ferienparadies

Der 635 Meter hohe Monte Argentario war einst selbst gänzlich von Wasser umgeben, später bildeten vom Fluss Albegna angespülte Sedimente mehrere Verbindungen zum Festland, über die seit 1824 auch eine Straße führt. Die beiden Orte Porto Santo Stefano und Porto Ercole sind vor allem in den Sommermonaten sehr gut besucht. Mit ihren Jachthäfen, Luxusherbergen und Edelrestaurants haben sie sich in den vergangenen Jahrzehnten als äußerst beliebte Urlaubsdestinationen der italienischen High Society etabliert. In der Hochsaison gilt auf den Uferpromenaden uneingeschränkt die Parole »sehen und gesehen werden«, in den Hafenbecken lassen sich elegante Segler und schnittige, mit allen Extras ausgestattete Motorboote bestaunen und für das Urlaubsalbum fotografieren.

Bunte Insel, blaues Meer – Giglio

Eine Welt für sich

Mit der Überfahrt auf die von 1440 Menschen bewohnte Isola del Giglio lässt man den größten Teil des Festlandtrubels hinter sich. Der etwa 21 Quadratkilometer große Granitfels, der bis zu 498 Meter aus dem Tyrrhenischen Meeres ragt, bildet einen Mikrokosmos mit malerischen kleinen Badebuchten, einsamen Wanderpfaden inmitten einer üppigen Pflanzenwelt und drei sehenswerten Ortschaften, die von individuellem Flair und einer jeweils eigenen Mentalität geprägt sind. Die Fähre legt in Giglio Porto an, einem hellen und freundlichen Hafenstädtchen. Seine Einwohner nennen sich *Portolani* – in Abgrenzung zu den seit jeher im Inselinneren ansässigen Gigliesi. Die Vorfahren der Portolani sollen eingewanderte Süditaliener gewesen sein, und aus der alten Heimat haben sie vielleicht auch die Verehrung für den Schutzpatron Giglios, den heiligen Mamilianus von Palermo, mitgebracht. Es heißt, er habe maßgeblich zum Wunder des 18. November 1799 beigetragen, als die tapfere Inselbevölkerung einen Piratenüberfall der Sarazenen abwehren konnte. Von Giglio Porto schlängelt sich die Straße hinauf zum Hauptort der Insel, nach Castello. Seinen mittelalterlichen Charakter erhält dieser nicht nur durch die Stadtmauer aus dem 12. Jahrhundert, die dahinterliegenden engen Gassen und uralten Steinhäuser, sondern auch durch die stolz über allem thronende Festung Rocca aldobrandesca. Von Castello aus lassen sich herrliche Wanderungen mit grandiosem Meerblick durch die duftende Macchia und vorbei an steilen Weinbergen unternehmen. Deren Erzeugnis, der kräftige weiße *ansonaco*, wird nur auf der Insel ausgeschenkt. Im Nordwesten, in der Bucht von Campese, liegt die gleichnamige jüngste Ortschaft Giglios. Ihr wunderschöner Sandstrand zieht im Sommer viele Badegäste an, Liegestühle und Sonnenschirme in Reih und Glied sorgen für die typisch italienische Bagno-Atmosphäre.

Wechselvolle Geschichte

Giglio blieb von der turbulenten Geschichte Italiens nicht unberührt. Bereits die Etrusker und die Römer siedelten auf der Insel, die später nacheinander von Stadtstaaten wie Perugia, Pisa und Florenz beherrscht wurde. Zuletzt sorgte Giglio weltweit für Schlagzeilen, als das Kreuzfahrtschiff Costa Concordia in unmittelbarer Nähe auf Grund lief und kenterte.

FEIERN MIT DEN GIGLIESEN

Neben San Mamiliano besitzt Giglio mit San Lorenzo noch einen zweiten Schutzpatron. Zu seinen Ehren wird jedes Jahr um den 10. August, den Laurentiustag, ein mehrtägiges Spektakel veranstaltet. Zum Festprogramm gehören neben Gottesdiensten und Prozessionen auch Konzerte, Spiele und Wettbewerbe für Kinder und Erwachsene sowie eine große Tombola und ein Feuerwerk. Marktstände versorgen die Festbesucher mit süßen und deftigen Leckereien, Artisten zeigen unter freiem Himmel, was sie können. Unbestrittener Höhepunkt der Feierlichkeiten ist jedoch der Palio Marinaro in Giglio Porto. Bei dieser traditionellen Ruderregatta treten drei Mannschaften – Chiesa, Moletto und Saraceno –, die verschiedene Viertel des Hafenstädtchens repräsentieren, gegeneinander an. Ein ganz besonderes Giglio-Erlebnis!

WEITERE INFORMATIONEN

Tourismusinformation: www.giglioinfo.it

Europa

21 Rustikal und wild – Korsika

Liebliche Strände, Märchenfelsen und Bergstraßen

Korsika, auch das »Gebirge im Meer« genannt, bietet vielfältige Eindrücke. Spektakuläre Schluchten und schroffe Gipfel, Flüsse und Wasserfälle, Wälder und Bergdörfer bilden ihr wildes Herz. Rundherum verführen Strände, Buchten, Badeorte und Hafenstädte. Der beliebte Fernwanderweg GR 20 verbindet die Naturschönheiten miteinander.

Hoch auf den weißen Kreidefelsen thront die Festungsstadt Bonifacio (unten), die Grotten unten in den Felsen können per Boot besichtigt werden. Der kleine Ort Lumio ist bekannt für seinen Weinanbau (rechts oben).

Nach der Landung in Bastia lohnt eine Erkundung dieser Hafenstadt. Ab Vescovato Richtung Süden reihen sich liebliche Strände aneinander. Bei Aleria, dem wirtschaftlichen Zentrum der Antike, besichtigt man die ausgegrabenen Mauern der römischen Stadt, die aus *Asterix auf Korsika* bekannt ist. Auf insgesamt rund 80 Kilometer Länge bringen es die Sandstrände der östlichen Inselseite.

Von der Costa Verde bis Bonifacio

An der Costa Verde, der »grünen Küste«, ist das kastanienreiche Hinterland der Castagniccia ganz nah – hier lohnt ein Ausflug nach Cervione. Weiter Richtung Süden folgen die Costa Serena, die Côte des Nacres und schließlich die wunderschöne Plage de Palombaggia. Der beliebteste Strand Korsikas verzaubert mit seinem Farbenspiel. Wer mag, fährt noch weiter bis nach Bonifacio. Die mittelalterliche Festungsstadt wurde im Jahr 828 vom toskanischen Grafen Bonifacio II. gegründet. Auf den hellen Kreidefelsen thronen die Bauten der Zitadelle und das von schmalen Gässchen durchzogene historische Viertel. Die »Königstreppe« Escalier du Roi d'Aragon wurde in den steilen Felsabhang geschlagen. Auf der Landseite reicht der Blick bis nach Sardinien. Die ganze

Rustikal und wild – Korsika

Pracht der Stadt erschließt sich jedoch am besten vom Meer aus bei einer Bootsfahrt. Viele Ausflugsboote steuern je nach Tour auch die Grotten von Bonifacio und die unter Naturschutz stehenden Lavezzi-Inseln an.

Entlang der Westküste

Von zerklüfteten Felsen geprägt ist die westliche Seite Korsikas, gegliedert durch die vier großen Golfe von Valico, Ajaccio, Sagone und Porto. Die Inselhauptstadt Ajaccio hat zwar nicht den Charme der kleineren Hafenstädte, doch mit dem Geburtshaus Napoleons eine ganz besondere Sehenswürdigkeit. Auch lohnt ein Bummel über den Boulevard du Roi Jérôme mit seinen einladenden Straßencafés. Landschaftlich am eindrucksvollsten ist der Golf von Porto. Der gleichnamige Hafenort liegt vor den Calanches de Piana, einer bizarren Felsenlandschaft aus rotem Granit, durch die herrliche Wanderwege führen. Den Golf von Porto erklärte die UNESCO 1983 zum Weltnaturerbe. Dazu gehört auch der Naturpark La Scandola auf der Halbinsel Girolata, die mit Ausflugsbooten zu erreichen ist. Der Baumheide ist das winzige Musée de la Bruyère in Porto gewidmet; aus der Wurzelknolle der Pflanze werden Pfeifen hergestellt. Im Hinterland geht der Golf von Porto in die Spelunca-Schlucht über. Die begleitende Serpentinenstraße führt weiter in das Niolo-Hochtal. Das östliche Ende des Tales bildet die wild zerklüftete Scala di Santa Regina.

Berglandschaft mit Naturbadebecken

Für viele ist das Landesinnere das »wahre« Korsika, mittendrin Corte. Der Regionale Naturpark Korsika und seine Berglandschaften bieten zahlreiche Wandermöglichkeiten. Der berühmte Grande Randonnée 20, ein etwa 220 Kilometer langer Fernwanderweg, verbindet die Orte Calanzana im Norden und Conca im Süden über das zentrale Hochgebirge. Besonders eindrucksvoll sind die Felsnadeln des Bavella-Massivs. Wer weiter Richtung Osten fährt, entdeckt am Flusslauf der Solenzara die schönsten Naturbadebecken Korsikas. Zurück im Norden bietet sich eine Rundfahrt um das Cap Corse an. Der fingerförmige Inselausläufer wird als »Mini-Korsika« bezeichnet.

DAS FLOSSRESTAURANT AM AUSTERNSEE

An der Costa Serena führt eine Schotterstraße in eine Landschaft, die eher an Finnland erinnert als an das Mittelmeer. Wie ein Süßwassersee ruht die Lagune des Étang d'Urbino vor bewaldeten Inseln und Bergen, ein Wanderweg führt am Wasser entlang. Am Ufer stehen Liegestühle, Sitzgruppen und Picknickplätze bereit, daneben gibt es einen urigen Laden mit Inselmode von Kallisté Créations. Hier betreiben Vincent und Luc Bronzini de Caraffa ein schwimmendes Restaurant. Auf einem Floß ragt es in den See hinein, und man sitzt sozusagen über der Delikatesse, die ganz frisch auf dem Teller landet: In dem Gewässer werden Korsikas Austern gezüchtet. Sehr zu empfehlen sind auch die Miesmuscheln im Teigmantel. Zum Restaurant Étang d'Urbino gelangt man über die N198: Abzweigung zwischen Aléria und Ghisonaccia, etwa 4 Kilometer hinter Ghisonaccia.

WEITERE INFORMATIONEN

Wanderung zum Étang d'Urbino:
www.paradisu.de/wanderungen/etang-d-urbino.html

Vor der Nordküste Sardiniens liegt die Hauptinsel La Maddalena. Das Wasser hier ist zauberhaft türkis (oben). Palau auf Sardinien bietet einen guten Blick hinüber zu den Inseln La Maddalenas (rechts). Sie liegen nur wenige Kilometer entfernt.

22 Wer ist die Schönste? – La Maddalena

Trauminseln im westlichen Mittelmeer

Der traumhafte Archipel mit 62 Inseln und Inselchen liegt an der Straße von Bonifacio, der Meerenge zwischen Korsika und Sardinien. Die Inselgruppe erstreckt sich über 20 000 Hektar Land- und Wasserfläche sowie über 180 Kilometer Küstenlinie im marineblau schimmernden Meer. Die bekanntesten und größten Inseln sind La Maddalena, Caprera, Spargi, Budelli, Razzoli, Santo Stefano und Santa Maria.

Arcipelago La Maddalena: Schon der Name weckt bei vielen Assoziationen an strahlend weiße oder rosa schimmernde Sandstrände, türkisfarbenes Meer und Traumbuchten aus verwittertem Granitgestein. Keine Frage – kaum ein Inselarchipel auf der gesamten Erde wird der Bezeichnung Paradies so gerecht wie La Maddalena. Obendrein ist der ganze Archipel ein großer Nationalpark mit vielen Ecken, die man als Naturfreund entdecken kann. Die Schönheiten der Maddalena-Inselwelt dehnen sich im Nordosten von Sardinien aus. Jede der Inseln hat ihren ganz eigenen Charme und besticht durch eine einzigartige Natur in den verschiedensten Facetten.

Dreimal Mittelmeerfeeling

La Maddalena ist die größte Insel und Hauptort des Archipels. Mit Ausnahme von Caprera und Santa Maria ist sie im Gegensatz zu den anderen Inseln bewohnt. Das quirlige, touristische Hafenstädtchen mit schöner Altstadt blickt auf eine nahezu 200-jährige Geschichte zurück. Durch ihre strategische Position wurde La Maddalena vom Leben und Wirken bekannter Persönlichkeiten geprägt, denn als wirtschaftliches und geistiges, militärisches und politisches Zentrum zog die Stadt große, den jeweiligen Zeitgeist mitbestimmende Persönlichkeiten an. Caprera, die zweitgrößte Insel der Gruppe, beeindruckt mit atemberaubenden Küsten-

Europa

Mediterrane Fassaden (unten) und die nach dem Freiheitskämpfer benannte Piazza Garibaldi (ganz unten) laden im Hauptort zum Flanieren ein. Die unbewohnte Insel Spargi ist Teil des Nationalparks Arcipelago di La Maddalena (rechts oben).

strichen, herrlichen Stränden und einer außergewöhnlichen Flora: Hier wachsen Pinien- und Steineichenwälder, Wacholderhaine und Macchia mediterranea. Wenn die Sonne scheint, liegt ein betörender Duft von Mastixsträuchern, Myrte und Erdbeerbäumen in der Luft. Die Strände, wie die Cala Coticciu, Cala Napoletana und die Spiaggia del Relitto, gehören zu den bekanntesten und schönsten im Mittelmeer. Auf dem Eiland, das über eine Brücke mit der Hauptinsel verbunden ist, liegt zudem das Haus des italienischen Freiheitskämpfers Giuseppe Garibaldi. Der Held des italienischen Risorgimento zog sich immer dann gern nach Caprera zurück, wenn er uneins war mit König Viktor Emanuel II. und dem Parlament – was immer häufiger geschah.

Die viertgrößte, leicht hügelige Insel des Archipels, die Isola di Santo Stefano, liegt im Süden von La Maddalena. Vielerorts verstecken sich Militäranlagen in den unübersichtlichen Granitblöcken und Tafoni-Felsen. Von 1972 bis 2008 war sie zudem Stützpunkt der Amerikanischen Marine, die hier jahrelang Atom-U-Boote und eine wichtige Abteilung ihrer Mittelmeerflotte stationierte. Heute wird das Eiland, das 1773 auch von Napoleon Bonaparte als Standort für seinen Angriff auf La Maddalena ausersehen war, nur noch von Touristen besucht.

Strände in Rosa und Weiß

Zu den Höhepunkten des Archipels gehört die Isola Budelli mit der berühmten roséfarbenen Spiaggia Rosa, die heute nicht mehr für die Öffentlichkeit zugänglich ist. Malerisch eingebettet zwischen Granitfelsen und ausgedehnter Macchia-Vegetation strahlt die kleine sichelförmige Bucht etwas Paradiesisches aus. Ihre ungewöhnliche Farbe haben ihr winzige Bruchstücke der Skelette von rosa Moostierchen gegeben. Mit blütenweißen Stränden locken aber auch die Buchten an der Ostseite der Isola Spargi: Cala Corsara, Cala Connari und Cala Granara gehören zu den beeindruckendsten Strandperlen des Archipels. Die Isola di Razzoli besticht hingegen durch ihre imposante Küste und die bizarr geformten Felsen, die den abstrakten Skulpturen des englischen Bildhauers Henry Moore ähneln. Stimmungsvoll und imposant wirkt auch der Leuchtturm, der über die Straße von Bonifacio herrscht. Auf der Isola Santa Maria steht noch ein altes Kloster, in dem im Mittelalter Benediktinermönche aus Bonifacio Zuflucht fanden. Zudem besitzt die Insel einen der größten Strände des Archipels,

die wunderschöne Spiaggia Cala Santa Maria. An diesem Ort der Ruhe und Entspannung hat der aus Cagliari stammende Schriftsteller, Drehbuchautor und Filmemacher Franco Solinas viele Seiten der wichtigsten Streifen des engagierten italienischen Films verfasst. Die faszinierendste Landschaft des Archipels ist zweifelsohne der Porto Madonna, eine malerische Lagune zwischen den Inseln Budelli, Razzoli und Santa Maria. Dieses kleine Paradies auf Erden mit glasklarem Wasser, Sonne und leichter Meeresbrise zieht viele Schnorchler an und ist wie geschaffen, um abzuschalten und die Seele baumeln zu lassen. Die Gewässer vor Budelli und der Isola Santa Maria zählen zudem zu den besten Spots der Delfinbeobachtung. Neben Großen Tümmlern lassen sich auch Seeschildkröten und ungefährliche Riesenhaie blicken.

La Maddalena – fast ein Klein-Paris

Das knapp 1200 Einwohner zählende Städtchen mit seinem geschäftigen Hafen Cala Gavetta, den engen Gässchen, steilen Treppen, Palazzi aus dem 18. Jahrhundert, schönen Cafés und typisch mediterranem Flair wurde 1770 im Süden der gleichnamigen Hauptinsel des Archipels gegründet. Nicht nur ihrer Reize wegen, sondern auch wegen ihrer strategisch günstigen Lage zwischen Sardinien und dem italienischen Festland zählte die schmucke Hafenstadt schon in sehr früher Zeit zu den bedeutendsten Orten im Mittelmeer. Das ist wahrscheinlich auch der Grund dafür, dass La Maddalena den Beinamen »Klein-Paris« erhielt. Seit der damalige König von Sardinien-Piemont, Viktor Amadeus III., 1767 beschloss, hier einen Stützpunkt der königlich-sardischen Marine zu errichten, waren La Maddalena und die Inseln des Archipels immer wieder in Kriegshandlungen verwickelt. Aus dieser Zeit stammt die Befestigungsanlage San Vittorio, auch Guardia Vecchia genannt, die auf dem höchsten Punkt der Insel thront. Eine solche Position zog natürlich immer auch bedeutende Persönlichkeiten an, darunter Feldherren, Admirale, Patrioten oder Freiheitskämpfer. Mit La Maddalena sind viele berühmte Namen verbunden, Persönlichkeiten, die hier kämpften und lebten. Allen voran Napoleon Bonaparte, der 1793 versuchte, die Insel zu erobern, Admiral Lord Nelson, der sich 1804, vor der Seeschlacht am Kap Trafalgar, im Archipel aufhielt, um die französischen Mittelmeerflotten zu kontrollieren, oder Giuseppe Garibaldi, der sich auf Caprera niederließ und dort starb.

GARIBALDI-HAUS AUF CAPRERA

Caprera war nach dem Tod seiner Ehefrau Anita und dem Zerfall der nur fünf Monate bestehenden Römischen Republik für Giuseppe Garibaldi zum Rückzugsort geworden. 1856 errichtete er in Meeresnähe mit dem Geld aus einer Erbschaft ein Landhaus. Mit seinen Möbeln und Erinnerungsstücken vermittelt das weitgehend original erhaltene Gutshaus, in dem Garibaldi bis zu seinem Tod 1882 lebte, ein lebendiges Bild dieser Zeit. Das Gut besteht aus Wohnhaus, Stall und Wirtschaftsgebäude. Ein Rundgang zeigt den berühmten Vorkämpfer für die Einheit Italiens in vielen Facetten seines Lebens und Wirkens. Neben dem ehelichen Schlafzimmer kann man die Räume seiner Kinder Manlio und Clelia, das Wohnzimmer, die Küche und das Totenzimmer mit Blick auf die Nachbarinsel Korsika besichtigen. Über dem Türsturz zeigen die Zeiger der Uhr noch immer 18:20 an, seinen Todeszeitpunkt.

WEITERE INFORMATIONEN

Offizielle Webseite des Nationalparks:
www.lamaddalenapark.it
Garibaldi-Haus:
www.compendiogaribaldino.it

Paradiesisch geht es zu an der Paradiesküste: An klaren Tagen ist die Küste Koriskas erkennbar (oben). Anfang Mai feiert die Stadt Cagliari und erinnert damit an die Errettung von der Pest durch den Heiligen Ephisius im 17. Jahrhundert (rechts unten).

23 Das Paradies kann warten – Sardinien

Karibik im Mittelmeer

1,6 Millionen Einwohner, noch einmal fast genauso viele Schafe und mehr als 240 Strände, von denen einige zu den schönsten der Welt zählen. Sardinien hat aber auch andere Facetten: grüne Täler, murmelnde Bäche, schroffe Berge, wilde Granitfelsen und geheimnisvolle Ruinen, dazu zahlreiche Feste und eine exquisite regionale Küche. Am meisten bekommt davon mit, wer auf Entdeckungsreise geht.

Mit 24 090 Quadratkilometern ist Sardinien die zweitgrößte italienische Mittelmeerinsel. Für ihre Größe besitzt das Eiland eine erstaunlich lange Küstenlinie mit kleinen Landzungen, malerischen Buchten und bildschönen Stränden. Inselweit stehen mehr als 240 zur Auswahl, jeder mit seinem ureigenen Charme. Manch einer hält die Costa Smeralda für den Küstenabschnitt mit den herrlichsten Stränden. Einen der wohl weißesten Strände aber findet man in Stintino: Blütenweißer Strand und azurblaues Wasser – wer hier an einschlägige Tropenparadiese denkt, kennt La Pelosa noch nicht. Zwischen immergrüner Macchia und türkisfarbenem Meer lockt die fünf Kilometer vom Fischerort entfernt liegende Spiaggia alljährlich zahlreiche Urlauber an den äußersten Zipfel der Nordwestküste.

Stintino – Karibik mitten in Europa

Eine kleine, flache Landzunge im Golfo dell'Asinara – Salzlagunen, karger Schieferfelsen, zwei schmale Fjorde, ein junges Dorf und etliche kleinere sowie größere Fels- und Sandstrände –, das ist Stintino. Erst 129 Jahre ist es her, dass das Fischerdorf auf dem Capo Falcone gegründet wurde. Als Italien Ende des 19. Jahrhunderts ein Straflager auf der dem Kap vorgelagerten Asinara-Insel bauen ließ, mussten die Familien, die das Eiland bewohn-

Das Paradies kann warten – Sardinien

ten, ihre Heimat verlassen. Die neuen Häuser, Plätze und Höfe der einstigen Thunfisch-Fischer entstanden 1885 an zwei schmalen Fjorden im Osten der flachen, baumlosen Halbinsel. Ein Aufenthalt im kleinen Fischerort ist allerdings nur kurz: Das moderne Zentrum mit rechtwinklig angelegten Straßenzügen ist klein und überschaubar.

Der kalkweiße, flach abfallende Strand La Pelosa ruht zu Füßen des Capo Falcone an einer kleinen Meerenge vor der Isola Piana. Wer hier im weiß leuchtenden Sand steht und über das ultratürkisblaue Meer blickt, kann bis hinüber zur unter Naturschutz stehenden Asinara-Insel sehen. Unverbaut und mit klarstem Wasser gesegnet, ist diese Strandperle einer der größten Trümpfe der Nordwestküste. Gäbe es Palmen und tropische Fische, könnte man sich in der Karibik wähnen, und nicht auf der italienischen Mittelmeerinsel Sardinien.

Ein Spektakel der Natur

Ansonsten ist auch der Rest der Insel mit abwechslungsreichen Landschaften bestückt. Alle paar Straßenkurven ändert das Eiland sein Gesicht: auf der einen Seite majestätische Kalksteinklippen mit einsamen Buchten, Höhlen und Grotten, auf der anderen goldfarbene Sandstrände und meterhohe Dünen. Auf rosa Mittagsblumen und weiße Strandlilien folgen wilder Wacholder, Myrte, Mastixsträucher und Zistrosen, die an sanften Hängen gedeihen. Ein Stückchen höher dann Haine mit knorrigen Kork- und Steineichen.

Im Gebirge stehen Schafe und Ziegen wie verloren zwischen blühendem Thymian und Ginster auf der Weide. Bis zu 1834 Meter ragt die Punta La Marmora mit atemberaubendem Blick über endlose Weiten im Gennargentu-Massiv in den Himmel. In den teils ausgetrockneten Flussläufen des Supramonte tun sich plötzlich zerklüftete Canyons auf. Nicht weniger eindrucksvoll türmt sich Granitgestein an der Nordostküste, das durch eine Landzunge mit dem Festland verbunden ist. Wenn im September und Oktober schließlich die Hitze des Sommers gewichen ist, kann man in den zahlreichen seichten Lagunen der Insel eine prächtige Vogelwelt – darunter Reiher, Stelzenläufer und rosa Flamingos – bewundern. Überdies kann sich Sardinien jahrtausendealter Nuraghen, Felsengräber, trutziger Wehrtürme, stolzer Burgen und charmanter Altstädte rühmen.

BASILICA DI SAN GAVINO

Imposant und anmutig zugleich: Die Basilika des heiligen Gabinus in Porto Torres ist nicht zu übersehen. Die Kirche aus dem 11. Jahrhundert ist eines der größten Beispiele romanischer Architektur und mit ihrem ausgedehnten Langhaus und den zwei endständigen Apsiden ein Unikat auf der Insel. Das Gotteshaus ist den christlichen Märtyrern Gabinus, Proto und Gianuario gewidmet, die um das Jahr 303 n. Chr. unter den Kaisern Diokletian und Maximilian in Turris Libisonis, dem heutigen Porto Torres, enthauptet wurden. In der Krypta werden angeblich ihre Reliquien aufbewahrt. Heute pilgern Gläubige, Kunstinteressierte und Ausflügler zur Basilika – und das nicht nur zu Pfingsten, wenn zu Ehren der drei Heiligen alljährlich zur traditionellen Wallfahrt und Kirmes eingeladen wird.

WEITERE INFORMATIONEN
Tourismusinformation:
www.sardegnaturismo.it/de
Gemeinde Porto Torres:
www.comune.porto-torres.ss.it

Europa

24 Der wahre Inseltraum – Capri

Zeitlos schön

Seit beinahe 200 Jahren ist sie der Sehnsuchtsort schlechthin: die Insel Capri im Golf von Neapel. Ihre einzigartige Schönheit zog Generationen von Künstlern und Schriftstellern an und in deren Gefolge die Reichen und Mächtigen. So entstand ein Mythos, der auch den heutigen Touristenströmen mühelos standhält. Der Zauber dieses Eilands ist ungebrochen.

Vom höchsten Punkt der Insel, dem Monte Solaro, hat man den besten Überblick. Von hier wacht auch Kaiser Augustus über sein Reich, zumindest als Statue (unten). Alle Besucher, die per Boot auf die Insel kommen, stranden in Marina Grande (rechts oben).

Schroff erheben sich die steilen Felsen Capris aus dem tiefblauen Wasser des Tyrrhenischen Meeres. Auf den ersten Blick wirkt die überwiegend aus Kalkstein bestehende Insel eher karg und alles andere als lieblich.

Eine Insel für alle Sinne

Doch gerade diese Beschaffenheit bildet die Grundlage für viele unvergessliche Eindrücke eines Besuchs auf Capri: Welche Aussicht könnte reizvoller sein als der Blick vom Belvedere di Tragara auf die Faraglioni, die imposanten Felsformationen direkt vor der senkrecht abfallenden Steilküste? Auch das viel gerühmte Farbspektakel in den zahlreichen Wasserhöhlen der Insel – neben der weltbekannten Blauen Grotte gibt es auch eine Weiße, eine Grüne und eine Rote Grotte – entsteht durch das Zusammenspiel von Meerwasser, Sonnenlicht und Kalkstein. Und an Capris Steilhängen wachsen Pflanzen, deren Aroma nicht nur Wanderer betört: Nelken und Rosmarin, Mimosen und Lilien sind einheimische Bestandteile der Düfte und Parfüms, die seit Jahrhunderten auf der Insel hergestellt werden. Eine unverwechselbare Note erhalten diese sinnlichen Kreationen durch das ätherische Öl aus der Schale der Zitronen, denen das milde

Der wahre Inseltraum – Capri

Klima gut bekommt. Aus ihnen wird auch eine hochprozentige Gaumenfreude hergestellt: der Limoncello, den die Souvenirläden in Flaschen jeder erdenklichen Form anbieten.

Die Welt zu Gast

Wer an der Marina Grande aus der Fähre steigt und dann mit der *funicolare* (Seilbahn) in die von 7300 Menschen bewohnte Ortschaft Capri fährt, der ist sofort mitten im Geschehen. Die zentrale, von mehrstöckigen Fassaden eingerahmte *piazzetta* ist eine Bühne für das Schauspiel des capresischen Alltags. Die Tagestouristen kommen hier vorbei und werden von den Gästen an den Tischen der vier Cafés am Platz wahlweise ignoriert oder neugierig beobachtet. Auch die gut betuchten Inselbesucher, mit denen die Luxusboutiquen und -hotels ihr Geschäft machen, lassen sich hier sehen. Die Anziehungskraft der Insel auf die Reichen und Mächtigen besteht schon lange: Der römische Kaiser Tiberius regierte sogar von hier aus sein Reich und ließ vor 2000 Jahren Bauten wie die Villa Jovis errichten, deren Überreste die heutigen Touristen bestaunen. Ende des 19. Jahrhunderts kamen die ersten Künstler: Rilke, Bacon und Gorki, Mendelssohn und Debussy sind nur einige davon – und manche, wie Axel Munthe, Curzio Malaparte und Friedrich Krupp prägten Capri nachhaltig. Diven wie Jackie Onassis, Liz Taylor und Brigitte Bardot sorgten für den Ruf als mondänes Jetset-Paradies, das bis heute viele Besucher fasziniert.

Das stille Capri

Von der zweiten Inselgemeinde Anacapri aus kann man dem Trubel ganz einfach mit dem Sessellift entfliehen, der seine Passagiere auf den 589 Meter hohen Monte Solaro bringt, wo ein atemberaubendes Panorama wartet. Wer über Nacht bleibt, kann – wenn die Tagesgäste längst weg sind – ungestört durch die Gassen streifen. Und dann sind da noch die vielen Wanderwege durch die duftende Macchia, auf denen sich immer wieder neue, wunderbare Ausblicke über den Golf von Neapel bieten und die manchmal zu idyllischen Badebuchten führen. Der Sentiero dei Fortini verbindet den eindrucksvollen Leuchtturm der Punta Carena mit der Grotta Azzurra.

TRAUMHAFTE AUSSICHT

Begibt man sich von der Ortschaft Capri aus zur Ostküste der Insel mit den spektakulären Gesteinsformationen des Arco Naturale, kommt man nach etwa 20 Minuten am Ristorante Le Grottelle vorbei, dessen Räume zum Teil direkt in den Fels gehauen sind. Es lohnt sich, in diesem Familienbetrieb eine Pause einzulegen! An einem heißen Sommertag sorgt ein Glas frisch gepresster Orangensaft oder eine *granita al limone* für Abkühlung, außerdem gibt es hervorragende Pastagerichte, verschiedene Pizzen, Fisch und Meeresfrüchte – und das alles auf der gemütlichen Terrasse des Lokals, von der aus man einen unvergleichlichen Blick auf das Meer und die berühmten bogenförmigen Felsen vor der Küste genießt. Bei alledem ist die Atmosphäre im »Le Grottelle« herzlich und sehr entspannt – kein Wunder, dass in der Hochsaison für den Abend eine Reservierung empfohlen wird.

WEITERE INFORMATIONEN

Tourismusinformation:
www.capri-tourism.com
Le Grottelle: Via Arco Naturale 3, 80073 Capri, Tel. 0039/(0)81/837 57 19

An der Sicara del Fuoco, der »Feuerrutsche«, befinden sich die Lava spukenden Krater (oben). Die Insel beherbergt auch Sehenswürdigkeiten wie die Chiesa di San Vincenzino (rechts unten). Der gleichnamige Ort ist Treffpunkt der Insulaner.

25 Die Faszination eines Vulkans – Stromboli

Bezaubernde Gassen und wilde Natur

Alle 15 Minuten hört man ein dumpfes Grollen, dann schießt glühende Lava aus dem Berg und feurige Steine gehen nieder auf der Sciara del Fuoco, der Feuerrutsche im Nordwesten der Insel. Um einmal die ganze Urgewalt der Erde zu spüren, muss man an der Flanke des Vulkans hinaufgehen: Bei den Explosionen hier werden rot glühende Brocken in die Luft katapultiert, als wären sie federleicht.

Der Stromboli ist einer der aktivsten Vulkane der Welt und liegt auf einer Insel von rund 13 Quadratkilometern im Nordosten des Archipels. Der Ort Stromboli besteht aus zwei Dörfern, nämlich San Bartolo und San Vincenzo. Eine Wanderung zu den Kratern des Stromboli ist ein einmaliges Erlebnis. In gut drei Stunden hat man das Ziel erreicht. Am besten startet man am Spätnachmittag von San Bartolo aus. Anfangs ist der Anstieg eher gemächlich, auf einem mit Lavasteinen gepflasterten Weg. Vorbei geht es an Olivenbäumen, an Sträuchern von Rosmarin, Ginster und Kapern. Dann wird der Pfad durch hohe Schilfgräser eingeengt, und plötzlich liegt eine drückende Hitze über dem Weg, da durch die dichte Vegetation kein Wind mehr durchdringt. Auf engen Serpentinen beginnt nun der Aufstieg durch knöcheltiefen schwarzen Sand. Langsam senkt sich die Dämmerung über die äolische Landschaft und die Vulkanausbrüche erscheinen noch leuchtender. Nach drei Stunden ist die Nähe des Kraterrands erreicht, und in sicherer Entfernung lässt sich das Naturschauspiel gut beobachten, bei dem das Magma 80 Meter in die Höhe geschleudert wird.

Es kann auch gefährlich werden

Die letzten großen Ausbrüche ereigneten sich in den Jahren 2002/2003 und 2007. Doch der

Die Faszination eines Vulkans – Stromboli

Stromboli gehört neben dem Ätna zu jenen Vulkanen, die ständig beobachtet werden. Mit der Dunkelheit ist es kalt geworden, und es ist kaum vorstellbar, dass man vor einer Stunde noch unter der Hitze gestöhnt hat. Dann zieht aus dem Nichts eine dicke Wolke heran und setzt sich über den Schlund des Vulkans. Als wäre ein Vorhang heruntergelassen, findet nun das Schauspiel ohne Publikum statt. Gegen zehn Uhr geht es wieder nach unten, in der tiefen Dunkelheit schwimmt man dem Dorf fast entgegen.

Der Vulkan hat dieses Mitglied der Äolischen Inseln zu etwas Besonderem gemacht, doch berühmt wurde Stromboli erst durch den Film *Stromboli, terra di Dio* mit Ingrid Bergman. Der Tourismus brachte den Wohlstand auf die Äolen, deren Bewohner bis dahin von der Fischerei und dem Abbau von Bimsstein lebten. Das Dorf Ginostra ist völlig abgeschnitten vom Hauptort Stromboli, seit Verwerfungen den früheren Fußweg unpassierbar gemacht haben. Einzig durch die Tragflächenboote, die *aliscafi*, kann die Verbindung zur Außenwelt erhalten werden. Um diese nutzen zu können, muss man allerdings zunächst beherzt in ein kleineres Boot springen, denn Ginostra hat keinen Anleger. Und wenn der Vulkan Ernst macht, bleibt oft nicht einmal die Flucht, denn bei schlechtem Wetter wird die Insel gar nicht erst angesteuert.

Fruchtbare Erde

Als wäre es eine Art Wiedergutmachung für die Gefahren, denen sich die Bewohner aussetzen, wächst in der schwarzen Erde von Stromboli alles doppelt so schnell. Da sind drei Ernten im Jahr keine Seltenheit. Beim Blick in die Gemüsegärten, die hinter fast jedem Haus liegen, kann man nur vor Neid erblassen. Auch bei den Blüten scheint es regelrechten Wettstreit zu geben. Da bezaubern die lilafarbenen Glyzinien, der dunkelrote Hibiskus und die Bougainvilleen in Purpur. Man blickt auf pechschwarze Strände und das tiefblaue Tyrrhenische Meer. Alles in allem ein bezauberndes Spiel der Farben. So ist es kein Wunder, dass mit jedem Jahr die Zahl der kubischen Häuser wächst, von deren weißen Mauern und leuchtend blauen Fensterläden man die Augen kaum noch losreißen kann. Aktive Vulkane scheinen eine besondere Anziehung auszuüben, denn neben Panarea gehört Stromboli zu den exklusivsten Feriensitzen Italiens.

VILLA LA PERGOLA: TRAUMHAFTES LEBEN UNTER DEM VULKAN

Es gibt sie noch, die echten Geheimtipps in Europa, und die Villa La Pergola auf Stromboli gehört auf jeden Fall dazu! Erleben Sie einige Tage fernab des Alltags, unter mediterraner Sonne. Die Villa La Pergola ist ein unvergleichlicher Ort, sehr idyllisch oberhalb einer charmanten Bucht und nur wenige Meter vom Strand entfernt gelegen. Die Villa La Pergola besticht mit einmaliger Lage und einem atemberaubenden Meerblick. In ihrem Rücken erhebt sich imposant der Vulkan, nachts kann man von der großen Terrasse aus sogar das rote Glühen der Eruptionen beobachten. Wer einmal dieses überaus geschmackvolle Domizil als Gast bewohnte, wird garantiert immer wieder zurückkommen wollen. Das Grundstück der Villa La Pergola war 1949 übrigens Handlungs- und Drehort für den Kultfilm *Stromboli, terra di Dio*.

WEITERE INFORMATIONEN

Anreise per Fähre von Neapel oder Milazzo/Sizilien: www.siremar.it, www.libertylines.it
Villa La Pergola:
www.stromboli-ferienhaus.de

Europa

26 Die Chefin im Archipel der Äolen – Lipari

Der lebendige Hafen wird vom Ryolithfelsen überragt

Wie ein weit gespreiztes Ypsilon liegen die sieben Inseln im Tyrrhenischen Meer, die auch nach ihrer Hauptinsel Lipari benannt sind: Auf dem westlichen Arm finden sich Alicudi, Filicudi und im Osten Panarea sowie Stromboli. Die Achse bilden dann Vulcano, Lipari und Salina. Auf der Hauptinsel liegt die Hauptstadt Lipari mit ihren 5000 Einwohnern.

Alle Inseln in diesem Archipel verführen durch ihre Schönheit und haben unzählige Filmemacher inspiriert. So drehte Michelangelo Antonioni 1960 auf Panarea den Streifen *Das Abenteuer* und machte aus diesem einst ärmsten äolischen Eiland einen Treffpunkt des italienischen Jetsets. Eher nachdenklich stimmt der mit einem Oscar prämierte Film *Il Postino*, der oberhalb von Pollara auf der Insel Salina produziert wurde. Der Postbote Mario philosophiert mit dem Dichter Pablo Neruda, und die Kamera macht den schmalen Lavastrand vor den Klippen von Pollara weltberühmt. Nicht entscheiden konnte sich jedoch Nanni Moretti in *Liebes Tagebuch*, der 1993 in seinem Film alle Inseln außer den entlegenen Alicudi und Filicudi streifte.

Wer alle Inseln besuchen möchte, sollte sich zwei Tage Zeit für Lipari nehmen, denn es gibt etliches zu sehen. Ganz abgesehen davon, dass es hier die meisten Geschäfte gibt. An der Ostküste liegt die Hauptstadt, und das Zentrum ist der Burgberg. Seit dem 4. Jahrtausend v. Chr. leben hier Menschen. In der griechischen Antike hieß der Ort Meliguni und auf dem Burgberg stand die Akropolis. Im 13. Jahrhundert entstand dort eine mittelalterliche Burg und 300 Jahre später eine Festung, erbaut von

Das gleichnamige Hafenstädtchen bildet das Herz Liparis. Der Burgberg mit der Kathedrale San Bartolomeo und dem Archäologischen Museum ragt über dem Hafen auf (unten). Die Gassen laden zum Bummeln ein (rechts oben).

Die Chefin im Archipel der Äolen – Lipari

Karl V. nach der Plünderung durch den osmanischen Korsaren Chaireddin Barbarossa. Im Westen verläuft der Corso Vittorio Emanuele, die Flaniermeile mit schönen Geschäften, Restaurants und Cafés.

Der Dom San Bartolomeo

Über einen Treppenweg geht es hinauf zum Dom San Bartolomeo, der Ende des 11. Jahrhunderts von dem Normannenkönig Roger I. in Auftrag gegeben wurde. Im Jahr 1654 hatte man die dreischiffige Kirche im Stil des Barocks neu aufgebaut, denn sie wurde während des Überfalls durch die Korsaren völlig zerstört. Erst vor wenigen Jahren entdeckte man den normannischen Kreuzgang, dort sind die Kapitelle der Säulen mit Tierskulpturen verziert. Im Inneren steht eine lebensgroße Statue des Schutzpatrons San Bartolomeo aus Silber.

Das sehenswerte Museum

Ein Publikumsmagnet ist das Archäologische Museum, das in mehreren Gebäuden rund um die Kathedrale untergebracht ist. Im ehemaligen Bischofspalais ist die prähistorische Sammlung ausgestellt, besonders interessant sind die neolithischen Obsidianwerkzeuge, die im gesamten Mittelmeerraum gehandelt wurden. Wer wenig Zeit mitbringt, sollte die Räume in dem Gebäude links von der Kathedrale besuchen. Dort sieht man Funde aus den Nekropolen von Lipari und Milazzo. Bedeutend sind die griechischen Keramiken mit ihren Motiven, darunter Hippolytos, der ein Viergespann lenkt – doch ein Meeresungeheuer erschreckt seine Pferde, der Wagen kippt um und begräbt Hippolytos unter sich. Etwas Besonderes ist auch die Kollektion von Tonstatuetten mit Charaktermasken aus der Mittleren und Neuen Komödie, die im antiken Griechenland sehr geschätzt wurde. Vor dem Museum dokumentiert ein Areal die Besiedelung von Lipari.

Die Strände

Nach so viel Antike tut frische Luft gut. Da könnte man mit einer Vespa um die Insel fahren, das sind 27 Kilometer. In einer Entfernung von sechs Kilometern liegt Aquacalda mit einem langen Strand aus dunklem Kies, dazu hat man einen herrlichen Blick zur Insel Salina.

BOOTSFAHRT IM ARCHIPEL

Am besten lässt sich die Schönheit der Inseln bei einer Rundfahrt mit dem Boot erkunden. Dann sieht man auch die Vulkane aus einer anderen Perspektive, deren Kegel sich traumhaft elegant vor dem Himmel abheben. Bei Stromboli geht es an der legendären Feuerrutsche vorbei, die durch die zahlreichen Ausbrüche ständig um neue feurige Steine wächst. Viele von denen rollen unter großem Zischen ins Meer. Das Boot ist auch die einzige Möglichkeit, das Dörfchen Ginostra an der Südwestküste von Stromboli zu besuchen. Allerdings haben die ehemaligen Einwohner die Exklave längst verlassen, dort stehen nur noch Ferienhäuser – für ein »echtes« Leben ist es hier wohl doch zu einsam, so ganz ohne Straße …

WEITERE INFORMATIONEN
Tourismusinformation:
www.liparische-inseln.net

Die archäologischen Stätten von Agrigent sind beeindruckend, wie der Dioskurentempel, der vermutlich Kastor und Pollux zu Ehren errichtet wurde (oben). Die mittelalterlichen Strukturen der Stadt Caccamo sind im Grunde komplett erhalten (rechts).

27 Jahrhundertealtes Erbe – Sizilien

Der unbekannte Westen und der legendäre Süden Siziliens

Während in Palermo nur der Hafen Cala auf die *Magna Graecia*, Großgriechenland, hinweist, sind im Westen und Süden viele Zeugnisse der einstigen Hochkultur zu finden. Damals waren Süditalien und Sizilien eine Art »Amerika der Griechen«, dort ließ sich eine neue Existenz aufbauen, dort waren Städte und Tempel glanzvoller und die Erde fruchtbarer als in der Heimat.

Als spektakulärer Solitär thront der dorische Tempel von Segesta auf einem Hügelrücken. Er wurde von dem Volk der Elymer 417/416 v. Chr. gebaut und ist bis heute ein Mysterium, denn man sieht nur die Außenhaut. Kein Dach war vorgesehen und es fehlt die Cella, das Innenleben eines Tempels. Wahrscheinlich sollte er Reichtum vorspiegeln, denn die Elymer lagen in ständigem Streit mit ihren Nachbarn. So hatten sie ihren Partner Karthago gegen Athen ausgespielt, die Griechen zeigten sich beeindruckt von dem Tempel und schickten Krieger nach Segesta. Gegenüber, auf dem Monte Barbaro, liegt die antike Stadt, die nur teilweise ausgegraben wurde. Der Weg, eine halbe Stunde Fußweg oder eine Busfahrt, lohnt wegen des griechischen Theaters, das noch heute einen Panoramablick auf die Küste und das vorgelagerte Land gestattet.

Marsala und die Insel San Pantaleo

Berühmt für ihren süßen Wein ist die Hafenstadt Marsala an der Westküste. Er wird seit dem 18. Jahrhundert hergestellt und war lange Zeit eine Domäne der Engländer. Auch im Weingut Donnafugata wurde bis Anfang der 1980er-Jahre Marsala verkauft, doch dann entschloss sich Giacomo Rallo, auf Qualitätsweine umzustellen. Sizilien besitzt noch viele autochthone Trauben und die Mischung mit weltweit

Europa

Polizzi Generosa ist berühmt für den Anbau von Nüssen. Im August findet das Fest der Nüsse statt (unten). Die Villa Romana del Casale beherbergt seltene Bodenmosaike (ganz unten). Auch im Süden und Westen locken Strände zum Baden (rechts oben).

bekannten Sorten wie Chardonnay oder Merlot ergibt ganz spannende Tropfen mit betörenden Aromen. Seine Reben wachsen in der Mitte Siziliens, bei Contessa Entellina und auf der Insel Pantelleria, wo der Süßwein Passito entsteht (www.donnafugata.it).

Vor der Stadt Marsala liegt die Insel San Pantaleo. Mit einem Boot gelangt man zur Stiftung des englischen Weinkaufmanns und ambitionierten Hobbyarchäologen Joseph Whitaker. Ab 1906 hatte er die Insel stückweise gekauft und begann die phönizische Hafenstadt auszugraben. In seinem Museum steht die bemerkenswerte Statue eines griechischen Jünglings aus dem 5. Jahrhundert, die erst 1979 entdeckt wurde. Sie zeigt eine hohe künstlerische Fertigkeit, denn wie Seide liegt das eng anliegende plissierte Gewand am Körper des Mannes und offenbart mehr die Nacktheit seiner kraftvollen Figur, als dass sie sie verhüllt.

Bischofssitz Mazara del Vallo

Folgt man der Westküste von Marsala aus Richtung Süden, so stößt man nach etwa 23 Kilometern auf die Küstenstadt Mazara del Vallo. Heute zählt das im 5. Jahrhundert v. Chr. von Phöniziern gegründete »Mazar« gute 50 000 Einwohner. Unter römischer Herrschaft geriet der Küstenort lange in Vergessenheit. Nachdem Mazara del Vallo unter byzantinischer und arabischer Herrschaft als wichtiger Anlaufpunkt an der Westküste der Insel aufblühte, wurde die Stadt unter den Normannen im Jahre 1093 zum Bischofssitz ernannt. Der Bischofspalast an der Piazza della Republica bildet noch heute eine der Hauptsehenswürdigkeiten der Stadt ebenso wie die beeindruckende Kathedrale im spanischen Barockstil. Heute zeichnet sich Mazara del Vallo durch die größte Fischereiflotte ganz Italiens aus. Ein lohnendes Ziel ist neben den Sehenswürdigkeiten rund um die Piazza della Republica der Hafen mit seinem großen Fischmarkt.

Selinunt – Gigantische Tempelreste

Als ein Chaos aus Steinen und Tempelsäulen könnte man Selinunt bezeichnen, zu dem der Dichter Heinrich von Kleist meinte: »Es steht, weil alle Steine gemeinsam einstürzen wollten.« Kaum 200 Jahre hatte die Geschichte des stolzen Selinunt gedauert, dann wurde es zum größten Trümmerhaufen der antiken Welt. Die erbosten Karthager unter Hannibal zerstörten die Stadt vollständig, nur mehr acht Tempel ragen empor. Sie tragen keine Namen, son-

dern Buchstaben, allein Tempel E im östlichen Teil wurde teilweise wieder aufgebaut. Jedoch stümperhaft, wie die Archäologen sagen. Geradezu gigantische Ausmaße hatte Tempel G aus dem späten 6. Jahrhundert, er dürfte zu den größten Bauwerken des antiken Reiches gezählt haben. Eine kleine Siesta am Meer, im Fischerdorf Mariella di Selinunte, sollte man bei Jojo in seinem »Lido Zabbara« verbringen und seine Antipasti genießen. Dazu der Wind, das bezaubernde Rauschen der Wellen und eine wohlig wärmende Sonne. Dies ist ein wahres Aushängeschild Siziliens.

Agrigent und das Tal der Tempel

Wie an einer Kette stemmen sich die Hochhäuser von Agrigent in den Himmel, auch sie stehen auf den Resten des antiken Akragas. Südlich der Stadt liegt das Tal der Tempel. Auch hier wüteten die Karthager und später die Christen. Nur der Concordia-Tempel steht in vollendeter Schönheit, denn er diente als Kirche und wurde nicht zerstört. Ein Blickfang sind die drei Säulen, die aus Fragmenten zusammengefügt wurden und Reste des Castor- und Pollux-Tempels darstellen. Im Museum ist einer der riesigen Telamone zu sehen, die als Gebälkträger im Tempel des Zeus standen.

Piazza Armerina und Syrakus

Ein langer, aber lohnender Abstecher führt in die Nähe des Bergstädtchens Piazza Armerina. Dort sind in der Villa Casale die schönsten Fußbodenmosaiken zu bewundern. Erst im 20. Jahrhundert wurden sie entdeckt. Die dargestellten Szenen sind bis ins kleinste Detail ausgeführt und vermitteln einen großartigen Eindruck von antiker Lebensweise. Siracusa war die bedeutendste Stadt der spätgriechischen Antike und zählte damals mehr als 100 000 Einwohner. Dort lebte auch der Mathematiker Archimedes, der bei der Schlacht gegen das übermächtige Rom im Jahr 212 v. Chr. ums Leben kam. Erst durch die Plünderung von Siracusa lernten die Römer die griechische Kunst überhaupt kennen, weshalb Cicero schrieb, »dass Rom vor Diebesgut erstrahlte«. Im Parco Archeologico sind das griechische Theater und die Steinbrüche zu sehen, darunter die Latomia del Paradiso mit einer gewaltigen Höhle, dem sogenannten Ohr des Dionysius. Hier sollen 7000 eingekerkerte Athener auf ihren Tod gewartet haben. Ganz zauberhaft liegt die Altstadt auf der Insel Ortigia, die durch zwei Brücken mit dem Festland verbunden ist. Sie trägt heute ein verspieltes barockes Gesicht.

HOTEL IL GIARDINO DI COSTANZA – ENTSPANNUNG UNTER SIZILIANISCHEM HIMMEL

An der Westküste, bei Mazara del Vallo, liegt das eindrucksvolle und luxuriöse Resorthotel Il Giardino di Costanza. Es ist ein guter Ausgangspunkt für einen Streifzug an die unbekannte Westküste mit dem arabisch geprägten Mazara del Vallo, dem verträumten Marsala und dem lebendigen Trapani. Von dort aus gehen auch die Fähren zu den Ägadischen Inseln. Die ideale Erholung und viel Abwechslung bietet das Hotel mit seinen 91 Zimmern und den beiden Swimmingpools. Ganz *à la siciliana* wirkt die Spa-Behandlung von Daniela Steiner mit Salz aus den Salinen bei Trapani und dem heimischen Olivenöl. Später, beim Abendessen auf der Terrasse, hört man das Plätschern der Wasserspiele, isst sizilianischen Fisch und trinkt sizilianischen Wein.

WEITERE INFORMATIONEN
Giradino di Costanza:
www.giardinodicostanza.it
Palermo: www.palermotourism.com

Europa

28 Auf den Spuren der Großen Göttin – Malta

Geheimnisvolle Megalithkultur

Sonnenhungrige lieben Malta, Geschichtsinteressierte auch: Denn die kleine Mittelmeerinsel ist ein spannendes Reiseziel für alle, die mehr über die in Europa einmalige Megalithkultur wissen wollen. Auf engstem Raum versammelt die mediterrane Minirepublik zahllose Zeugnisse eines längst vergangenen Kapitels der Menschheit, das bis heute Rätsel aufgibt.

Das Archäologische Museum in Valetta ist einen Besuch wert: Viele Exponate erzählen die Geschichte der Besiedlung Maltas wie hier ein Ton-Sarkophag der Phönizier (unten). Die Städte Vittoriosa (oben), Senglea und Cospicua liegen sich direkt gegenüber.

Nicht die sonnenbeschienenen Strände machen Malta zu einem in Europa einzigartigen Reiseziel, nicht die architektonischen Hinterlassenschaften der Araber. Die zahlreichen steinernen Zeugnisse aus der Urzeit der Menschheit geben der Insel das Besondere: Bauten, die zwischen 4000 und 2000 v. Chr. entstanden. Die Hinterlassenschaften der vorgeschichtlichen Mittelmeerkultur haben sich hervorragend erhalten und Malta zu einem wahren Kleinod für Liebhaber der Vorantike gemacht. Die Große Göttin, *magna mater*, ist ein zentrales Spekulationsobjekt, wenn es um die Deutung prähistorischer Religionskulte geht. Die Theorien reichen von einer mutmaßlichen kulturellen Befruchtung der Erde durch außerirdische Besucher bis zu der Behauptung, die Insel sei ein Teilstaat von Atlantis gewesen. Die gängigste These geht davon aus, dass die Bewohner des gesamten mediterranen Raumes einem einheitlichen Religionsschema anhingen, jenem Kult um die göttliche Urmutter. Seltsamerweise wurde bisher wenig Mühe darauf verwendet, die Funde an den Küsten des Mittelmeeres – der Wiege der abendländischen Kultur – auf eventuelle Analogien hin zu untersuchen.

Europa

Die Upper Barrakka Gardens in Valletta bieten Schatten (unten). Die Tempel von Tarxien zeigen jungsteinzeitliche Portale (ganz unten). Für den Film *Popeye* wurde ein Dorf als Kulisse aufgebaut, das nun als Freizeitpark genutzt wird (rechts oben).

Tempel mit Tiefgang

Sinnvoll ist es, die Spurensuche im Archäologischen Museum in Maltas Hauptstadt Valletta zu starten. Schon im Eingangsbereich stößt man auf den Altar von Hagar Qim und den unteren Teil einer mächtigen Magna-Mater-Statue aus Tarxien. Aufschlussreich sind die Modelle der Inseltempel, aus denen die Exponate stammen, doch zu einiger Berühmtheit haben es nur die kleinen Terrakottafigurinen gebracht: die »Schlafende Frau« aus dem Hypogäum und die »Venus« aus Hagar Qim. Die Fundorte dürfen als Höhepunkte der megalithischen Tempelanlagen von Malta gelten. Um das Hal-Saflieni-Hypogäum zu besichtigen, den Sakralbau, der drei Stockwerke tief in den Felsboden geschlagen wurde, sollte man früh aufstehen. Hinter einem schlichten Eingang öffnet sich die Tempelanlage, die erst 1902 bei Bauarbeiten entdeckt wurde. Über 5000 Jahre blieb das Wunderwerk unentdeckt unter der Erde. Liegende Figuren, die man im oberen Stockwerk fand, legen die Darstellung von Tief- und Heilschlafriten nahe. Auch der nächste Raum gibt Rätsel auf: Handelt es sich um den Ort eines geheimnisvollen Orakels? Im Mittelgeschoss schließen sich zwei Kammern mit bemalten Decken und ein Altarraum an.

Zyklopenmauern und Spiralreliefs

Im Nachbarort wartet eine weitere archäologische Preziose: die Tempel von Tarxien – eine der größten und besterhaltenen Anlagen Maltas aus der Zeit 3800 bis 2200 v. Chr., die aus vier aneinandergereihten Bauten verschiedener Epochen besteht. Tarxien, das späte, glänzende kulturelle Zentrum der Riten um die Große Göttin, ist wahrlich eine Pracht. Die massiven Steinmauern sind fein geglättet, darin befindet sich eine Kopie des Unterteils der ursprünglich drei Meter großen Magna-Mater-Statue, kunstvolle Spiralenreliefs verzieren die Altarfronten. Sie gehören zur typischen Ornamentik jungsteinzeitlicher Funde, während die 40 Graffiti von Schiffsdarstellungen bis heute nicht entschlüsselt werden konnten.

Zehn Kilometer entfernt dehnt sich der Tempelkomplex von Hagar Qim aus, die Heimat der »Venus von Malta«. Auch dieser Ort ist ein Highlight. Auf einem Hügel über der felsigen Südküste gelegen, widerstehen verzierte Altäre, riesige Monolithe und Zyklopenmauern seit über 5500 Jahren Wind und Wetter. Man vermutet, dass die Anlage als Mondtempel diente. Fast noch mehr Aufmerksamkeit als die bis

zu sieben Meter aufragenden steinernen Riesen von Hagar Qim hat der noch ältere, nur 500 Meter entfernte Sakralbezirk von Mnajdra verdient. Er liegt frei zugänglich in wilder Landschaft, und seine Tempelwände bedecken Spiral- und ungewöhnliche Punktornamente. Der Komplex ist die vielleicht schönste aller Großtempelanlagen Maltas.

Dorado für Archäologen

Weniger aufsehenerregend präsentiert sich ein Heiligtum vor den Toren des malerischen Fischerortes Marsaxlokk: In Tas-Silg fand man einen aufrecht stehenden Steinblock, der Anfangsstein einer halbkreisförmigen Fassade eines megalithischen Heiligtums. Das Archäologische Museum zeigt eine Figur im Relief aus Tas-Silg, die den gleichen Typus von Muttergottheit darstellt wie andere jungsteinzeitliche Fundstücke. In Zebbug, einer der ältesten maltesischen Städte, stieß man indes inmitten eines landwirtschaftlich genutzten Gebietes auf Gräber aus neolithischer Zeit.

Unweit von Mgarr liegt ein Schauplatz jüngerer Ausgrabungen: der Skorba-Tempel mit den ältesten bisher gefundenen Tempelresten, zurückdatiert auf das Jahr 5000 v. Chr., und der Tempel von Ta Haghrat, der bereits die typische Grundstruktur des kleeblattförmigen Dreikammersystems aufweist. Erwähnt sei auch Ras il-Pellegrin in der einsamen Gneja Bay, die Fundstätte eines Altars aus der Zeit um 3000 v. Chr.

Maltas älteste Siedlungsstätte

Das älteste Zeugnis menschlicher Besiedlung befindet sich nahe Birzebbuga in der »Höhle der Finsternis« Ghar Dalam. Neben Knochen ausgestorbener Tierarten wurden auch menschliche Überreste geborgen. Damit ist Ghar Dalam die älteste bekannte Siedlungsstätte menschlicher Existenz auf Malta überhaupt. Am Stadtrand von Birzebbuga liegt Borg in-Nadur, ein versteckter Hügel mit einer Tempelanlage, von der noch einige mannshohe Megalithsteine in loser Anordnung erhalten sind. Hier führen auch die berühmten Cart-Ruts, mysteriöse Karrenspuren, am Hafenbecken ins Wasser. Es muss eine Bodensenkung stattgefunden haben, denn die Spuren gehen auf der anderen Seite der Bay wieder hinaus aufs Land. Überall auf Malta und Gozo, besonders aber im karstigen Hochland, trifft man auf solche parallel verlaufenden Doppelrillen. Da sie mancherorts von Gräbern der Phönizier unterbrochen sind, müssen sie vor deren Ankunft, 2000–1500 v. Chr., entstanden sein.

AUSFLUG NACH GOZO

Besonders interessierte Megalith-»Forscher« sollten nach Gozo übersetzen. Das nur 14 Kilometer lange Eiland bietet einzigartige Zeugnisse aus der menschlichen Frühzeit. Über der herrlichen Ramla Bay mit ihrer berühmten Kalypso-Grotte thront auf einem hoch aufragenden Felssporn der Ggantija-Tempel. Ein Komplex, der zu den ältesten bekannten Megalithbauten der Welt und mit seinen gravurgeschmückten Altären auch zu einem der besterhaltenen Beispiele megalithischer Bauweise zählt. Bis heute ist ungeklärt, wie die Menschen vor fast 6000 Jahren die riesigen Steine fortbewegen konnten. Große, stark abgenutzte Walzen lassen vermuten, dass das tonnenschwere Baumaterial von einem fünf Kilometer entfernten Steinbruch herangerollt wurde. Berühmtestes Fundstück ist die Phallus-Stele mit Schlangenrelief – zu bewundern im Museum des hübschen Inselhauptorts Victoria.

WEITERE INFORMATIONEN
Tourismusinformation:
www.visitmalta.com
Historische Hintergründe:
www.heritagemalta.org

Der Name der Stadt Ágios Nikólaos geht auf die gleichnamige Kirche zurück, die aus dem 11. Jahrhundert stammt und eine der ältesten Kirchen der Insel ist (oben). Kleine Dörfer im Hinterland wie Avdou zeigen sich noch traditionell (rechts unten).

29 Wiege der abendländischen Kultur – Kreta

Griechenlands klassischste Urlaubsinsel

Sonne, Strand und Meer, verträumte Buchten, wildromantische Schluchten und schneebedeckte Berggipfel, malerische Städte, ursprüngliche Dörfer und quirlige Touristenorte – das alles gibt es auf der größten Insel Griechenlands, dazu die eindrucksvollen Hinterlassenschaften der ersten Hochkultur Europas. Sie entstand vor etwa 4000 Jahren und trägt den Namen des mythischen Königs Minos.

Seit die Hippies in den 1960er-Jahren Kreta für sich entdeckten, ist viel geschehen. Die Schotterstraßen sind geteert, Feriendomizile sind entstanden, die Insel entwickelte sich zum beliebten Ziel für Sonnenanbeter, Wanderer und Kulturreisende. Selbst in Matala, in dem junge Aussteiger aus aller Welt die steinzeitlichen Wohnhöhlen besetzten, herrscht heute touristische Normalität. Das bedeutet auf Kreta in der Regel aber nach wie vor: überschaubar statt Massenbetrieb. Auch in Touristenhochburgen wie Ágios Nikólaos gibt es noch die familiäre Pension. Traumhaft ist die Lage des Ortes an einer weiten Bucht, der die Venezianer bewundernd den Namen Mirabéllo gaben.

Insel der Kontraste

Vier Jahrhunderte lang beherrschte die Republik Venedig die Insel, gefolgt von den Osmanen, die die Oberhoheit ausübten, bis Kreta 1913 dem griechischen Staat zugeschlagen wurde. In den Städten an der Nordküste sind die Spuren der fremden Herren bis heute nicht zu übersehen. Venezianisch geprägt ist die zauberhafte Altstadt von Chania. Diese besondere Atmosphäre genießen die zahlreichen Touristen vor allem in den Straßencafés rund um das Hafenbecken mit dem alten Leuchtturm. Wesentlich ruhiger geht es in Réthimno zu, wo in den verwinkelten Gassen das türkische Erbe in Form von Moscheen und Minaret-

Wiege der abendländischen Kultur – Kreta

ten, Brunnen und geschnitzten Holzerkern noch deutlich sichtbar ist. Die Dritte im Bunde des Städtetrios an der Nordküste ist die Inselhauptstadt Iraklio, eine moderne griechische Großstadt, umtriebig, bunt und laut, aber auch mit venezianischem Flair am alten Hafen, mit stimmungsvollen Plätzen und dem berühmten Archäologischen Museum. Wer von den Küstenstädten ins Hinterland fährt, lernt das ursprüngliche Kreta der abgelegenen Dörfer und einsamen Klöster kennen. Großartige Naturerlebnisse versprechen die Inselgebirge mit ihren 2000er-Gipfeln und die dazwischenliegenden Hochebenen. Zu den charakteristischen kretischen Landschaften gehören auch die von hohen Felswänden gesäumten Schluchten mit ihrer seltenen Flora. Als Nationalpark ist die grandiose Samaria-Klamm geschützt, mit 17 Kilometern eine der längsten Schluchten Europas.

Zeugen der minoischen Hochkultur

Meistbesuchte Sehenswürdigkeit ist mit Abstand aber immer noch der Palast von Knossos, in dem der Sagenkönig Minos geherrscht haben soll. Wer früh am Tag kommt, umgeht die Busladungen von Touristen und die in den Sommermonaten oft gleißende Hitze und kann die weitläufige Anlage in Ruhe und mit etwas Glück bei erfrischenden Windböen erkunden. Zwar handelt es sich bei den teilweise mehrstöckigen Gebäuden hauptsächlich um Rekonstruktionen des 19. Jahrhunderts, doch vielleicht macht gerade das die Attraktivität von Knossos aus. Hier kann sich auch der Laie vorstellen, wie die minoische Herrschaftselite vor Jahrtausenden lebte, ohne groß abstrahieren zu müssen. Mehr Fantasie (und Kenntnisse) braucht es für das Verständnis der anderen Ausgrabungsstätten minoischer Kultur. Herausragende Beispiele bilden die zweitgrößte Palastanlage Kretas in Phaistos, der Palast von Malia mit freigelegter Wohnsiedlung und der Palast von Kato Zakros beim Tal der Toten, einer Schlucht, deren Name sich auf die Begräbnisriten der Minoer bezieht.

Nur zu Fuß oder mit dem Esel erreicht man die mystische Tropfsteinhöhle über dem Dorf Psychró am Rand der für ihre Windmühlen berühmten Lassithi-Hochebene. Ein Kultort war die Höhle sowohl in minoischer wie auch in griechischer Zeit: Göttervater Zeus soll hier, glaubt man dem Mythos, als Säugling von Ziegen genährt worden sein.

ARCHÄOLOGISCHES MUSEUM HERAKLION

Auf einen Regentag sollten Urlauber nicht warten, den gibt es nämlich im Sommer kaum. Doch wer sich für die uralte Inselkultur interessiert, wird gerne einen Strandtag opfern, um das umfassend renovierte Archäologische Museum von Iraklio zu besuchen – eine der bedeutendsten und größten archäologischen Sammlungen Griechenlands mit Objekten aus einem Zeitraum von 5500 Jahren: Amphoren, Henkelgefäße, Skulpturen und farbenfrohe Fresken aus minoischen Palästen. Natürlich dürfen auch die verschiedenen Darstellungen des Stiersprungs nicht fehlen. Als einzigartig gelten der »bedruckte« Diskos von Phaistos und ein bemalter Steinsarg aus Agia Triada. Aus dem Palast von Knossos stammt einer der schönsten Funde: die geheimnisvolle 3500 Jahre alte Fayence-Statuette einer Schlangengöttin.

WEITERE INFORMATIONEN
Archäologisches Museum Iraklio:
www.heraklion.gr

Europa

30 Traum in Weiß und Blau – Santorin

Die wohl idyllischste Insel der Kykladen

Santorin sieht ja aus wie im Bilderbuch: weiß-blau die Häuser und Kirchlein, tiefblau die Ägäis und wolkenlos der Himmel darüber. Sie ist die vielleicht schönste aller griechischen Inseln. Atemberaubend wirkt vor allem der Blick von oben auf den mit Wasser gefüllten Vulkankrater. Dort wird jedem klar: einfach göttlich, diese Insel!

Über dem Ägäischen Meer schmiegt sich Oía an dem Felsen mit den weißen Häusern, die auf allen Kykladen verbreitet sind (unten). Das traditionelle Fortbewegungsmittel ist der Esel, wobei dies heute eher eine Touristenattraktion ist (rechts oben).

Alles fing mit einem mächtigen Knall an. Ein gewaltiger Vulkanausbruch vor rund 21 000 Jahren und ein weiterer vor mehr als 3500 Jahren sprengte Santorin auseinander. Zum größten Teil versank die Insel im Meer. Der Vulkan ist noch immer aktiv. Vor knapp 60 Jahren erschütterte ein Seebeben den kleinen Archipel und richtete in den Dörfern größere Zerstörungen an. Doch die Ruhelosigkeit hatte auch ihr Gutes: Sie brachte reichlich Bimsstein hervor. Knapp zwei Millionen Tonnen Santorinerde wurden bis vor 25 Jahren in die ganze Welt exportiert, hauptsächlich zur Herstellung von Beton. Große Teile des Suezkanals bestehen aus diesem Beton.

Die Ränder des mächtigen Vulkankraters ragen steil aus der Ägäis, bis zu 360 Meter hoch. Im Krater kann man baden, segeln oder das Motorboot anwerfen, das ist weltweit einmalig. Von Oía am nördlichen Ende krümmt sich die Sichel der Hauptinsel Thira bis Akrotiri im Süden und zeichnet mit den kleineren Nachbarinseln den Kraterrand nach. Von den Inseln in der Caldera und den Dörfern auf der Steilküste aus wirkt Santorin bilderbuchschön. Die flach abfallende Ostküste und ihre dunklen, grobsandigen Strände wirken da eher unscheinbar. Erstaunlich, dass viele Urlauber dort buchen und bleiben, wo die Strände sind, in Kamari und Perissa... Aber immerhin: Hässliche Beton-

Traum in Weiß und Blau – Santorin

burgen gibt's auf Santorin bis heute nicht! Nicht einmal im eher langweiligen Osten.

Stillleben in Fira

Leben und leben lassen lautet die Inseldevise – nicht nur beim Backgammon-Spiel in den engen Gassen von Fira. Dort trödeln Esel bergan, mit Kreuzfahrtkundschaft auf dem Rücken oder mit Lasten für die Geschäfte, Hotels, Restaurants: Ohne die braven Grautiere würde in den meisten Orten gar nichts gehen – oder nur mit sehr viel Schweiß …

Der Pope spaziert durch die Gemeinde. Die Touristen finden derweil ihre Plätze an der Sonne. Und der Zauber der lauen Sommernächte, der ist nicht nur in Fira, der kleinen Inselhauptstadt, faszinierend. Denn dann haben die Kreuzfahrtriesen längst wieder abgelegt. Jeden Tag ist das Defilee der großen Pötte im Vulkanbecken, der Caldera, zu sehen. Aber erst, wenn sie die Insel verlassen haben, teilen sich Einwohner wie Feriengäste, die auf der Insel nächtigen, die gar nicht kitschige Stimmung mit Musik, Tanz und griechischem Wein. In der Urlaubsatmosphäre von Hellas schmeckt Letzterer herrlich – und geht zu Hause allenfalls als Sauerampfer durch.

Meerwasser mit natürlicher Wärmequelle

Santorin ist das richtige Ziel für Griechenland-Neulinge: Keine andere Insel der Ägäis erscheint malerischer. Hier zeigt sich Griechenland, wie man es von Postern und Wandtapeten kennt. Mit tiefblauem Meer, in das die steilen, schwarzen Kraterwände stürzen, darauf schneeweiße Häuser und Kirchen mit blauen Kuppeln sowie mitten im Vulkanbecken die kreisrunde Insel Néa Kaméni mit dem immer noch tätigen Vulkan. Er erwärmt das Meerwasser ringsherum enorm. An manchen Stellen kocht es und riecht faulig nach Schwefel. Nur schade, dass die Segelboote mit den Ausflüglern an Bord trotz schönem Wind in der Caldera nicht segeln, sondern immer ihren Diesel anwerfen. Doch die Kapitäne haben einen festen Plan mit genauen Abfahrts- und Ankunftszeiten. Weit mehr als ein Dutzend Schiffe wollen täglich koordiniert sein. Da bleibt einfach keine Zeit fürs gedankenverlorene Kreuzen, Wenden oder für den anderen sentimentalen Kram.

JEDEN ABEND EIN FEUERWERK

Fast jeder hat von den spektakulären Sonnenuntergängen gehört, die sich am Ende eines Tages auf dieser Insel abspielen: Auf Santorin wird der Sonnenuntergang zelebriert. Und jeden Abend verläuft das Schauspiel anders. Die Farben am Himmel ändern sich von Ocker zu Golden, von Gelb zu Orange und Rot, wenn die Sonne langsam ins Meer sinkt. Zusammen mit den umliegenden Inseln entsteht eine unglaubliche Szenerie, die man von verschiedenen Orten allabendlich neu für sich entdecken kann. Von Oía sieht das Spektakel anders aus als von Fira oder vom 210 Meter hohen Südzipfel oder gar von Néa Kaméni mit der Steilküste der Hauptinsel im Rücken. Vielleicht feiert man das Naturschauspiel auch jeden Abend mit einem anderen Fläschchen Wein, gekeltert aus den Inseltrauben? Sicher ist: Der Sonnenuntergang von Santorin gehört zu den atemberaubendsten auf der ganzen Welt!

WEITERE INFORMATIONEN
Tourismusinformation:

www.santorini.net

Am Abend zieht es die Bewohner und Touristen an die Promenade von Mykonos-Stadt, um zu sehen und gesehen zu werden (oben). Die strahlend weiße Panagia Paraportiani besteht eigentlich aus fünf Kirchen, die miteinander verwachsen sind (rechts unten).

31 Urlaubsfeeling pur – Mykonos

Stille Klöster und lebhafte Badebuchten

Mykonos ist gleichbedeutend mit Urlaub, die Insel hat sich ganz ihren fremden Gästen gewidmet – die hier vor allem zum ausgelassenen Feiern und sommerlichen Abhängen anlanden. Doch das kleine ägäische Inseljuwel hat außer Partys und Promis viel mehr zu bieten: strahlend weiße Kykladen-Architektur vom Feinsten, malerische Küsten und eine lange Geschichte.

Mykonos-Stadt, die eigentlich offiziell Chóra heißt, wirkt durch ihr einzigartiges und homogenes Stadtbild mit dem Gewirr aus zweigeschossigen, schneeweiß getünchten Häuschen, Treppchen und Gässchen und teils himmelblau bemalten Kuppeln ungemein malerisch. Die einzige Stadt der Insel liegt im Westen inmitten einer weit geschwungenen Bucht. Geschützt von dem aus dem Norden kräftig wehenden Meltémia-Wind, laufen dort auch die Fährschiffe ein. Im Osten wird die Altstadt von einem 100 Meter hohen Bergrücken begrenzt. Seit dem Bauboom der 1970er-Jahre fressen sich die Häuser immer weiter in den Hang hinein.

Eine kluge Einrichtung trägt zum großen Charme des Ortes bei: Im Gassengewirr ist zwischen April und Oktober kein Auto erlaubt, nur die dreirädrigen Trikiklá beliefern die Geschäfte oder befördern Koffer zum Hotel. Manchem Händler dienen noch Esel und Maultiere als Transportmittel. Wer Glück hat, einem von ihnen zu begegnen, weiß, wie das Leben ausgesehen hat, als Chóra noch ein Dorf war. Im Parikiá-Viertel hinter der westlichen Hafenpromenade geht es vergleichsweise ruhig zu. Auch hier bilden die schmalen Gassen ein labyrinthartiges Netz. Das Kástro-Viertel ist das älteste der Stadt. Es wurde im 13. Jahrhundert vom venezianischen Adelsgeschlecht der Ghyzi

Urlaubsfeeling pur – Mykonos

als Wehrsiedlung gegründet. Herzstück ist die Platía Agía Moní. Gesäumt wird der Platz von einigen Kirchen, von denen Agía Eléni die größte und bedeutendste ist. Bis 1878 war sie Bischofskirche.

Ein Pelikan als Maskottchen

Die Platía Agía Moní ist der Lieblingsaufenthaltsort von Pelikan Petrós, dem Inselmaskottchen. Meistfotografiertes Motiv aber ist die Panagía Paraportianí, eine fast surreal wirkende weiße Kirche aus dem 15. Jahrhundert, die eigentlich aus fünf übereinandergebauten Kapellen besteht. Ungemein fotogen zeigt sich das malerische Venétia-Viertel, das an der Uferstraße nahtlos anschließt. Zu Füßen dreigeschossiger Kapitänshäuser direkt am Kai schlagen sanft die Wellen. Erker und Balkone aus bunt lackiertem Holz schweben über dem Wasser. Dort zu sitzen und die Sonne im Meer versinken zu sehen – das ist Mykonos von seiner schönsten Seite.

Kirchen, Kapellen und Halligalli

Bis auf eine Ausnahme gibt es auf der Insel keine historisch gewachsenen Dörfer. Was sich heute Ort nennt, war in vortouristischen Zeiten bestenfalls eine Ansammlung von ein paar Fischerhäuschen, oder es waren die *choría*, freistehende schneeweiß getünchte Bauerngehöfte, die an die so inseltypischen Granitfelsen angelehnt sind. Sie haben das klassische Kykladenbild geprägt – so wie die 365 verstreut liegenden Kapellen und Kirchlein. Áno Merá, ein hübsches weißes Dorf im Innern der Insel, hat seine Ursprünglichkeit trotz Tourismus bewahren können. Hauptattraktion ist der idyllische Dorfplatz mit urigen Tavernen und zwei Klöstern: Panagía Tourlianí ist für Mönche, Paleókastro für Nonnen – auch wenn in Letzterem nur noch eine einzige Nonne Dienst tut.

Wem die Ruhe in Áno Merá und die Einsamkeit und Stille von manch kleiner Bucht zu groß ist, für den gibt es ein Gegenmittel. Und zwar pulsierende Strandorte wie Ornós und Psaroú mit ihren bekannten Feiermeilen und hohem Promifaktor oder aber trubelige Badebuchten wie Paradise Beach und Super Paradise Beach. Wer will, kann hier bei Voll-, Halb- und Neumond die Nacht zum Tag machen und am nahenden Morgen dann die Sonne mit der einen oder anderen Berühmtheit aus der Musik-, Show- oder Filmwelt begrüßen.

STRANDSCHÖNHEITEN

Wenn Mykonos etwas zu bieten hat, dann sind es traumhaft schöne Strände, die zum Sonnen- und Wasserbaden einladen. Elía Beach, ein 500 Meter langer Strand mit hellem Sand, ist eingerahmt von Felsen. Daran schließen sich wunderschöne, klippengesäumte Badebuchten an. Pánormos Beach wird von flachen Dünen begrenzt und liegt im weniger besuchten Norden der Insel. Ein noch nicht überlaufener Strand aus Kieseln und Sand ist Merchiás Beach, im Nordosten gelegen. Die bekanntesten Strände mit feinem Sand sind Paradise Beach und Super Paradise Beach. Hier ist einiges los und die Partys am Strand gehen bis in die Nacht. Ornós bietet eine wunderschöne Bucht mit flach abfallendem Strand aus grobem Sand. Ein windgeschützter Anlegeplatz für Fischerboote bietet einen idyllischen Anblick. Westlich davon liegt der 300 Meter lange Sand-Kies-Strand von Agiosloánnis mit stimmungsvollen Tavernen.

WEITERE INFORMATIONEN
Tourismusinformation:

www.mykonos.gr

Europa

32 Spröde Schönheit – Menorca

Liebe auf den zweiten Blick

Menorca ist die unbekannteste Insel der Balearen. Zwar ist die zweitgrößte Insel des Archipels gut besucht, doch nie hat sie eine Masseninvasion erlebt wie die fünfmal größere Nachbarin Mallorca, und sie geriet auch nie in die Schlagzeilen als Hippie-Paradies wie Ibiza. Ihre Reize erschließen sich Besuchern nur nach und nach.

Cala Mitjana, eine kleine Bucht im Südwesten, beherbergt einen herrlichen Strand, der bei Familien beliebt ist (unten). Der Placa del Born in Ciutadella liegt zwischen Hafen und Altstadt. Ein Hingucker ist das imposante Rathaus (rechts oben).

Der Norden Menorcas weist stark zerklüftete Küsten mit fjordartigen Einbuchtungen auf. Die Südseite ist geprägt von hohen Klippen, kleinen Sandbuchten und langen Stränden. Die Trennungslinie zwischen Norden und Süden folgt grob der großen Verbindungsstraße von Maó, der Hauptstadt im Osten, zur alten Hauptstadt Ciutadella im Westen. An dieser Straße liegen mit Alaior, Es Mercadal und Ferreries die anderen drei Orte, die als Städte bezeichnet werden können. In der Inselmitte erhebt sich mit dem El Toro der mit 357 Metern höchste Berg der Insel. Die Spitze ziert das Kloster Mare de Deu del Toro.

Paradies für Wassersportler

Das kleinere Menorca kann zwar keine so spektakulären Landschaften wie Mallorca aufweisen. Die fast flache Insel ist zugegebenermaßen für die wenigsten Besucher eine Liebe auf den ersten Blick. Doch bietet sie vor allem Aktivurlaubern eine breite Palette an Attraktionen. Neben dem Segeln sind die großen Lagunen des Nordens für Windsurfen und Kajakfahren äußerst gut geeignet, es gibt dort zudem zahlreiche Schulen und Geräteverleiher. Ebenfalls hoch im Kurs steht das Tauchen, denn das kristallklare Wasser schafft günstige Bedingungen.

Spröde Schönheit – Menorca

Von Bausünden weitgehend verschont
Menorca wurde erst in den 1980er-Jahren für den Tourismus erschlossen, also viel später als Mallorca und Ibiza. Deshalb wurde viel behutsamer mit dem Terrain umgegangen. Obwohl nicht alle Bausünden verhindert wurden, konzentrieren diese sich auf wenige Orte. Zahlreiche herrliche Badebuchten und schöne Strände sind so gut wie naturbelassen, die wenigen Hotels wurden dezent einige Hundert Meter in das karstige Hinterland gebaut.

Größtes Freilichtmuseum
Doch hat die Insel weit mehr zu bieten als Sonne, Strand und kristallklares Wasser. Sie ist das größte Freiluftmuseum Europas mit Zeugen menschlichen Wirkens aus den letzten 8000 Jahren. Bereits um 6000 v. Chr. gelangten Menschen von Südfrankreich aus auf die Insel. Megalith-Monumente beweisen die Anwesenheit von Siedlern, die um 2000 v. Chr. in Steinhütten lebten. In den größten bestatteten die Menschen ihre Toten, wie in der zweistöckigen Naveta de Tudons in der Nähe von Ciutadella.

Besonders Bauwerke aus der steinzeitlichen Talaiot-Kultur sind auf Menorca in hervorragendem Zustand erhalten. Geheimnisumwittert sind jene mehr als mannshohen, rechteckig behauenen Felsen in Form eines T, die meist im Zentrum der runden Steinhüttendörfer standen und die nur hier auf Menorca vorkommen.

Aus Überlieferungen sind in den folgenden Jahrhunderten die Anwesenheit von phönizischen und griechischen Händlern und die ersten Invasionen von keltischen Festlandsbewohnern bekannt. Allerdings fehlen aus dieser Zeit Zeugnisse. Später gründeten die Römer Siedlungen. Und wie auf Mallorca folgte auch hier eine ruhige Zeit der Maurenherrschaft und eine unruhige der Piratenangriffe.

Im 18. Jahrhundert wurde Menorca zum Zankapfel europäischer Mächte, die um die Vorherrschaft im westlichen Mittelmeer rangen. Neben den Spaniern hielten die Franzosen und die Briten die Insel für viele Jahre besetzt. Aus dieser Zeit stammen viele Befestigungsanlagen, die größte ist die Festung La Mola auf der felsigen gleichnamigen Halbinsel.

INSELSPEZIALITÄTEN

In der alten Hauptstadt Ciutadella wird das Fest San Joan gefeiert. Tausende Besucher strömen in die mittelalterliche Altstadt und zu den Reiterspielen am Hafen. Die schwarzen Menorcapferde stehen im Mittelpunkt des Festes, das am Sonntag vor dem Johannistag beginnt und seinen Höhepunkt bei einem festlichen Reiterumzug am 24. Juni hat. Gottesdienste gehören dazu und die berühmte Haselnussschlacht.

Menorca hat eine reiche kulinarische Tradition. Weit über die Inselgrenzen hinaus bekannt ist der würzige Mahón-Menorca-Käse. Je nach Reifegrad schmeckt er mild oder sehr würzig. Eine andere, nicht ganz billige Spezialität ist der Langusteneintopf *caldereta de llangosta*, am besten genossen in einem der Restaurants an der großen Lagune des Fischerorts Fornells an der Nordküste. Selbst Spaniens Regent Felipe IV lässt sich diese Köstlichkeit bei seinen Besuchen munden.

WEITERE INFORMATIONEN
Tourismusinformation: www.menorca.es

Wenn bei uns noch tiefster Winter ist, blüht Mallorca auf: Die Mandelblüte ist ein Spektakel (oben). So kennt man Mallorca: Die traumhafte Bucht, in der Cala Figuera liegt, besticht durch türkisfarbenes Wasser und schmucke Villen (rechts unten).

33 Romantische Mandelblüte – Mallorca

Die ersten Vorboten des Frühlings

Als »mallorquinischer Schnee« werden die weißen und zartrosa Blüten bezeichnet, denn die Mandeln blühen im Januar, Februar und März, wenn selbst auf der sonnenverwöhnten Insel die Natur noch im Winterschlaf liegt. Sie sind die ersten Boten des nahenden Frühlings. In manchen Jahren reichen schon einige sonnige Tage Ende Januar, genannt *calmes de gener*, um die früh blühenden Sorten herauszulocken.

Zum Beinamen »mallorquinischer Schnee« gibt es eine kleine Sage, die auf der Insel erzählt wird. Angeblich wollte ein Prinz seine aus dem Norden Europas stammende Frau aufmuntern, die wegen des fehlenden echten Schnees an Schwermut erkrankt war. Er ließ Tausende von Mandelbäumen pflanzen, deren Blüten im Winter aus der Ferne betrachtet als weißer Schnee-Ersatz das Herz der Frau erfreuten.

Von den Arabern kultiviert

Über die Herkunft des auf Mallorca eigentlich nicht heimischen Mandelbaums ist man sich nicht sicher. Vermutet wird, dass seine Heimat in Persien und Mesopotamien liegt. Selbst das ferne China wird als Ursprungsland genannt. Phönizische und griechische Händler verbreiteten den Baum wie viele andere Kulturpflanzen im gesamten Mittelmeerraum. Die Kultivierung der begehrten Frucht auf Mallorca wird vor allem den Arabern zugeschrieben, die in den 300 Jahren ihrer Herrschaft große Pflanzungen anlegten. Blühende Mandelbäume sieht man eigentlich überall auf der Insel. Riesige Plantagen gibt es vor allem im Südwesten um Andratx und S'Arraco, in der Ebene zwischen Palma und den Ausläufern der Serra de Tramuntana und im flachen Süden von Llucmajor bis Santanyí. Die Zukunft besonders die-

Romantische Mandelblüte – Mallorca

ser Pflanzungen ist unklar. In den letzten Jahren wurden immer weniger Bäume im Herbst auch abgeerntet, denn die Kosten dafür übersteigen angeblich den Gewinn, und so denken viele Plantagenbesitzer darüber nach, wie sie die unrentable Kultur durch eine andere ersetzen könnten. Dann wäre es vorbei mit dem Blütenschnee auf Mallorca, und die Insel hätte eine Attraktion in der nicht so beliebten Nebensaison weniger. Wegen der Blütenpracht kommen Tausende von Besuchern auf die sonst zu dieser Zeit stille Insel.

Kurze Blütenpracht

In warmen Wintern sind die meisten Bäume schon Mitte Februar abgeblüht. In kalten Wintern zeigen Tausende von Bäumen bis Ende März ihr festliches Kleid. Falls aber während der Blüte eine Kaltfront bis in den Süden Europas vordringt, ist es gleich wieder aus mit der weißen, sehr sensibel reagierenden Pracht. Die Blüten erfrieren, und diese Bäume werden in diesem Jahr keine Früchte tragen. Dazu kommt, dass viele Bäume, vor allem im Südosten, von der Bakterie Xylella befallen sind und verbrannt werden müssen (ebenso Olivenbäume). Geschätzt ein Drittel der Mandelbäume wurden bereits vernichtet. Der mallorquinische »Schnee« ist bedroht.

Köstlichkeiten aus der Frucht

Die Verwendung der alten Kulturfrucht ist mannigfaltig, immer jedoch muss sie erst von ihrer harten Schale befreit werden. Man isst sie roh, geröstet, salzig oder süß. Saucen werden mit in Mörsern zerriebenen Mandeln angedickt. Der Mandelkuchen *gató* mit Mandeleis ist eine beliebte Nachspeise auf der Balearen-Insel. Zu Weihnachten ist die Mandel in Form der beliebten Turrons, süßen Riegeln aus gemahlenen oder gebrochenen Mandeln – mit zahlreichen Zusätzen wie Eiern, Orangensaft, Trockenfrüchten, mit und ohne Schokoladenüberzug – als fester Bestand des Festessens nicht wegzudenken. Die Turrons sind am ehesten mit Marzipan aus Lübeck zu vergleichen, das vor allem früher fast ausschließlich aus mallorquinischen Mandeln hergestellt wurde. Diese alte Tradition haben nun zwei Deutsche auf der Insel wiederaufleben lassen. Unter der Marke Oro de Mallorca – Gold aus Mallorca – stellen sie klassisches Marzipan nach Lübecker Rezepten und mit sonnengereiften Inselmandeln her.

FLÜSSIGES AUS MANDELN – SÜSS UND DUFTEND

Aus der Bittermandel wird auf Mallorca in mehreren Destillerien der wohlschmeckende *licor de almendras* hergestellt. Das Dessertgetränk, übrigens ein äußerst beliebtes Souvenir, ist mit dem italienischen Amaretto zu vergleichen und hat normalerweise einen Alkoholgehalt von nur 20 Prozent. Man bekommt es in vielen Lebensmittelgeschäften, kann es aber natürlich auch bequem im Internet bestellen. Auch die feinen Blüten des Mandelbaums werden von den Mallorquinern genutzt: Seit Jahrzehnten stellt eine kleine Firma auf Mallorca ein begehrtes Parfüm daraus her. Der zarte Duft von »Flor d'Ametler« reist so in hübsch gestalteten Glasflacons um die Welt. Man kann ihn natürlich direkt vor Ort kaufen und als hübsches Souvenir mit nach Hause bringen. Oder man bestellt ihn einfach online.

WEITERE INFORMATIONEN

Licor de almandras und andere mallorquinische Spezialitäten:
www.mallorquiner.com
Flor d'Ametler: www.flordametler.com

In eine märchenhafte grüne Bucht mit Pinienbäumen ist der Strand Playa de Formentor gebettet. Etwa einen Kilometer vorgelagert liegt die unbewohnte Insel Illa de Formentor.

Europa

34 Wo das Hoch wohnt – Azoren

Einsame Eilande mitten im Atlantik

Neun Inseln, weit ab von jedem Festland und mitten im Atlantik gelegen, bilden die portugiesische *Região Autónoma dos Açores*, die Autonome Region der Azoren. Rund 1500 Kilometer sind es von hier bis Lissabon und 3500 bis zur Ostküste des nordamerikanischen Kontinents. Schon seit vielen Jahrhunderten ein wichtiger Stützpunkt für Seefahrer auf der Atlantiküberquerung.

Der Vulkan Pico Alto ragt 2351 Meter in die Höhe, doch die Kuh scheint unbeeindruckt (unten). Die Viehwirtschaft ist wichtig auf den Azoren. São Miguel lässt sich wunderbar erwandern: durch hügelige Landschaften oder entlang der Küste (rechts oben).

Die *Ilhas dos Açores*, zu Deutsch »Habichtsinseln«, stehen in Europa landläufig für ein sommerlich schönes Hoch. Dabei herrscht auf ihnen oft wechselhaftes Aprilwetter. Zudem ist es fast immer windig, im Winter toben gewaltige Stürme – ob auf Santa Maria, Ilha do Faial, Pico, Graciosa, São Jorge, Terceira, Flores oder Corvo. Insgesamt bewohnen knapp 250 000 Menschen die Azoren, auf einer Fläche von der Größe des Saarlands. Hauptinsel ist São Miguel mit der inoffiziellen Hauptstadt Ponta Delgada – doch eigentlich sind die Hauptstädte der drei Azorendistrikte gleichrangig.

Unruhige Geschichte und wechselnde Besatzer

Mitte des 15. Jahrhunderts siedelten die ersten Europäer auf den Azoren. Die Portugiesen hatten sie auf Geheiß Heinrichs des Seefahrers 1427 in Besitz genommen. Zu den ersten Siedlern zählten neben portugiesischen Bauern auch Flamen. Die hatten sich dort auf Initiative von Heinrichs Schwester Isabella niedergelassen. Isabella war verheiratet mit Philipp III., dem Guten, von Burgund, zu dessen Herrschaftsbereich damals auch die Niederlande zählten. Noch heute erinnern überall Wind-

Wo das Hoch wohnt – Azoren

mühlen, etwa auf der Insel Faial, an diese frühen Siedler. Als 1580 der spanische König in Personalunion auch portugiesischer Herrscher wurde, wehrten sich die Insulaner vehement gegen die Spanier. Sogar Stiere ließen die Azorer auf die neuen ungeliebten Herren los – ohne allerdings einen langfristen Erfolg zu erzielen.

Portugals Seehandelsstützpunkt

Die Azoren öffneten Portugal als erster Kolonial- und Seehandelsmacht der Neuzeit den Weg nach Afrika und Amerika. Als die Geschäfte mit Gold und kostbaren Gewürzen so richtig in Schwung gekommen waren, legten nahezu alle Handelsschiffe, die die neuen Routen befuhren, auf den günstig gelegenen Azoren an, um frisches Wasser und Proviant an Bord zu nehmen.
Zu Beginn des 19. Jahrhunderts begann man zudem, Ananas, Tee, Orangen und Tabak auf den Inseln anzubauen, der Handel blühte. Gleichzeitig wurde der Walfang intensiviert und mithilfe Portugals eine eigene Fangflotte aufgebaut. In den vergangenen Jahren gewann der Tourismus zunehmend an Bedeutung – etwa in São Miguel, wo seit 2008 viele Segler im neuen Jachthafen anlegen.

Die Kraft der Vulkane

Die Azorer trotzten über die Jahrhunderte hinweg den Naturgewalten. Vor allem Vulkanausbrüche und Erdbeben machten ihnen immer wieder zu schaffen. Erst im letzten Jahrhundert war der vulkanische Untergrund wieder besonders aktiv: Im Jahr 1957 mussten auf Faial 2000 Menschen umgesiedelt werden, als der Vulkan Capelinhos ausbrach. 1980 zerstörte ein Erdbeben Angra do Heroísmo, die Hauptstadt der Insel Terceira. Acht Jahre später erschütterte ein verheerendes Beben die Insel Faial. Durch die aktiven Vulkane dürften die Azoren in nicht allzu ferner Zukunft aber auch Zuwachs erhalten: Zwischen São Miguel und Terceira wächst ein Vulkan aus dem vier Kilometer tiefen Atlantik, der heute gerade noch zwölf Meter unter der Wasseroberfläche endet. Portugals höchster Berg liegt übrigens auch auf den Azoren: Der Vulkanberg Pico Alto auf der gleichnamigen Insel ragt 2351 Meter in den Himmel und trägt im Winter eine weiße Mütze.

GRACIOSA – IM INNERN DER ERDE

Auf Graciosa, der Lieblichen, spielt sich das Leben der rund 5000 Bewohner ganz ohne Hektik ab. Windmühlen, Trockenmauern und Weinberge prägen die Landschaft. Umso dramatischer ist der Kontrast zur Hauptattraktion der Insel: Zur Vulkanhöhle Furna do Enxofre steigt man in einer Art gemauertem Turm auf einer Wendeltreppe hundert Meter unter die Erde. Fast 200 Treppenstufen geht es in dem natürlichen Vulkanschlot bergab, immer wieder ermöglichen Fenster den Blick in die riesige Höhle. Rund 130 Meter beträgt ihr Durchmesser bei einer Höhe von 80 Metern. Schwefelgeruch liegt in der Luft. Schummriges Licht fällt von weit oben durch zwei Schlote hinein, von der Decke hängen Stalaktiten. Ganz am anderen Ende dieser Unterwelt blubbert im Dunkel eine Schlammquelle, und der Fels ist schwefelgelb gefärbt. Nirgendwo sonst lassen sich die heißen Urgewalten der Erde so direkt erleben wie hier.

WEITERE INFORMATIONEN
Tourismusinformation:
www.visit-azoren.de

Vom Pico Arieiro zum Pico Ruivo gelangt der sportive Urlauber auf einer fünfstündigen Wanderung (oben). An der Nordküste erblüht die Insel, aber nicht nur dort: Madeira gilt als Blumeninsel (rechts).

35 Blumen und eine grüne Hölle – Madeira

Ein einziger Paradiesgarten und kein Sandstrand

Ein gewaltiger Vulkankegel, der sich über einer zerklüfteten Landschaft weit aus dem Atlantik erhebt: die grüne Insel Madeira mit Naturparks und üppigen Gärten. Mittendrin liegt die Hauptstadt Funchal, das quirlige Zentrum des schroffen Eilands. Und für Sportler ist ohnehin die ganze Insel ein Paradies. Nur Sandstrände bietet Madeira nicht – die finden Sonnenanbeter auf dem Nachbarinselchen Porto Santo.

Knallroter Hibiskus, orange-blaue Strelitzien, weißer Jasmin und rosarot blühende Kamelienbäume – Madeira heißt auch »Blumeninsel«. Das milde und feuchte Klima des Eilands sorgt dafür, dass es überall farbenprächtig blüht. Zahlreiche Arten kommen nur hier vor, etwa das seltene Madeira-Veilchen oder die Fischfang-Wolfsmilch, mit deren giftigem Saft die Einheimischen einst am Ufer fischten. Andere Pflanzen hingegen, die heute in Gärten und Plantagen gedeihen, wurden erst vor rund zweihundert Jahren auf die Insel gebracht. Mit der »Festa da Flor«, dem Blumenfest, begrüßen die Madeirer im April den Frühling mit einem großen Umzug. Zu den Kleinodien der Gartenkunst zählt neben dem großen Botanischen Garten der »Jardim Tropical Monte Palace« oberhalb von Funchal. In dem halb wilden, tropischen Park schlängeln sich verwitterte Wege durch üppige Azaleen, Orchideen und mannshohe Farne. Hier sollte man Zeit mitbringen, um all die verwunschenen Ecken zu entdecken.

Einzigartige Natur

Klimatisch ist Madeira verwöhnt, im Winter herrschen im Schnitt 19 Grad und im Hochsommer 25 Grad. Dabei fällt im Norden der Insel deutlich mehr Regen, während im Süden subtropisches Klima herrscht. Um das auszuglei-

Europa

Ein buntes Spektakel bietet das Blumenfest, das alljährlich im Mai stattfindet (unten). Der Botanische Garten in Funchal wurde in den 1960er-Jahren angelegt (ganz unten). Das Quinta do Lorde Resort im Westen schmiegt sich an die Küste (rechts oben).

chen, legten frühe Siedler und Sklaven schon ab dem 15. Jahrhundert ein System schmaler Bewässerungskanäle an: Die *levadas* ziehen sich von Norden nach Süden über die Insel. Dazwischen schaffen die vielen Berge und Schluchten ein vielfältiges Mikroklima, und in jedem Tal herrschen andere Verhältnisse. So haben ganz unterschiedliche Vegetationsgemeinschaften ihren Platz auf Madeira gefunden: Im Westen liegt das Hochmoor Paul da Serra, und bei Ilha wächst der als UNESCO-Naturerbe geschützte Lorbeerwald Laurisilva, wie es ihn im Tertiär überall in Europa gab. Ihm verdankt die *Ilha da Madeira* (Holzinsel) ihren Namen – auch wenn der Wald später an vielen Stellen gerodet wurde. Immerhin bedeckt er heute noch 20 Prozent der Insel. Und nur hier können Wanderer noch durch ein solches Naturrelikt spazieren. Der rund einstündige Lehrpfad in Ribeiro Frio führt hindurch zwischen duftenden Lorbeerbäumen, Wacholderzedern und Madeira-Mahagoni. Im Nordwesten Madeiras hingegen finden sich mächtige Eukalyptuswälder, die sich durch ihren typischen Geruch verraten. Madeira ist sich der Bedeutung seiner einmaligen Natur bewusst – rund zwei Drittel der Insel stehen als Naturreservate, geschützte Landschaften und Erholungsgebiete unter Schutz.

Sportparadies mit Kulturbeigabe

Der alte Vulkankegel Pico Ruivo hebt sich 1861 Meter übers Meer und bietet Wanderern hochalpine Erlebnisse. Doch die meisten Besucher der Insel bevorzugen weniger steile Pfade entlang den *levadas*, durch Wälder und Schluchten, an kleinen Seen und Wasserfällen vorbei. Auch ohne Wanderschuhe findet sich auf Madeira für jeden eine Sportart: Golfen im Hochland, Tauchen, Segeln, Baden im Naturschwimmbecken.

Für Kultur sorgt die Inselhauptstadt Funchal. Wie ein Freilufttheater schmiegt sie sich an die Berge an der Sonnenseite der Insel. Hotels reihen sich entlang der Küstenlinie wie Perlen an einer Schnur. Im Hafen liegen große Kreuzfahrtschiffe, deren Gäste Funchal während einiger Stunden Landgang entdecken. Einen ersten Ausblick über die Inselhauptstadt bietet der »Jardin Botánico«, der Botanische Garten, 305 Meter hoch über der Stadt auf Terrassen angelegt und ein halbes Jahrhundert alt. Unten im Häusergewirr liegen die meisten Sehenswürdigkeiten dicht beieinander um die Praça do Município. Über das Kieselsteinpflas-

ter aus Lava und Marmor schlendern Touristen aus aller Welt, um den barocken Prunkpalast zu besichtigen, in dem heute das Rathaus untergebracht ist.

Zucker und Wein

Funchals Vergangenheit ist vor allem süß: Im 15. Jahrhundert war die Stadt Europas wichtigster Handelsplatz für Zucker. Noch heute erinnern fünf Zuckerhüte im Stadtwappen an die Grundlage für den Wohlstand. Straßennamen wie die Rua dos Caixeiros, die Straße der Zuckerkistenmacher, stammen aus der Zeit. Allerdings laugte der Boden schnell aus, der Zuckerrohrertrag ging zurück, und Weinstöcke hielten ihren Einzug auf der Insel; später allerdings stark dezimiert durch Reblausseuchen. Das alles hat kulinarische Spuren hinterlassen, Madeira ist eine Genießerinsel. Neben dem berühmten Madeirawein trinkt man gern das Nationalgetränk *poncha*, einen Mix aus Zuckerrohrschnaps, Honig und Zitronensaft. Der traditionelle schwere Kuchen *bolo de mel*, ist ebenfalls aus dem süßen Rohr – und darf nicht mit dem Messer, nur per Hand zerteilt werden. Auf den Speisekarten dominieren Rind, Schwein und Huhn, außerdem viele Sorten frischer Fisch, Inselfrüchte und Gemüse. Fleischfans lieben das Nationalgericht *espetada*, das ist Ochsenfleisch am Spieß, über offenem Feuer gegrillt. Jeden November feiern die Madeirer diese Genüsse mit einem Gourmet-Festival.

Madeiras kleine Schwester

Wer eine Pause von der grünen Insel braucht, nimmt die Fähre nach Porto Santo, Madeiras kleiner nordöstlich gelegener Schwester. Auch *Ilha Dourada*, die goldene Insel, heißt sie wegen ihres riesigen goldgelben Sandstrands. Ihren offiziellen Namen, Heiliger Hafen, bekam sie im 15. Jahrhundert von frühen Entdeckern, die hier endlich wieder festen Boden unter den Füßen hatten. Heute bietet das eher trockene Eiland auf gut 40 Quadratkilometern Ruhe und fast karibisches Flair.

Nur 5000 Menschen wohnen hier. Doch auch Unterkünfte vom familiären Minihotel am Strand bis zum 5-Sterne-Spa-Resort locken. Die einzige noch bewaldete Anhöhe der Insel, der Pico do Castelo, bietet in 437 Metern Höhe eine bemerkenswerte Aussicht über Insel und Horizont des Ozeans. Und ein paar Steinreste der namengebenden Festung. Doch die meisten Touristen kommen ohnehin nicht zum Wandern, das tun sie auf Madeira. Porto Santos Attraktion ist sein sagenhafter Strand.

AUF SCHUSTERS RAPPEN

Für Gäste mit Wanderstiefeln bietet Madeira unzählige Möglichkeiten und große Abwechslung – 2000 Kilometer Wege von der einfachen Tour ohne nennenswerte Steigung bis zur hochalpinen Bergtour am Pico do Ariero. Einer der schönsten Wege verläuft entlang der *levadas* von Rabaçal, durch Moose, Farne und Sträucher. Am Risco-Wasserfall stürzt das Nass hundert Meter in die Tiefe, oben bietet ein Aussichtspunkt grandiose Blicke auf die Kanäle, die sich mal um eine Schlucht winden, mal steil in den Berghang gehauen sind.

Zu Ausflügen mit Picknick locken Madeiras Waldparks wie der Ribeiro Frio, 17 Kilometer von Funchal entfernt, wo sich Gärten harmonisch mit natürlichen Waldgebieten und Panoramaaussichten verbinden. Im Waldpark Queimadas wartet ein üppiger Forst hinter Wegen, gesäumt von Stechginster und blühenden Hortensien.

WEITERE INFORMATIONEN
Tourismusinformationen:
www.madeiraislands.net,
www.visit-madeira.de

Die steil abfallende Küste bei Funchal ist Anziehungspunkt für Wanderer und Spaziergänger aus aller Welt.

Auf etwa 80 Bauernhöfe verteilen sich die Ziegen von La Palma. Der Ziegenkäse ist beliebt bei Käsekennern (oben). Nomen est omen: der Wasserfall Cascada de Colores ist bunt (rechts unten). Der Grund dafür liegt in dem mineralhaltigen Wasser.

36 Grüner Felsen im Atlantik – La Palma

Die Kanareninsel steht komplett unter Biosphärenschutz

Etwa 450 Kilometer von der marokkanischen Küste entfernt, ragt eine zu großen Teilen bewaldete Insel aus dem Atlantik: La Palma, die westlichste der Kanarischen Inseln. Wegen der Schönheit ihrer abwechslungsreichen Natur wird sie von ihren Bewohnern liebevoll als *Isla Bonita* oder auch *Isla Verde*, die schöne oder grüne Insel, bezeichnet – zu Recht!

Natürlich kann man an La Palmas schwarzen Stränden, die meist von felsigen Steilküsten umrahmt sind, auch baden. Aber als klassische Badeinsel gilt diese 706 Quadratkilometer kleine Insel eigentlich nicht. Vielleicht hat deshalb der Massentourismus um dieses natürliche Kleinod einen Bogen gemacht. Die Nord-Süd-Ausdehnung beträgt nur 45 Kilometer, zwischen Ost- und Westküste liegen gerade mal 28 Kilometer. Die Berge steigen aber bis auf eine Gipfelhöhe von 2426 Metern an, perfekt für Wanderfreunde. Durch diese bizarre Landschaft führen über 1000 Kilometer markierte Wanderweg. Von leichten Spazierwegen bis zu steilen Vulkantouren ist für jede Kondition etwas dabei.

Abstieg in die Caldera

Der riesige Krater der Caldera de Taburiente, einer der größten Senkkrater der Welt, ist eine der Hauptattraktionen der Insel. In diesem geschützten Nationalpark, dessen Ränder an manchen Stellen eine Höhe von steilen 1700 Metern erreichen, kann man endemische Pflanzen, einen über bunt schimmernde Felsen rauschenden Wasserfall und kanarische Kiefern bewundern. Grandiose Touren führen von den steilen Hängen über die Tiefe des engen Tals und enden an einer romantischen Badebucht. Für Camper gibt es wenige ähnlich exotische Zeltplätze wie hier auf dem Grund der Caldera, allerdings bedarf es dafür der Anmeldung bei den Rangern des Nationalparks. In den

Grüner Felsen im Atlantik – La Palma

Wintermonaten, wenn es im Norden reichlich geregnet hat, rauscht das Wasser durch das enge Tal in den Atlantik und reißt manche Bäume und Felsbrocken mit sich. Ein wunderbar wildes Schauspiel, das man mit gebührender Vorsicht und nur aus sicherem Abstand beobachten sollte.

Vom Lorbeerwald in die Lavawüste

Naturliebhaber werden von der Vielfalt dieser kleinen Insel fasziniert sein: Im Norden gibt es neben winzigen, oft verlassenen Dörfern ausgedehnte und dichte Lorbeerwälder, die an manchen Stellen an lateinamerikanische Regenwälder erinnern. Die Mitte der Insel wird von einer Bergkette dominiert, die als Wetter- und Wasserscheide den sonnigen Westen vom eher kühlen Osten trennt. Der höchste Gipfel dieser Berge erreicht stattliche 2426 Meter: Er beherbergt eine von mehreren europäischen Ländern gemeinsam betriebene Sternwarte. Da hier keine Industrie Abgase produziert, ist die Luft besonders sauber. So ermöglichen die riesigen Teleskope vom Roque de Los Muchachos aus einen tiefen Blick in den klaren Sternenhimmel über den Kanaren und darüber hinaus.

Im Süden, wo noch einige aktive Vulkane gelegentlich Dampf und Lava spucken, lässt die Lavawüste an verlassene und oft zerklüftete Mondlandschaften denken. Über die Insel verstreut liegen bis zu 600 erloschene Vulkane, die ehemals wild um sich spuckten. Die letzte Eruption fand im Oktober 1971 statt. Da die glühende Lava damals zum größten Teil direkt in den Atlantik floss, kam niemand zu Schaden. Vielmehr fachte das Naturschauspiel den Tourismus an. Jährlich zieht die Gegend immer mehr Besucher an. Auf den neu entstandenen Lavaflächen wird in Kristallisationsbecken allein durch Sonnen- und Windeinwirkung Meersalz aus dem Atlantik gewonnen, das grobkörnige *sal Teneguía*. Diese einzige noch intakte Saline der Kanaren liegt etwas einsam unterhalb des Städtchens Fuencaliente.

Obwohl inzwischen sogar Direktflüge vom spanischen Festland und Mitteleuropa auf dem »Aeropuerto de La Palma« landen, ist die komplett als Biosphärenreservat geschützte Insel touristisch trotz allem noch wenig erschlossen. Nur wenige mäßig große Hotels verteilen sich hier großzügig, sodass sich La Palma bis heute seinen besonderen Charme bewahren konnte.

TAPAS-KÜCHE TASCA CATALINA

Im Westen der Insel, zwischen El Paso und Los Llanos, findet man eines der besten Restaurants der Insel, die Tasca Catalina. In einem alten Stall hat Michael Richter seinen Traum verwirklicht: eine Tapas-Bar, in der sich seine innovativen Kochkünste fantasievoll und experimentierfreudig frei entfalten. Die handgeschriebene Tafel verzeichnet wöchentlich wechselnd die neuesten Kreationen. Auf der überdachten Terrasse genießt man dramatisch farbige Sonnenuntergänge, den traumhaften Blick über den Atlantik im Westen oder auf die bewaldeten Berghänge im Norden. Von Michaels Tapas kann man sich gut und gern drei oder vier zumuten. Die Preise sind auch für mitteleuropäische Verhältnisse günstig. Dazu gibt es hervorragende spanische Weine – am besten auf Empfehlung des Wirtes. Rechtzeitige Tischreservierungen sind zu empfehlen!

WEITERE INFORMATIONEN

Tasca Catalina:
www.tascacatalinaelpaso.com
tascacatalina.elpaso@gmail.com
Tel. 0034 922 48 65 69
Tourismusinformation Kanaren:
www.holaislascanarias.com
Veranstalterseite mit allgemeinen Informationen zu La Palma:
www.lapalma.de

Europa

37 Legenden über Saharasand – Gran Canaria

Der beliebtesten Kanarischen Insel auf der Spur

Die meisten der jährlich drei Millionen Besucher auf Gran Canaria kennen die Insel wie ihre Westentasche. Sie ist nahezu kreisrund, hat schöne Strände, und die Statistiker zählen an der Costa Canaria 300 bis 330 Sonnentage im Jahr. Braucht man mehr? Wie gut die Kenntnis über die beliebteste Kanarische Insel aber wirklich ist, zeigt sich an drei Geschichten.

Nein, der Sand stammt nicht aus Afrika, dennoch erinnern die Dünen von Maspalomas an die nahegelegene Sahara (unten). Die drittgrößte Kanarische Insel ist wie die anderen vulkanischen Ursprungs. Die bergige Landschaft erinnert daran (rechts oben).

Die Canarios lieben Legenden. »Der Sand«, behauptet Emilio, »ist einzigartig. Er ist durch und durch afrikanisch, auch wenn er schon Jahrhunderte auf Gran Canaria liegt.« Emilio verteilt Prospekte für einen »super Pub mit der besten Stimmung« am Zugang zu den Dünen Maspalomas; sie nehmen eine Fläche von fünf Quadratkilometern ein und sind fast 60 Meter hoch. Emilio ist gebürtiger Canario und nicht der Einzige, der die Geschichte vom Saharasand am Kanarenstrand erzählt. Fremdenführer tun es, Hotelportiers und Taxifahrer – sofern sie nicht vom spanischen Festland kommen. Einen echten Canario stört es nicht, dass der Sand von Maspalomas gar nicht aus der Sahara gekommen sein kann. Die Körner sind einfach zu schwer für eine solche lange Reise. Selbst an den sogenannten afrikanischen Tagen, wenn es über 40 °C heiß wird und der Scirocco Hitze aus Afrika bringt, wird kein Sand, sondern allenfalls Staub herübergeweht. Gran Canaria gehört schließlich nur politisch zu Europa. Geografisch gehört es zu Afrika. Las Palmas de Gran Canaria ist 1750 Kilometer von der spanischen Hauptstadt Madrid entfernt, aber nur 200 Kilometer vom afrikanischen Kontinent. In Wahrheit stammt der Dünensand natürlich aus dem Meer.

Legenden über Saharasand – Gran Canaria

Insgesamt gibt es auf Gran Canaria 19 Kilometer Sandstrand, verteilt auf rund 70 Buchten und 236 Kilometer Küstenlinie. Güí-Güí (»Wi-Wi« ausgesprochen) sind die schönsten und abgelegensten Strände. Ihre Lage an der schroffen Steilküste des Westens ist es zu verdanken, dass die wenigen Besucher unter sich bleiben. Sie sind mit dem Boot oder nach zweistündiger Wanderung ab Tasartico zu erreichen.

Wo wohl Kolumbus wohnte

Auch Francesco aus der Hauptstadt Las Palmas kennt eine Geschichte. Er wohnt in der Nähe der Casa de Colón, einer der prachtvollsten Bauten mit geheimnisvollem Portalschmuck, typisch kanarischen Holzbalkonen und Brunnen. Die Touristen belagern das vermeintliche Haus des Christoph Kolumbus.
Und Tag für Tag verbreiten Einwohner, Guides und andere, die es hören wollen, dass Kolumbus auf seiner ersten Reise nach Amerika 1492 auf Gran Canaria Station gemacht hat. Richtig ist dagegen: Die Casa de Colón war die Residenz der spanischen Statthalter. Kolumbus hat das Haus nie betreten, auch wenn es sein kann, dass er auf seinen weiteren Reisen 1493, 1498 und 1502 der Insel einen kurzen Besuch abstattete. Dabei gehen neuere Forschungen davon aus, dass Kolumbus auf der Suche nach einem westlichen Seeweg nach Indien auf Gomera haltmachte. Aber sollte man deshalb von der schönen Geschichte abweichen, dass Kolumbus die schmucke Casa de Colón von Las Palmas bewohnte?

Von Kanarienvögeln und Hunden

Und wo sind die Kanarienvögel, nach denen Gran Canaria benannt wurde? Antwort: Es gab und gibt keine. Der Name »Gran Canaria« kommt nicht von den bunten Singvögeln, Tiere spielen aber schon eine Rolle. Der römische Naturforscher Plinius der Ältere nannte das heutige Gran Canaria »Große Hundeinsel«, abgeleitet von *canis*, dem lateinischen Wort für Hund. Die Bronze-Hunde auf dem Domplatz Santa Ana von Las Palmas sind eine Erinnerung daran, ebenso die Erhebung der Hunde zu Wappentieren der Stadt. Archäologen blieben den Beweis, dass auf der Insel viele Hunde lebten, bislang schuldig.

AUTOGRAMME AUF DEM FASS

In der Rumfabrik von Arucas hat schon so manche bekannte Nase an dem hochprozentigen Destillat gerochen. In der Zeit, als der Zuckerrohranbau auf Gran Canaria seine zweite Blütezeit erlebte, ernannte Königin Christina die Rumfabrik von Arucas zum Königlichen Hoflieferanten. Seitdem ist die Fabrik der größte Arbeitgeber von Arucas. Pro Stunde können bis zu 12 000 Flaschen Rum abgefüllt werden, und mit einer Produktion von jährlich 3,5 Millionen Litern zählt die Fabrik zu den größten Rum-Produzenten in Europa. Der Fabrik ist ein Rum-Museum angegliedert. Etliche Prominente, die zu Gast waren, haben sich auf den Holzfässern mit einem Autogramm verewigt, darunter der spanische König Juan Carlos, die Sänger Plácido Domingo und Julio Iglesias, der Schauspieler Antonio Banderas und der ehemalige deutsche Kanzler Willy Brandt.

WEITERE INFORMATIONEN
Destilerías Arehucas: www.arehucas.es

Afrika

Exotik direkt vor der Tür

Ein bekanntes Motiv aus Madagaskar ist die Baobaballee (links). Eine grüne Vulkanlandschaft tut sich dem Besucher von Réunion auf, wenn er die Cirque de Mafate besteigt (oben). Die Tierwelt Madagaskars ist reich bestückt, neben Lemuren fühlen sich auch Chamäleons hier heimisch (unten).

Der Santa-Maria-Strand auf Sal ist umgeben von luxuriösen Hotelanlagen. Das Baden ist hier sicher, weiter nördlich sind die Strömungen dagegen heimtückisch (oben). São Nicolau lädt zum Wandern ein, zum Beispiel zum Monte Gordo (rechts unten).

38 Versprengt – Die Kapverdischen Inseln

Ein Streifzug durch Vulkanlandschaft und Kolonialstädte

Die Natur der kapverdischen Perlen könnte unterschiedlicher kaum sein: Sal, das von Passatwinden heftig umwehte Paradies der Windsurfer, beeindruckt mit einer flachen, wüstenähnlichen Dünenlandschaft, São Vicente ist bergig, das benachbarte Santo Antão sogar grün, was den Weinanbau nebst Gemüse und Obst begünstigt. Für Besucher ist ein Insel-Hopping per Flieger oder an Deck einer Fähre unbedingt empfehlenswert.

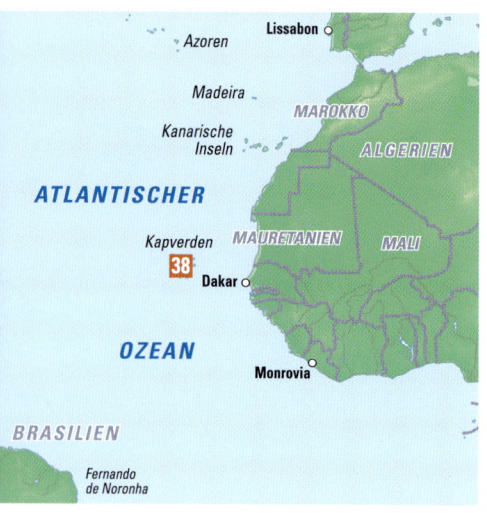

Die Entdecker Bartolomeu Diaz, Christoph Kolumbus, Vasco da Gama, James Cook und Alexander von Humboldt landeten zwischen dem 15. und dem 18. Jahrhundert hier. Heute sind es Surfer, Taucher und strandhungrige Inselliebhaber auf der Suche nach unberührten Sandparadiesen. Vor allem auf den Sandinseln Sal und Boa Vista können sich Liebhaber kilometerlanger feiner Sandstrände und üppiger Dünenlandschaften ins quirlige atlantische Bad wagen. Eine halbe Million Insulaner teilen sich insgesamt 15 Eilande, wobei nur neun bewohnt sind. Neben den bereits erwähnten sind das São Nicolau, Maio, Santiago, Fogo und Brava.

Tanz auf dem Vulkan

Die »Feuerinsel« Fogo kann sich sowohl über das idyllische Hafenstädtchen São Filipe freuen sowie über den höchsten Vulkan des Atlantiks, den 2829 Meter hohen Pico do Fogo. Das macht das ungewöhnliche Eiland zu einem begehrten Ziel Individualreisender. Es lässt sich auf Weingütern übernachten und den besten Kaffee der Welt trinken, der als »Café do Fogo« im vulkanischen Hochland wächst. Die Serpentinen-Fahrt zur Caldera des Pico wird zu einem Erlebnis: Enge Haarnadelkurven bieten berauschende Ausblicke auf das Stahlblau des Atlantik, auf Küstenlinien mit wildschäumender Brandung. Nach der spektakulären Auffahrt

Versprengt – Die Kapverdischen Inseln

ragt er plötzlich auf, der Vulkankegel im Parque Natural do Fogo auf einer Höhe von 2829 Metern, gleich daneben das aufgeplatzte Kraterloch des Pico Pequeno, des »kleinen Pico«. 1995 fand der letzte große Ausbruch statt; 2000 Menschen aus den zwei umliegenden Dörfern mussten evakuiert werden. In der Nähe von Bangaeira liegt Ramiros Vulkan-Bar, wo allabendlich die musikalische Seele der Kapverden richtig in Schwung kommt, bei kapverdischem Rotwein, der aus den vulkanischen Rebgärten kommt, und einem vorzüglichen Grappa, den die hier ansässige Weinkooperative für den Export produziert. Allerdings sind es nicht die bekannten Melodien der weltberühmten Sängerin Cesária Évora aus São Nicolau, sondern brasilianisch temperierte Rhythmen, die in hohen Tempi mittels Trommeln, Ukulele, Bratsche, Gitarre, Flöte und Gesang die musikalische Szene ausfüllen.

Praia auf Santiago

In der Ferne ragt die Hauptinsel des Archipels, Santiago, mit spitzen Bergzacken und einer Fläche von 991 Quadratkilometern aus dem atlantischen Dunst. Die 120 000-Einwohner-Stadt Praia bietet sogar ein Nachtleben, das alljährlich im Mai seinen musikalischen Höhepunkt mit dem »Festival Praia da Gamboa« findet, bei dem kapverdische, aber auch internationale Musiker zusammenkommen und gemeinsam den Sommer einläuten. Santiago gilt als die afrikanischste Insel der Kapverden, deren schönste Kolonialbauten auf eine tragische Geschichte verweisen. Profitgierige Sklavenhändler verschafften dem strategischen Drehkreuz eine Episode aus Trauer, Tod und großem Reichtum, Hunderttausende Westafrikaner wurden auf Kap Verde unter unsäglichen Bedingungen von Westafrika nach Amerika verfrachtet, weshalb der bis dahin unbewohnte Archipel heute von Menschen besiedelt ist, deren Vorfahren vom afrikanischen Kontinent stammen. Immer noch nennt man die Bucht der ehemaligen Hauptstadt Ribeira Grande de Santiago »Sklavenbucht«, über der die gewaltige Festung Fortaleza Real São Felipe thront. Der *pelourinho* (Pranger) am alten Sklavenmarkt, die Igreja Nossa Senhora do Rosario aus dem Jahr 1495, die Rua Banana mit ihren historischen strohgedeckten Steinhäusern sowie die beeindruckende Ruine der ehemalige Bischofskirche Se Catedral finden sich als Zeugen längst vergangener Zeiten.

KOLONIALSCHATZ SÃO VICENTE

Auf der Vulkaninsel São Vicente dominiert der 750 Meter hohe Monte Verde die bergige Landschaft. An den wind- und brandungsumtosten Stränden kommen vor allem Windsurfer auf ihre Kosten. Liebhaber altkolonialen Flairs zieht es in die Inselhauptstadt Mindelo, in der die meisten der 85 000 Insulaner leben. Der Fischmarkt Mercado de Peixe und die stilvollen Herrschaftshäuser an der Uferstraße, der Gouverneurspalast sowie die Markthalle an der Rua Libertadores d'Africa bieten eine eindrucksvolle Kulisse. Die Markthalle lockt mit zahlreichen klassischen Kaffeehäusern, legendär ist das Café Musique. Im Stadtviertel Praça Nova stellen pastellfarbene Villen den einstigen Reichtum der Hafenstadt aus, während das Ambiente der Altstadt am Hafen mit der altkolonialen Kirche Nossa Señhora da Luz sehr afrikanisch daherkommt.

WEITERE INFORMATIONEN
Tourismusinformation:
www.kapverden.de,
www.capeverdetravel.com

Afrika

39 Insel der Sultane – Sansibar

Traumstrände ohne Ende

Schon vor Jahrhunderten entstand nur 50 Kilometer von den strohgedeckten Lehmhütten Afrikas entfernt ein Inselreich mit prächtigen Palästen aus Stein: Sansibar. Seine Ostküste bietet Sandstrände zwischen Kokospalmen und farbschillernden Riffen, die Westküste »Stone Town«, seine UNESCO-geschützte Inselhauptstadt. Der frühere Sitz der omanischen Sultane dirigierte den Sklaven-, Elfenbein- und Gewürzhandel.

Ruhe erfahren auf den kleinen Eilanden um Sansibar wie hier vor Pamunda Island südlich der Hauptinsel (unten). Stone Town, das älteste Viertel von Sansibar-Stadt, ist nach den repräsentativen Steinbauten aus dem 19. Jahrhundert benannt (rechts oben).

Auf dem Flughafen parkt Naomi Campbells Privatjet, auch Models brauchen Entspannung am Strand. Davon hat Sansibars Ostküste unendlich zu bieten. Kilometerweit feinster Korallensand. Abends geht es direkt ins Nachtleben, wobei sich Sansibars Inselhauptstadt am attraktivsten von der Seeseite her macht: Wie in einem Märchen erhebt sich eine betörende Kulisse aus der Fläche des Eilands, umgeben vom Blau des Indischen Ozeans.
Aus der Ferne betrachtet könnte es Venedig sein – mit Türmen, Stadtmauern, Palästen, Kirchtürmen und Minaretten.

»Haus der Wunder«

Sansibar-Stadt ist die Architekturperle der omanischen Sultane. Es ist unvermeidbar, zum Sundowner auf der Terrasse des bombastischen Kolonialbaus des ehemaligen Britischen Clubs zu landen, der heute den Namen »The Africa House« trägt und eine der stilsichersten Adressen der Stadt ist. Im Glutrot zwischen Himmel und Wasser zieht eine arabische Dhau unter vollen Segeln vorbei, Kameraverschlüsse klicken, unzählige Gläser klirren. »Haus der Wunder« heißt der ehemalige Palast Beit-el-Ajaib, weil der Prachtbau im alten Afrika wie

Insel der Sultane – Sansibar

LUXUS PUR: MNEMBA

Der italienische Unternehmer Bruno Brighetti hatte die Chance als einer der Ersten erkannt und gleich eine ganze Insel geleast: Mnemba, 20 Bootsminuten vor der Nordostküste gelegen, ist die Trauminsel schlechthin. In diesem abgelegenen Paradies können maximal 20 zahlungskräftige Robinsons im heutigen andBeyond-Resort puren Luxus genießen. Zunächst geht es auf der Nationalstraße Richtung Ostküste, und schon bald tauchen sie auf, Strände mit Sand wie Mehl, einzelne Fischerdörfer hier und dort. In der Ferne leuchtet schon Mnembas Sandpaket: fünf Meter dick und 500 Meter breit, mitten in einem sieben mal fünf Kilometer großen Riff. Das Duschwasser kommt aus Tiefbrunnen, der Champagner mit dem Flugzeug, der Fisch frisch von der eigenen Angel oder aus dem Netz der Fischer. Shrimps und Langusten gibt es hier bergeweise frisch auf den Tisch.

WEITERE INFORMATIONEN
andBeyond Mnemba Island:
www.andbeyond.com
Reiseveranstalter:
www.abendsonneafrika.de
Tanzania Tourist Board:
www.tanzaniatouristboard.go.tz

ein Märchen anmutete. Zweifelsfrei ist die alte Sultanstadt eine der sehenswertesten und historisch bedeutsamsten Orte Ostafrikas und ein lebendiges Architekturmuseum. Darüber hinaus haben die beiden Inseln Pemba und Sansibar, zusammen ein autonomer Teil Tansanias, dem internationalen Reisemarkt einiges zu bieten. Die Ostküsten der beiden Koralleninseln warten mit kilometerlangen menschenleeren Palmenstränden auf, mit feinstem Pulversand, türkisschillernden Riffen und romantischen Fischerdörfern. Taucher verblüfft eine völlig intakte Unterwasserwelt und exzellente Sicht bei Tieftauchgängen. Dazu ist das Preisniveau niedrig, die Bevölkerung freundlich und Kriminalität weitgehend ein Fremdwort.

Aufregende Geschichte
Reichtum und Kultur hatten in besonderem Maße zu der zwischen Alexandria und dem Kap der Guten Hoffnung gelegenen Handelsoase gehört, in der sich Piraten, arabische Sultane, Kaufleute, Seefahrer, Forscher, Entdecker sowie wechselnde Kolonialmächte ein Stelldichein gaben. Die Profite des ehemaligen Freihafens, der mit seiner Zollpolitik sowie Waffengewalt die gesamte ostafrikanische Küste in seine Abhängigkeit brachte, waren unvorstellbar. »Die Könige dieser Inseln (Pemba, Mafia und Sansibar)«, so beschreibt ein portugiesischer Buchhalter den damals schon herrschenden Luxus Anfang des 16. Jahrhunderts, »tragen feinste Kleider aus Seide. Ihre Frauen sind mit Ohrringen, Halsketten, Armreifen und Fußringen aus Juwelen, Gold und Silber geschmückt.« 1840 ist Sansibar durch Sklavenhandel, Elfenbeinexport sowie den Anbau von Gewürznelken bereits eine so fantastische Goldgrube geworden, dass der omanische Herrscher Said ibn Sultan seine Residenz von Oman hierhin verlegte. Mitte des 19. Jahrhunderts wurden jährlich 20 000 Sklaven vom Festland zum Sklavenmarkt von Sansibar gebracht, rund 300 Tonnen Elfenbein umgeschlagen sowie 2500 Tonnen Nelken auf den ausgedehnten Plantagen der Insel produziert (75% der Weltproduktion). Zu den weiteren Exportwaren, die Richtung Arabien, Europa und Indien verschifft wurden, gehörten Kautschuk, Muscheln, Tierfelle, Kopra und Zucker.

So traumhaft wirken die Strände Sansibars nur bei Flut, bei Ebbe sieht man meist weit und breit nichts als brache Fläche. Die Gezeiten wirken sich hier stark aus.

Der Nationalpark Masoala schützt den größten zusammenhängenden Regenwald der Insel und mit ihm zahlreiche Arten von Lemuren bis zu fleischfressenden Pflanzen (oben). Um 1625 gegründet bildet Antananarivo das Zentrum Madagaskars (rechts unten).

40 Wo der Pfeffer wächst – Madagaskar

Diamant unter den Perlen

Flankiert von der Exotik der Komoren und Mayotte im Nordwesten und den schon lange im Fokus des Reisemarktes stehenden Inseln Mauritius und Réunion, stellt die Insel der Lemuren eines der letzten Abenteuer im Indischen Ozean dar. Aber Achtung: Die Entfernungen sind riesig, die Infrastruktur ist schlecht. Madagaskar zählt zu den ärmsten Ländern Afrikas.

Beim Abflug in Saint-Denis, Réunion, frage ich Florence, ob es einen Ort gebe, an dem sie noch lieber leben würde als auf ihrer französischen Vulkaninsel. »Oh ja, auf Madagaskar natürlich!«, antwortet sie wie aus der Pistole geschossen. Dort sei noch alles so wild und natürlich. Die Chancen für eine Rückkehr stünden nicht schlecht, orakelt sie geheimnisvoll, in Réunion stehe die Geschäftswelt in den Startlöchern, falls sich das sozialistische Madagaskar noch weiter öffne. Außerdem sei sie dann endlich wieder daheim. Die gebürtige Madegassin hat noch viel Verwandtschaft im benachbarten Madagaskar, wie so viele auf den Inseln ringsum.

Vom Regen in die Traufe

Das Land der Lemuren und langbeinigen Giftspinnen, der tausend Orchideen und exotischen Waldgeister, das Land, wo der Pfeffer wächst – all das ist Madagaskar und noch so vieles mehr. Als »Diamant unter den afrikanischen Eilanden« beschrieb schon 1834 Göttlich Wimmer in seinem historischen Reisebericht diese geheimnisvolle Welt, die die viertgrößte Insel der Welt ist. Ausgerechnet durch die Pest in aller Munde zu kommen, war ganz sicher nur ein kleiner Schicksalsschlag gemessen an der Tatsache, dass Madagaskar seit etwa 1500 ständiger Zankapfel zwischen Piraten, Portugiesen, Engländern und Franzosen

Wo der Pfeffer wächst – Madagaskar

war. 1896 machte Paris eine französische Provinz daraus, eine bescheidene Infrastruktur entstand, um gut im tropischen Klima gedeihende Agrarprodukte wie Vanille, Pfeffer und Gewürznelken schneller von den Großplantagen ins Mutterland schaffen zu können. Nach mühsam erkämpfter Unabhängigkeit (1960) verwandelte sich die junge Nation 1972 durch Studentenrevolten, blutige Staatsstreiche und Militärregierungen in die »République démocratique de Madagascar« und ging auf sozialistischen Kurs. Mit der Wirtschaft ging es schnell bergab. Die Bevölkerung verarmte. Noch heute gehört Madagaskar zu den 30 ärmsten Ländern der Welt. Kaffee und Gewürze, aber auch Tabak, Sisal, Holz und Graphit gehören zu den wichtigsten Exportgütern. Ein aufkeimender Reisemarkt wird 2011 und 2017 durch die aufflammende Pest gleich wieder erstickt.

»Wir lagen vor Madagaskar ...«

Und wer kann sich nicht an die zweite Zeile des völkischen Schmettersongs (»... und hatten die Pest an Bord«) erinnern? Tourismus im großen Stil wird wohl für lange Zeit ein Wunschtraum für die durch große Armut gepeinigten Madegassen bleiben, und ihre Insel in ihrem desolaten Zustand belassen. Nur ein Bruchteil der Straßen sind geteert, während der Regenzeit ist auf im Schlamm versunkenen Pisten vielerorts kein Durchkommen mehr, für die Fahrt mit dem Zug von der Hauptstadt Antananarivo im Bergland bis nach Toamasina an der Ostküste müssen bis zu 16 Stunden veranschlagt werden. Dabei wäre alles so wunderbar, könnte man die Insel einfach als paradiesischen Urlaubsort genießen, die sie in ihrem Herzen eigentlich ist: Sonne, weiße einsame Sandstrände und kristallklares Wasser laden zum Baden, Tauchen, Segeln, Surfen und Fischen ein. Reichhaltige und einzigartige Flora und Fauna (viele Spezies sind hier endemisch) machen Madagaskar zu einem Paradies für Naturforscher und Fotografen. Feuchte Regenwälder wechseln mit gebirgigem Hochland, Seen und Flüsse mit bizarr anmutenden Halbwüsten, die von dichten Kakteenwäldern durchzogen sind. Die Abwechslung lädt zum Erkunden ein. Schließlich die sanften, charmanten Madegassen! Immer freundlich, immer ein Flair der Besonderheit um sich. Sie betreiben noch einen ausgeprägten Ahnen- und Totenkult. Naturreligionen und rituelle Bräuche prägen das tägliche Leben.

PARFÜM- UND BADEINSEL NOSY BE

Eigene Welten haben sich vorgelagerte Inseln wie Sainte Marie an der Ostküste und das viel bekanntere und touristisch voll erschlossene Nosy Be an der westlichen Nordspitze Madagaskars geschaffen. Nosy Bes Landschaftsschutzgebiet Réserve Naturelle Intégrale de Lokobé fasziniert mit üppiger Natur, Lemuren, Chamäleons, Geckos, seltenen Fröschen, Spinnen und Schlangen, selbst die riesige Boa constrictor ist hier vertreten. Derweil wartet das altkoloniale Inselhauptstädtchen Andoany, früher »Hell-Ville«, mit hübscher Architektur und buntem urbanem Leben auf. Flüge erreichen das madegassische Inselparadies direkt aus Europa, schöne Resorts an umliegenden makellosen Stränden wie Madirokely beim Fischerdörfchen Ambatoloaka lassen Badeferien zu einem Urlaubstraum werden.

WEITERE INFORMATIONEN

Reiseanbieter: www.abendsonneafrika.de
Tourismusinformation:
www.madagascar-tourisme.com

Die Halbinsel Bouéni am südwestlichen Ende der Hauptinsel Mayotte hat schöne Strände zu bieten (oben). Neben dem Islam gibt es auch zahlreiche Kulte auf Mayotte, die mit Zeremonien begleitet von Tänzen praktiziert werden (rechts).

41 L'île au lagon – Mayotte

Eine ganze Welt für sich

Etwa tausend Quadratkilometer misst die laut Eigenwerbung größte Lagune der Welt, die 140 Kilometer lang und zwischen fünf und zwanzig Kilometer breit und das Bild eines Südseetraums ist. Selbst die mehrheitlich einheimischen Fluggäste drücken sich aufgeregt die Nasen an den Fenstern platt, während die Maschine in den Sinkflug in eines der letzten Paradiese übergeht.

Auf ausdrücklichen Wunsch der Komoren-Sultane wehte ab 1843 die Trikolore auf den märchenhaften Inseln, plündernde Sklavenfängertrupps aus Madagaskar hatten zu häufig die vier Perlen Grande Comore, Anjouan, Mohéli und Mayotte heimgesucht, gebrandschatzt, vergewaltigt und Einwohner verschleppt. Europa sollte helfen. Die Engländer landeten auf Anjouan, die Franzosen auf Mayotte. 1912 wurden alle vier Inseln offiziell von Frankreich annektiert und der madagassischen Kolonialverwaltung unterstellt. Als nach dem Zweiten Weltkrieg die Unabhängigkeit proklamiert wurde, mochte sich Mayotte nicht der neu gegründeten Islamischen Republik der Komoren anschließen; 90 Prozent ihrer Bewohner stimmten per Volksentscheid für den Verbleib unter der Trikolore. Seither ist die Insel französisch.

Heute blicken viele der »freien« islamischen Brüder neidvoll von den Nachbarinseln auf Mayotte, wo es ein Schulsystem sowie Krankenversorgung nach europäischem Standard gibt, eine ordentliche Infrastruktur, garantierte Mindestlöhne, funktionierendes Internet und eine Vielzahl von Entwicklungsprojekten. EU-Porto klebt auf den Postkarten nach Hause. Da fühlen sich natürlich Touristen aus Europa, aber auch aus dem Rest der Welt besonders wohl und wie daheim.

Afrika

In den Straßen von Mamoudzou bieten Händler ihre Ware an (unten). Mit etwas Glück begegnet man einer traditionellen Hochzeitsgesellschaft (ganz unten). Der Strand von N'Gouja wird von Juni bis Oktober von Meeresschildkröten besetzt (rechts oben).

Bilderbuch einer Lagune

Nach der Landung auf dem kleinen, aber geschäftigen Airport der Insel Pamandzi geht es über einen schmalen Fahrdamm zur nächsten Insel, nach Dzaoudzi. Von dort pendeln im Stundentakt und erfreulicherweise kostenfrei Fährschiffe nach Mamoudzou, der Hauptstadt Mayottes. Erst dann steht der Besucher auch tatsächlich auf der *Grand Terre*, der großen Erde, wie die Einheimischen ihre Hauptinsel hier liebevoll nennen.

Rund um Mamoudzous alten Marktplatz sind in einer Mischung aus kolonialer und moderner Architektur attraktive Stadthäuser entstanden, in denen Fluglinien, Banken, Boutiquen, Supermärkte und Mayottes Comité du Tourisme ihre Dienste anbieten.

Jenseits des städtischen Lebens und der Satellitenantennen dominiert allerdings immer noch tiefes, schwarzes Afrika die Gegend. Die Straße steigt an. Dichtes Buschland versperrt die Sicht, gibt dann und wann nur Ausblicke frei auf prächtige Palmenwälder tief unten, mittendrin Hütten auf kreisrunden Rodungen, Rauch steigt auf. Aus grün wucherndem Dschungel ragt 594 Meter hoch der Berg Choungui. Wie der Zuckerhut Rios *en miniature*, die Kappe meist wolkenumhüllt. Kein Zivilisationsgeräusch dringt an die Ohren des Besuchers, der sich hierher vorwagt, nur gelegentlich Kindergeschrei und das Meckern von Ziegen – dann herrscht auch schon wieder archaische Stille.

Blitzsaubere Fußwege aus rotem Lehm führen durch das Dorf Choungui. Frisch gekehrt sind die Plätze zwischen den Häusern, die mit Palmblättern gedeckt sind. Frauen balancieren schwere Wassereimer auf dem Kopf von den Quellen am Fuße des Berges heimwärts.

Der Traum von N'Gouja

Auf halbem Wege nach N'Gouja, wo die bezaubernde Strandanlage Le Jardin Maoré mit einsamen Hütten am reich mit Palmen bestückten Traumstrand Naturfreaks in Atem hält, liegt das Eingeborenenstädtchen Chiconi. Terrassenförmig ziehen sich traditionelle Lehmhäuser steile Hänge hinauf. Von dort geht der Blick über eine weite Lagune, gerahmt von Palmenwäldern und schneeweißen Stränden, auf die Fischer gerade ihre bunten Pirogen ziehen. Ein Gewirr von engen Gassen führt immer geradewegs durchs Familienleben, das sich auf den Veranden abspielt. Mädchen flechten einander kunstvolle Zöpfe, Kinder

spielen, Matten werden geknüpft. Und vor allem wird geschaut: »Attendez, les blancs!« – Gebt acht, da kommen Weiße! Die Großfamilie hält alle zusammen, immer noch gilt, dass hier Väter ihren Töchtern ein Haus bauen, was Sinn macht: Auch wenn die Ehemänner gehen, das Zuhause bleibt bestehen und bietet Unterschlupf sowie Altersvorsorge.

Endlose Gewürzplantagen ziehen vor den Autofenstern vorbei. Vanille, Nelken, Muskatnüsse und Pfeffer werden seit jeher auf dem französischen Übersee-Département angebaut. Schwaden von wohlriechenden Düften ziehen herein, man kann sich ihnen gar nicht entziehen: Ylang-Ylang-Sträucher, aus deren Blüten der begehrte Parfümrohstoff gewonnen wird, bedecken einen Großteil der Insel. 90 Prozent der Destillate gehen ins Mutterland Frankreich. In N'Gouja geht es bei Einbruch der Dunkelheit zum Strand. Grobe Schleifspuren sind im Sand zu erkennen, dann riesige Ungetüme – bis zu 300 Kilogramm schwere Wasserschildkröten, die unbeirrt über ihren Brutgruben sitzen und Eier ablegen.

Glasklar abtauchen

Wenn man als Besucher sehr ausdauernd ist, kann man nach zwei Monaten beobachten, wie die kleinen Schildkrötchen dann aus den Eierschalen krabbeln und versuchen, an den gefräßigen Strandkrabben vorbei ins rettende Wasser zu kommen. Ein unglaubliches Schauspiel bietet sich dann jedem, der lange genug ausgeharrt hat. Tagsüber treiben Delfinherden und manchmal sogar Wale, die ihre Jungen im warmen Wasser des Indischen Ozeans gerade zur Welt gebracht haben, ihr Spiel in der Bucht, und natürlich auch Haie. Die wahren Schönheiten, sagt man hier, lägen unter der Oberfläche, was Mayotte zu einem Unterwasserparadies für Schnorchler und Taucher macht.

Am letzten Tag geht es noch einmal mit dem Boot hinaus. Nach einer Stunde strammer Fahrt ragt Le Sable Blanc aus dem Tiefblau des Meeres wie ein Kinderpopo, so gleichmäßig rund und zart – eine riesige Stranddüne, von weißer Gischt umspült. Das Boot schiebt sich langsam durch die umliegenden Riffe hindurch, geht dann in einer seichten Bucht vor Anker. Der Blick zurück zeigt Mayottes zackige Berggipfel, von dunklen Wolken umgeben. Düster steht der Regenwald hinter gleißend hellen Stränden. Korallenbänke leuchten in allen Türkisschattierungen. Es ist Wirklichkeit, aber du denkst, es ist ein Traum.

KOMOREN: ABENTEUER FÜR INDIVIDUALISTEN

Die drei Eilande der Islamischen Republik der Komoren sind vegetationsstrotzende Naturperlen und von außerordentlicher Schönheit: Grande Comore wartet mit einem 2361 Meter hohen Vulkan, dem Kartala, auf, dessen letzte Eruptionen 1972, 1977 und 2006 gewaltige schwarze Lavaschneisen ins grüne Tropenland geschlagen haben. Die Insel Anjouan besticht durch ihr bizarres Landschaftsbild: Enge, tiefe Täler liegen zwischen hohen Gipfeln, Wasserfälle und Flüsse rauschen im dichten Regenwald. Und Mohéli ist trotz des Anbaus von Kaffee, Kakao, Kokospalmen und Ylang-Ylang-Bäumen so unberührt, dass die Regierung der Komoren einen Teil davon unter Naturschutz stellen möchte. Vor allem seine üppigen Regenwälder sowie Traumstrände ziehen Individualreisende magisch an. Hin kommt man auf regelmäßigen Flugverbindungen von Mayotte aus nach Grand Comore sowie nach Anjouan, von dort weiter per Boot.

WEITERE INFORMATIONEN
Tourismusinformation Mayotte:
www.mayotte-tourisme.com
Tourismusinformation Komoren:
www.komoren-reisen.de

Afrika

42 Vulkanbrocken in tosender See – La Réunion

Frankreichs Abenteuerinsel

Réunion ist ein Brocken im tosenden Meer, besticht aber durch ganz besondere Attribute. Wenn der Airbus im Landeanflug auf die französische Inselmetropole Saint-Denis eine Schleife zieht, sind die beeindruckenden Vulkankegel schon zu sehen: Bis zu 3000 Meter hoch türmen sich die Gipfel auf, die vor rund drei Millionen Jahren aus Erdspalten himmelwärts wuchsen.

Was im Inselinneren aufgetürmt steht, ist eine wahre Hexenküche: Krater spucken Rauchwolken aus, Dampf aller Schattierungen steigt nach oben, unten eine Landschaft aus schwefeligen Schwaden und schwarzer Asche. Hier, auf 2650 Metern Höhe, residiert der Piton de la Fournaise. Glühende Lava quillt aus seinen Spalten, fließt über den äußeren Kraterrand und, nach einer zerstörerischen Reise abwärts, zischend ins Meer. Das letzte grausige Schauspiel dieser Art brachte dem französischen Überseedepartement 1986 rund 30 Hektar Neuland und ordentliche Kosten ein: An einigen Stellen wurde die östliche Küstenstraße vom Lavastrom unterbrochen, einige Häuser gingen in Flammen auf, es herrschte das Inferno im tropischen Paradies.

Im Griff der Naturgewalten

Da kann man froh sein, wenn »nur« eine *dépression tropicale* angekündigt ist, einer der gefürchteten Wirbelstürme. Die Insulaner machen sich auf den Nachhauseweg, wenn die Alarmstufe 2 ausgerufen wird. Das bedeutet schulfrei für die Kinder, dienstfrei für die Erwachsenen. *Alerte maximale*, die Stufe 3, be-

Cilaos, gelegen in einem Talkessel, ist ein Kurort mit seinen Thermalquellen und Weingütern (unten). Der Cascade Grand-Galet liegt im Süden der Insel, man kann in seinen Becken sogar baden (rechts oben).

Vulkanbrocken in tosender See – La Réunion

KLETTERN UND EXTREMSPORT

Aktivurlauber lieben die Formationen, die als schroffe Vulkangebirge aus dem Indischen Ozean ragen. Was sich über dem Meeresspiegel auftürmt, ist feuerspeiend vor drei Millionen Jahren entstanden: bizarre Canyons, senkrechte Felswände, schwindelerregende Höhen, grün überwucherte Hochplateaus, herausragende Berggipfel. Und ganz oben: die Hexenküche des Piton de la Fournaise. Glühende Lava drängt in feurigen Rinnsalen über den äußeren Kraterrand und ergießt sich nach einer zähfließenden Reise abwärts zischend ins Meer. Immer wieder kommt es zu heftigen Ausbrüchen, aber Bergwanderern, Bergsteigern und Extremsportlern kommt so ein Naturspektakel gerade recht: Canyoning, Abseilen, Paragliding, Fallschirmsegeln, Ziplining und andere Adrenalinaktivitäten lassen keinerlei Langeweile aufkommen.

WEITERE INFORMATIONEN
Tourismusinformation: www.reunion.fr

droht gar jeden mit Bußgeld, der ohne Sondergenehmigung aus dem Haus geht. Solange diese Gefahrenlage nicht erreicht ist, drängen sich an Saint-Denis' Promenade Schaulustige, um die gewaltigen Wellenberge zu bestaunen. Es ist vollkommen windstill, eine brütende Wärme treibt den Menschen die Schweißperlen auf die Stirn. Es geht glimpflich ab in der Nacht, die Südküste vom benachbarten Mauritius hat es erwischt, so ist über die Morgennachrichten zu erfahren. Sie sei praktisch »abrasiert« worden. Die Spätnachrichten geben Alarmstufe 3 für Réunions Süden, fast tausend Menschen müssen dort evakuiert werden. Manche Dörfer sind vom Stromnetz abgeschnitten. Réunion – eine Insel der Katastrophen?

Frankreichs tropischer Ableger
Wild donnert die Brandung an der zerklüfteten Ostküste in einer wahren Orgie aus weißem Schaum gegen die Felsplatten, was hohe Wasserfontänen in den Himmel schickt. Bei 30 Grad im Schatten möchte man geradewegs hineinspringen ins kühlende Nass. »Bloß nicht«, warnt ein Einheimischer, »da wimmelt's vor Haien.« Jeder weiß, dass die (wenigen) Strände mit flachen Gewässern und Wachposten im Westen sind. Nur nicht sonntags. Da versuchen das recht viele der rund eine Million Inselbewohner in den Badeorten zwischen Saint-Gilles-Les-Bains und Saint-Pierre im Süden. Mit Kind und Kegel und Picknickgepäck. Nach der aufregenden Parkplatzsuche in Strandnähe folgt abends unweigerlich der mehrspurige Stau Richtung Saint-Denis – hier ist eben (fast) alles ganz typisch französisch.

Als Übersee-Département Frankreichs gehört Réunion zur EU. Seine Hauptstadt Saint-Denis platzt mittlerweile aus allen Nähten, so stark war und ist der Zustrom aus dem verregneten Mutterland. Die verwinkelten Straßen der alten Kolonialstadt präsentieren eine verspielte kreolische Architektur. Mediterrane Altstadtfassaden und Modernes wechseln sich ab. In den Bars und Bistros der schattigen Innenhöfe zieren typisch französische Speisen die Karte, aber auch Exotisches steht im Mittelpunkt: Arabische, madegassische, afrikanische und chinesische Einflüsse machen sich überall auf das Angenehmste bemerkbar.

Mauritius ist das typische Urlaubsparadies, das so viele Europäer suchen, mit seinen palmenbewachsenen langen Sandstränden (oben). Der Hindutempel Vadapazhanee Murugan Kovil bei Grand Baie ist dem Gott Murugan geweiht (rechts).

43 Mark Twains Traum – Mauritius

Nicht nur die Briefmarke ist erstrebenswert

Immer noch sehen Besucher auf Mauritius, was Mark Twain schon vor über hundert Jahren so sehr beeindruckte: Auf 330 Kilometern Küstenlinie zeigen sich endlos feine Sandstrände und bildschöne Buchten, dahinter Bergketten, deren schroffe Zacken bizarre Formen in einen meist azurblauen Himmel treiben, bis zum Horizont wogt im sanften Passatwind saftig grün das Zuckerrohr – eine Landschaft zum Malen!

Der begeisterte amerikanische Schriftsteller notierte 1897 beim Anblick der Insel in sein Reisetagebuch: »*Mauritius was made first and then heaven was copied after it!*« Jedenfalls steht es so auf dem Label lokaler Rumflaschen, Marke Green Island, zu lesen. Wie die Vorlage des himmlischen Paradieses auf Erden ausgesehen haben mag, zeigt ein historischer Druck ebenfalls auf dem Etikett der berühmten Flaschen: Bizarre Bergketten umschließen eine malerische Bucht, in der eine Dreimastbark vor Anker liegt, im Hintergrund schlummert pittoresk und winzig ein Hafenstädtchen.

Was der berühmte Schriftsteller so romantisch beschrieb, war jenseits der schönen Kulisse eine profitabel funktionierende Kolonie, der Garten Eden stark lädiert. Die allerersten Inselherren und Namensspender (»Maurice«, nach Moritz von Nassau), die Holländer, hatten die wertvollen Ebenholzwälder bereits abgeschlagen und in die Heimat verschifft.

Frankreichs Hinterlassenschaft

Die Franzosen legten auf dem hinterlassenen Brachland Zuckerrohrfelder an, deren Monokultur noch heute über die Hälfte der Insel bedeckt, und tauften ihr prosperierendes Kolonialstädtchen Port Louis. Dann kamen die Vertreter der Britischen Krone, denen ein pompöser Theaterbau und die größte Pferde-

Afrika

Port Louis lädt mit schmucken Cafés zu einem Bummel ein (unten). Der traditionelle ekstatische Tanz, den Frauen in bunten Gewändern aufführen, heißt Sega (ganz unten). Von oben erkennt man den Unterwasser-Wasserfall vor Mauritius gut (rechts oben).

rennbahn außerhalb Europas fehlten, um sich heimisch zu fühlen, sowie ein stattlicher Regierungspalast, vor dem noch heute Queen Victoria auf ihrem steinernen Sockel thront. Feste wurden so glanzvoll wie im fernen London gefeiert, die berühmten Mauritius-Briefmarken waren bereits gedruckt und erzielten auf Auktionen sensationelle Preise. Als die Leibeigenen nach der Abschaffung der Sklaverei nicht mehr ins Zuckerrohr wollten, wurden Arbeitskräfte aus der Kronkolonie Indien importiert, was dem 1968 unabhängig gewordenen Inselstaat einen Bevölkerungsschub bescherte.

Kleiner als Luxemburg, weist das tropische Eiland mit über anderthalb Millionen Einwohnern eine Bevölkerungsdichte von 800 pro Quadratkilometer aus, was Twains insulare Idylle in die Moderne katapultierte. Das zeigt sich auch auf den Straßen: Zur Rushhour schiebt sich stockend viel Blech durchs pulsierende Port Louis, das sich mit dem nahen Ebène City, einer umtriebigen Waterfront (Flaniermeile mit Blue Penny Museum, zahllosen Shops, Boutiquen und Restaurants) sowie aufragenden Spiegelglasfassaden die Insignien einer zeitgemäßen Metropole zugelegt hat. Eine Viertelmillion Fahrzeuge verlangt nach mehr Autobahnen, eine lahmende Zucker- und Textilindustrie nach Alternativen und über hundert Strandhotels nach mehr Gästen.

Der pure Luxus

Über fünf Monatslöhne kostet eine Nacht im »Royal Palm«, dem Flaggschiff der Hotelerie, in dem sich VIPs wie Yves Montand, Rajiv Gandhi, Nabila Khashoggi und Prinzessin Stéphanie von Monaco (um nur einige zu nennen) ins Gästebuch eintrugen. »Unser Concierge«, kommentiert der Hotelchef den sehr eigenen Stil seines Hauses, »würde bei allem Bedauern nicht wissen, wo man hier Fahrräder ausleihen kann, aber fragen Sie ihn nach einem Rolls-Royce – den besorgt er sofort.« Ein Schelm, wer Schlechtes dabei denkt, aber Noblesse der Art könnte sich zunehmend als Nachteil erweisen, denn Mauritius *goes active*. Vor allem dann, wenn in der kühleren Jahreszeit (unserem Sommer) vermehrt Urlauber einfliegen, die gerade das Fahrrad als angenehmste Art der Fortbewegung schätzen, was jede Luxuskarosse schlägt.

Und natürlich geht es auch preiswerter zu als in Mauritius' zahlreichen Nobelherbergen wie Royal Palm, Le Morne, One&Only Le Saint Géran und Shangri-La's Le Touessrok. Vor al-

lem in den zahlreichen kleinen Pensionen und Appartementanlagen, deren Kontakte das Fremdenverkehrsamt vermittelt, lässt es sich günstig nächtigen. Begegnungen mit den Nachfahren madegassischer Sklaven, Hindus und Tamilen aus Indien, Händlern aus China, englischen sowie französischen Ex-Kolonialen verlaufen bei Touren über Land so freundschaftlich und sanft, dass sie schon ins Paradies passen, die Mauritianer. Gastfreundschaft wird hier großgeschrieben. Wenn das nur für sie selber nicht so teuer wäre, für die meisten bei sehr niedrigen Löhnen sogar beinahe unerschwinglich. Nur für die mit harten Devisen zahlenden Fremden stellt sich auch das Preis-Leistungs-Verhältnis paradiesisch dar: Wer die Berge tropischer Früchte, Obst und Gemüse, den Fleisch- und Fischmarkt, die überquellenden Gewürzstände in den vier farbenfrohen Markthallen von Port Louis gesehen hat, wünscht sich sofort den eigenen Herd oder, besser noch, die einheimische Cuisine herbei, um sich zum Preis eines Cheeseburgers kreolisch, indisch oder chinesisch von der erstklassigen Gastronomie aufs Feinste verwöhnen zu lassen. Oder auch einfach nur durch die Stände zu streifen und sich für die heimische Küche inspirieren zu lassen.

Die Geschichte der Briefmarken

Die Geschichte der Blauen Mauritius, der berühmtesten Briefmarke aller Zeiten, liegt in einem ebensolchen Luxus begründet: Ein großes Fest sollte stattfinden, zu dem die Frau des damaligen Gouverneurs von Mauritius, Lady Gomm, schriftlich einlud. Dafür sollten eigens neu gedruckte Briefmarken auf die Einladungskarten kommen. Auf der gesamten Insel ließ sich kein besserer Graveur finden als der Uhrmachermeister Barnard. Der gravierte statt »Post Office« fehlerhaft »Post Paid« in den Druckstock, ein Fehler, der die Marke umso begehrter machen sollte. Für eine Änderung war es längst zu spät, als man ihn bemerkte. Also druckte man begrenzt je 500 Stück orangefarbene *one penny*- und tiefblaue *two pence*-Marken mit dem Profil der Königin Viktoria. Das war 1847. Wenige Jahre später wurden die Marken von Sammlern wiederentdeckt und erzielten Höchstpreise. 1893 erklärte der größte Londoner Briefmarkenhändler Stanley Gibbons Ltd. die beiden Marken zu den seltensten Exemplaren der Welt. Heute finden sich die wertvollen Sammlerstücke aus dem tropischen Inselreich im British Museum, im Swedish Postal Museum und in der privaten Sammlung Queen Elizabeths II.

WIE SYLT AN EINEM SOMMERTAG

Der mauritische Winter zwischen Mai und Oktober ist die schönste (Neben-)Saison, weil die Tropenperle dann viel preiswerter und klimatisch ganz hervorragend ist: Nichts ist zu spüren von tropischer Äquatorluft, Passatwinde wehen mit angenehmer Kühlung und »Maurice« wirkt mit frischer Brise bei 25 Grad so entspannt wie Sylt an einem schönen Sommertag. Zunehmend finden Reiter, Tennissportler und Golfer am leichten Sommerklima ihren Geschmack. Fahrradfahrer sowieso: Durch die flachen Küstenebenen zu radeln, immer mit Blick auf traumhafte Strände gehört zu den beeindruckendsten Aktiverlebnissen, die das kleine Eiland im Indischen Ozean zu bieten hat. Auf Wanderfreunde warten ausgewiesene Tracks und Trails durch die schönsten Bergregionen, mit malerischen Ausblicken auf grün strotzende Küstenebenen. Was könnte besser sein als viel Bewegung, die zugleich Gelegenheit schafft?

WEITERE INFORMATIONEN
Tourismusinformation:
www.tourism-mauritius.mu

Die Mini-Insel Saint-Pierre gehört zu den Outer Islands (oben). Auf ihr wurde im 20. Jahrhundert Guano intensiv abgebaut. Der große Markt in Victoria auf Mahé zieht Einheimische wie Touristen an (rechts unten).

44 Traumhaftes Archipel – Die Seychellen

Trumpf-Ass im Indischen Ozean

Von einer Art Preis-Leistungs-Verhältnis im herkömmlichen Sinne kann nicht die Rede sein, was nicht selten Reisekasse und Genusszone traumatisch belastet. Doch noch bevor man sich darüber so richtig aufregen kann, kommt eine Trumpfkarte ins Spiel, die alles vom Tisch wischt: Das Inselreich der Seychellen kassiert mit seiner außergewöhnlichen Schönheit jeden Stich!

Geografisch lassen sich die Seychellen in die Gruppe der Inner Islands und in die der Outer Islands gliedern. Erstere machen mit über 30 Inseln fast die Hälfte der gesamten Landfläche aus. Zu ihnen gehören die Hauptinsel Mahé und die direkt benachbarten Inseln Praslin und La Digue sowie die etwas entfernter liegende Silhouette, North Island und Frégate. Sie stellen die am dichtesten bevölkerten Gebiete der Inselnation mit etwa 92 000 Einwohnern, während die Outer Islands nur 1100 Einwohner zählen. Berühmt sind sie alle für ihre gewaltigen Granitblöcke, die wie riesige rund geschliffene Skulpturen feinsandige Strände markieren.

Exotisch und bildschön

Zu den Outer Islands zählen die Amiranten, die Alphonse-Gruppe, Aldabra sowie noch einige weit abgelegene Atollgebilde. Filmreife Traumstrände, eingebettet in eine verschwenderische Vegetation, umspült von glasklaren Wassern, gekrönt von pittoresken Berggipfeln, an denen der grün wuchernde Regenwald emporklettert, das ist in der Tat eine schlagkräftige Trumpfkarte, die eben ihren Preis hat. Trotzdem steigen die Besucherzahlen ständig. Einer Gesamtzahl von knapp 100 000 Einwohnern stehen rund 150 000 Touristen per anno gegenüber. Die Einnahmen werden weitgehend wohltätig unters Volk gebracht: Es gibt

Traumhaftes Archipel – Die Seychellen

ein kostenfreies Schulsystem, freie Kranken- und Altersversorgung sowie sozialen Wohnungsbau. Ordentlich geschulte Arbeitskräfte sind im gastronomischen Bereich kaum zu bekommen, was so manchen Mangel nicht rechtfertigt, aber erklärt. Von Anbeginn ihrer Unabhängigkeit im Jahr 1976 von England betreibt die Regierung für die 115 Inseln einen eindrucksvollen Landschaftsschutz, Kläranlagen sind Vorschrift selbst für die kleinste Hütte im Busch, strenge Bauvorschriften und Kontrollen verhindern den Aufkauf von Grundstücken und somit ungewollte, schnelle Veränderung. Und natürlich sind auch die Hotelbauten sanft der Natur angepasst. Die Seychellen haben in Afrika das dritthöchste Pro-Kopf-Einkommen und sind finanziell gesund, die Währung ist frei konvertierbar, die Rupie stabil und jeder Seychellois kann sein Geld nach Belieben und ganz legal ins Ausland schaffen. Aber wozu? Die meisten Insulaner haben längst erkannt: *Paradise is here.*

Robinsons auf Zeit

Die traumhaften Eilande sind inzwischen zu einem beliebten Heiratsparadies für junge Paare geworden, die mitsamt den Gästen oder auch einfach nur zu zweit anreisen, um vor der spektakulären Kulissen der Inseln getraut zu werden. Was man dazu braucht sind Pass, eine beglaubigte Ledigkeitsbescheinigung und eine Geburtsurkunde. Ihren Heiratsantrag stellen die Paare dann im »Independance House« in Victoria, der Hauptstadt des Archipels auf Mahé, und schon nach wenigen Tagen kann die Trauung stattfinden. Das Beste kommt gleich danach, denn die Flitterwochen beginnen sofort!

Ein Blick auf die Wetterkarte macht deutlich: Das gleichbleibende tropisch-feuchte Klima zeigt geringfügige Wetterveränderung nur beim Wechsel der Monsunwinde. Zwischen Mai und September bläst es kräftig, was Segler und Surfer erfreut sowie insgesamt eine kühlere Temperatur produziert, zwischen Oktober und März gibt es weniger frische Brisen, die Luft steht und die gefühlte Temperatur ist sehr warm. Wind und Wasserbewegung sind wichtig für Schwimmer, Schnorchler und Taucher, die vorankommen oder etwas sehen möchten. Für die liegt die beste Reisezeit zwischen April und Mai sowie Oktober und November, wenn die Wassertemperatur bis zu 29 °C und die Unterwassersicht mehr als 30 Meter beträgt.

INSEL-HOPPING VOM FEINSTEN

Frégate ist eine wahre Robinson-Insel. Nur die Angestellten des Plantation House leben auf dem winzigen Eiland. Sie kümmern sich um den Anbau von Vanille, Zimt, Papaya, Tabak, Zuckerrohr, Bananen und Süßkartoffeln und um die auserwählten Gäste des Insel-Resorts.

La Digues werbewirksamen Ochsenkarren und die riesigen Granitbrocken, die die exotischen Traumstrände umrahmen, finden sich auf jeder Werbebroschüre. Silhouette entspricht flächenmäßig geradeaml dem winzigen Pellworm und ist die drittgrößte (!) Insel des Archipels. Auf Praslin präsentiert sich die überschwängliche Natur der Seychellen in einer unglaublichen Exotik. Selbst die Hauptinsel Mahé ist eine Schatzinsel: Victoria, die einzige Stadt, präsentiert den *clocktower*, der Big Ben in London nachempfunden ist.

WEITERE INFORMATIONEN
Insel-Hopping mit der Fähre:
www.seyferry.com
Tourismusinformation:
www.seychelles.travel

Asien
Ein Inseltraum wird wahr

Buddha-Statuen begegnen einem auf Sri Lanka an jeder Ecke wie hier im Seema-Malaka-Tempel in Colombo (links). Der Tarutao Marine National Park gibt den putzigen Makaken ein Zuhause (oben). Leichte Sommerrollen gefüllt mit Glasnudeln, Gemüse und Fisch oder Hühnchen sind eine Spezialität Vietnams (unten).

Im August halten die Bewohner Kandys die Prozession Kandy Esala Perahera zu Ehren Buddhas ab (oben). Unawatuna ist einer der beliebtesten Badestrände im Norden der Insel. Je nach Jahreszeit sind Teile des Strandes jedoch vom Meer überspült (rechts).

45 Strahlend schönes Land – Sri Lanka

Koloniales Erbe und Aufbruchstimmung

Sri Lanka heißt übersetzt »strahlend schönes Land«. Das ist kein bisschen übertrieben. Die Schönheit der Insel verzauberte schon den Weltreisenden Marco Polo. Und als Hermann Hesse die Insel besuchte, damals noch Ceylon, jubelte auch der Literaturnobelpreisträger: »Es ist ein Paradies, wahrhaftig, es ist ein Paradies.« Dem würden die meisten Besucher wohl auch heute auf Anhieb zustimmen.

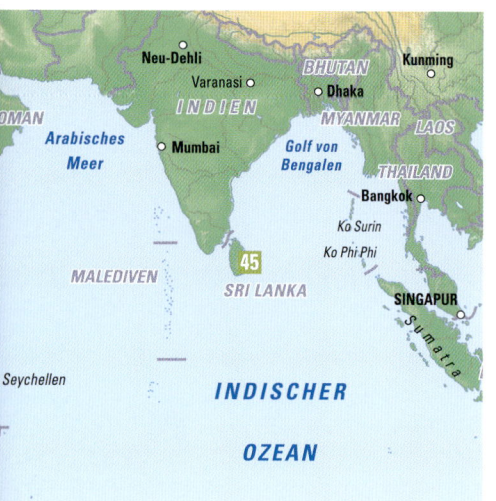

Wer abends in der Hauptstadt Colombo unterwegs ist, trifft in den Szenelokalen Cliquen junger Menschen, die bei Bier und Pizza zusammensitzen und ausgelassen das Leben feiern. Sie unterscheiden sich wenig von Gleichaltrigen im Westen. Eine derartige Unbekümmertheit wäre vor wenigen Jahren noch undenkbar gewesen. So paradiesisch die Landschaft – jahrhundertelang hatten die Bewohner der kleinen Insel, die wie eine Träne an der Südspitze Indiens hängt, wenig zu lachen.

Eine wechselhafte Vergangenheit

Der Legende nach beginnt – zumindest für die Volksgruppe der Singhalesen (»Löwensöhne«) – die Geschichte Sri Lankas etwa 500 v. Chr. mit der Ankunft des Königssohns Vijaya aus Nordindien. Als Enkel eines Löwen war er mit besonderen Kräften ausgestattet und besiegte die Urbevölkerung der Insel aus eigenen Kräften und ganz alleine. In der Nacht, als Vijaya seinen Fuß auf die Insel setzte, ging Gautama Buddha ins Nirwana ein, heißt es weiter. Tatsächlich kamen zur gleichen Zeit Einwanderer aus dem nahen Südindien nach Sri Lanka – die Vorfahren der Volksgruppe der Tamilen –, die bis heute mehrheitlich Hindus sind. In den folgenden rund 2000 Jahren wechselten buddhistische und hinduistische Reiche. Am bedeutendsten war aber ganz zweifellos das

Asien

Der Name »Ceylon« wird weiter für den Tee verwendet, der auf den Plantagen angebaut wird (unten). Die Fischersleute bei Thoduwawa haben reiche Beute gemacht (ganz unten). Seit 1991 ist der Goldene Tempel von Dambulla UNESCO-Welterbe (rechts oben).

Reich von Anuradhapura – vom 4. bis zum 10. Jahrhundert das strahlende politische und religiöse Zentrum der Insel. Eine zweite, diesmal deutlich kürzere Blütezeit erlebte Sri Lanka zwischen dem 11. und 13. Jahrhundert in Polonnaruwa. Nach einer Periode wechselnder Reiche wurde Sri Lanka schließlich, wie viele andere Inselreiche auch, zum Spielball europäischer Mächte. Zu Beginn des 16. Jahrhunderts kamen portugiesische Gewürzkrämer, um ihre Karavellen mit Ceylon-Zimt und anderen Gewürzen zu beladen, nach denen Europa geradezu verrückt war. Ihnen folgten die Holländer und schließlich die Briten, die 150 Jahre blieben und die Insel ihrem Empire einverleibten. Als sie das kleine Land nach dem Zweiten Weltkrieg in die Unabhängigkeit entließen, gehörten prächtige Kolonialbauten, Eisenbahnlinien, Teeplantagen, das Schulsystem und die Leidenschaft für Cricket zu ihrem Vermächtnis, das sich bis heute in der Seele des Landes bewahrt hat.

In den 1970er-Jahren kamen die Europäer als Touristen zurück und entdeckten die Insel als exotisches Badeziel wieder von einer neuen Seite.

Unruhige Zeiten im Paradies

Man kennt viele Götter in Sri Lanka: Hindutempel liegen oft in Nachbarschaft von Moscheen und Kirchen. Doch vor allem ist das frühere Ceylon die Insel von Gautama Buddha, dem Mann mit dem überirdischen Lächeln, der Gewaltfreiheit predigte. Und die meisten Sri Lanker strahlen so viel Sanftmut aus, dass man sie für Musterschüler des Erleuchteten halten möchte, ganz egal, welcher Religion sie tatsächlich angehören.

Wahrscheinlich wäre Sri Lanka längst ein Mallorca in den Tropen, hätte nicht 1983 ein grausamer Bürgerkrieg zwischen den Volksgruppen der Singhalesen und Tamilen oder – genauer – zwischen Regierungstruppen und den Rebellen der LTTE (Liberation Tigers of Tamil Eelam) die noch junge Tourismuskarriere der Insel vorläufig beendet. Der Krieg forderte rund 100 000 Todesopfer und ließ unzählige Verwundete und Traumatisierte zurück. Auch heute noch ist dieser traurige Abschnitt allgegenwärtig und im Gedächtnis der Bevölkerung verwurzelt.

Im Mai 2009 konnte der damalige Präsident Mahinda Rajapaksa den Sieg über die Rebellen verkünden. Der Bürgerkrieg, den schon lange niemand mehr gewollt hatte, war beendet,

und die Sri Lanker atmeten auf. Aufbruchsstimmung machte sich im Land breit. Zum ersten Mal seit langer Zeit konnte man Osten und Norden der Insel wieder bereisen, was aus Sicherheitsgründen jahrzehntelang unmöglich gewesen war. Einige der schönsten Strände des Landes, an denen sich seit 25 Jahren kein Tourist mehr gesonnt hatte, rüsteten fürs Comeback. Im gesamten Land bastelte man an der Infrastruktur und schon bald strömten die Touristen.

Zum Baden allein viel zu schade

Nach wie vor kommen die meisten Besucher zum Baden nach Sri Lanka. Negombo, Hikkaduwa, Bentota, Beruwela und Unawatuna – die Palmenstrände im Westen und Südwesten der Insel – begründeten den Ruf der Insel als exotisches Badeparadies. An der Südküste sind Mirissa und Tangalle die erfolgreichsten Newcomer. In Kalpitiya im Nordwesten der Insel herrscht Goldgräberstimmung – wie auch an den schönen Stränden des Ostens von Nilaveli bis Passekudah. Arugam Bay gehört zu den besten Surfspots der Welt. Zugegeben, Sri Lanka bietet zahlreiche Badeparadiese, doch zum Baden allein ist Sri Lanka viel zu schade. Einzigartig ist nämlich auch die landschaftliche Vielfalt im Inneren der Insel, die gerade einmal so groß wie Bayern ist. Wanderer und Safaribegeisterte kommen in den Nationalparks Sri Lankas voll auf ihre Kosten und werden sich noch lange an die Highlights ihrer Reise erinnern (siehe auch Tipp rechts).

Alte und neue Metropolen

Die »Perle im Indischen Ozean« hat aber auch Kulturliebhabern viel zu bieten: Im Kulturellen Dreieck können sie die Ausgrabungen der alten Hauptstädte Anuradhapura und Polonnaruwa erkunden. In Kandy, der letzten Königsstadt im Bergland, kann man sich im Zahntempel unter die Pilger mischen. Und eine Wanderung auf den heiligen Berg Adam's Peak ist Bergtour und spirituelles Erlebnis gleichermaßen. Rund um Matara kann man sich durch Gewürzgärten schnuppern und Gesundheitsurlauber lassen sich in Ayurvedaresorts verwöhnen. Die Hauptstadt Colombo lassen viele links liegen – zu Unrecht. Das geschäftige Pettah-Viertel, die Einheimischen in Freizeitlaune auf dem Galle Face Green, ein Cocktail oder ein High Tea im Galle Face Hotel oder eine Tuk-Tuk-Fahrt komplettieren das Inselbild. Der Norden – erst seit wenigen Jahren für Besucher geöffnet – ist nach wie vor zu entdecken.

AUSFLÜGE FÜR NATURBURSCHEN UND NOSTALGIKER

Naturliebhaber können im Hochland rund um Nuwara Eliya, der einstigen Sommerfrische der Engländer, ein spektakuläres Bergland mit Nebelwäldern, Wasserfällen und Teebergen erwandern. In viele der alten Pflanzenvillen zogen Boutiquehotels ein, in denen Nostalgiker stilvoll wohnen und Old-World-Charme genießen können. Die Region rund um den kleinen Bergort Ella ist zum Hotspot für Aktivurlauber geworden. In rund 20 Nationalparks kann man auf Jeepsafaris Elefanten, Leoparden oder Krokodile antreffen. Delfine und Wale tummeln sich vor den Küsten. Überall sieht man Affen durch die Bäume turnen, Warane über die Straßen huschen und Wasserbüffel sich in Reisfeldern suhlen. Und das vor einer traumhaften Landschaftskulisse zwischen Palmenstränden, tropischen Wäldern, Trockensavannen und Berggipfeln.

WEITERE INFORMATIONEN
Tourismusinformation:
www.srilanka.travel
Reiseanbieter vor Ort:
www.bestoflanka.com

Seit dem Zweiten Weltkrieg fischen die Bewohner Sri Lankas auf Stelzen, da die überfüllten Angelplätze sie immer weiter aufs Meer hinaustrieben.

Asien

46 Das gerettete Paradies – Ko Surin

Ein Fest für Taucher und Schnorchler

Eineinhalb Stunden braucht das Speedboot bis ins Paradies. Das liegt etwa 80 Kilometer vor der Küste und besteht aus den zwei Inseln Ko Surin Yai und Noi. Helles türkisfarbenes Wasser hebt sich strahlend vom tiefblauen Meer rund um die Inseln ab, Korallen sind dicht unter der Oberfläche zu erkennen. Der Ko-Surin-Meeresnationalpark bietet unter wie über Wasser ein nahezu völlig intaktes Paradies für Taucher.

Einen Bootsausflug von der südlichen Küste Ko Surins entfernt liegt die unbewohnte Inselgruppe der Similan-Inseln (unten). In den seichten und klaren Gewässern vor Ko Surin lässt es sich wunderbar spazieren (rechts).

Die großen Fische sind dieses Jahr wegen einer Algenblüte nicht gekommen. Das verrät Wolfgang, ein Wiener. Er sitzt am Nachmittag im verwaisten Restaurant des Nationalpark-Hauptquartiers auf Ko Surin. Makellose Ruhe liegt über der Insel, vor dem Strand das türkisgrüne Wasser, hinter dem Restaurant ist die Insel von weitgehend unberührtem Dschungel überwuchert. Wolfgang erzählt mit glänzenden Augen vom Tauchen. Zweimal ist er heute schon in diesem Unterwasserparadies gewesen. Letztes Jahr sei er das erste Mal hier gewesen: Vier Tage Tauchkurs wollte er absolvieren. Drei Wochen sind daraus geworden. Doch dieses Jahr sind keine Mantas hier. Keine Mantas, dafür war eine Walfamilie vor Ko Surin zu sehen. Ganz ungewöhnlich sei das hier. Er kommt gar nicht aus dem Erzählen heraus, ist selig ohne Drogen, berauscht von den Eindrücken.

Abgetaucht

Rastlose Leiber ohne Köpfe strampeln im Wasser. Der silberne Spiegel der Wasseroberfläche grenzt die Welt oberhalb aus. Was weiß ein Fisch von der Welt jenseits des Spiegels? Nur so viel, wie er durch einen kurzen Sprung er-

Asien

Auf Ko Surin Tai leben die Moken, Seenomaden, in einem kleinen Dorf. Zur Monsunzeit ziehen sie auf ihre Bote um. (unten und ganz unten). Die langen Strände von Kao Lak locken Schnorchler mit ihren Korallenbänken und glasklarem Wasser (oben rechts).

haschen kann. Dem Taucher ergeht es besser. Er gleitet mit seinem Schnorchel an der Oberfläche entlang, betrachtet staunend die Welt unter sich, in der alles Formen und Farben annimmt, die sonst unbekannt sind. Weihnachtsbaumwürmer! Sobald man sich ihnen nähert, verschwinden die niedlichen grellbunten Bäumchen in ihrer in eine Koralle gebohrten Höhle. Es sind zauberhafte, zart gefiederte Wesen, deren bunte Tentakel ihnen das Aussehen winziger Weihnachtsbäume verleihen. Will man noch näher heran, erinnert das in den Schnorchel eindringende Wasser an die Gastrolle auf dieser Seite des Spiegels. Luft anhalten, mit zugehaltener Nase Druck auf die Ohren geben und abtauchen. Für einen kurzen Moment gehört man ganz zur magischen Unterwasserwelt, bestaunt die Vielfalt der Korallen, die es hier gibt, taucht gelegentlich ein in auseinanderstiebende Fischschwärme, hofft auf Schildkröten, auf majestätisch dahingleitende Mantarochen oder gar Walhaie, die hier häufiger zu sichten sind als sonst irgendwo.

Urlaub im Paradies

An vier Stellen werden die Schnorchler vom Tauchboot ins Wasser entlassen. Die Gruppen kommen aus Khao Lak. Aufbruch ist morgens um sieben Uhr. Von Khuraburi geht es gegen neun Uhr mit dem Speedboot zum rund 60 Kilometer vor der Küste gelegenen Ko-Surin-Meeresnationalpark. Am Ende des Tages kehren fast alle wieder zurück in ihre Hotelanlagen. Doch wer bleibt, kann die Ruhe genießen und entspannen. Der Strand ist paradiesisch schön. Jetzt, in der zweiten Aprilhälfte, neigt sich die Saison rapide dem Ende zu. Über dem Festland zeugen die sich ballenden Wolken vom nahenden Monsun. Doch hier, weit vor der Küste, herrscht bestes Wetter. Zelte in Hülle und Fülle stehen für die Gäste bereit, außerdem einige Bungalows, die aber alle schon lange im Voraus von thailändischen Gästen gebucht sind. Zur Ausstattung des Zeltes gehören: eine etwa drei Millimeter dicke Matratze und ein Schlafsack. Vor einigen Zelten baumeln Hängematten mit traumhafter Aussicht über den Strand, das bläulich schimmernde Wasser und die Bucht. Und es gibt noch ein zweites Camp. Bei Ebbe ist es eine halbe Stunde Fußmarsch über den trockengefallenen Strand mit seinem blendend weißen Sandsaum entfernt. Die Küste wird von malerischen Felsen und sattem Grün dominiert. Darüber erhebt sich das bergige Innere der Insel, alles überzogen

von dichtem, unberührtem Dschungel. Wunderbare Dschungelpfade führen durch das Inselinnere von einer Bucht zur anderen. Der Blick schweift hinüber zur unmittelbar südlich gelegenen Insel Ko Surin Tai. Nur ein schmaler Kanal trennt die beiden Inseln. An der ebenfalls traumhaft schönen Mai-Ngam-Bucht gibt es ein weiteres Restaurant der Parkverwaltung und viele, viele Zelte unter Bäumen. Außerdem überragt eine Sirene die flache Landzunge, auf der sich das Lager befindet. Anders als das Hauptquartier wurde dieser Strand vom Tsunami komplett überrollt. Jetzt hofft man, dass das Frühwarnsystem funktioniert und Zeit bleibt, den Strand zu räumen.

Idylle bei den Seenomaden?

Nach dem Frühstück geht es ins Dorf der Seenomaden auf der Nachbarinsel. Am Steg wartet der Kapitän mit seinem Longtailboot. Er versucht geduldig, den wuchtigen Automotor, der über einer langen Antriebswelle thront, zum Leben zu erwecken. Doch auch die vier Autobatterien zu seinen Füßen vermögen dem Motor nicht mehr als ein paar schlappe Geräusche zu entlocken. So oft er auch den lose von der Decke baumelnden Anlasser betätigt, es passiert nichts. So geht es mit einem kleineren Boot, dessen stotternder Motor auch nicht gerade vertrauenerweckend klingt, hinüber über die kleine Seestraße. Geschützt in einer Bucht liegt das Dorf der Chao Naam, der Seenomaden. Sie haben ihr Umherschweifen von Insel zu Insel allerdings schon lange aufgegeben, leben in Pfahldörfern auf entlegenen Inseln. Der Tsunami 2004 hat ihr altes Dorf und die Fischerboote zerstört. Was jetzt hier zu sehen ist, wurde neu errichtet, ordentlich in zwei Reihen gebaut und mit Hausnummern versehen. Die alte Welt ist ohnehin dahin. Die traditionellen Einbaumboote sind nur noch als Miniaturmodelle zu sehen, als Mitbringsel werden sie an Touristen verkauft. Die Männer leben heute einträglicher davon, als Bootsführer Touristen zu den Tauchplätzen zu schaukeln. Es scheint ein Leben ohne Hast zu sein. Die Frauen sitzen im Schatten ihrer Häuser, pflegen sich die Haare oder spielen Karten, die Männer liegen, thailändische Comics lesend, in Hängematten oder schnitzen kleine Boote. Zwischen den Longtailbooten am Strand planschen die kleinen Kinder im Wasser, während die größeren am Ortsrand eine verträumte Schule besuchen. Wäre nicht noch der Schrecken des verheerenden Tsunamis in Erinnerung, es sähe aus wie die perfekte Idylle.

SCHNORCHELFOTOS

Mittlerweile gibt es wasserdichte Digitalkameras. Es ist toll, mit so einem Ding einfach ins Wasser hüpfen zu können – nur leider ist es fast unmöglich, Unterwasseraufnahmen zu machen. Bis ich unten bin und fokussiert habe, geht mir die Luft aus. Der Fisch ist sowieso weg. Sobald ich komme, versteckt er sich hinter seiner Koralle. Allein der Auftrieb macht es unmöglich, vor der Koralle abzuwarten, ganz zu schweigen vom Abtrieb. Denn ständig halten einen die Wellen in Bewegung. Nichts steht still. Und steht nichts still, gelingt kein Foto. Gegen den Auftrieb helfen Bleigewichte – aber bitte nur so viel, dass der Auftrieb ausgeglichen wird. Gegen den Abtrieb helfen Flossen – und dann gelingt vielleicht das Foto der farbenfrohen Grabenden Muschel, die in den Korallen sitzt und mit ihren fleischigen Lippen breit in die Kamera grinst.

WEITERE INFORMATIONEN
Tourismusinformation:
www.surinislands.com

Das wohl berühmteste Motiv Thailands sind die schmalen Longtailboote in der Maya Bay. Sie liegen so ruhig da, als habe es nie einen Tsunami gegeben (oben). Mit ein bisschen Toastbrot locken Besucher die buntesten Fischschwärme an (rechts unten).

47 Wie aus dem Bilderbuch – Ko Phi Phi

Beliebtes Ausflugsziel für Gäste aus Phuket

Die Phi Phis sind Inseln wie aus dem Bilderbuch: Traumstrände mit kristallklarem Wasser, gesäumt von steil abfallenden Felswänden, dazu tropisch grüner Wald auf den Hügeln und vor der Küste wunderbare Korallenriffe. Natur, wie sie dramatischer und schöner nicht sein kann. Doch nicht erst mit dem Tsunami bekam das Bild vom Inselparadies erste Sprünge.

Der Tsunami traf Ko Phi Phi völlig unerwartet und mit voller Wucht. Am 26.12.2004 geschah das Unvorstellbare. Zwar bebt die Erde regelmäßig entlang der Linie, an der sich die indische und die eurasische Platte aneinanderreiben. Doch diesmal war es anders. Auf einer Länge von rund 500 Kilometern hob sich der Boden schlagartig um zehn bis 30 Meter an. Durch die ruckartige Anhebung des Meeresbodens wurden gigantische Wassermassen in Bewegung gesetzt. Das Wasser raste mit der Geschwindigkeit eines Düsenjets nach Osten und Westen auf die Küsten zu. Es dauerte nicht lange, bis die Welle die Küsten Thailands erreichte. Welche Insel, welcher Küstenabschnitt wie stark betroffen war, schwankte extrem. Örtliche Gegebenheiten entscheiden im Fall eines Tsunamis über Leben und Tod. In welche Richtung öffnet sich eine Bucht? In diesem Fall war Südwesten die schlimmstmögliche Ausrichtung. Gibt es vorgelagerte Felsen, Inseln, Kaps, die die Wucht mildern? Steigt der Meeresboden steil oder flach an? Flache Buchten, die sich nach hinten verengen, lassen die Welle zu enormer Höhe auflaufen und weit über das Hinterland rasen. In diesem Fall schießen die Wassermassen auf das Land und reißen alles mit sich. Wenn das Wasser abläuft, wird alles Mögliche mit hinaus in den Ozean gespült. Auf Phi Phi Don kamen fast alle Faktoren zusammen. Nur ein Zurückfluten gab es nicht. Die Welle überspülte einfach die flache schma-

Wie aus dem Bilderbuch – Ko Phi Phi

le Landzunge, die die beiden Inselteile miteinander verbindet. In diesem Teil blieb nur ein massives Hotel stehen. All die kleinen, so beliebten idyllischen Hütten und Bungalows, die hier standen, sind verschwunden. Und anders als in den anderen Orten wird das auch so bleiben.

Was blieb

Heute gibt es vermutlich mehr Unterkünfte auf der Insel als vor dem Tsunami. Anders als oft angenommen, wurde auch nicht alles völlig zerstört. Die Hotels im vorderen Teil der Bucht an den Stränden Hat Hin Khom und Hat Yao wurden zwar beschädigt, konnten nach kurzer Zeit aber wieder öffnen. Auch Ton-Sai-Dorf wurde nur, wenn auch zum Teil recht heftig, beschädigt. Doch Ao Ton Sai und Ao Lo Dalam gibt es praktisch nicht mehr. Die neuen Hotels sind lediglich etwas höher an den Hang gebaut, was die Gäste sicher besser schlafen lässt.

Besucher ohne Ende

Die Nähe zu Phuket macht Phi Phi Don zu einem bevorzugten Ausflugsziel für Besucher aus Phuket. Am Anlegesteg drängen sich die Fähren. Tausende Besucher strömen in der Hochsaison täglich auf die kleine Insel. Der Spuk ist am späten Nachmittag zwar vorbei, doch die Belastung für die Ökologie ist hoch. Schon vor dem Tsunami gab es mit der Müllbeseitigung erhebliche Probleme. Die ist auch nach dem Tsunami und dem Wiederaufbau nicht wirklich gelöst. In Ton Sai Village wälzen sich am Tag die Massen durch die engen Gassen, wo sich Internetcafés, Reisebüros, Restaurants, Geschäfte und Hotels dicht drängen. Attraktiv kann man diesen Teil der Insel beim besten Willen nicht nennen, außer man ist ein Freund von tosendem Lärm und dichtem Treiben. Doch an den Stränden verlaufen sich die Menschenströme, und der Eindruck der Natur ist tatsächlich überwältigend.

Noch bizarrer wirken die Felsen von Phi Phi Leh, die bis zu 200 Meter hoch senkrecht aus dem Meer aufragen. Im Schutz der Felswände liegen zwei flache Lagunen mit feinsandigen Böden. So märchenhaft wirken die versteckten Lagunen, dass hier die wichtigsten Aufnahmen zum Kinofilm *The Beach* gedreht wurden.

Da Phi Phi Leh Teil des Hat-Noppharat-Thara-Meeresnationalparks ist, wird die Insel auch zukünftig nur Ziel von Tagesausflüglern sein und so weiter geschont werden.

SCHWALBENNESTER UND WIKINGER

Schwalbennestsuppe ist etwas, was dem Europäer nicht so recht das Wasser im Mund zusammenlaufen lässt. Ganz anders in China. Dort ist die Suppe aus den Nestern der Salanganen eine der teuersten Spezialitäten. Die Salangane gehören übrigens nicht zu den Schwalben, sondern zur Familie der Segler. Sie konstruieren ihre Nester aus ihrem Speichel. Die Nachfrage beruht vor allem darauf, dass sie in der chinesischen Medizin wegen ihrer kräftigenden Wirkung Verwendung finden. An den steilen Kalksteinfelsen vor der Andamanenküste gibt es zahlreiche Plätze, an denen die Salangane brüten. Einer davon ist die »Wikingerhöhle« auf Ko Phi Phi Leh, die ihren Namen den Darstellungen von Dschunken an den Wänden verdankt. In der sehr hohen Höhle haben Nestsammler Gerüste aus Bambus und Ranken erbaut, um die Schwalbennester unter der Decke zu »ernten«.

WEITERE INFORMATIONEN

Tourismusinformation:
www.phi-phi.com
Ton Sai Village Resort: www.visit-phiphi.com/tonsai-village-phiphi

Asien

48 Vom Tourismus verschont – Tarutao-Archipel

Thailands tiefer Süden

Die Sehnsucht des europäischen Reisenden kennt in Thailand vor allem ein Ziel: den Süden. Tatsächlich findet man dort, in den Provinzen Trang und Satun, Inseln, die noch nicht völlig vom Tourismus überrollt worden sind. Das kleine Eiland Ko Lipe ist der ideale Ausgangspunkt, um die Inseln des Tarutao-Archipels zu erkunden.

Auf Ko Thalu gibt es bizarre Felsformationen und geheimnisvolle Höhlen zu erkunden (unten). Ko Lipe galt lange als Insidertipp, heute ist die Insel beliebt bei vielen Besuchern, vor allem bei Schnorchelfreunden (rechts oben).

Die Insel gehört als Einzige des Archipels nicht zum Tarutao-Meeresnationalpark, weswegen hier in den letzten Jahren zahlreiche Strandresorts entstanden. Bei klarer Sicht ist die malaiische Insel Langkawi zu sehen. Wer nach Süden schwimmt, muss aufpassen, nicht versehentlich auszureisen. Wer das Schiff direkt nach Westen steuert, verpasst das Nordende Sumatras nur knapp. Dank dieser Lage war der Süden Thailands vom Tsunami nicht so betroffen, da Sumatra die Flutwellen abblockte.
Ko Lipe liegt 80 Kilometer vor der Küste in der Andamanensee. Speedboote verbinden die Insel in zwei Stunden mit dem Hafen in Pak Bara. Die Einheimischen legen die Strecke übers offene Meer mit Longtailbooten in etwa fünf Stunden zurück. Für die Chao Naam, die Seenomaden, ist das keine Distanz.

Der Tarutao Marine National Park

Wer Inseln abseits des Tourismus erleben möchte, der kann diese im Tarutao-Archipel finden. Die Inseln sind kaum oder gar nicht bewohnt. Übernachtungsmöglichkeiten gibt es nur an wenigen Zeltplätzen und in einigen Hütten der Nationalparkverwaltung auf Ko Tarutao und Ko Adang. Von dort aus kann man Ausflüge in die Natur unternehmen.

Vom Tourismus verschont – Tarutao-Archipel

1490 Quadratkilometer mit 51 Inseln gehören zum Nationalpark, dem ersten Meeresnationalpark Thailands. Die meisten der wunderschönen Strände sind vollkommen menschenleer. Lediglich die Tauchplätze rund um Ko Lipe werden regelmäßig von Tauchbooten angesteuert.

Pirateninseln

Die Inseln waren bis Anfang des 20. Jahrhunderts vor allem Stützpunkte von Piraten. Von 1939 bis 1946 diente Ko Tarutao als Gefängnisinsel. Die Umgebung war alles andere als einladend: Malariamücken ließen zahlreiche der Gefangenen zugrunde gehen. Als während des Zweiten Weltkrieges die Versorgung der Inseln zusammenbrach, wurden die Zustände immer schlechter. Es kam zu Meuterei. Gemeinsam machten sich Gefangene und Wärter daran, die alten Piratentraditionen wieder aufleben zu lassen und Schiffe in der Straße von Malakka zu überfallen.

Heute sind die Ruinen des Gefängnisses in der Ao-Taloh-Udang-Bucht ein Ausflugsziel, das auf einer langen Wanderung in den Süden der Insel erreicht werden kann. Romantischer – und vom Besucherzentrum in der Ao-Phante-Malakka-Bucht aus leichter zu erreichen – sind die Tee-Boo-Felsen. Die bizarren Felsen bieten eine hervorragende Aussicht auf den Nationalpark. Aber auch die Bucht am Parkhauptquartier ist eine Schönheit. Am Ende des langen Sandstrandes mündet ein Gezeitenstrom. Dort kann man eine lange Höhle mit dem heimeligen Namen Tham Jara Khe, Krokodilhöhle, erkunden. Die gefährlichen Salzwasserkrokodile, die der Höhle den Namen gegeben haben, leben schon lange nicht mehr hier. Die Höhle kann mit dem Boot befahren werden.

Taucher ahoi

Vor den weit vor der Küste liegenden Inseln Ko Adang und Ko Rawi liegen zahlreiche gute Tauch- und Schnorchelstellen. Fast alle Besucher kommen zum Tauchen von Ko Lipe, nur wenige verirren sich auf die Inseln. Übernachtungsmöglichkeiten gibt es nur an der Rangerstation bei Laem Son. Doch mit dem Zelt kann man sich an den Stränden unterhalb der mit Dschungel bedeckten Berghänge definitiv wie Robinson fühlen.

DIE SEENOMADEN THAILANDS

Im Malaiischen Archipel und in der Andamanensee leben die Seenomaden. Das nomadisierende Leben haben sie in Thailand auf Druck der Regierung aufgeben müssen. Sie leben heute in Dörfern, beispielsweise auf Ko Surin, Phuket, Ko Phi Phi, Ko Lanta und Tarutao. Sie sind unter verschiedenen Namen bekannt. Am bezeichnendsten ist der malaiische Name »Orang Laut«, Menschen des Meeres. Sie gehören verschiedenen Ethnien an. Vor Thailands Küste leben die Moken, Moklen und Urak Lawoi, die vermutlich alle aus dem Gebiet der Andamanen-Inseln gekommen sind und miteinander verwandte Sprachen sprechen. Ehemals lebten sie fast ausschließlich von dem, was sie im Meer fanden – heute immer öfter vom Tourismus. Sie sind ausdauernde Taucher und erlegen unter Wasser Fische mit dem Speer, tauchen nach Muscheln, Krabben, Seegurken. Ehemals wohnten sie ausschließlich auf Booten mit Schlafplatz und Küche, mit denen sie in Gruppen von mehreren Booten von Insel zu Insel zogen.

WEITERE INFORMATIONEN

Tarutao National Park:
www.thainationalparks.com/tarutao-national-marine-park

Der zweitlängste Strand auf Ko Samui, der Lamai Beach, ist vor allem bei jungen, feierwütigen Gästen beliebt (oben). Die Mehrheit der Bewohner Ko Samuis sind Buddhisten. Buddhistische Mönche begegnen dem Besucher daher häufig (rechts).

49 Ein Traum in Türkis – Ko Samui

Wo die Kokosnuss daheim ist

Lange Jahre war Ko Samui ein geheimer Insidertipp für begeisterte Backpacker. Aber es kam, wie es kommen musste: Die Reize der Insel sprachen sich herum, die Ruhe unter Palmen und die Traumstrände zogen immer mehr Menschen in ihren Bann. So ist die Beschaulichkeit nun dahin, Ko Samuis Schönheit zieht nun jedoch mehr Besucher an als je zuvor.

Seit die Insel einen eigenen Flughafen hat, haben sich hier hochpreisige Unterkünfte etabliert. Doch welch ein niedlicher Flughafen ist das! Auf den ersten Blick könnte man ihn für ein typisches Ko-Samui-Restaurant halten. Er liegt zwischen Palmen versteckt in einem Park und hat nur eine kleine, offene Abfertigungshalle. Da gibt es tatsächlich ein Gepäckband, und davor parken die Maschinen der »Bangkok Airways«, die diesen Privatflughafen exklusiv anfliegt. Weit über eine Million Urlauber schweben mittlerweile in Ko Samui ein – oder nehmen die weniger komfortable alte Lösung: Mit dem Bus geht es nach Surat Thani und von dort mit dem Schnellboot auf die 247 Quadratkilometer große Insel. Die Überfahrt kann etwas schauklig sein. Da die Länge der Fahrt stark variiert – zwischen zweieinhalb und sechs Stunden –, sollte man genau darauf achten, nicht auf dem falschen Boot zu landen.

Vom Traveler-Eiland zum Familienparadies

Als in den 1970er-Jahren die ersten Rucksackreisenden mit der damals noch höchst einfachen Fähre im Fischerort Nathon anlandeten, war Ko Samui die größte Kokosnussplantage Thailands. Die Rund 35 000 Einwohner lebten vorwiegend von der Nuss. Die Häuser und Dörfer auf der Insel waren zwischen den Kokospalmen so geschickt versteckt, dass die Insel fast unbewohnt wirkte. Das Leben auf der Insel war unbeschwert und spottbillig. Man

Asien

Buddhistische Tempel gibt es auf der Insel viele zu bestaunen wie den Wat Khunaram (unten). Street-Food-Märkte locken mit Satay-Spießen (ganz unten). Der private »Secret Buddha Garden« beherbergt eindrucksvolle Statuen (rechts oben).

wohnte in einfachsten zeltförmigen Palmblatthütten und Marihuana war überall billig zu haben.

Als erste Gerüchte über den Bau eines Flughafens aufkamen, sahen vollgekiffte Freaks das Ende ihres Paradieses herannahen. Und so kam es auch. Die billigsten Unterkünfte mussten besseren weichen, Rauschgift wurde in Thailand komplett verboten. Doch das Essen ist immer noch wunderbar und preiswert, wenn auch nicht mehr fast geschenkt. Und ob das tatsächlich das Ende war, lässt sich auch anders beurteilen. Über eine Million Reisende sind da jedes Jahr anderer Meinung. Die Besucher finden Unterkünfte in jeder Preisklasse. Immer noch kann man in einfachen, billigen Unterkünften, hergestellt aus den Materialien, die die Kokosnusspalme abwirft, Quartier beziehen. Wer das Besondere liebt, kann für einen Traumbungalow im »Tongsai Bay« leicht 250 Dollar und mehr auf den wirklich geschmackvollen Tisch des Hauses blättern. Neben der Preisklasse sollte man bei der Wahl des Hotels die Lage beachten. Wer das Nachtleben sucht, bucht am besten im Zentrum von Chaweng und nimmt vielleicht sogar ein paar Meter zu Fuß zum Strand in Kauf. Umgekehrt verhält es sich für diejenigen, die vor allem Ruhe lieben. Dann sollte man möglichst weit weg von den Bars und Discos im Zentrum suchen. Es muss nicht einmal eine einsame Bucht sein. Die mag wunderschön sein, bietet aber keine große Auswahl an Restaurants – und die sind mindestens der halbe Spaß bei einem Besuch auf Ko Samui. Wer also auf die Auswahl an Restaurants nicht verzichten möchte, aber dennoch Ruhe sucht, der könnte sich beispielsweise am nördlichen Chaweng Beach eine Bleibe suchen. Das türkisfarbene Wasser wirkt am blendend weißen Sandstrand wie eine überdimensionale Badewanne. Selbst kleine Kinder können im flachen Wasser gefahrlos planschen, Liebende wundervolle Spaziergänge im nur knietiefen Wasser unternehmen. Nur zum Baden muss man ein Stück weit hinauslaufen oder den Strand ein Stück südlich hinabwandern.

Welcher Strand soll es sein?

Die Auswahl an Stränden ist groß auf Ko Samui. Chaweng hat den vielleicht schönsten Strand der Insel sowie das wohl hippste Unterhaltungsangebot. Sechs Kilometer zieht er sich die Ostküste entlang – lang genug für ausdauernde Jogger, um hier ihren morgendlichen Strandlauf zu absolvieren. Lamai ist der zweite

Klassiker der Insel. Der Strand steht kaum hinter dem in Chaweng zurück, ist breit und strahlend weiß. Lamai ist nicht ganz so vollgepackt wie Chaweng, bietet aber gleichfalls reichlich Nachtleben in über einhundert Bars. Der Strand ist als idealer Partybeach vor allem bei jüngerem Publikum beliebt, nicht zuletzt auch, weil es hier billiger ist.

Der Süden und der Westen der Insel bieten keine nennenswerten Strände. Dafür hält der Norden weitere Traumstrände bereit. Der Maenam Beach bietet vor allem billige Unterkünfte, daneben auch einige edle Resorts. Das Wasser ist nicht so klar wie im Osten und zum Schwimmen oft zu flach. Dafür ist er aber ein wirklich ruhiges Fleckchen mit einem traditionellen Fischerdorf mit alten Holzhäusern. Östlich davon liegt die Bo-Phut-Bucht mit dem wohl reizvollsten Ort der Insel. Der idyllische, zwei Kilometer lange Strand erstreckt sich bis zum Big Buddha. Wie am benachbarten Strand ist das Wasser nicht so klar, dafür liegt er sehr romantisch. In den alten chinesischen Geschäftshäusern des Ortes haben sich zum Teil exklusive Restaurants und Bars angesiedelt, die zu den besten von Ko Samui zählen. Der Ort ist eher etwas für Paare, die einen ruhigen Urlaub verbringen wollen. Der Hat Bang Rak, oder auch »Big Buddha Beach« genannt, ist schließlich der letzte im Norden. Das Meer ist besonders ruhig, die meisten Unterkünfte eher preiswert, was ihn für Familien besonders attraktiv macht. Im Nordosten liegen schließlich noch kleine Buchten, die vor allem luxuriöse Anlagen beherbergen. Eines der schönsten Hotels der Insel ist sicher das »Tongsai Bay«. In einem gepflegten Park liegen erlesen und unorthodox eingerichtete Bungalows mit traumhafter Aussicht auf das Meer und den kleinen Sandstrand.

Ein tierischer Spaß

Wer genug hat von der gepflegten Langeweile am Strand – was nur schwer vorstellbar ist angesichts des weichen Sandes, der die Zehen umspielt –, der kann sich etwas auf der Insel umsehen. Der Namuang Safari Park bietet tierische Attraktionen mit Affen, Krokodilen und Elefantenausritten. Oder man unternimmt einen Ausflug zu den Nam-Tok-Na-Muang-Wasserfällen. Der untere Teil ist leicht zu erreichen, zum oberen Teil muss man eine halbe Stunde über Felsen und Baumwurzeln klettern. Belohnt wird man oben mit einem natürlichen Schwimmbecken und einer schönen Aussicht bis zum Meer.

DIE KOKOSNUSS

Die Kokosnuss fällt nicht nur vom Baum, um dem durstigen Urlauber ein Getränk zu liefern. Geerntet wird sie grün. Affen oder geschickte Kletterer erledigen das. Als Erstes muss der fasrige Mantel der Nuss entfernt werden. Aus den Fasern fertigt man Nützliches, von Matratzenfüllungen bis zu Seilen und Teppichen. Ist die Nuss noch jung genug, enthält sie reichlich Kokoswasser und weiches Fruchtfleisch. Das Fruchtwasser wird gerne getrunken, das Fruchtfleisch ist die Grundlage für allerlei Zutaten der Thai-Küche: Kokosmilch für Saucen, Suppen und Cocktails, Kokosöl zum Braten und für Pralinen. Kokosöl wird auch in Kosmetika eingesetzt und kann in Biodiesel verwandelt werden. Auch die harte Nussschale wird als Brennstoff verwendet. Der Stamm der Palme liefert Bauholz, die Blätter werden geflochten als Körbe, Hüte und für Hütten verwendet.

WEITERE INFORMATIONEN

The Tongsai Bay: www.tongsaibay.co.th
Tourismusinformation: www.kosamui.de

Auf Ko Chang gibt es viele Anbieter für Bootstouren, auf denen man die Inselwelt erkunden kann, Badestopps inklusive (oben). Das Dorf Bang Bao besticht mit seinem Holzpier, an den sich kleine Häuser auf Stelzen schmiegen (rechts unten).

50 Erholung auf der Elefanteninsel – Ko Chang

Paradiesische Inselwelt an der Grenze zu Kambodscha

Lange lag Ko Chang abseits der touristischen Routen. Die Gewässer vor der kambodschanischen Küste waren Piraten und Schmugglern vorbehalten. Doch das hat sich gründlich geändert. Ko Chang ist mittlerweile schnell und einfach von Bangkok aus zu erreichen, selbst wenn die Insel keinen eigenen Flughafen hat. Dafür bietet Thailands zweitgrößte Insel noch reichlich unberührte Natur.

In ihrem Inneren birgt die Insel einen der größten noch existierenden zusammenhängenden Tropenwälder. Das Zentrum der Insel ist bergig und unbewohnt. War es der Dschungel, oder war es der Name, jedenfalls existierten Pläne, die Insel, deren Name übersetzt Elefanteninsel bedeutet, in einen Park für die überschüssigen Arbeitselefanten Thailands zu verwandeln.

Bunte Unterwasserwelt: der Mu-Ko-Chang-Meeresnationalpark

Ko Chang ist das Zentrum des Mu-Ko-Chang-Meeresnationalparks, zu dem über 40 kleinere und größere Inseln gehören. Die 650 Quadratkilometer des Parks bestehen zu 70 Prozent aus Meer. Die Inselkette zieht sich von Ko Chang aus ein ganzes Stück vor der Küste Kambodschas nach Süden hin. Die zweite große Insel des Archipels mit 162 Quadratkilometern Fläche ist Ko Kut. Dort dominieren noch Fischerei und Kokosnussplantagen. Mit gerade einmal 2000 Einwohnern bildet sie den am dünnsten besiedelten Distrikt Thailands. Die Inseln des Nationalparks bieten zum Teil ausgezeichnete Tauch- und Schnorchelmöglichkeiten. Es mögen nicht die allerbesten Thailands sein, aber es gibt genug zu sehen für zahlreiche Tauchgänge. Wer gerne Schildkröten unter Wasser beobachtet, sollte es bei

Erholung auf der Elefanteninsel – Ko Chang

Ko Rang probieren. Auf den kleinen Inselchen legen Meeresschildkröten ihre Eier, sodass sie im Gewässer um die Insel herum häufig zu beobachten sind.

Auf der Elefanteninsel

Ko Chang ist von einer Kette hoher Berge durchzogen, die vom Meer bis auf 743 Meter Höhe ansteigen. Das gesamte Inselinnere ist von dichtem tropischem Dschungel bedeckt und wird bis heute von keiner Straße durchschnitten. Es gibt lediglich einen Fußweg, der die Insel von Ost nach West durchquert. Für die Wanderung, deren steile Anstiege äußerst schweißtreibend sind, braucht man einen Tag. Sie führt quer durch den Nationalpark Ko Chang und passiert mehrere Wasserfälle. Man sollte jedoch die Strapazen einer Wanderung in tropischer Hitze nicht unterschätzen. Die Wasserfälle, für die der Eintritt zum Nationalpark gezahlt werden muss, sind auch in kürzeren Wanderungen von der Ost- beziehungsweise der Westküste aus zu erreichen. Allerdings sollte man sich vor der Wanderung nach der Wassermenge erkundigen. In der trockenen Zeit können die Fälle auf kleine, eher unansehnliche Rinnsale schrumpfen. Der Nam Tok Khlong Piu stürzt in ein tiefes Becken, das zu einem erfrischenden Bad einlädt. Er ist lediglich einen Kilometer vom Parkeingang bei Ban Khlong Phrao im Westen der Insel entfernt.

Der Nam Tok Than Mayom ist vom gleichnamigen Ort an der Ostseite der Insel zu erreichen. Es dauert allerdings eine knappe Stunde, bis man die erste Gruppe von Wasserfällen erreicht hat. Nun kann man sich westwärts halten, bis die nächste Küste erreicht ist. Wer sich lieber durch den Dschungel tragen lässt, als sich selbst zu quälen, der kann dies auf dem Rücken von Elefanten tun. Die Insel heißt nicht nur Elefanteninsel, es gibt auch Elefantencamps. Das spektakulärste Camp mit wunderschöner Umgebung ist das »Ban Kwaen Elephant Camp«, das ganz im Norden der Insel liegt. Hier kann man in wunderbarer Umgebung näheren Kontakt mit Elefanten pflegen.

Eine der beliebtesten – und auch gefährlichsten – Freizeitbeschäftigungen ist es, mit einem Moped um die Insel zu brausen. Die Ringstraße ist durchgehend geteert – soweit sie existiert. Denn zwischen Ban Bang Bao und Ruang Tan führt nur Wandern weiter.

THAILANDS ELEFANTEN

Elefanten genießen in Thailand hohe Verehrung. Die alte Fahne Siams zierte sogar ein Elefant. Weiße Elefanten waren als königliches Reittier dem König vorbehalten. Sie gelten Buddhisten darüber hinaus als heilig. Auch die Kontur Thailands auf einer Landkarte wird oft mit einem Elefantenkopf verglichen. Früher waren die Tiere für die Arbeit wie auch die Armee unverzichtbar. Bereits seit 1921 sind wilde Elefanten gesetzlich geschützt. Doch da ihr Lebensraum immer weiter zurückgeht, nimmt auch die Zahl der wilden Elefanten kontinuierlich ab. Früher wurden sie viel bei Waldarbeiten eingesetzt, da sie auch unwegsame Gebiete erreichen können und zudem weniger Schäden anrichten als schweres Gerät. Doch seit Teak nicht mehr kommerziell abgeholzt werden darf, sind viele Elefanten arbeitslos. Daher gab es Vorschläge, sie auf Ko Chang auszuwildern.

WEITERE INFORMATIONEN

Tourimusinformation:
www.explorekohchang.com

Ohne die robusten, motorbetriebenen Boote kommt man auf dem Mekong nicht weit. Einheimische wie Besucher bewegen sich damit von Insel zu Insel (oben und rechts).

51 Viertausend Inseln – Si Phan Don

Traumlandschaft im Mekong

Malerischer als der Archipel Si Phan Don, dessen Inseln mitten im Mekong liegen, geht es kaum. Nahe der Grenze zu Kambodscha verirrt sich der Fluss in einem Geäst kleiner und kleinster Verzweigungen zwischen den Inseln, um schließlich über Stromschnellen und Wasserfälle in das Nachbarland weiterzurauschen. Bootsfahrten zum Sonnenaufgang auf dem Mekong garantieren unvergessliche Eindrücke.

Auf einigen der Inseln gibt es von einfachen Bambushütten bis halbwegs luxuriösen Hotels mittlerweile zahlreiche Unterkünfte. Allerdings sollte man sich vor der Buchung im Klaren sein, ob man eher eine ruhige Schlafstätte oder eine Unterkunft mit nahem Nachtleben inklusive Beschallung wummernder Beats bis frühmorgens sucht. Wer etwa in Ban Houa Det nächtigt, hat reichlich Auswahl an Bars mit lauter Musik, Restaurants und kleinen Unterkünften – wird von Bootsführern aber nur ungläubig angeschaut, wenn er zum Sonnenaufgang schon auf dem Fluss sein will. Da bei Don Det und Don Khon das Geflecht der kleinen Kanäle zwischen den Inseln besonders schön ist, konzentrieren sich hier auch die Unterkünfte. Ganz anders wirkt die größte Insel, die weiter nördlich liegt, Don Khong. Hier ist der Mekong nicht so idyllisch, dafür geht das Leben seinen gewohnten, sehr gemächlichen Gang.

Zu erreichen sind die Inseln von dem Örtchen Nakasang aus mit der Fähre. Die Überfahrt ist bestens organisiert: Neuankömmlinge werden je nach Ziel auf die überdachten, schlanken Holzboote verteilt, die Platz für etwa zehn Passagiere und deren Gepäck bieten. Wer zuerst einsteigt, muss gebückt nach hinten durchlaufen, die Rucksäcke bleiben im Bug. Dann tuckert das Boot in 20 bis 30 Minuten, je nach Ziel, über den östlichen Mekongarm.

Asien

Auf Don Det gibt es eine Handvoll Reisfelder, die in der Trockenzeit nicht bestellt werden (unten). Fischer fangen an den Mekong-Fällen Fische in Fallen aus Bambus (ganz unten). Auch beeindruckend ist der Tad-Somphamit-Wasserfall (rechts oben).

Ein besonderes Erlebnis ist die Fahrt nach Einbruch der Dunkelheit, wenn zahlreiche völlig unbeleuchtete Boote durcheinanderwuseln und man nur hoffen kann, dass der Bootsführer alles sieht.

Don Det – Die Partyinsel

Am Nordende von Don Det legen im Dorf Ban Houa Det die meisten Boote an einer Rampe an. Auch Motorräder werden hier auf Spezialbooten entladen. Beobachten lässt sich das bestens von den umliegenden Restaurants aus, die auf Stelzen hoch über dem Wasser thronen. Wer die Rampe mit Gepäck mühsam hinaufgewankt ist, befindet sich direkt mitten in Don Dets Touristenmeile. Restaurants, Bars und Tourenanbieter drängen sich hier. Kajaktouren zu den Delfinen werden allerorts organisiert, Speisekarten mit Happy-Hour-Angeboten locken. Indische, laotische Küche oder Hamburger? Die Auswahl an Speisen ist groß, und frischen Fisch gibt es natürlich auch. Nur die Ruhe, die einst das Leben auf den Inseln auszeichnete, die ist hier verschwunden – außer vielleicht am frühen Morgen. Vor neun Uhr rührt sich fast nichts im Ort.

Don Khon – Der Ruhepol

Wer es ruhiger haben will, muss sich weiter südlich orientieren – oder sich gleich auf Don Khon eine Bleibe suchen. Don Det und Don Khon sind mit einer Eisenbahnbrücke verbunden, die die Franzosen hier zum Gütertransport gebaut haben. Die Eisenbahn gibt es nicht mehr, wohl aber die Betonbrücke, die in einigen Bogen den schmalen Kanal zwischen den Inseln überspannt. Südlich des Mekongarmes liegt das entspannte Dorf Ban Khon unter Kokospalmen. Beiderseits des Kanals bieten zahlreiche Bungalowanlagen schlichte Holz- oder Bambushütten am Ufer.

Auch wenn Bootsfahrten rund um die Inseln natürlich die schönste Art der Besichtigung sind, lohnt es sich auf Don Det und Don Khon besonders, sich auch zu Fuß oder mit dem Fahrrad umzusehen. Die Wege werden von Palmen beschattet, was die Hitze beim Laufen erträglich macht. Wer der alten Eisenbahntrasse nach Süden folgt, erreicht schließlich die alte Verladerampe. Auf der sieben Kilometer langen Strecke transportierten die Franzosen einst die Güter von der Laderampe im Norden von Don Det an den Stromschnellen vorbei zum Süden von Don Khon, um sie hier wieder auf Boote zu verladen. Seit einem Bombenan-

griff japanischer Truppen im Zweiten Weltkrieg ist die Strecke außer Betrieb. Vom Südende der Insel lassen sich mit etwas Glück Flussdelfine beobachten, insbesondere in der Trockenzeit, wenn sie sich hier an den tiefen Stellen des Mekong versammeln.

Wasserfall Tad Somphamit

Besonders beeindruckend ist eine Wanderung zum Tad Somphamit an der Westspitze der Insel Don Khon. Die Fälle heißen auch Li Phi, »Geisterfalle« – dem lokalen Glauben zufolge sind die engen Katarakte eine Falle für böse Geister der verstorbenen Menschen und Tiere, die hier den Fluss hinuntertreiben. Vom Wat Khon Tai verläuft der Weg durch Kokosplantagen zum Wasserfall. In der Regenzeit wälzt er sich schmutzig braun über die Klippen, auf denen vereinzelte Bäume den Wassermassen trotzen. Ein ganz anderes Bild bietet sich in der trockenen Jahreszeit ab Januar. Dann wird das Wasser des Mekong zunehmend klar und ergießt sich beinahe smaragdgrün in vielen kleinen Wasserfällen in eine etwa zehn Meter tiefe Schlucht. Auf den Felsen lassen sich in der Schlucht aus Bambus konstruierte Reusen erkennen, in denen sich bei steigendem Wasser Fische verfangen. Zu Beginn der Regenzeit werden darin große Mengen gefangen. Am Wasserfall steht ein kleines Restaurant mit Hütten und schöner Aussicht zum Sonnenuntergang. In der Nähe liegt sogar ein kleiner Sandstrand in einer ruhigen Bucht – allerdings trifft man am Li Phi Beach keine Einheimischen beim Bad an. Wer möchte schon zu den bösen Geistern ins Wasser steigen ...

Don Khong – Die große Insel

Wie ein riesiger Wassertropfen liegt die größte Insel von Si Phan Don im Fluss, nur Don San liegt noch weiter nördlich. Mit 18 Kilometern Länge und acht Kilometern Breite ist die Insel groß genug für geteerte Straßen und Autos. Nach Don Khong zieht es die Touristen zum gepflegten Nichtstun. Unterkünfte findet man in Muang Khon, dem größten Ort der Insel, am Mekongufer. Dort stehen auch auf Stelzen errichtete Restaurants, von denen man einen wunderbaren Blick auf den Fluss hat. Besonders lebhaft wird es in Muang Khon im Anschluss an den Nationalfeiertag am 2. Dezember, wenn ein Jahrmarkt an der Uferstraße stattfindet und Bootsrennen ausgetragen werden. Dank ihrer Größe ist die Insel ideal für Motorrad- und Fahrradausflüge und die Beobachtung des ländlichen Lebens.

KHONG-PHAPENG-WASSERFALL

Südlich von Don Khong rauschen auf einem 13 Kilometer langen Flussabschnitt zahlreiche Stromschnellen und Wasserfälle in die Tiefe. Hier zerschlugen sich die Hoffnungen der Franzosen, den Mekong als Wasserstraße nutzen zu können – und hier scheitern bis heute die Chinesen an demselben Ziel. Die Mekongfälle sind der breiteste Wasserfall der Erde und der größte in Asien. Auf knapp zehn Kilometern Breite überwindet der Mekong an den Si Phan Don rund 21 Meter. Der Wasserfall Tad Somphamit liegt im westlichen Arm, im östlichen Arm der Khong Phapeng, dessen Name treffend »Lärm des Mekong« bedeutet. Von einer Aussichtsplattform kann man gut zusehen, wie an diesem mächtigsten und beeindruckendsten Teil der Wasserfälle durchschnittlich 11 000 Kubikmeter Wasser pro Sekunde rund 18 Meter in die Tiefe stürzen.

WEITERE INFORMATIONEN
Boutiquehotels der Sala-Hotelgruppe:
www.salalaoboutique.com

Asien

52 Eintauchen – Inseln bei Sihanoukville

Luxus vor Kambodscha

Direkt vor der Küste bei Sihanoukville liegen einige traumhaft schöne Inseln. Sie sind ideal, um für ein paar Tage den Alltag zu vergessen und die Seele in einer sanften Brise baumeln zu lassen. Palmen und Kasuarinen säumen weiße Sandstrände, davor liegt das türkisfarbene, warme Meer. Ein Postkartenidyll? Ja, aber es wird wahr, sobald man das Boot verlässt und den weichen Strand betritt.

Die Inseln sind für ganz unterschiedliche Ansprüche geeignet. Hier findet jeder genau seinen Stil, das Angebot reicht vom einfachen, naturnahen Leben bis zum Superluxus. Allerdings sind die einfachen Unterkünfte noch deutlich in der Mehrzahl.

Ko Rong – Verschiedene Gesichter

Fünf erschlossene Inseln unterschiedlichster Größe liegen vor Sihanoukville. Ko Rong ist am größten und am besten erschlossen, doch beginnt dort schon der Wandel zum Funpark. Ein Kletterpark und eine Tauchschule sind bereits vorhanden. Am langen Sok San Beach auf der Sihanouk abgewandten Seite findet man noch Ruhe. Wer in das Dorfleben auf einer kambodschanischen Insel eintauchen möchte, mietet sich im »Inn the Village« ein, dessen einfache Bungalows in einem Fischerdorf stehen. Statt WLAN und Internet heißt es hier, am Leben der Fischer teilzunehmen. Wer höchsten Luxus sucht, lässt sich im Song Saa Resort verwöhnen, das gleich zwei Inselchen vor der Ostküste für sich beansprucht. Die luxuriösen Bungalows sind auf Stelzen ins Meer gebaut und über Stege zu erreichen. Zu jedem Bungalow

Diesen Ausblick kann man für ein bisschen mehr Geld vom privaten Bungalow auf Ko Rong aus genießen (unten). Die traditionellen Holzhäuser auf Stelzen – ob am Strand oder direkt im Wasser – finden sich auf allen Inseln (rechts oben).

Eintauchen – Inseln bei Sihanoukville

gehört ein Pool an der Terrasse. Mehr Privatsphäre geht kaum – angesichts des Preises allerdings auch nur für wenige Glückliche!

Ko Rong Samloen – Traumstrände und Ruhe

Schon bei der Ankunft mit dem Boot zeigt sich einem die Schönheit der Insel. Eine lang gezogene halbkreisförmige Bucht öffnet sich in Richtung Festland, strahlend weiße Strände glänzen vor dicht bewaldeten Hügeln – so sieht eine perfekte Idylle aus. Dieser Eindruck verstärkt sich beim Gang über den langen Landungssteg. Unaufdringliche Bungalowanlagen liegen hinter großen Kasuarinen. Hier mag man gern lange bleiben. Wer nicht ohnehin ein paar Tage die schönsten Strände Kambodschas auf einer Insel vor Sihanoukville genießt, sollte sie wenigstens auf einer der angebotenen Bootstouren besuchen. Schwimmen, schnorcheln, relaxen und aufs tropische Meer schauen, was will man mehr am Meer?

Über und unter Wasser

Da sich die angebotenen Touren deutlich unterscheiden, sollte man vorher wissen, was man will. Je nach Boot ist mit mehr oder weniger lauter Musik und mehr oder weniger Alkoholkonsum zu rechnen. Die Ausflüge können in den Büros der Anbieter oder am Strand gebucht werden, die Abfahrt erfolgt entweder vom Pier am Serendipity Beach oder am Victory Beach. Unterwegs gibt es Kaffee und Snacks zum Blick über den Ozean und nach etwa einer Stunde einen Schnorchelstopp. Allerdings sollte man nicht allzu viel erwarten, die Unterwasserwelt ist nicht mit der Andamanensee oder der vor den Kleinen Sundainseln zu vergleichen. Zudem wird man nicht allzu viel sehen, denn weder sind die Korallen zwischen Sihanoukville und den Inseln großartig, noch ist das Wasser wirklich klar. Doch für die meisten Teilnehmer ist das egal. Vor allem die asiatischen Schwimmer gehen ohnehin nur mit Schwimmweste ins Wasser und treiben dann plantschend an der Oberfläche. Wer mehr von der Unterwasserwelt sehen möchte, sollte mit »Scuba Nation« oder »Dive Shop« auf Tauchtour gehen, die weiter hinausfahren und bessere Tauchspots ansteuern, wo dann auch mal große Fische zu sehen sind.

SO VIELE INSELN

Die kleinen Inseln Ko Ta Kiev, Ko Russei und Ko Thmei bieten jeweils ein oder zwei Unterkünfte, sind jedoch schwerer zu erreichen. Die weit draußen gelegene Insel Ko Tang wurde bekannt, als hier die letzte große Auseinandersetzung im Vietnamkrieg stattfand. Die Roten Khmer hatten hier, nachdem alle vietnamesischen Inselbewohner umgebracht worden waren, ein Containerschiff gekapert. Beim Versuch, es zu befreien, wurden drei US-Hubschrauber abgeschossen. Heute ist geplant, die Insel mit den Traumstränden und Korallenriffen für eine knappe Milliarde US-Dollar in eine Luxusdestination zu verwandeln.
Vor dem Nationalpark Boutum Sakor liegen zwölf kleine Inseln, von denen nur Ko Sdach ein Fischerdorf und Unterkünfte zu bieten hat. Allerdings endet an der gegenüberliegenden Küste eine vierspurige Straße, was eher große Projekte erwarten lässt.

WEITERE INFORMATIONEN

Scuba-Nation-Tauchtouren:
www.divecambodia.com
Dive-Shop-Tauchtouren:
www.diveshopcambodia.com
Song Saa Private Island:
www.songsaa.com

Der Sao-Strand im Südosten der Insel mit dem Pudersand und bunten Fischschwärmen lädt zum Träumen ein (oben). Die Ho-Quoc-Pagode beherbergt einen Tempel und ein buddhistisches Kloster, besonders reizvoll ist die Lage zwischen Meer und Bergen (rechts).

53 Jenseits von Vietnam – Phu Quoc

Auf dem Weg zum verlorenen Paradies

Noch finden sich auf Vietnams schönster Randerscheinung ruhige Strände und abgelegene Beach-Bars. Aber seit 2012 landen Düsenmaschinen auf dem neuen Inselflughafen Phu Quoc International. Der Weg vom Geheimtipp zum Ziel für verwöhnte Urlauber aus aller Welt war vorbestimmt. Und doch ist die Insel noch immer ein Traumziel – für alle, die sie nicht von früher kennen.

Später Morgen am schönen Sandstrand Bai Truong, den die Fremden »Long Beach« nennen. Palmen wiegen sich über dem Strand, zwei, drei Jogger ziehen ihre Bahn und werfen hin und wieder einen Blick auf die Fischerboote, die mit ihrem Fang der Insel entgegentuckern. Einige Rucksackreisende frühstücken direkt am Wasser, schlürfen den Saft frischer Papayas und blinzeln in die Tropensonne. Wind kommt auf, und die Kitesurfer, die um diese Stunde schon aktiv sind, holen ihre Drachen aus den Verschlägen. Aus dem Hintergrund wehen sanfte Klänge an den Strand: »Another day in paradise ...«. Aber darf man denn noch vom Paradies sprechen?

Vom Traum zum Albtraum?

So romantisch kann ein Tag auf Phu Quoc beginnen. Zwar hat die Insel, die näher an der Küste Kambodschas liegt als an der von Vietnam, in den Augen ihrer alten Stammgäste ihre Unschuld verloren. Es scheint unausweichlich, dass sie den Weg von Phuket oder Ko Samui in Thailand gehen wird. Vorbei die Zeiten, als der kleine Inselflughafen nur von Turboprop-Maschinen aus Saigon angeflogen wurde. Phu Quoc ist ein Lieblingsziel vieler Nationalitäten. Nur die Russen, die ein paar Jahre lang vorwiegend in ihren drei Stammhotels unter sich geblieben waren, sind, wie in Mui Ne und Nha Trang, schon wieder ver-

Asien

Die buntesten und süßesten Früchte kann man auf den Straßenmärkten erstehen (ganz unten), um sie gleich selbst zu vernaschen oder an einem Tempel den Göttern zu opfern (unten). Im La Veranda am Long Beach wird Service großgeschrieben (rechts oben).

schwunden. Weder Einheimische noch Touristen sind darüber traurig. Eher würden die Stammgäste die Insel von früher für sich behalten. Aber die Entwicklung geht rapide weiter: mit einem neuen Kreuzfahrt-Terminal, mit Golfplätzen, Vergnügungsparks und einer Seilbahn zu einer kleinen Nachbarinsel.
Im Süden hingegen werden wohl noch ein paar Jahre Homestays und kleine Traveller-Herbergen das Bild bestimmen. Nach wie vor gibt es eine fröhliche und mobile Traveller-Szene. Sie unternehmen gern Mopedausflüge ins grüne Hinterland, über 500 Meter hohe Hügel, quer durch die Reste eines dichten Regenwaldes. Nicht selten sind dort Nashornvögel zu hören, deren Schreie eine Affenbande in die Flucht schlagen. Liebhaber exotischer Orchideenarten stoßen auf besonders farbenfrohe Exemplare in einem neu eingerichteten Schutzgebiet.

Mit dem Kutter zum Schnorcheln

Noch ist zwei, drei Jahre lang das Beste aus zwei Welten möglich: den Luxus in der Nähe des Hauptstädtchens Duong Dong genießen oder entspannt und preiswert auf die beliebte Art vieler Asien-Rucksackreisender in den Tag hineinleben. Zum Beispiel an den Stränden Ong Lang und Cua Can und an der Südostküste. Noch läuft der Alltag auch im Hafen von An Thoi wie eh und je. Hin und wieder bietet ein Fischer die Mitfahrt zu einem der Robinson-Inselchen vor der Südspitze an, »heile« und ergiebige Reviere für Schnorchler.
Die Zustände waren nicht immer und nicht für alle so paradiesisch. Die Kolonialfranzosen machten aus Phu Quoc schon vor hundert Jahren eine »Teufelsinsel«, ein Foltergefängnis. Das Diem-Regime in Südvietnam setzte die Tradition fort, später verbreiteten auch die Roten Khmer, die Steinzeitkommunisten aus dem nahen Kambodscha, Angst und Schrecken auf der Insel. Ein Museum im ehemaligen Gefängnis erinnert an die düstere Vergangenheit.

Erst kamen die Franzosen, später die Roten Khmer

Im Jahre 1869 hatten die Franzosen erstmals von dieser Insel Besitz ergriffen. Sie rodeten große Teile des Waldbestandes, um Kokos- und Kautschukplantagen zu etablieren.
Die Insel hatte auch oft Begehrlichkeiten anderer Völker geweckt. Bis heute erhebt der ungeliebte Nachbar Kambodscha immer wieder Besitzansprüche. Der Tourist wird davon

nichts merken. Er wird sich über rote Sandpisten den Traumstränden im Süden nähern, wird halten, um zuzuschauen, wie ein alter Mann ein Boot aus dem Stamm eines Sao-Baums schnitzt und die Sitzstege dazu aus Mahagoni zimmert. Am Sao-Strand stehen ein paar Plastikstühle, auf einem wackligen Grill liegt der Hummer, den ein Fischer vorbeigebracht hat.

Perlentaucher und Pfeffersäcke

Ein neuer Tag, ein anderer Ausflug. Zum Beispiel zur Perlenfarm von Grant Johnston an der Westküste. Er ist Neuseeländer, und wenn er Zeit und Lust auf ein Schwätzchen in seinem Pearles Café hat, erzählt er von seinen Umwegen über die Südsee, die ihn nach Phu Quoc geführt haben. Von seinen Scherereien, die Polizei und manche Fischer ihm machen. Die fühlen sich von der Arbeit seiner Taucher gestört, immerhin einige Hundert. Grant ist ein Perlenkenner, wie man ihn sonst nur in Polynesien findet. Er ist ein guter Kaufmann und seine Geschichten könnten aus der Zeit von Jack London oder Robert Louis Stevenson stammen. Auch Mark Barnett ist einer, den die Insel nicht mehr losgelassen hat, der sie aber auch nachhaltig geprägt hat. Mark ist Besitzer des »Cassia Cottage«, einer der schönsten Bungalowanlagen am Long Beach. Aber das große Geld verdient der Amerikaner mit Pfeffer, Vanille und mit Cassia, der vietnamesischen Variante von Zimt. Er hat im Vietnamkrieg gekämpft und schon bald die Sinnlosigkeit dieses Gemetzels erkannt. Er blieb im Land, kaufte auf Phu Quoc, wo kein Reis, aber seiner Meinung nach der beste Pfeffer der Welt wächst, eine Plantage nach der anderen und baute schließlich *just for fun* sein Hotel auf, bis heute ein beliebter Platz für alle Alters- und Gehaltsklassen.

Nationalpark im Norden

Ein großer Teil der Insel, vor allem in der gebirgigen Nordhälfte, wurde 2001 zum Nationalpark erklärt, was den Totalausbau der Insel hoffentlich etwas eindämmen wird. Noch führen Stichwege an einsame Buchten, vorbei an Wasserfällen und großen Pfefferplantagen, aber auch an Fabriken, in denen die berühmt-berüchtigte Fischsauce Nuoc Mam hergestellt wird, ohne die in Vietnam so gut wie nichts gekocht wird. Ihr Produkt, so behaupten die Insulaner, sei mindestens so gut wie das bekanntere aus Phan Tiet. Unstrittig ist hingegen der Platz für den schönsten Sonnenuntergang: ein kleines Lokal an der Nordwestspitze bei Ganh Dau. Es bietet gegrillten Fisch.

SCHÖNER WOHNEN AM STRAND

Die Auswahl an netten Hotels am Long Beach ist groß. Zwei Adressen, die viel gelobt werden und in denen das Preis-Leistungs-Verhältnis stimmt: das La Veranda, das als erstes Haus am Platz gilt, und das Cassia Cottage, nur ein paar Schritte weiter und in Ambiente und Atmosphäre deutlich rustikaler ausgerichtet. Das Veranda atmet viel französisches Flair; es ist Teil der M-Gallery-Gruppe, die zum französischen Accor-Hotelkonzern gehört. Die Zimmer und Suiten sind nobel mit Anklängen an den Kolonialstil ausgestattet. Das Restaurant Le Jardin bietet mediterrane Snacks und eine lockere Atomsphäre. Im Pepper Tree wird etwas feiner und internationaler aufgetischt. Das Cassia Cottage pflegt eher einen »Barfuß-Stil«, den vor allem Australier, Neuseeländer und Deutsche schätzen.

WEITERE INFORMATIONEN

La Veranda Resort:

www.laverandaresort.com

Cassia Cottage: www.cassiacottage.com

Asien

54 Neues Trendziel – Con Dao

Eine Inselgruppe mit großem Potenzial

Früher war Con Dao ein berüchtigtes Gefängnis, heute ist es ein artenreicher Nationalpark. Die maritimen Sehenswürdigkeiten und 15 kleine Inseln bieten ein ideales und noch nicht komplett erschlossenes Paradies für Tierbeobachter, Schnorchler und Strandläufer. Ganz neue Luxushotels auf der Hauptinsel Con Son ziehen aber bereits ein internationales Publikum an.

Auch bekannt als »Lotus-See« ist der An-Hai-See der größte Süßwassersee auf Con Dao (unten). Wohl fühlt sich der Ruhe suchende Urlauber am Bai-Nhat-Strand auf der Hauptinsel. Der lange Strand wird immer wieder durch Geröll unterbrochen (rechts oben).

Sie liegen weit draußen im Südchinesischen Meer, gut 100 Kilometer vor dem Mekongdelta und eine Flugstunde von Saigon entfernt: die Eilande des Con-Dao-Archipels. In dieser Abgeschiedenheit sahen die Franzosen schon im 19. Jahrhundert ideale Bedingungen für ein Gefängnis, in dem 90 Jahre lang freiheitlich gesinnte Geister wie Intellektuelle, Studenten, Gewerkschaftler und andere Gegner des Kolonialregimes gefoltert wurden. Später übernahmen Südvietnamesen und Amerikaner die üblen Praktiken im Zuchthaus Phu Hai auf Con Son, der größten Insel der Gruppe.

Erst nachdem 1993 der größte Teil des Archipels zum Nationalpark erklärt wurde, entdeckten die ersten Urlauber die Traumstrände und die nahezu unberührten Naturschönheiten. Seit 2004 landen Düsenmaschinen auf dem Flughafen von Con Son. Inzwischen gelten die neuen Pünktchen auf der touristischen Landkarte als Alternative zur Insel Phu Quoc.

Seekühe im Visier

Die Gäste kommen mit ganz unterschiedlichen Erwartungen, die aber fast alle erfüllt werden: Naturorientierte Urlauber setzen sich vor allem

Neues Trendziel – Con Dao

auf die Spur der Dugongs. Diese massigen Tiere, auch Seekühe genannt, bringen locker 400 Kilogramm auf die Waage. Sie sind nicht mit Robben, dafür aber relativ eng mit Elefanten verwandt. Die Tiere ernähren sich vorwiegend von Seegras, das reichlich vorhanden ist. Wie die Dugongs sind auch die Meeresschildkröten, die in den Sommermonaten einige Strände zur Eiablage aufsuchen, im Fokus von Naturschützern.

Delfine und diverse Seevögel, Warane und eine faszinierende Unterwasserwelt aus Korallengärten, Rochen, Haien und kleinen Fischen vielfacher Art runden das Bild auf der Naturbühne an und vor den Küsten ab. Die Nationalparkverwaltung versucht, mit Radtouren und geführten Wanderungen in die waldreiche Bergwelt von Con Son (bis zu 600 Meter hoch) das Bewusstsein für die Schutzwürdigkeit der Region zu schärfen. Sogar Tauchgänge unter ökologischer Beobachtung werden angeboten, auch von privaten Schulen wie »Rainbow Divers«, die ihre Con-Dao-Basis für die schönste und »ergiebigste« ihrer fünf Stationen in Vietnam hält.

Fünf-Sterne-Komfort am Dat-Doc-Strand

Eine andere Gruppe von Touristen sieht in der artenreichen Natur eher den perfekten Rahmen für einen sehr komfortablen Strandurlaub. Ihnen bietet seit 2009 das bisher noch einzige Fünf-Sterne-Resort der Inseln höchstmöglichen Luxus. Im Six Senses Con Dao werden vor allem Wellnessanwendungen gepflegt. Vor dem langen Sandstrand staunen aber auch die verwöhntesten Gäste über die bunte Welt unter Wasser. 50 Bungalows gruppieren sich um den Dat Doc Beach an der Nordostküste von Con Son. Nur ein paar Kilometer weiter südlich sucht das etwas bescheidenere und simpler gestaltete Con Dao Resort nach Gästen, denen der Strand und ein geräumiges Zimmer wichtig sind. Noch ist auch auf Con Son der Blick von der Hauptstraße aufs Meer nur an wenigen Stellen verbaut. Die Scouts der internationalen Tourismusindustrie beobachten jedoch die Entwicklung auf dem Archipel genau. Wo früher die Gefangenen von Phu Hai nur die Hölle auf Erden zu erwarten hatten, hat sich längst ein Paradies für Entdeckernaturen etabliert.

ERSTE ADRESSE IM INSELREICH

Wer Inseln »sammelt« und auf Neuentdeckungen mit hohem Niveau setzt, wird in der sehr offen gestalteten Anlage des Six Senses Con Dao viele bemerkenswerte Details entdecken. Mehrere internationale Reisemagazine haben das Resort schon nach kürzester Zeit auf vordere Ränge in ihren Best-of-Listen gesetzt. Das Spa, eingebettet in eine Gartenlandschaft mit dem Lo-Voi-Berg im Hintergrund, ist herausragend und auf Augenhöhe mit den besten Anlagen auf Bali oder in Thailand. Die Villen sind modern eingerichtet. Das Resort spricht eine verwöhnte Klientel an, die Erholung in sehr gepflegtem Rahmen schätzt, sich aber auch gern auf Rad- und Bootstouren in die noch ursprünglich wirkende Umgebung einlässt. Con Son liegt vor der Südspitze Vietnams. Der Flug von der 230 Kilometer entfernten Metropole Saigon dauert etwa 45 Minuten. Neuerdings fliegt auch Air Mekong auf dieser Route.

WEITERE INFORMATIONEN
Six Senses Con Dao: www.sixsenses.com

Javas Landschaft ist geprägt vom Tengger-Vulkanmassiv mit dem Bromo und vielen anderen Vulkanen (oben). Vom Reisanbau leben viele Menschen auf der Vulkaninsel (rechts unten). Es gibt sogar eine Reissorte namens Java.

55 Enorm – Das Tengger-Vulkanmassiv auf Java

Sandmeer und ein dampfender Schlot

Entrückt, fast außerirdisch wirkt das Tengger-Vulkanmassiv im Osten Javas. Vor allem, wenn seine Berge und Krater im Wolkenmeer verschwimmen. Reißen die Wolken auf, findet man sich in einer Marslandschaft wieder. In der Mitte der Tengger-Sandwüste erhebt sich die gedrungene Figur eines Vulkans, beißende Schwefeldämpfe quellen über den schmalen Grat des Bromo, im Hintergrund überragt der Semeru die Szenerie.

Es gibt sicher nicht viele vulkanische Landschaften, die mit der am Bromo vergleichbar sind. Die Caldera misst etwa zehn Kilometer im Durchmesser. Aus ihr erheben sich vier Vulkankegel, die 300 bis 400 Meter hoch sind. Drei von ihnen sind begrünt und nicht aktiv. Der niedrigste und breiteste ist der Bromo. 20 Kilometer weiter südlich liegt der Gunung Semeru, mit 3676 Metern der höchste unter Javas Vulkanen. Auch er ist aktiv, bei einem Ausbruch im Jahr 1983 löschte er zwei Dörfer aus.

Mondlandschaft am Bromo

Unwirklich, beinahe fantastisch wirkt das Tengger-Sandmeer in der großen Tengger Caldera schon vom Aussichtspunkt im Örtchen Cemoro Lawang. Von dort führt ein Wanderweg in die Caldera hinab und zum Bromo. Der 2329 Meter hohe Berg ist der jüngste Krater im Tengger-Massiv. In den Jahren seit 2004 kam es zu vier Ausbrüchen! In Zeiten besonderer Aktivität warnt das Indonesische Zentrum zur Vulkanüberwachung vor Wanderungen in das Gebiet und sperrt die Wege – was nicht bedeutet, dass man bei offenen Wegen eine hundertprozentige Sicherheit hätte. Ende 2015 wurde das ganze Sandmeer für Besucher gesperrt, da der Bromo Aschewolken ausspuckte. Wenn der Vulkan ruhig ist, kommen in der Hauptsaison mittlerweile große Menschen-

Enorm – Das Tengger-Vulkanmassiv auf Java

mengen zum Sonnenaufgang auf den Bromo. Meist bleiben sie aber nicht lange, sodass man untertags die Landschaft ungestört genießen kann. Zum Sonnenuntergang kommen weit weniger Besucher, und die anderen Aussichtspunkte um den Krater sind nicht überlaufen. Es gibt also genügend Gelegenheiten, den Bromo abseits der Massen auf sich wirken zu lassen. Touren und Busse starten ab Probolinggo. Wer von dort eine Tagestour mit einem Jeep bucht, kann sich auch zum 2770 Meter hohen Aussichtspunkt Gunung Penjakan fahren lassen. Alternativ erreicht man diesen Ort in einer zweistündigen Wanderung von Cemoro Lawang aus.

Die Sage von Roro Anteng und Joko Seger

Laut einer althergebrachten Legende war es vor vielen Jahrhunderten, zur Zeit des letzten Königs von Majaphit, Brawijaya, als eine seiner Frauen ein Mädchen namens Roro Anteng gebar. Als sie zu einer jungen Frau herangewachsen war, heiratete sie den Brahmanen Joko Seger. Aufgrund unglücklicher Umstände mussten die beiden jedoch das Königreich verlassen. Sie ließen sich am Fuß eines Bergmassivs nieder und herrschten über die Gegend, die sie nach den letzten Silben ihrer Namen, Anteng und Seger, einfach Tengger nannten. Nach einigen Jahren ihrer Herrschaft war die ganze Gegend in Wohlstand und Fruchtbarkeit erblüht – nur den beiden war Nachwuchs verwehrt. Sie erklommen den Gipfel des Berges und beteten Tag und Nacht um Hilfe bei dem Berggott. Ihre Gebete wurden erhört, aber Betoro Bromo verlangte als Gegenleistung, dass die beiden ihr letztes Kind dem Bromo opferten. Sie willigten schließlich ein, und Anteng gebar tatsächlich ein Kind nach dem anderen. Beim 25. war es dann so weit, dass das Versprechen eingelöst werden musste. Kesuma, die jüngste Tochter, sollte dem Vulkan geopfert werden. Die Eltern brachten es jedoch nicht übers Herz und wollten das Baby verstecken. Doch da hörten sie Kesumas Stimme: »Ich muss geopfert werden, damit alle anderen am Leben bleiben.« Die Eltern warfen daraufhin ihr Kind in den Krater, und seine Stimme war noch einmal zu hören. Das Mädchen befahl den Einheimischen: »Von jetzt an soll jedes Jahr zum 14. Tag des Kesodo-Vollmondes ein Opferfest stattfinden!« Dieses Fest wird noch heute als Prozession zum Gipfel des Bromo abgehalten.

GÖTTLICHES DONNERGROLLEN

Der Bromo ist zwar sehr aktiv, doch meist sind seine Ausbrüche kaum mehr als ein heftiges Rumoren, garniert mit Aschewolken. Die hinduistischen Bewohner der Umgebung beobachten diese Aktivitäten dennoch argwöhnisch. Dem Mythos nach hat einer der mächtigsten Schutzgötter, Joko Seger, seinen Sitz auf dem Bromo. Rund um den Berg hat sich der Islamisierung Javas zum Trotz eine hinduistische Enklave erhalten. In den 1960er- und 1970er-Jahren bekannten sich die Hindus auf Java wieder verstärkt zu ihrem Glauben, dem *agama Buddha*, der aus der vorislamischen Zeit stammt und die buddhistisch-hinduistische Tradition Javas pflegt. Doch obwohl offiziell Shiva, Vishnu und Brahma als die wichtigsten Gottheiten anerkannt werden, gibt es alte lokale Bräuche. So werden jedes Jahr zum letzten Vollmond des Tengger-Kalenders besondere Opferzeremonien für Joko Seger am Bromo durchgeführt.

WEITERE INFORMATIONEN

Veranstalter für Touren: www.bromotours.com, www.bromojavatravel.com

Dem Schöpfergott Shiva ist der bekannte Pura-Bratan-Tempel am Bratan-See geweiht (oben). Der Meerestempel Tanah Lot (»Land inmitten des Meeres«) wird von Wächter-Statuen beschützt (rechts).

56 Die Insel der Götter – Bali

Bunte Tempel und rauchende Schlote

Die balinesische Mythologie erhebt die westlichste der Kleinen Sundainseln zum Wohnsitz der Götter. Insel der Götter – schöner hätte es auch die Tourismusbranche nicht erfinden können. Aber der Name passt ganz gut, wenn man die beeindruckenden Tempel – allen voran der Meerestempel Tanah Lot – und die florierende Natur bis hin zum hoch aufragenden aktiven Vulkan Batur betrachtet. Ein göttlicher Anblick.

Lange galt die Stadt Ubud im Hochland von Bali als Ziel für Künstler und Kulturinteressierte. Malerisch inmitten von Reisterrassen am Fuß der Vulkankette gelegen, ist es der ideale Ausgangsort für den Besuch der Tempelanlagen in Balis Herzland. Auch wenn Ubud selbst seinen dörflichen Charme längst verloren hat, bietet das Umland zahlreiche Sehenswürdigkeiten und darüber hinaus jede Menge Unterkünfte, Restaurants, Galerien und noch vieles mehr.

Das kulturelle Zentrum Balis

Bis in die 1990er-Jahre bestand Ubud aus vier Straßen und ein paar wenigen Unterkünften. Heute ist der Ort unübersichtlich, die umliegenden Dörfer sind mit Ubud verschmolzen. Aufgrund der Flussläufe, die auf Bali oft in Schluchten liegen, ist der Straßenverlauf kompliziert, sodass immer wieder Umwege in Kauf genommen werden müssen. So auch in Ubud. Letztlich macht das aber auch etwas vom Charme des Ortes aus, da er sich eben nicht schachbrettartig erschließt. Gerade wenn man selber mit einem Fahrzeug unterwegs ist, wird man sich immer wieder verfahren – und Neues entdecken!

Die Auswahl an Kunsthandwerk auf Bali ist immer wieder beeindruckend. In den Dörfern der Umgebung scheinen alle Bewohner davon zu

Der Wasserpalast Tirta Gangga nördlich von Amlapura wurde 1946 vom letzten Raja von Karangasem erbaut. Verschiedenste Wasserbecken und Brunnen werden von heiligen Quellen über dem Palast gespeist (oben).

leben. Nordöstlich von Ubud an der Straße nach Kintamani sind es vor allem die Holzschnitzer, weiter südlich die Silberschmiede, im Westen findet man Steinmetze. Für einen Einkaufsbummel reicht es aber, einfach die Straße hinauf- und hinunterzulaufen. Wer hier noch nichts gefunden hat, biegt beim Dorftempel zum Markt ein und steht noch einmal vor einer riesigen Auswahl. Wem das zu viel wird, der kann zu den Reisfeldern abbiegen, um dort die Landschaft zu genießen. Ubud erkundet man am besten zu Fuß. Mit dem Auto gewinnt man den Eindruck, durch ein endloses Dorf zu fahren, und verpasst das Schönste. Seit Beginn des 20. Jahrhunderts zog Bali mehr und mehr Europäer in den Bann. Der deutsche Musiker und Maler Walter Spies (1895–1942) ließ sich im Jahr 1927 hier nieder. Sein Haus wurde zu einem Zentrum für Künstler aus aller Welt. Bis heute ist Spies präsent – nicht nur durch seine Bilder, sondern auch durch seine Arbeit als Musiker. Ein anderer, sehr einflussreicher Maler war Arie Smit (1916–2016), der sich 1956 in Ubud niederließ. Er gilt als Vater der balinesischen »Young Artists«, einer Gruppe, die einen naiven, farbenfreudigen Malstil entwickelte. Zu bestaunen sind die Werke in zahlreichen Galerien und Museen. Das Puri-Lukisan-Museum in Ubud wurde bereits 1956 vom Prinzen von Ubud gegründet. Auf jeden Fall sehenswert ist das Agung Rai Museum of Art, kurz ARMA. Agung Rai stammt aus einer verarmten Adelsfamilie, die ihren Lebensunterhalt als Reisbauern verdiente. Er selbst verkaufte Gemälde seiner Freunde am Strand in Kuta und war dabei so erfolgreich, dass er nebenbei Kunstwerke sammelte. Daraus entstand seine Galerie und das beeindruckende Museum in Pelistan, südlich von Ubud. Ebenfalls einen guten Überblick über die balinesische Malerei bietet das Neka Art Museum, das einige Kilometer nordwestlich des Zentrums liegt.

Raus aus Ubud

Nur einen Katzensprung vor Ubud liegt der Goa Gajah, ein ungewöhnliches Heiligtum, das über Jahrhunderte verschüttet war. Es kam erst 1923 wieder ans Tageslicht. Durch eine Fratze mit weit aufgerissenem Maul betritt man das dunkle Innere, in dem Ganesha zu sehen ist, der elefantenköpfige Sohn Shivas. Ein Elefant, wie man beim Namen Elefantenhöhle vermuten könnte, ist es aber sicher nicht. Das etwa 1000 Jahre alte Wasserbecken vor der Höhle wurde 1954 ausgegraben. Der Badeplatz wird von sechs Quellnymphen bewässert. Während

Die Insel der Götter – Bali

Goa Gajah eines der Hauptziele von Touristen ist, mit einem Parkplatz, der größer ist als das Heiligtum, wird der nur ein kleines Stück weiter östlich gelegene Penataran-Sasih-Tempel kaum besucht, obwohl diese Tempelanlage recht weitläufig ist. Folgt man von hier dem Tal des Pakerisan-Flusses in Richtung Batur, kommt man nicht nur durch eine wunderbare Landschaft, sondern auch zu einem weiteren Wasserheiligtum, dem Tirta Empul.

Meerestempel der Hindu

Ein Wahrzeichen Balis ist der Tanah Lot, eine kleine Insel mit ihrem besonderen Tempel vor der Westküste gelegen. Bei Ebbe ist der Meerestempel, neben dem nur noch ein paar Bäume auf dem felsigen Eiland stehen, trockenen Fußes zu erreichen. Dank seiner ebenso malerischen wie exponierten Lage ist er eines der beliebtesten Fotomotive der Insel. Wer in aller Ruhe einen Blick auf den Tempel werfen möchte, sollte entweder sehr früh am Morgen dort sein oder warten, bis die Massen kurz nach Sonnenuntergang abgezogen sind, um das letzte Tageslicht zur Besichtigung zu nutzen. Dann genießt man den Blick zum scherenschnittartig vor dem Abendrot liegenden Tempel.

Tanah Lot ist einer der am höchsten verehrten Meerestempel in Bali, wobei Meerestempel aufgrund ihrer Lage in der Hierarchie der balinesischen Tempel ganz unten angesiedelt sind: Die Insel wird überragt von den Vulkanen, dem Wohnsitz der Götter. Zwischen Bergen und Meer liegt die Welt der Menschen mit den fruchtbaren Reisfeldern. Unten und von den Balinesen kaum beachtet, liegt das Meer. Auf Bali zeigt es sich nur an wenigen Stellen freundlich und ruhig. Da die Balinesen stets auf Ausgleich bedacht sind, bringen sie trotzdem auch den Wassergöttern Respekt entgegen. Tanah Lot steht in enger Beziehung zu weiteren Meerestempeln an der Südküste. Die bedeutendsten sind Pura Ulu Watu auf der Halbinsel Nusa Penida ganz im Süden und der weiter westlich gelegene Tempel Rambut Siwi, die beide sehenswert sind.

Der Palast von Kerambitan

Westlich von Tabanan liegt das Puri Anyar, ein alter Raja-Palast mit mehreren Gebäuden, die um einen von großen Bäumen beschatteten Hof angeordnet sind. Eingelassen in die Mauern sind chinesische Teller. Die Anlage, in der Gäste übernachten können, ist mit Pflanzen, Wächterfiguren und einer wunderbar geschnitzten Decke im Bale entzückend gestaltet

Zur Feier des Festes Akshaya Tritiya schlüpfen Tänzerinnen in Kostüme und führen den Legong, einen balinesischen Tanz, auf (unten). Die Türen des Ubud Palace sind reich verziert. Auch hier kann man traditionellen Tänzen beiwohnen (ganz unten).

Asien

Zu Fuß ist der Tempel Tanah Lot nur bei Ebbe zu erreichen (unten). Erst 1923 wiederentdeckt fasziniert die Anlage Goa Gajah die Besucher (ganz unten). Ihren Göttern sind die Balinesen wohlgesonnen und opfern ihnen süße Früchte (rechts oben).

und auf alle Fälle einen Besuch wert. Wer hier übernachtet, kann sich ganz wie ein balinesischer Adliger fühlen. Einige Kilometer südlich laden die schwarzen Sandstrände von Pasut und Klating zum Bad – sofern sich das Meer einmal von seiner sanften Seite zeigt. Die beiden Strände werden eher von balinesischen Ausflüglern und Fischern besucht, und es gibt reichlich Treibgut am Strand, Holz und Kokosschalen wie auch Plastik und anderen Abfall. Doch für Surfer, die eine eher sanfte Brandung schätzen, sind die Strände ein gutes Ziel.

Vulkanseen im Hochland

In der tropischen Hitze an Balis Küsten kann man sich gar nicht vorstellen, dass Abkühlung nur einen Katzensprung entfernt ist. Folgt man einer der atemberaubenden Straßen in Richtung der Vulkane, findet man sich plötzlich in einem komplett anderen Klima wieder. In den Wolken, die hier fast jeden Tag gegen Mittag aufziehen, ist es windig und kühl, und die Szenerie wirkt geheimnisvoll.

Die Auswahl an landschaftlich außerordentlich reizvollen Straßen zu den Vulkanseen ist groß. Von Balis eher trockenem und sprödem Norden führt ein Sträßchen von Seretit über einen Bergrücken hinauf zum Tambingan-See und passiert dabei eine mit Reisterrassen übersäte Landschaft. Wer in der Höhe ein paar Tage der Hitze entgehen möchte, findet unterwegs etwa in Munduk kleine Herbergen mit Blick zum Meer. Von der Straße, die am Rand der Caldera entlangführt, erhascht man wunderschöne Blicke auf die beiden Kraterseen Tamblingan und Buyan. Die Region ist auch sonst etwas fürs Auge: In liebevoll gepflegten Gärten vor den kleinen Holzhäusern wachsen Hortensien zwischen Bananenstauden, und mit dem Wechsel von Sonnenschein und aufziehendem Nebel verändert sich die Stimmung hier blitzschnell. Die Straße trifft schließlich auf die von Singaraja kommende Hauptstraße. Rechter Hand geht es hinunter in die Caldera des Gunung Catur, der mit 2069 Metern Höhe nicht zu den auffälligsten Bergen Balis zählt. Und auch der Bratan-See wirkt eher lieblich und sieht nicht unbedingt nach einem Kratersee aus. Die angenehmen Temperaturen im weiten Hochtal mit dem europäisch anmutenden Klima eignen sich bestens für Gemüseanbau und Kaffeeplantagen – oder auch zum gepflegten Golfspielen. Die Wassertempelanlage am und im See ist zwar eher klein, doch eines

Die Insel der Götter – Bali

der bekanntesten Motive Balis. Ganz besonders reizvoll ist ihr Anblick bei Sonnenaufgang, wenn die durch den zarten Nebel brechende Sonne die Tempelchen auf beiden Inseln beleuchtet. Die Szenerie wirkt dann wie entrückt. Wer zu früher Stunde kommt, um das zu erleben, genießt außerdem die meditative Ruhe am See. Im Seeheiligtum wird einerseits die Wassergöttin Dewi Danu verehrt, andererseits Shiva und Vishnu. Vishnus Tempel ist mit seinen elf Dächern der höchste. In regenarmen Jahren kann es vorkommen, dass die beiden Inseln trockenen Fußes zu erreichen sind. Im Innenhof des Tempels am Ufer haben Nichthindus keinen Zutritt, aber man kann ihn über die niedrigen Mauern gut einsehen. Mit großen Bäumen und dem typischen gespaltenen Tempeltor wirkt auch dieser Teil des Tempels im Morgendunst sehr malerisch. Im Inneren ergänzt ein siebenstufiger Meru für Brahma die Hindu-Trinität. Mit Erstaunen wird mancher die fünf Buddha-Statuen betrachten. Doch für Hindus gilt Buddha als Inkarnation Vishnus und ist somit Teil des hinduistischen Götterkosmos.

Der Gunung Batur

Die Straßen hinauf zum Batur sind noch spektakulärer, besonders die drei Routen von Ubud oder Bagli. Der Weg führt durch eine bezaubernde Reisterrassenlandschaft in den engen Tälern, durch Holzschnitzer-Dörfer und vorbei an den wunderschönen Tempelanlagen bei Gunung Kawi und Thirta Empul. In Penelokan schließlich sieht man die Caldera des Batur zum ersten Mal. Zugegeben: Die Aussicht ist fantastisch. Aber in Anbetracht des Großparkplatzes und der Schnellabfertigung im Ausflugsrestaurant ist der Ort nur etwas für Eilige. Kintanami ist ein Ort, der spektakulär auf dem Kraterrand liegt und einen ebenso spektakulär gelegenen Tempel beherbergt. Wenn die Wolken nicht den Blick verdecken, hat man von hier ebenfalls eine wunderschöne Aussicht über den See und zum Batur, diesmal mit dem Agung im Hintergrund. Leider ein seltener Genuss, aber dann wird man mit einer besonders mystischen Stimmung am Tempel mit seinem auffälligen Tempeltor entschädigt. Mit etwas Glück ist gerade der Gemüsemarkt im Ort, wo sogar frische Erdbeeren angeboten werden.

DER BARONG UND DIE BALINESISCHE WELTSICHT

Beispielhaft für die Weltsicht der Balinesen ist die Handlung des Barong-Tanzdramas. Im Schlussakt kämpft ein gutes Fabelwesen, der Barong, mit der Hexe Rangda, kann sie aber nicht besiegen. Daraufhin eilen bewaffnete Kämpfer dem Barong zu Hilfe und greifen die Hexe an. Doch sie verhext die Kämpfer, die daraufhin ihre Dolche gegen sich selbst richten. Durch den guten Zauber des Barong wiederum kann verhindert werden, dass sich die Kämpfer verletzen. Keine der Parteien kann siegen, doch am Schluss ist es gelungen, die Hexe Rangda in ihre Grenzen zu verweisen. Dieser Ausgleich ist Kernstück der balinesischen Kultur: Widersprüche wie der zwischen Tradition und Moderne führen nicht zum Untergang, sondern man sucht nach einem Ausgleich, der beiden Seiten das Überleben ermöglicht. Die balinesischen Tänze, die in jedem Dorf gelehrt und gezeigt werden, sind Ausdruck dieser Weltsicht.

WEITERE INFORMATIONEN

Tourismusinformation:
www.indonesia-tourism.com/bali,
www.balitourismboard.org

Typisch für Bali sind die beeindruckenden Reisterrassen wie hier bei Ubud. Sie werden von den Einheimischen Himmeltreppen genannt.

57 Perle im Land der letzten Drachen – Flores

Auf Entdeckungsreise im Inselparadies

Von Flores aus starten Abenteuertouren Richtung Komodo-Nationalpark und der unbewohnten Insel Padar, die zum Wandern einlädt (oben). Das traditionelle Dorf Wae Rebo mit seinen Manggarai-Häusern auf 1200 Metern Höhe ist nur zu Fuß erreichbar (rechts).

Flores ist mit seiner zerklüfteten Küste und der Kette von Vulkanen, die die Insel durchzieht, eine der reizvollsten und abwechslungsreichsten Inseln Indonesiens. Neben den leuchtendbunten Kraterseen des Kelimutu zieht vor allem die Landschaft um Bajawa den Besucher in den Bann. Zwischen rauchenden Vulkanen liegen die traditionellen Dörfer der Ngada, in denen eine ganz eigene Kultur gepflegt wird.

Vom Westen kommend, beginnt die Reise durch Flores in Labuan Bajo. Von dort windet sich die Straße hoch ins Bergland. Die Fahrt ist abwechslungsreich. Immer wieder sind Reisterrassen und Bauern bei der Arbeit in den Feldern zu sehen. Außergewöhnlich sind die Spider-Rice-Terrassen, die wie Spinnennetze angelegt werden, aber nur mit Führer von einem Hügel aus zu sehen sind.

Katzenkaffee im Bajawa-Hochland

Bajawa ist ein kleines, angenehmes Örtchen im Hochland. Bei Regen kann es hier kühl werden – jedenfalls für indonesische Verhältnisse. Der Gunung Inerie, ein Vulkan wie aus dem Bilderbuch, überragt die Ortschaft. Trotz des auf Flores vorherrschenden Katholizismus hat sich rund um Bajawa die ungewöhnliche Kultur der Ngada erhalten. Holprige Sträßchen führen unterhalb des Gunung Inerie zu den Dörfern. Überall gibt es tropische Vegetation: Nelken- und Orangenbäume, Bananenstauden und Kaffeesträucher gedeihen prächtig – auch der »Katzenkaffee«, der Kopi Luwak, wird hier produziert und kann in Bajawa verkostet werden. Die Kaffeebohnen müssen bei diesem speziellen Kaffee den Darm des Fleckenmusangs, eine Schleichkatzenart, passiert haben, wodurch sie vorfermentiert sind und ein spezielles Aroma bekommen. Immer wieder ziehen Wol-

Asien

Am Fuße des Berges Inerie liegt das Ngada-Dorf Bena (unten). Die Bewohner der imposanten Häuser leben vor allem vom Verkauf handgemachter Stoffe (ganz unten). Ein typisches Robinso-Paradies bietet das Eiland Kanawa vor Flores (rechts oben).

ken über das Hochland, die der heiteren Landschaft einen melancholischen Touch geben. Mehrere aktive Vulkane stehen im Hochland bei Bajawa, fast überall zeigt sich Qualm an den Schloten. Wer Lust hat, Vulkanismus aus der Nähe zu bestaunen, unternimmt am besten am frühen Morgen, wenn es noch relativ kühl ist, eine Wanderung zum Wawo Muda. Der Vulkankrater entstand erst 2001 bei einem Ausbruch. Nun zeigen sich hier zwei kleine farbige Seen in der Caldera. Sie sind zwar bei Weitem nicht so spektakulär wie die Kraterseen auf dem Kelimutu, aber mit der angenehmen, etwa zweistündigen Wanderung ergibt sich eine schöne Tour, die am besten am frühen, noch kühlen Morgen angegangen wird.

Traditionelles Dorf mit Aussicht

Bena bietet noch immer einen traditionellen Dorfplatz – und das vor spektakulärem Hintergrund: Steile Berghänge, mit Palmen, Bäumen und Gestrüpp bedeckt, erheben sich ringsherum. Vom höchsten Punkt des Ortes kann man nach Süden den tief unterhalb liegenden Indischen Ozean sehen. Spannender ist aber der Dorfplatz mit seinen grasgedeckten Häusern und den Megalithen. Die *ngadu* symbolisieren die männlichen Ahnen. Die drei bis sechs Meter hohen Schirme sind mit Gras bedeckt, und ihre verzierten Stämme laufen spitz zu. Oben thront ein phallusähnliches Gebilde, das mit einem dunkelbraunen Strick umwickelt ist, unten sind Steine im Kreis aufgeschichtet. Der für den *ngadu* verwendete Stamm kommt von einem speziellen Baum, der mitsamt Wurzel ausgegraben werden muss. Das weibliche Gegenstück dazu sind die *bhaga*, kleine Hütten, die auf Pfählen ruhen, wie bei allen Bauten üblich. Die Balken sind ebenfalls mit Schnitzereien verziert. Die *bhaga* wirken wie kleine Reisspeicher, auf deren Dächern zum Teil Figuren platziert sind, mit Speer und Hackmesser und ebenfalls mit Stricken umwickelt.

Die Wohnhäuser stehen sich am ansteigenden Hang gegenüber. Besucher müssen ein Eintrittsticket kaufen. Die Erlöse kommen der Dorfgemeinschaft zugute. Die Atmosphäre ist entspannt, die Bewohner sind freundlich und Touristen gern gesehene Gäste. Wer möchte, kann einheimische Handwerksprodukte erwerben, aufgedrängt wird einem hier aber nichts.

Bei den Ngada

Das Volk der Ngada ist matrilinear organisiert, das heißt, der Mann zieht nach der Hochzeit

zur Familie der Frau – was immer mehr Männer dazu veranlasst, Frauen von außerhalb zu heiraten. Auch Philipp hat das so gemacht, ein dynamischer Mann mit schwarzen krausen Haaren und brauner Lederjacke. Tradition ist gut, aber leben möchte er sie nur bedingt. Unser Fahrer hat uns mit ihm bekannt gemacht. Und Philipp hat uns gleich zum Abendessen eingeladen und zu einer Zeremonie, die am nächsten Tag stattfinden soll. Seine Familie lebt beim Dorf Bena, nicht in einem der traditionellen *rumah adat*, sondern in einem »modernen« gemauerten Haus, worauf er sehr stolz ist. Gemeinsam mit der Familie gehen wir in den Wald zu einem Platz für die männlichen Ahnen. Auf dem Grab werden mit Schnaps gefüllte Bambusrohre für die Ahnen abgestellt. Auch wir bekommen Schnaps, dazu wird ein Feuer unter einem Dach entzündet. An Stöcken wird fettes Schweinefleisch geröstet, die fettesten Stücke sind für die Ehrengäste ... Nach dem Essen wird am Ahnenplatz getanzt, bei langsamen und getragenen Gesängen. Anschließend geht es zu einem kleinen Dorfplatz, wo den weiblichen Ahnen Eier als Opfer dargebracht werden. Und wieder gibt es reichlich Schnaps – und es wird ganz gemächlich getanzt.

Die bunten Seen des Kelimutu

Die größte Attraktion auf Flores und eines der bekanntesten Bilder sind die farbigen Kraterseen des Kelimutu. Bei strömendem Regen erreichen wir Moni, das in einem Hochtal liegt. Morgens gegen vier Uhr fahren von hier Lkws, die als Busse dienen, die steilen Serpentinen zum Krater hinauf. Natürlich wollen auch wir oben den Sonnenaufgang erleben. Als wir den Gipfelparkplatz erreichen, zeigt sich die erste Morgenröte. Der Blick über die Bergketten und über das Meer ist fantastisch. Nach und nach schälen sich auch die zwei farbigen Seen aus der Dunkelheit. Der dritte, fast schwarze See liegt in unserem Rücken, gleichzeitig kann man alle drei nur aus der Luft sehen. Die Farbe der Seen wechselt. Man nimmt an, dass das mit den unter Wasser liegenden Fumarolen, Dampfaustrittsstellen vulkanischen Ursprungs, zusammenhängt. Der Tiwa ata bupu, »See der alten Leute«, ist der westlichste. Er ist normalerweise blau bis schwarz. Die beiden anderen liegen dicht nebeneinander in einer Caldera und sind nur durch eine schmale Kraterwand getrennt. Dieses Mal sind beide fast gleichfarbig, bei meinem ersten Besuch war einer der Seen dunkelgrün. Allein 2016 wechselten sie sechsmal die Farbe!

MIT DEM SCHIFF DURCH INDONESIEN

Indonesiens Inselreich erstreckt sich über rund 5000 Kilometer und umfasst etwa 17 000 Inseln. Da sind Fähren die besten Transportmittel. Die wichtigsten Städte auf den großen Inseln werden regelmäßig von großen Schiffen der staatlichen PELNI angelaufen. Wer genug Zeit hat, kann so alle Ecken Indonesiens erreichen. Die PELNI-Fähren sind zum großen Teil in Papenburg vom Stapel gelaufen, verkehren nach einem festen Fahrplan und bieten eine sehr preiswerte Reisemöglichkeit. Natürlich sind es keine Kreuzfahrtschiffe. Doch wer eine Kabine der ersten oder zweiten Klasse bucht, kann ein wenig Kreuzfahrtgefühl erfahren. Speziell zu Feiertagen kann es sehr voll werden, sodass die Plätze unter Deck oft hoffnungslos überfüllt sind. Für die oberen Klassen gibt es einen eigenen Speiseraum, außerdem können einfache Speisen an Deck gekauft werden.

WEITERE INFORMATIONEN
Fährenplan der PELNI: www.pelni.co.id

Ozeanien

Inselreich des Pazifik

Bora Bora gilt als Flitterwochen-Paradies, auf dem sich die frisch gebackenen Eheleute entspannen können (links). In ganz Australien kommen die putzigen Koalas vor, nur in Tasmanien nicht (oben). Auf den Marquesas finden sich neben anderen tropischen Früchten auch köstlich reife Sternfrüchte (unten).

Die am westlichsten Punkt gelegene Bucht ist nach ihrem Standort bekannt: West Bay (oben). Die Bucht ist Teil des Flinders Chase National Park. Natürlich beherbergt der Park auch die namengebenden Paten der Insel: Kängurus (rechts).

58 Strände und Seelöwen – Kangaroo Island

45 Minuten Überfahrt nach »KI«

Australiens drittgrößte Insel war lange Zeit ein bevorzugtes Reiseziel für Campingurlauber und Rucksackreisende. Die Unterkünfte gehörten eher zur schlichten Kategorie, die Küche war kulinarisch meist anspruchslos. Heute hat Kangaroo Island ein viel gelobtes Luxushotel, Herbergen mit zeitgemäßem Standard, ordentliche Restaurants und Erfolg: mehr als 250 000 Touristen im Jahr.

Kangaroo Island ist, na klar, so genannt wegen der vielen Kängurus. Das vermuten die meisten Besucher der großen Insel im Südlichen Ozean. Angeblich aber gab der englische Entdecker Matthew Flinders 1802 der unbewohnten Insel diesen Namen, nachdem sich seine Mannschaft bei der Erkundung der Region an Kängurufleisch satt gegessen hatte. Zur selben Zeit kartografierte auch der französische Navigator Nicolas Baudin die Küsten im Gebiet. Beide Kapitäne verstanden sich gut, obwohl zu dieser Zeit England und Frankreich wieder einmal miteinander im Krieg lagen. Aber da beide nachweislich in wissenschaftlicher Mission unterwegs waren, galten die Kriegsbefehle für sie nicht. Dank Baudins Forschungen tragen einige Orte vor allem an der Südküste von Kangaroo Island bis heute französische Namen. Auch auf der Dudley-Halbinsel gibt es einen Baudin Beach, aber ansonsten herrscht hier der englisch-koloniale Einfluss vor.

Unfruchtbares Land

Alle Besucher, die nicht in Flugzeugen anreisen, betreten im Fährhafen Penneshaw die Insel, die von den abkürzungsfreudigen Australiern meist nur knapp als »KI« bezeichnet wird. Die Überfahrt von Cape Jervis nach Penneshaw dauert etwa 45 Minuten, und nach dem Anlegen brummen die meisten Touristen

Ozeanien

Nicht nur Kängurus, auch Australische Seelöwen fühlen sich hier wohl (unten) und suhlen sich gerne auf den typischen Remarkable Rocks (ganz unten). Der Höhlenbogen Admirals Arch bietet Tropfsteine und einen spektakulären Blick aufs Meer (rechts oben).

direkt ins Inselinnere. Schade, denn das Maritime and Folk Museum in Penneshaw eignet sich gut zur Einführung. 1836 kamen die ersten europäischen Siedler auf die Insel, um die Kolonie South Australia zu gründen – sie zogen aber bald weiter zum heutigen Adelaide, da die Insel keine ausreichende Landwirtschaft erlaubte. Die maritime Geschichte von KI lässt sich auch gut am knapp 30 Kilometer entfernten Kap Willoughby und seinem Leuchtturm von 1852 erleben. Auch der kleine Ort American River unweit von Penneshaw hat eine frühe Geschichte: Hier gingen 1804 amerikanische Seehundjäger an Land, um ein neues Schiff zu bauen.

Ausgangspunkt für Strandfreuden

Kingscote, der Hauptort mit entsprechend vielen Geschäften, ist für viele Neuankömmlinge der erste Halt. Attraktionen hat Kingscote aber kaum zu bieten, abgesehen von der privat organisierten Pelikanfütterung und dem mehr als 100 Jahre alten Pub im Aurora Ozone Hotel. Eine frühere Sehenswürdigkeit, die Kolonie der kleinen Pinguine, ist ebenso wie in Penneshaw vom Aussterben bedroht.

Kingscote ist ein idealer Ausgangspunkt für Ausflüge an den Strand: Entlang der North Coast Road reihen sich die besten Beaches der Insel auf (nur Surfer bevorzugen die rauere Südküste). Der vier Kilometer lange Emu Beach ist knapp 20 Kilometer von Kingscote entfernt. Den nächsten Strand, Stokes Bay, erreicht man nur durch einen 20-Meter-Tunnel durch die Klippen. Weiter westlich liegen noch Snellings Beach und Western River Cove. Wer den Leuchtturm an der Nordwestspitze, am Cape Borda, erreichen möchte, fährt von Western River aus besser landeinwärts. Der gedrungene eckige Turm wurde 1858 errichtet.

Das Leuchtfeuer gehört schon zum Flinders Chase National Park, ebenso wie die Ravine des Casoars Wilderness Protection Area; das Gebiet ist benannt nach den Kasuaren, inzwischen auf KI ausgestorbene Verwandte der Emus. Bei dem Tal beginnt der etwa 55 Kilometer lange Flinders Chase Coastal Trek, der am Cape du Couedic endet. Auch hier verrichtet ein Leuchtturm seine Arbeit: 25 Meter hoch, 1906 erbaut aus Sandstein, mit weißem Balkon vor der Linse und mit rotem Dach. Nahe bei der Klippe, ein Lieblingsplatz der Neuseeland-Robben, kann man hinabsteigen zur Admirals Arch, einer Höhle, die eindrucksvolle Fotos auf die See hinaus erlaubt.

Strände und Seelöwen – Kangaroo Island

Nachzucht bedrohter Tierarten

Unweit des Kaps ruhen hoch über der Südküste die Remarkable Rocks, bemerkenswerte Felsen, die in jedem Buch und in jeder Broschüre über Kangaroo Island abgebildet sind. Wind, Wasser und andere Kräfte der Erosion haben diese 500 Millionen Jahre alten Granitbrocken zu den wundersamsten Gebilden geformt. Oft heißt es, sie erinnern an die Plastiken von Henry Moore. Einig sind sich die Besucher fast immer, dass ein Felsen, wenn man ihn in Richtung Ozean betrachtet, aussieht wie ein Papageienkopf mit markantem Schnabel.

Auch Admirals Arch und die Remarkables zählen zum 327 Quadratkilometer großen Flinders Chase National Park, der seit seiner Gründung 1919 auch dazu dient, auf dem Festland bedrohte Tierarten auf der Insel nachzuzüchten. Mehr als 20 Tierarten, die ursprünglich auf KI nicht heimisch waren, sind dadurch nun im Nationalpark anzutreffen. Dazu gehören beispielsweise Koalas und Schnabeltiere, die 1923 respektive 1928 ausgesetzt wurden. Die Ranger im Infozentrum des Parks können über dieses Programm informieren.

Wer den Nationalpark über die South Coast Road verlässt und mehr Höhlen sehen möchte, sollte bei Karatta auf den Wegweiser zum Kelly Hill Conservation Park achten. Im Kalkstein sind sehenswerte Tropfsteinhöhlen entstanden, durch die verschiedene Touren führen. Pferd Kelly soll die Höhlen »entdeckt« haben: Das Tier brach durch eine dünne Höhlendecke ein. Weiter westlich sind auch die Dünen der Little Sahara einen Stopp wert; wer sich in der Ortschaft Vivonne Bay Sandboards oder Schlitten mietet, kann die Dünen auch hinabwedeln. Ein weiterer Höhepunkt wartet vor dem Cape Gantheaume Park an der Küste: der Seal Bay Conservation Park. Die Seals sind mächtige Seelöwenbullen, die am Strand ihren Harem um sich scharen und die deutlich schmächtigeren *sea lion ladys* eifersüchtig bewachen. Einst konnte man zwischen den Tieren frei herumlaufen und musste sich nur vor ihren scharfen Gebissen hüten. Heute wird man von den Rangern in kleinen Gruppen zu den Tieren geführt und kann sie fotografieren. Und man hat bisweilen das Gefühl, die Meereslöwen posierten hier wie Salonlöwen.

EXPORTSCHLAGER: KÖNIGINNEN

Honig ist für Touristen, die nach Kangaroo Island einreisen wollen, ein absolutes No-Go! Mit Stichproben überprüfen das die Behörden vor allem im Fährhafen Penneshaw. Das Verbot, das auch lebende Bienen und Imkergeräte umfasst, wirkt auf den ersten Blick skurril, hat aber handfeste Gründe: Auf der Insel leben die letzten reinrassigen Ligurischen Bienen – sie sind für ihre Friedfertigkeit bekannt –, und der Export von Bienenköniginnen in alle Welt ist ein gutes Geschäft. Auch der auf der Insel hergestellte Honig lässt sich mit dieser einzigartigen Herkunft in ganz Australien und darüber hinaus bestens verkaufen. Selbst der Tourismus profitiert von diesem bienenfleißigen Gewerbe: Einige Imker verkaufen ihre Schleuderware direkt an Besucher, und auch die Souvenirhändler haben selbstverständlich KI-Honig im Regal. Die Ausfuhr der süßen Ware ist nämlich gestattet, genauer: gern gesehen.

WEITERE INFORMATIONEN
Veranstalter für Touren und Fährenfahrten: www.sealink.com.au

Ozeanien

59 Wertvoller Sand – Fraser Island

Schauergeschichten von der Namenspatin

120 Kilometer lang, 15 Kilometer breit und Dünen, die mehr als 200 Meter hoch sind – und alles aus Sand. Fraser Island ist weltweit einzigartig. Kein Wunder, dass die UNESCO die Insel schon 1992 als Weltnaturerbe ausgezeichnet hat. Australien hatte den Great Sandy National Park bereits 1976 als erstes Objekt auf seine neu geschaffene Denkmalschutzliste gesetzt.

Fraser Island ist die größte Sandinsel der Welt. Vulkanische Felsen, die aus dem Meeresboden ragten, fingen den Sand auf, den eine Nordströmung aus dem Süden herantrug. Mit der Zeit türmten sich Dünen auf. In den Tälern wuchert Regenwald, in anderen Lagen stehen Wälder mit Eukalyptus- und Satinay-Baumriesen. Wie können sie und andere Pflanzenarten gedeihen auf einem Sand, der zu mehr als 90 Prozent aus Silikat besteht? Die Antwort verbirgt sich im Sand: Dort wuchert ein Pilz, der die Nährstoffe für viele der 865 Pflanzenarten auf Fraser Island liefert.

Die Schönheit der Erde

Seit mindestens 5000 Jahren leben Badtjala-Aborigines auf der Insel, die europäischen Siedler vertrieben sie. 2014 sprach ihnen die australische Justiz ihre traditionellen Landrechte zu. Sie nennen die Sandinsel K'gari, »Paradies«. Dem Mythos zufolge war eine Göttin von der Schönheit der Erde so angetan, dass sie nicht mehr in himmlische Sphären zurückkehren wollte. Sie wurde in Fraser Island verwandelt. James Cook war 1770 der erste Europäer, der an der Insel entlangsegelte. Ihren Namen erhielt die Insel nach Eliza Fraser, die sich nach

Zahlreiche Süßwasserseen im Inselinneren verfügen über sehr klares Wasser, das zum Plantschen einlädt, wie hier der Lake McKenzie (unten). Die bunten Pinnacles aus Sand oder Sandstein vereinen bis zu 72 verschiedene Farbtöne (rechts oben).

Wertvoller Sand – Fraser Island

einem Schiffbruch 1836 hierher retten konnte. Sie verdiente sich in England ihr Brot, indem sie Schauergeschichten darüber erzählte.

Eine sandige Autobahn

Bis zu 500 000 Urlauber besuchen Fraser alljährlich. Einige kommen mit dem Flugzeug. Die kleinen Maschinen landen auf dem Strandstreifen, der sich an der Pazifikseite fast an der gesamten Küste entlang erstreckt. Diese Strecke ist die Hauptverkehrsachse von Fraser. Für die nicht leicht zu meisternde Piste gilt eine Höchstgeschwindigkeit von 80 Stundenkilometern. Alle Besucher, die ein Auto mieten, müssen eine einstündige Schulung machen. Dabei gilt die Verkehrsregel: Flugzeuge haben immer Vorfahrt.

Einer der wenigen Orte auf Fraser ist Eurong. Hier führt eine Straße quer über die Insel an die Westküste. Etwa in der Mitte liegt die Central Station der Nationalpark-Ranger, wo sich auch viele Wanderwege kreuzen. Für Durchtrainierte gibt es den Fraser Island Great Walk, eine 90-Kilometer-Strecke in sieben Abschnitten von Dilli Village bis Happy Valley.

Das rostende Wahrzeichen

Der Lake McKenzie gehört wegen seines weißen Sandstrands zu den populärsten unter den mehr als 100 Süßwasserseen auf der Insel. In einigen Seen hat das Wasser durch Farben in den Blättern eine leicht bräunlich rote Färbung angenommen. Einer der beliebtesten Plätze am Strand ist die Mündung des Elie Creek, ein schnell fließender Bach, in dem sich Urlauber gern in Lkw-Pneus hinabtreiben lassen. Kurz hinter der Mündung liegt das verfallende Wrack der »Maheno«. Das 1905 in Schottland erbaute Passagierschiff wurde 1935 außer Dienst gestellt. Auf der Fahrt zum Abwracker in Japan riss ein Wirbelsturm den Kahn los und schleuderte ihn auf den Strand.

Fünf Kilometer weiter nördlich ragen die Pinnacles auf, Klippen, die wie aquarelliert wirken. Von der Höhe aus kann man Haie, Mantas und gelegentlich auch Buckelwale im Meer erkennen. Nicht viel weiter auf dem Weg nach Norden liegt die einzige Stelle, an der man auf Fraser Island gefahrlos baden kann: die Champagner-Pools. Hier flutet der Pazifik ein von der Natur geschaffenes Wasserbecken.

DINGOS: FOTOGEN, ABER NICHT UNGEFÄHRLICH

Dingos in freier Wildbahn zu sehen, das ist nach einer Urlauber-Befragung ein wichtiger Anreisegrund. Die sonst sehr scheuen australischen Wildhunde sind auf Fraser Island an Menschen gewöhnt und verdrücken sich nicht gleich ins Unterholz, wenn eine Kamera auf sie gerichtet ist. Dennoch raten die Ranger, nicht zu vergessen, dass Dingos gefährliche Raubtiere sind. Es gab zumindest schon einen Todesfall, dabei wurde 2001 ein Junge von mehreren Hunden angefallen. Damals ließen die Behörden angesichts der stark gestiegenen Zahl der Tiere mindestens 120 Dingos töten. Inzwischen, so schätzen Experten, streifen wieder rund 200 Dingos über die Insel. Deshalb raten die Behörden auch, möglichst nicht allein durch die Wildnis zu wandern. Für Biologen sind die Fraser-Dingos wichtig, weil sie genetisch meist noch nicht vermischt sind mit Haushunden.

WEITERE INFORMATIONEN

Tourismusinformation: www.visit frasercoast.com, www.fraserisland.net
Veranstalter für Touren: www.cooldingotour.com

Verschiedene Farbschichten weisen die Painted Cliffs auf Maria Island dank Eisenoxiden auf (oben). Der halbmondförmige Strand der Wineglass Bay mit rosafarbenen Granitfelsen ist ein Anziehungspunkt für Natur- und Badefreunde (rechts unten).

60 Natur pur – Maria Island und Wineglass Bay

Für hartgesottene Naturfreunde

Zwei Nationalparks prägen nicht nur die eindrucksvolle Natur in Tasmaniens Nordosten, sondern auch das touristische Angebot: die Insel Maria und die Halbinsel Freycinet. Beide sind ein beliebtes Ziel von Wanderern. Beide bieten aber auch Tagesgästen einen schnellen Besuch: mit der Fähre zu einem kolonialen Häftlingslager oder als Kurztrip zu einer weltberühmten Bucht.

Abel Tasman war wohl der erste Europäer, der Tasmanien und Neuseeland sah. Der Kapitän der Niederländischen Ostindien-Kompanie war 1642 in den Pazifik entsandt worden, um unter anderem die mythische *terra australis* zu suchen. Die Niederländer kannten damals schon Westaustraliens Küste, nicht aber die Ausdehnung dieser Landmasse. Das sollte Tasman erforschen, vor allem sollte er aber mögliche Handelsgüter erkunden. Die Kompanie war nach seiner Rückkehr mit Tasmans Arbeit nicht zufrieden, vor allem, weil er Landgänge mied und deshalb wenig Informationen liefern konnte. Da half es auch nicht, dass Tasman das später als Tasmanien bezeichnete Land nach dem Generalgouverneur »Van Diemen's Land« nannte. Der Seefahrer vergaß auch die Ehefrau seines Chefs nicht. In Neuseeland taufte er ein Kap nach Marie van Diemen, in Tasmanien eine Insel: Maria Island. Deren 115 Quadratkilometer, die vom 711 Meter hohen Mount Maria gekrönt werden, bilden den Maria Island National Park. Er gehört zu den Lieblingszielen hartgesottener Naturfreunde, denn es gibt nur eine bescheidene Infrastruktur. So fehlt jegliche Einkaufsmöglichkeit auf der autofreien Insel, Wanderer müssen ihre Nahrung mit sich tragen. Belohnt werden sie mit einem vielfältigen Tierleben und Arten, die einst in ganz Australien verbreitet waren,

Natur pur – Maria Island und Wineglass Bay

aber nur in Tasmanien überlebt haben. Andere australische Tierarten wurden bewusst auf der Insel ausgewildert, um sie für Besucher attraktiver zu machen. Wissenschaftler studieren hier oft das Tierleben in der geografischen Isolation.

Selfie von der Nacht im Knast

Zu Marias landschaftlichen Sehenswürdigkeiten gehören zwei Küstenklippen: die Painted Cliffs, die dank ihrer Eisenoxide viele Farben zeigen, und die Fossil Cliffs, Kalksteinfelsen. Beide Klippen können vom Hauptort Darlington gut erwandert werden. Darlington eignet sich auch gut, wenn man der kolonialen Häftlingsepoche nachspüren will. In der Besucher-Info für den Nationalpark gibt es dazu Unterlagen. Das Büro befindet sich im Commissariat Store von 1825, dem Lagerhaus der Verwaltung. Das andere große Relikt jener Tage, das Gefängnis, wurde zu einer schlichten Unterkunft für Touristen umgebaut. Fast alle schicken sogleich ein Selfie von ihrer »Nacht im Knast« in alle Welt.

80 Orchideenarten

Die etwas weiter nördlich gelegene Freycinet-Halbinsel, die ebenfalls größtenteils von einem Nationalpark (Freycinet National Park) eingenommen wird, ist ein ungleich populäreres Touristenziel, obwohl es landschaftlich ganz ähnliche Reize bietet wie Maria Island: schöne, lang gestreckte und oft einsame Strände, eine attraktive Bergszenerie, rote und rosafarbene Granitformationen sowie eine vergleichbare Flora und Fauna, in der vor allem die Seeadler mit ihren weißen Brüsten auffallen. Pflanzenfreunde freuen sich über mehr als 80 Arten von Orchideen. Der Nationalpark, einer der ältesten in Tasmanien, wurde bereits 1916 gegründet. Am Rand des Parks liegt das Örtchen Coles Bay, das viele der Freycinet-Urlauber versorgt. In der Hauptsaison sind es Tausende, die allerdings überwiegend als Tagestouristen anreisen. Sie haben meist nur ein Ziel: die Wineglass Bay mit ihrem beeindruckend türkisfarbenen Wasser. Von Hügeln an beiden Enden des wie ein Glas geschwungenen Strandes kann man ihn gut überblicken. Es gibt gewiss kein Buch über Tasmanien, in dem nicht zumindest ein Foto von der »Weinglas-Bucht«, dem absoluten Markenzeichen des Parks, enthalten ist. Der Strand wird von verschiedenen Gremien immer wieder zu den schönsten der Welt gezählt.

MARIA UND DIE TEUFEL

Der *tasmanian devil* ist ein fleischfressendes, recht aggressives Beuteltier – und Tasmaniens Maskottchen. Leider ist die Spezies vom Aussterben durch ansteckende Tumore bedroht. Die kampfesfreudigen, kleinen schwarzen Burschen, die oft weiße Bruststreifen haben, übertragen eine besondere Form von Krebs, wenn sie miteinander kämpfen und sich dabei in den Kopf beißen. Ein Heilmittel dagegen gibt es noch nicht. Deshalb haben Naturschützer gesunde Exemplare der nur in Tasmanien heimischen Teufel nach Maria Island gebracht. Jetzt werden sie zur Aufzucht einer neuen Generation in einer – für Touristen nicht zugänglichen – Schutzzone gehalten. Es gibt aber einige Zoos, in denen man Tasmanische Teufel sehen kann, meist in abgedunkelten Häusern, da die Tiere nachtaktiv sind. Der National Parks and Wildlife Service führt den *devil* in seinem Wappen.

WEITERE INFORMATIONEN

Parks and Wildlife Service Tasmania:
www.parks.tas.gov.au
Fähren: encountermaria.com.au
Tourismusinformation:
www.wineglassbay.com

Ozeanien

61 Durch tosende See – Stewart Island

Aufschwung für die dritte Insel

Lange galt die dritte Insel Neuseelands als exotisches Reiseziel. Seit 85 Prozent der Fläche zum Nationalpark erhoben worden sind und der Staat die lokale Infrastruktur aufbaut, ändert sich das. 50 000 Besucher im Jahr finden auf herrlichen Wanderwegen eine intakte Natur, in der sich viele seltene endemische Pflanzen- und Tierarten erhalten haben.

Die meisten Touristen kommen auf die grüne Insel, um ausgiebige Wandertouren zu unternehmen. Acht Routen stehen zur Auswahl (unten). Umgeben von den Ruggedy Mountains liegt der West Ruggedy Beach sicher eingebettet und wartet auf Abenteurer (rechts).

Die Maori sahen die Nordinsel als Fisch – ein Stachelrochen – aufgefischt von ihrem Halbgott Maui. Die Südinsel ist das Boot der Götter und Stewart Island sein Ankerstein. Er ist 1746 Quadratkilometer groß – Platz genug für vier europäische Großstädte –, grün und menschenleer. Fußgänger haben Vorrang vor dem Auto, das Straßennetz ist ganze 20 Kilometer lang. Kein Wunder, dass Stewart Island ein Refugium für gefährdete Tiere darstellt und als Paradies für Wanderer gilt. Nur 32 Kilometer trennen Rakiura von der Südinsel, aber diese 32 Kilometer haben es in sich. Die Foveaux Strait ist eine der rauesten Meeresstraßen der Erde. Ein Katamaran kämpft von Bluff aus eine Stunde mit den Wellenbergen. Die Ankunft der Fähre ist ein Schauspiel, das Inselbewohner an die Hafenmole bringt. So mancher Naturliebhaber ist hier schon mit apfelgrünem Teint von Bord gegangen. Die Überfahrt – und den milden Spott der Insulaner – vermeidet, wer von Invercargill in 20 Minuten nach Stewart Island fliegt.

Halfmoon Bay

Flugplatz und Hafen liegen beide nahe bei Oban. Der Ort in der Halfmoon Bay liegt an der Ostspitze der dreiecksförmigen Insel. Man-

Ozeanien

Oban ist der einzig bewohnte Ort (unten). Alle Kakapos wurden zum Schutz auf Anchor Island und Codfish Island umgesiedelt, letztere liegt vor Stewart Island (ganz unten). In den Wäldern wird der Wanderer von zarten Farnen empfangen (rechts oben).

che der hübschen Cottages stammen aus der Zeit, als Norweger hier eine Walfangstation unterhielten. Auch Sägewerke und Zinnminen gab es früher hier. Heute fangen Fischer in der rauen See Dorsche oder Langusten. Wer hier leben will, hat sich einiges vorgenommen; die Natur erspart ihm nichts. Dennoch kennt man auf dieser wunderschönen Insel eine Art gelassener Zufriedenheit.

Im Rakiura Museum ist unter anderem das Harmonium des deutschen Missionars Johann Friedrich Heinrich Wohlers ausgestellt; sein Grab kann man in einem Halbtagsausflug am Ringaringa Beach besichtigen. Nur 15 Minuten sind es von Oban bergauf zum Observation Rock. Hier blickt man weit hinaus auf Küste und Meer und die drei Inseln Faith, Hope und Charity (Glaube, Hoffnung, Güte).

Kiwis in der Dämmerung

Die Bucht von Paterson Inlet schneidet 16 Kilometer tief in die Küstenlinie ein. Für Besichtigungsfahrten, zum Tauchen und Angeln kann man in Oban Wassertaxen oder Kajaks mieten. Unterwegs sieht man Albatrosse, Tölpel, Pinguine, Robben und Delfine. Ulva Island ist ein Vogelschutzgebiet. Unberührte Rimu-, Rata- und Totarawälder geben den perfekten Hintergrund, um Tuis, Wekas oder Kereru zu beobachten. Vielleicht ist hier das Licht anders – nur auf Stewart Island kann man Kiwis schon bei Dämmerung auf Nahrungssuche gehen sehen. Ausfahrten bringen Naturfreunde zu den geeigneten Plätzen. Man fährt etwa zur Little Glory Bay und marschiert von dort aus zum Ocean Beach. Ein anderes bekanntes Kiwi-Refugium ist die Mason Bay an der Westküste. Puristen können noch einen Schritt weitergehen: 125 Kilometer südlich von Stewart Island liegt die Snares Group – eine Gruppe von Inseln im Antarktischen Ozean, auf der Millionen von Seevögeln nisten. Wer nicht leicht seekrank wird, meldet sich bei »Talisker Charters« an.

Rakiura National Park

Bei der letzten Zählung bot Rakiura 245 Kilometer Wanderwege – sie sind nicht leicht zu gehen. 255 Regentage im Jahr machen den Boden oft tief und schlammig. Von Oban führt ein dreistündiger Wanderweg durch Küstenwälder zum Leuchtturm am Ackers Point. Es ist ein guter Beobachtungsplatz für Sturmtaucher und Albatrosse. Gegen Abend kann man auch Tausende kleine blaue Pinguine hören, die vor

Durch tosende See – Stewart Island

ZWEIFELHAFTE DELIKATESSE

Stewart Island wurde 1864 für etwa 6000 Pfund an die neuseeländische Regierung verkauft. Das war nicht viel – aber mehr, als der Stamm 20 Jahre zuvor für ganz Otago erhalten hatte. Vertraglich festgelegt wurde damals auch ein Jagdrecht: Es gibt nur Maori das Recht, auf den Muttonbird Islands den Titi (schwarzbrauner Sturmtaucher) zu jagen. Jedes Jahr im April, wenn die Küken fast flügge sind und so fett, dass sie sich kaum bewegen können, sammeln Jäger bis zu 250 000 Vögel ein. Sie gelten unter den Maori als Delikatesse, werden gekocht, geröstet oder in ihrem eigenen Fett eingelegt. Manchmal sieht man sie in den Fish-and-Chips-Läden des Landes neben Fischfilets zum Verkauf ausliegen. Weiße sagen *muttonbird* dazu, »Hammelvogel«. Man hat belegt, dass Sturmtaucher von Stewart Island bis zu den Seychellen fliegen und noch im hohen Vogelalter von 30 Jahren brüten.

WEITERE INFORMATIONEN
Talisker Charters:
www.sailsashore.co.nz
Tourismusinformation:
www.stewartisland.co.nz

der Küste auf die Nacht warten, ehe sie sich an Land wagen. Der Rakiura Track beginnt und endet in Oban. Für die 29 Kilometer lange Wanderung sollte man sich drei Tage Zeit nehmen, Hütten bieten bequeme Übernachtungen. Wer den kompletten North Circuit geht, ist acht bis zehn Tage unterwegs. Die Vegetation im Norden ist von Podocarp-Wäldern geprägt. Im Süden stehen die Bäume an den Buchten, im Landesinneren findet man offenes Buschland und subalpine Pflanzen. Für alle längeren Touren muss man in Oban einen Hütten- und Campingpass erwerben (Department of Conservation, Halfmoon Bay, www.doc.govt.nz). Hier meldet sich auch, wer die Natur nicht nur beobachten will. Angler fischen Forellen und Lachse, Jäger können Rotwild oder Weißschwanzhirsche schießen.

Landung verboten

Vor der Westküste von Stewart Island liegt Codfish Island. Nach großen Kampagnen zur Rattenvertilgung ist die unbewohnte Insel heute für Besucher gesperrt. Hier lebt der Kakapo. Der Eulenpapagei, grün und stämmig, ist der einzige flugunfähige Papagei und einer der seltensten Vögel der Welt. Er ist auch einer der drolligsten. Wenn ihm amourös zumute ist, wandert das Männchen einen Bergabhang hinauf und gräbt dort eine Mulde. In dieser Mulde gibt er dann seinen Balzton von sich – er klingt wie ein dumpfer Trommelschlag. Die letzten Kakapos in freier Wildbahn lebten in Sindbad Gully, einem Nebental des Milford Sound. Die Chance, dass dort ein Weibchen ein trommelndes Männchen erhören würde, waren gleich null. So hat man die letzten Exemplare nach Codfish Island gebracht, wo drei Mitarbeiter von DOC alles Erdenkliche tun, um die Art zu retten. Sie hatten 2002 Grund zum Jubeln: Es schlüpften 24 quietschfidele Jungtiere und verdoppelten so die Weltbevölkerung an Kakapos. Auf Ruapuke Island gab es einst eine große Maori-Siedlung; hier missionierte der in Nelson erfolglose deutsche Pastor Wohlers. Von hier aus kontrollierte um 1840 Tuawahiki, Oberhäuptling der Ngai Tahu, einen Großteil der Südinsel, und verkaufte den Süden und Stewart Island an die Weißen. Ruapuke ist bis heute in Maori-Besitz.

Die gut ausgestatteten Wanderrouten führen den Besucher vorbei an traumhaften Buchten (oben). Waiheke kann zahlreiche Top-Weingüter und somit auch Weinberge vorweisen (rechts unten). Der Cabernet Sauvignon von hier ist beliebt bei Weinkennern.

62 Insel der Weingüter – Waiheke Island

35 Minuten Überfahrt, eskortiert von Delfinen

Als »Juwel in der Krone des Hauraki Gulfs« rühmte die wichtigste Zeitung Neuseelands Waiheke Island, die zweitgrößte unter den zahlreichen Inseln in der weiten Bucht. Englischsprachige Magazine zählten Waiheke zu den zehn attraktivsten Inseln der Welt – und das in Sichtweite der größten Stadt des Landes. Kein Wunder, dass täglich Hunderte der Städter für ein paar Stunden übersetzen nach Waiheke.

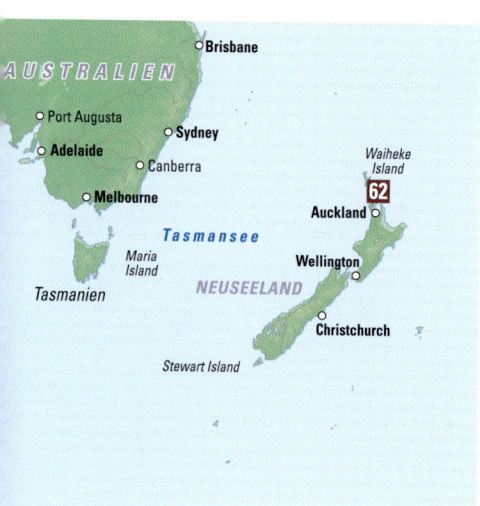

Weinliebhaber lernen, wenn sie sich dem Studium der Etiketten auf den Flaschen widmen, eine ganz besondere Erdkunde. Beispiel: Waiheke. Waiheke? Neuseelands Vinophile kennen den Namen längst, wenn die Insel auch nur knapp 30 der mehr als 2000 Weingüter Neuseelands ihr Eigen nennt. Ihre Reben wachsen nahe der Metropole Auckland, auf einer Insel im Hauraki Gulf. Ein idyllischer Fluchtort für die Millionenstadt, nur 35 Fährminuten entfernt.

Die frühen Fährschiffe tragen Dutzende der Insulaner im Business-Dress nach Auckland, Pendler, die gerne in der Beschaulichkeit der Insel leben und ihre Büros in der City auf dem Seeweg ansteuern. In der Gegenrichtung, auf der Fahrt zum Fähranleger von Waiheke, sind nur ein paar Passagiere an Bord. Sie bestaunen eine Gruppe von Delfinen, die mühelos mit dem schnellen Fähr-Katamaran mithalten kann. Ein Schwertwal, der sich neugierig aus den Fluten schraubt, erhält sogar Szenenapplaus an der Reling. Die Rucksäcke und das kernige Schuhwerk vieler Reisender lassen auf Wanderer schließen. »Tramping« heißt das sportive Vergnügen unter Neuseeländern.

100 Kilometer Wanderwege

Die 92 Quadratkilometer große Insel ist durchzogen von einem 100 Kilometer langen Netz

Insel der Weingüter – Waiheke Island

von Wanderwegen, auf denen man streckenweise ganz allein unterwegs ist und vergisst, dass Waiheke, einst nur die Heimat einer Handvoll Fischerdörfer, heute eine wohlorganisierte touristische Infrastruktur bietet. Die ist auch notwendig angesichts der zahllosen Tagestouristen. Wer abends bleibt, hat die Wahl: Backpacker-Unterkünfte, Bed-and-Breakfast-Häuser oder Luxus-Adressen. Die meisten Gäste übernachten in Onetangi, Palm Beach und im Hauptort Oneroa.

Seinen Pazifik-Zauber entfaltet Waiheke auf den zahlreichen Stränden, die 40 der 133 Kilometer langen Küstenlinie einnehmen und teilweise nur per Boot zu erreichen sind. Auf einigen, etwa in Onetangi und Palm Beach, wird auch hüllenloses Strandleben geduldet, wenn auch zum Missfallen einiger Insulaner, die mit schöner sommerlicher Regelmäßigkeit lauthals den Sittenverfall beklagen.

Spezielles Mikroklima

Wer nicht auf Schusters Rappen unterwegs ist, hat die Wahl zwischen Mietwagen, Motorrollern (auch mit italienischem Vespa-Charme) oder Fahrrädern, die gerne mit elektischer Strampelhilfe gebucht werden – eine lohnende Investion angesichts des teilweise sehr hügeligen Geländes. Zu den Lieblingszielen zählen die Weingüter, deren Probierstuben (cellar doors) ein Waiheke-Erlebnis besonderer Art bescheren. Die Insel hat ein spezielles Mikroklima, das ihr etwas höhere Temperaturen und weniger Regen als dem benachbarten Auckland beschert.

Eine der bekannteren Adressen sind die »Man o' War Vineyards« – »Mann des Krieges« –, so bezeichneten im Zeitalter der Zwei- und Dreimaster die Briten ihre Kriegsschiffe, ein Wort, das auch für die grauen Stahlkolosse unserer Tage bisweilen noch genutzt wird. Welches Geheimnis verbirgt sich hinter diesem Namen, den auch die gesamte Gegend trägt, in der das große Weingut beheimatet ist? Vielleicht handelte es sich um eine Seeschlacht? Nein, aber um einen Seehelden, der seine Kanonen äußerst selten sprechen ließ: James Cook. Der Navigator notierte 1769 angesichts mächtiger Kauri-Bäume in seinem Logbuch, die Stämme könnten gute Masten für die »Man o' War«-Schiffe der Royal Navy liefern. Das mag der Grund dafür sein, dass Kauris heute seltener sind. Aber Weinstöcke sind ja keine schlechte Alternative.

WO GIBT'S DENN SOFAS?

An den Slogan eines schwedischen Möbelhauses erinnert das Community Cinema im Artworks Complex in Oneroa: Die Besucher des kleinen, von einer Stiftung und von Freiwilligen betriebenen Kinos nehmen Platz auf gemütlichen Sofas, die von Insulanern gespendet wurden. Nahezu täglich wechselt das Programm, das neben Hollywoodstreifen und Cineastenkunst auch Dokumentationen der rührigen Inselfilmer zeigt. Zu dem Zentrum gehören auch ein Theater, eine Kunstgalerie, die über die Insel hinaus bekannt ist für ihre Skulpturen-Ausstellungen, und ein Museum mit historischen Musikinstrumenten, das bisweilen Konzerte bietet. Ein anderes sehr populäres Projekt der Insulaner ist ihr Markt in Ostend, der jeden Samstag vormittags nicht nur den Farmern, sondern auch den Künstlern die Möglichkeit gibt, ihre Produkte anzubieten.

WEITERE INFORMATIONEN

Tourismusinformation:
www.tourismwaiheke.co.nz

Waiheke Island Community Cinema:
www.waihekecinema.co.nz

Waiheke Ostend Market:
www.waihekeostendmarket.co.nz

Das Blue Lagoon Resort auf Nacula Island bietet Abgeschiedenheit und Luxus (oben). Wenn der Besucher genug vom Strand hat, macht er von den Yasawas aus einen Abstecher auf die größere Insel Tavenui, um den Regenwald zu erkunden (rechts unten).

63 Fromme Bewohner – Yasawa-Inseln/Fidschi

Besinnliche Stimmung auf den winzigen Fidschi-Inseln

Über 80 Kilometer erstreckt sich der Inselbogen der abgelegenen Yasawas, die sich ihr ursprüngliches und unverfälschtes Südseeparadies erhalten haben. Wie eine ganze Reihe anderer Traumeilande von den insgesamt 333 Inseln der Fidschi-Gruppe, von denen nur ein Drittel überhaupt bewohnt sind. Einige der Robinsonwunder sind reine Hotelinseln.

Im tropischen Garten der Maristen-Mission in der Hafenstadt Lautoka (an der Westküste von Viti Levu, der Hauptinsel der Fidschis) plaudert eine muntere Runde europäischer Patres miteinander. Ein braun gebrannter John-Wayne-Typ kaut lässig auf einer Selbstgedrehten und blitzt verschmitzt aus den Augen: »Könnt ihr früh aufstehen? Wenn ja, dann geht es in die richtige Südsee!« Der missionseigene Segelkutter ist bis oben hin beladen. Zahlreich drängen sich vollbeladene Eingeborene an Deck. Sie sind auf der Rückreise und auf dem Weg nach Hause, haben Tee, Tabak und frisches Öl gekauft, wollen nun zurück auf ihre weit im Ozean verstreuten Heimatinseln der Yasawa-Gruppe.

Ins Paradies der »blauen Lagune«

Als der Kutter nach zehn Stunden zermürbendem Kreuzen endlich in die Bucht einläuft, ist gerade Ebbe, und jeder Passagier trägt, was er fassen kann, auf dem Kopf durchs seichte Lagunenwasser zum Strand. Fröhlich plappernde Kinder tauchen aus dem abendlichen Schwarz des Dschungels auf, leuchten den Weg mit Petroleumlampen. Am nächsten Morgen rufen die Trommeln zur Messe. Schwarze Melanesier in weißen Hemden und braunen, wadenlangen Röcken eilen von strohgedeckten Hütten hinauf zum Kirchhaus. »Me vakavinavaka vua noda Turaga«, ein wehmütiges Gemisch aus Kanons und Dissonanzen trägt der Morgenwind durch die sauerstoffreiche ozeanische At-

Fromme Bewohner – Yasawa-Inseln/Fidschi

mosphäre, »*saqai suco koto mai*«, gelobt sei der Herr, unser *turaga*. In starker Brise biegen sich Kokospalmen, schneeweiße Strände erstrahlen im frühen Morgenlicht. Prächtig steht das Missionsgebäude von Matacawa Levu über der Bucht von Nasomo. Die roten Dächer von Schule und Kirchhaus sind übergroße Farbkleckse inmitten heller Hibiskusblüten, Bougainvillea, Zitrusbüschen und Mangobäumen. Der Pater wartet in der Sakristei im weißen Priestergewand. Plötzlich verstummen die Trommeln. Nur das Singen und Lobpreisen tiefer Männerstimmen ist noch zu hören.

Weihnachten auf Fidschi

Der folgende ist der Weihnachtstag, und im Missionshaus wird es lebendig. Mit einsetzender Flut sind Eingeborene von kleinen Nachbarinseln mit ihren Booten gekommen, bringen Körbe und Schalen voller Früchte mit Zitronen, Tomaten, Papayas und Mangos. Das Christfest soll, wie jedes Jahr, gemeinsam gefeiert werden. Immer mehr scharen sich auf geflochtenen Fußmatten um ihren Priester. Lachen, Gespräche, ausgelassene Stimmung bis kurz vor zwölf. Dann versammeln sich etwa 100 Menschen in der Kirche, die aus Holz erbaut und mit traditionellen Ornamenten nach Stammesart geschmückt ist. Es folgen gemeinsame Gebete und vielstimmige Gesänge im Zauber einer warmen Südseenacht. Nach der Messe sitzt man im Missionshaus zusammen. Manche schlafen schon auf dem Fußboden, einige erwarten geduldig die Flut, um mit ihren Booten wieder auslaufen zu können. Am nächsten Morgen soll es zu weit entfernten Inseln gehen, für all jene der gläubigen Schäfchen, die nicht zur Mission kommen konnten, werden dort Gastmessen gelesen – direkt auf dem Strand oder in einfachen Hütten. So hält die Mission Kontakt zu allen Gemeindemitgliedern.

Frohe Kunde

Vorbei an bunt schillernden Korallenatollen geht es mit dem alten Motorsegler über brodelnde Riffketten hinweg, die bedrohlich durch das kristallklare Wasser leuchten. Das erste Ziel wird Nacula im weit abgelegenen Norden der Yasawas. Nach vier Stunden Fahrt läuft das Boot in eine malerische Bucht ein. Am Strand hat sich die gesamte Dorfsippe versammelt, was für ein biblisches Bild!

FIDSCHI

So wie die Haupt- und Hafenstadt Suva auf Viti Levu die wirbeligste Urbanität des Südpazifik vorweisen kann (Gebäude im Kolonialstil, das Fiji Museum, Gouvernment House, Botanischer Garten, Albert Park), sind die 333 Inseln mit über 1000 Kilometern Küstenlänge ein weitgehend perfekt erschlossenes Touristenparadies, das für jeden Geschmack etwas zu bieten hat. Neben den Yasawa-Inseln bieten sich neben der zweitgrößten, Vanua Levu, eine ganze Handvoll Inselgruppen wie die Mamanuca-Inseln, die Lau-Inseln, der Kadavu-Archipel sowie die Lomaiviti-Gruppe an. Dazu kommen als südpazifische *beach playgrounds* die Suncoast und die Coral Coast sowie Pacific Harbour, die Abenteuerhauptstadt der Fidschis (Eigenwerbung) auf Beqa, nur eine Stunde südwestlich der quirligen Metropole.

WEITERE INFORMATIONEN

Tourismusinformation:
www.fiji.travel/de
Fiji Museum in Suva:
www.fijimuseum.org.fj

Auf Fidschi gibt es zwei Arten des Feuertanzes: Den der ursprünglichen Bevölkerung und einen, den einst die nun ebenfalls hier lebenden Inder mitbrachten.

Ozeanien

64 Stevensons »Schatzinsel« – Samoa

Südseetraum und deutsch-kaiserliche Kolonie

Im Dezember 1894 verstarb der Schriftsteller Robert Louis Stevenson auf seiner Trauminsel Samoa. Der Schotte fand auf diesem Südsee-Eiland alles, wovon er in seinem dunklen, kalten Heimatland nur träumen konnte: ein warmes, tropisches Klima, sanftherzige polynesische Lebensart, eine farbenfrohe, leichte Lebenswelt und eine überbordende Vegetation.

Nicht nur der Rainmaker zieht auf Tutuila Abenteurer an. Auch die Südküste mit dem markanten Camel Rock ist sehenswert (unten). Der märchenhafte Lalomanu Beach auf Upolu Island bietet zauberhafte schattige Plätzchen und kühles Nass (rechts oben).

Nach dem Jura-Studium war der junge Stevenson fest entschlossen, Schriftsteller zu werden. Neben Reisebeschreibungen verfasste der Schotte die Abenteurergeschichte *Die Schatzinsel*, die er vollkommen aus der Fantasie heraus konzipierte. Dann heiratete er die wohlhabende Amerikanerin Fanny Osbourne und segelte auf den Spuren seiner Romanhelden tatsächlich in die Südsee.

Treasure Island

1890 ließ sich Stevenson mit seiner Familie auf dem von ihm *Vailima* genannten Berg bei Apia auf Samoa nieder. Dort starb er 1894 im Alter von 44 Jahren. Auf dem Gipfel des Mount Vaea, den er von seinem Fenster aus sehen konnte, wollte er begraben sein. Auf seiner kupfernen Grabplatte steht zu lesen:

»Under the wide and starry sky
Dig the grave and let me lie
This be the verse you crave for me
Here he lies where he longed to be
Home is the sailor home from the sea
And the hunter home from the hill.«

Unten im Tal liegt sein prachtvolles Landhaus, in dem jetzt das Robert Louis Stevenson Muse-

Stevensons »Schatzinsel« – Samoa

TUTUILA, SAVAI'I UND UPOLU

Schon der Anflug auf das Drehkreuz im pazifischen Luftverkehr gerät zum Bildertraum: Tief hängen die Wolken über Pago Pago, der Hauptstadt von Amerikanisch-Samoa auf der Insel Tutuila. Der imposanteste Gipfel, der Rainmaker, lässt sich im Dunst nicht mal erahnen. An klaren Tagen toppt der Berg Matafao mit 702 Metern als höchster vulkanischer Kegel die unwirklich schöne Kulisse. Die Insel Savai'i kann mit ihrem 1858 Meter hohen Vulkanbrocken Silisili protzen, Upolu mit der pittoresken Hauptstadt Apia, die neben den beeindruckenden Markthallen eine Reihe altkolonialer Gebäude und ein bezauberndes Flair vorweisen kann. Sowie natürlich Aggie Grey's, heute ein Sheraton Beach Resort, in dem sich Berühmtheiten wie Gary Cooper, James Michener und viele andere VIPs die Klinke in die Hand gegeben haben.

WEITERE INFORMATIONEN
Tourismusinformation Samoa: www.samoa.travel
Tourimusinformation Amerikanisch-Samoa: www.americansamoa.travel

um untergebracht ist, gleich dahinter brechen sich die azurblauen Wogen der Südsee weißschäumend an den Riffen.

Das Gouvernement der Deutschen
Stevenson erlebte die Hissung der deutschen Kaiserflagge am 1.3.1900 nicht mehr, er hatte sich enthusiastisch für die Belange der Eingeborenen im Kolonialgerangel eingesetzt – und war von den Polynesiern sogar zum Ehrenhäuptling gewählt worden. Geblieben sind Denkmäler sowie Bauten deutscher Gesinnung und Wertarbeit: das Gerichtsgebäude, das Krankenhaus, die Polizeistation. Ebenfalls geblieben sind im Archiv der Nelson-Gedenkbibliothek in der Hauptstadt Apia die gesammelten Jahrgänge der *Samoanischen Zeitung*, die ein gutes Dutzend Jahre deutscher Verwaltungsära dokumentieren, zum Beispiel mit der Meldung vom 5.9.1914: »Am Horizont hatte man fruehmorgens Dampf gesichtet und gehofft, es seien die deutschen Zerstoerer Gneisenau und Scharnhorst. Doch bald darauf gingen vor versammelter Menschenmenge an der Bismarck-Bruecke in Apia britische Offiziere an Land mit einer Uebergabeaufforderung an den deutschen Gouverneur Dr. Schulz. Oberst Logan, der Kommandierende, besetzte ohne Widerstand das Gouverneursgebaeude und gab die militaerische Besetzung Samoas im Namen Koenig Georgs V. bekannt.«

Return to Paradise
Auf der Westseite der Hauptinsel Upolu drehte Gary Cooper einst *Return to Paradise*. Dort reihen sich die Kokospalmen an schneeweißen Stränden, an die das Südseewasser schwappt, gebrochen von Riffen und Sandbänken. Auf dem Weg von Apia dorthin sind die »Sliding Rocks« ein Highlight: 60 Meter tief stürzen hier Wasserfälle aus der grünen Regenwaldhölle in tiefe Schluchten, die unten kühle Süßwasserbecken bilden, in denen sich die Schwüle des schweren Klimas vergessen lässt. Schon um die vorletzte Jahrhundertwende rutschten hier ganze Kriegsschiffbesatzungen in rasender Gleitfahrt die moosbewachsenen Felsen hinunter, um in die metertiefen Wasserlöcher einzutauchen, was bis heute ein samoanisches Spitzenerlebnis ist!

Von oben bekommt man einen guten Überblick über Tongatapu (oben), bevor das Flugzeug auf dem Flughafen Fua'amotu landet. In Tonga hat man die einzigartige Gelegenheit, mit Buckelwalen zu tauchen, hier in einer Holzskulptur festgehalten (rechts unten).

65 Die freundlichen Inseln – Tonga

Ein Königreich im Pazifik

Noch immer liegt das verträumte Königreich Tonga abseits eingetretener touristischer Pfade. Das garantiert Individualreisenden ein paradiesisches Inselerlebnis, für das es Geduld und Zeit braucht. Wer mit dem Rucksack anreist und sich einlassen kann, findet auf einer der rund 200 Inseln ganz sicher seinen ganz persönlichen Robinson-Moment inmitten des Südpazifik.

Die Broschüre des Tourismusbüros von Tonga schwärmt zu Recht von ihren Inselschönheiten: »Irgendwann, wenn dir der Himmel wieder einmal wie frisch gerührter Zement vorkommt und deine Ohren zu schmerzen beginnen, wirst du dir wünschen, zurück auf Tonga zu sein.« Die Vorzüge des zwischen Südamerika und Australien weit versprengten Märchenreichs sind zweifelsohne unbestreitbar. Der wohl kurioseste König der Welt, Tongas König Taufa'ahau Tupou IV. – Drei-Zentner-Mann, Harley-Davidson-Fahrer, Deutschland-Fan und stolzer Besitzer schwarz-weiß gefleckter schleswig-holsteinischer Kühe –, regierte hier bis 2006.

Der Ruf der freundlichen Inseln

Wer über der Hauptinsel des Archipels Tongatapu einschwebt, bekommt schon den ersten Vorgeschmack auf die Schönheit, die ihm auf seiner Reise noch begegnen wird: Leuchtende Riffketten schillern türkisfarben durchs dunkle Blau des Pazifik, sandumringte Inselchen zeigen sich mit postkartenkitschigen Palmen, hier und da dümpeln Boote im Glasklar, verheißungsvoll leuchten in der Ferne Korallenatolle silbrig zwischen Wasser und Horizont als weiße Strandringe. Auf dem Weg vom winzigen Flughafen ins Zentrum von Nuku'alofa, Hauptstadt und Monarchensitz, geht es durch Kopra- und Bananenplantagen zu zünftig deutscher

Die freundlichen Inseln – Tonga

Marschmusik, die an Tongas Missgeschick der 1980er-Jahre erinnert: Paradiesisch sollte es dort sein, immerzu warm und sogar steuerfrei, das hatte der illustre König deutschen Bundesbürgern versprochen, als er die Heimat seines verehrten Vorbildes Otto von Bismarck besuchte. Möglichst viele der fleißigen Deutschen wolle er in sein Inselreich holen, so war es anderntags in der Presse zu lesen, woraufhin sich eine ganze Aussteigergeneration nach Tonga aufgemacht hatte. Ein falscher Eindruck sei da entstanden, musste der Sekretär der Botschaft zurückrudern, denn man konnte sich vor der Masse an landflüchtigen Deutschen kaum mehr retten. Es gebe wenig Arbeit auf den Inseln, bewohnbares Land sei auch knapp und paradiesische Freuden ebenso.

Jenseits von Zeit und Raum

Ein wenig ist die Zeit stehen geblieben auf Tonga. Das Leben ist einfach, die meisten Tongaer sind Selbstversorger und leben von Fisch, Reis, Süßkartoffeln, Südfrüchten und Mais. Mehr als andere pazifische Inselstaaten ist das Inselreich von finanziellen Hilfen Australiens, Neuseelands und Englands abhängig. Nicht wenige Einheimische wandern zwangsweise aus, hauptsächlich nach Neuseeland, um sich als Gastarbeiter zu verdingen. Nicht ohne Grund heißt das Inselreich an der Datumsgrenze auch Königreich der Müßiggänger. *Mahalo pei a pongi pongi* ist allenthalben zu hören, was so viel wie »morgen vielleicht« bedeutet. Die Lebenswirklichkeit der Insulaner verschmilzt wohltuend mit der Idylle, die sich beim Eintauchen in ihre Inselwelten aus farbschillernden Riffketten, Palmenstränden und Bilderbuchbuchten zeigt. In allen Regenbogenfarben ziehen Fischschwärme vorüber, völlig zahm und ohne jegliche Scheu vor den Menschen. Und was für ein Landschaftstraum: Besonders die vulkanischen Vava'u-Inseln im Norden der Tonga-Gruppe mit ihren romantischen Berglandschaften sowie die noch wenig erschlossenen Koralleneilande der Ha'apai-Gruppe bilden die Kulisse einer längst vergangenen polynesischen Pazifikwelt. Hierher ins Abseits des riesigen Archipels gelangen nur selten Besucher, die auf Tongatapu, der Hauptinsel, in Nuku'alofa, dem putzigen Inselhauptstädtchen (übersetzt: »der Ort der Liebe«), per Flugzeug ankommen – und meist auch nur dort bleiben, ohne zu ahnen, was sie verpassen.

ROBINSON-TRAUM

Viele der Inseln sind unbewohnt, und wer sucht, der findet mithilfe Einheimischer garantiert so einen Schatz. Mit anderen braucht man seine Paradiesinsel nicht zu teilen. Abenteuerlustige können für ein paar Dollar ein Boot mieten und sich dort absetzen lassen, um einen ganz privaten Robinson-Crusoe-Traum zu erleben. Wer es richtig macht, kommt nicht nur als *day tripper*, sondern packt Proviant für einige Tage, Frischwasser, Angelzeug und Schnorchel ein sowie eine Hängematte, die, zwischen Palmen gespannt, das beste Nachtlager unter Tongas funkelndem Sternenhimmel bietet. Nicht zu vergessen überlebenswichtige Moskitonetze und ausreichend Spray gegen die Quälgeister, um gut gerüstet durch die Welt der Korallenatolle zur »eigenen« Insel zu tuckern – auf den Spuren der frühen Entdecker und Seefahrer wie Cook, Bligh und Bougainville vor langer Zeit.

WEITERE INFORMATIONEN
Ministry Of Tourism:
www.tourismtonga.gov.to
Weitere Tourismusinformation:
www.tongaholiday.to

Ozeanien

66 Der Himmel auf Erden – Die Cookinseln

Das Land der 71 Götter

Ein Bewohner der Cookinseln kennt 71 Götter und zwölf Himmel – fünf sind über der Sonne, sieben darunter. Ein Besucher der Cookinseln ist dagegen mit einem Himmel zufrieden: Wer in Rarotonga, der Hauptinsel, gelandet ist, fühlt sich schnell heimisch im Himmel auf Erden. Blumenkränze werden um den Hals gelegt und verstäuben einen Duft, wie er wohliger und exotischer nicht sein kann.

Nicht oft ist es so ruhig auf der Mini-Insel One Foot Island, die von vielen Ausflugsschiffen angesteuert wird, aber die Strände sind traumhaft (unten). Auf Rarotonga und anderen Cookinseln werden für Touristen oft Hula-Tänze aufgeführt (rechts oben).

Warme, saubere Luft umschmeichelt den Körper. Und freundliche Menschen lachen einen allerorten an. Der Autovermieter am kleinen Airport erklärt: »Den Schlüssel können Sie immer stecken lassen. Aber parken Sie das Fahrzeug nie unter einer Kokospalme!« Als ob einer der 71 Götter seine Macht demonstrieren möchte, donnert keine zehn Sekunden später und keine 20 Meter weiter eine große grüne Kokosnuss dumpf ins Gras und hinterlässt zur Erinnerung einen kleinen Krater. *Kia orana* heißt nicht nur »Guten Tag«, sondern auch »Mögest du lange leben«.

Der Himmel auf Erden ist kreisrund, fast vollständig von einem Riff umsäumt und mit 30 Kilometern Strand gesegnet. Dem schönsten Strand auf Rarotonga, Muri Beach, vorgelagert geben die vier Inseln Tapu, Oneroa, Koromiri und Taakoka ein Klischeebild der Südsee ab. Der Ozean am Horizont senkt sich dunkelblau ins Nichts und die immergrünen Faltenberge ragen bis in die weißen Wattewolken hinauf. Für zuziehende Ausländer wurde wohl deshalb ein Riegel vorgeschoben: Land darf an keinen Ausländer verkauft werden. Maximal 60 Jahre Pacht sind möglich.

Der Himmel auf Erden – Die Cookinseln

Chef ist der Inselkönig ...

Das gilt auch für die Insel Aitutaki, wo jede Familie ihr Stück Land besitzt und die Lagune allen gehört. Was nach idealer Besitzverteilung und Südsee-Sozialismus klingt, ist in der Realität Monarchie. Sie sorgt dafür, dass eine der schönsten Inseln des gesamten Südpazifik kein Spielball der Begierde von großen Hotelketten wird. Das Geld fließt direkt in die Kassen der Familien, die die Lodges betreiben. Die vier *araki*, die Insel-Chefs, werden nicht gewählt. Ihr Ehrenamt wird vererbt, die Krone traditionell aus einer Kokosnuss geschnitzt.

Auf One Foot Island, eine der rund 20 Inseln, die zum Aitutaki-Atoll gehören, ist am meisten los: Täglich setzen Dutzende von Leuten ihren Fuß in den Sand dieses für einen Inselwitz als Vorlage durchaus tauglichen Eilands. Jede *lagoon cruise* macht dort halt.

Der erste Europäer, der Aitutaki betrat, war 1789 Captain William Bligh, Kommandant des berühmten Dreimasters »Bounty«. Wen wundert es, dass nur wenige Tage nach dem Besuch im bezaubernden Paradies von Aitutaki die Mannschaft meuterte.

... oder der deutsche Buchhalter

Nach einer Visite auf Atiu wäre das Bligh wahrscheinlich nicht passiert. Atiu ist auf den ersten Blick enttäuschend: kein Atoll, keine Lagune, zunächst wenig Südsee-Feeling. Erst nach ein paar Tagen ändert sich der Blick. Abschied von der Postkarten-Südsee, Erleben des Südpazifik-Alltags. Durchschnittlich wird Atiu jeden Tag von drei Touristen besucht. 575 Leute wohnen auf Atiu, alle im Inselinneren, weil kein Riff gegen Unwetter schützt. Sie brauen Bier aus Orangen und bauen einen hervorragenden Kaffee an. Von Mitternacht bis fünf Uhr gibt's keinen Strom, doch der deutsche Buchhalter der Insel hat trotzdem einst seinen 92-jährigen Schwiegervater nach Atiu geholt, weil ihm die echte Südsee nach mehreren Besuchen besser gefallen hat als das Altersheim im grauen Deutschland.

Natürlich hat Atiu Strände, zwölf Stück, jedoch alle so flach, dass man nur plantschen kann. Aber wenn man einen besetzt hat, kommt niemand dazu. An diesem Tag gehört einem der Strand alleine, mit all den Muscheln, die es anderswo gar nicht mehr anschwemmt.

AKAIAMI

Ganz alleine auf einer Insel nächtigen, pure Südsee-Atmosphäre genießen für gerade mal rund hundert Euro in einer zweckmäßig eingerichteten Lodge. Abends weht ein laues Lüftchen, der Mond geht auf und steht bald rund und hell am Himmel. Die ersten Sterne funkeln in der Lagune von Aitutaki – und es ist kein Laut zu vernehmen. Die Insel Akaiami ist unwirklich schön. Da müsste man die Zeit anhalten können.

Frühmorgens, beim ersten Eintauchen in der Lagune, kann es passieren, dass man tellergroße Rochen aufweckt, die noch im flachen Wasser unterm Sand schlummern. Und wer bunte Badekleidung trägt, wird von manchem Zierfischlein als neues Riff akzeptiert. Zwischen den wie Fächerkorallen sich im Wasser hin und her wiegenden Falten der Shorts ist schließlich ein guter Platz zum Verstecken ...

WEITERE INFORMATIONEN

Tourismusinformation:
www.cookislands.travel
Koka Lagoon Cruises:
www.kokalagooncruises.com

An der südlichsten Spitze Bora Boras liegt der knapp zwei Kilometer lange, strahlendweiße Matira beach, Nobelunterkünfte inklusive (oben). Im klaren Wasser vor der Insel lassen sich Haie und Barrakudas bestaunen (rechts unten).

67 Eine Insel zum Verliebtsein – Bora Bora

Aus einem Vulkan geboren ...

Singles sind auf Bora Bora in der Minderheit. Der Traum von Flitterwochen mitten im Südpazifik, weit weg von jeder Zivilisation ist für die vielen Paare, die Hand in Hand über die langen Sandstrände schlendern, Wirklichkeit. Sie genießen das Panorama der hochaufragenden Vulkanberge Otemanu und Pahia, die tropische Vegetation, das türkisklare Wasser und das romantische Ambiente der Stelzenbungalows in der Lagune.

Das Atoll mit langen weißen Sandstränden an der türkisfarbenen Lagune und auf den *motus* genannten Riffinseln rund um das Hauptteiland gehört zu den Traumzielen im Südpazifik. Der Vulkan, der das Eiland einst aus dem tiefblauen Ozean gehoben hat, ist schon lange nicht mehr aktiv. Bora Bora gehört zu den 13 größten Gesellschaftsinseln, der wichtigsten Inselgruppe von Französisch-Polynesien. Papeete, die Hauptstadt des französischen Überseegebiets, liegt auf Tahiti. Von dort dauert der Inselhüpfer mit den kleinen Flugzeugen von Air Tahiti, die auch auf dem Motu Mute – dem Miniflughafen von Bora Bora – landen können, noch eine knappe Stunde. Ein Boot bringt Urlauber von dort zur Hauptinsel oder direkt zu ihrem Hotel auf einem der *motus*.

Südseeparadies mit kriegerischer Vergangenheit

Vaitape heißt die kleine Inselkapitale, in der gut die Hälfte der etwa 9000 ständigen Einwohner von Bora Bora leben. Hier findet man Supermärkte, Souvenirläden, Banken, Post und Anleger für die Minifähren zu den *motus* und die Beiboote der Kreuzfahrtschiffe, die regelmäßig die Bucht anlaufen. Die buchtenreiche Hauptinsel ist neun Kilometer lang und nur fünf Kilometer breit. Eine schmale Ringstraße zieht sich 32 Kilometer um das dicht von tropi-

Eine Insel zum Verliebtsein – Bora Bora

scher Vegetation bewachsene Eiland. Nur wenige Wanderwege durchziehen den grünen Dschungel im Inneren, der Aufstieg zum Gipfel des 728 Meter hohen Otemanu ist zu gefährlich. Das leicht poröse Basaltgestein könnte zerbröckeln.

Die Lagune, deren Wasser je nach Sonne und Wolken in allen Blau- und Grüntönen schimmert, und der sie umgebende Kranz flacher kleiner *motus* mit ihren schneeweißen Stränden und den luxuriösen Resortanlagen mit Bungalows auf Stelzen sind das Ziel der meisten Urlauber, die nicht wenig für einen Aufenthalt im tropischen Traumambiente anlegen müssen. Die Insel war während des Zweiten Weltkriegs Militärstützpunkt und wichtige Versorgungsbasis der US-Navy im Kampf um die Pazifischen Inseln gegen die Japaner. Fast 7000 Soldaten waren auf der tropischen Insel stationiert und konnten später zu Hause von dem paradiesischen Eiland berichten. Einige alte Kanonen, die allerdings nie zum Einsatz kamen, erinnern an die unseligen Zeiten.

Die Perle des Pazifik

Auch wenn die Floskeln vom Tropenparadies und des von James Cook als »Perle des Pazifik« geadelten Eilands abgegriffen erscheinen, zeigt sich Bora Bora über und unter Wasser von seiner schönsten Seite als wahrer Südseetraum wie aus dem Katalog. Schnorchler und Taucher können stundenlang die Korallengärten mit bunter Fischvielfalt unter der Wasseroberfläche erkunden. Sanfte Napoleon-Lippfische schwimmen unbehelligt an ihnen vorbei, Mantarochen scheinen ein Unterwasserballett aufzuführen, eine Wolke buntschimmernder Tropenfische nähert sich, aus der Ferne beäugt von vereinzelten scheuen Riffhaien, die sich ihre Beute eher unter kleinen Fischen, Kraken und Garnelen suchen. Wer seine Unterkunft in einem der zahlreichen Stelzenbungalows gebucht hat, die an wie Finger von den *motus* in die Lagune hineinragenden Stegen liegen, kann direkt von seiner Terrassenliege in das warme Wasser der Lagune hineingleiten und sich dem Treiben unter Wasser hingeben. Akustisch begleitet vom Rauschen der Palmen auf dem *motu* und dem beruhigenden Plätschern der Wellen an den Pfahlbauten. Spätestens jetzt verschmelzen Traum und Wirklichkeit endgültig miteinander. Wenn Bora Bora nicht das Paradies selbst sein sollte, kommt es ihm zumindest sehr nahe.

BORA BORA PEARL BEACH RESORT

Von hier genießt der glückliche Urlauber den Blick von den Stelzenhäusern in der Lagune auf die beiden Basaltkegel des erloschenen Vulkans. Die Anlage liegt auf Motu Te Vairoa, eine kurze Bootsfahrt von 15 Minuten von Vaitape auf der Hauptinsel entfernt. Die im polynesischen Stil erbauten und mit Schilf gedeckten Häuschen liegen in einer tropischen, mit Palmen und Blumen bewachsenen Gartenanlage, am Strand oder als Stelzenbungalows über lange Stege erreichbar in der Lagune.

Geboten sind: drei Restaurants mit polynesischer, asiatischer und internationaler Küche, Fitnesscenter, T'vai Spa mit Massagen, Sauna, Tattoostudio, dazu Tauchbasis, Tennis und diverse weitere Sportangebote im Wasser und an Land.

WEITERE INFORMATIONEN

Bora Bora Pearl Beach Resort & Spa:
www.boraborapearlbeachresort.com
Tourismusinformation:
www.tahititourisme.de

Ozeanien

68 Traum-Atolle im Pazifik – Tuamotu-Archipel

Eine Reise mit dem Schiff durch ein Reich an Inselchen

Ab Papeete, Tahiti, gibt es zweiwöchentlich eine Traumreise an Bord des Passagierfrachters »Aranui« zum Tuamotu-Archipel und noch viel weiter – durch die Marquesas. Nach zwei Wochen ist die Ladung auf rund zwei Dutzend Inseln gelöscht und der Dampfer in Papeete zurück. Wer wenig Zeit hat, nimmt zurück den Flieger, was den Vorteil hat, das Paradies der Inseln und Atolle aus der Vogelperspektive zu sehen.

Rangiroa wird auch Ra'iroa genannt – »weiter Himmel« – und das ganz zu Recht (unten). Mit dem Kreuzfahrtschiff bekommt man einen guten Überblick über die Inseln, aber mit dem Fahrrad erkundet man sie im Detail ganz auf eigene Faust (rechts oben).

Während zwei Liebherr-Bordkräne unermüdlich schwere Fracht an Deck hieven, die ihnen ein halbes Dutzend Gabelstapler brummend an die Haken liefern, lehnen die Schiffsreisenden erwartungsfroh an den Relings, bis sich das tropische Dunkel abrupt über die Hafenszene stülpt. Skurril stehen Tahitis Dschungelberge dann als Schattenriss um Papeete. Die Trossen fallen, als auf der nahen Landebahn donnernd ein Airbus niedergeht, aus einer fernen Welt, dann wird der letzte Zipfel der Zivilisation schnell kleiner. Rund 4000 Kilometer Südsee hat der moderne Passagierfrachter, der seit Jahrzehnten die Versorgung des abgelegenen Tuamotu-Archipels und der Marquesas sichert, jetzt vor sich. Mit 5200 PS und zwölf Knoten arbeitet sich die »Aranui« durch die Nacht, Kurs Nord-Nordwest. Bis am nächsten Abend die ersten der flach wie Pfannkuchen im Ozean schwimmenden Atollgebilde im Königsblau auftauchen. Zum Glück ist die Brücke der »Aranui« vollgestopft mit modernster Technik, mit Radar, Autopilot, Funk und Computern. Dem Kapitän scheint jeder Meter, über den sein Schiff steuert, persönlich bekannt.

Traum-Atolle im Pazifik – Tuamotu-Archipel

Inselmeer

78 dieser ringförmigen, winzigen Gebilde zählt der Tuamotu-Archipel, der sich auf einer Wasserfläche von der Größe Westeuropas verbreitet. Nur die Hälfte der Atolle, die nicht viel mehr als zwei Meter aus dem Ozean ragen, ist bewohnt. Meist setzen sie sich aus einer Vielzahl kleiner Inselchen zusammen, die sich ringförmig um riesige Lagunen ziehen, deren größte, die der Hauptinsel Rangiroa, im Durchmesser 65 Kilometer misst.

Im letzten Lichtglanz des Horizonts zeigen sich platt wie Flundern Kaukura, Toau, Apataki und Aratika. Die Nacht wird der Frachter in respektvoller Entfernung vor Takapotos Riffgürteln verbringen, um einem Auflaufen zu entgehen. Ein purpurnes Feuerwerk aus glühenden Wolkentürmen, die, thermischen Gewittern gleich, vor dunklen Schichten explodieren, verkündet den neuen Tag. Während die Kräne die Lastenbarge schon mit Stapelfracht beladen, besorgen zwei Walboote das Ausbooten der Passagiere zur Mole, wo das erste Landungsmanöver in heftiger Brandung einen Vorgeschmack gibt.

Takapoto – Korallenatoll mit Traumlagune

Takapoto bietet Postkartenkitsch pur: Türkis, Smaragdgrün und Ozeanblau sind die Farben, schneeweiß gerahmt vom gleißenden Korallensand seiner Traumlagune. Mit im Bild bunte Fischerboote. Am Strand ragt eine endlose Reihe schlanker Kokospalmen empor. Nach Schnorcheln und Schwimmen ist ein polynesisches *pae pae* angesetzt, mit Gesang und Tanz, duftenden Blumenkränzen, gebratenem Hühnchen und Schwein sowie fangfrischem Grillfisch. Alle drei Wochen geben die Insulaner ihre Vorstellung. So oft gibt es Abwechslung in ihrem Mikrokosmos am Ende der Welt. Wie lange braucht eine Ansichtskarte von diesem Weltenzipfel nach Hause? »Une semaine«, behauptet die Postfrau. Nur eine Woche? Ach ja, auch Takapoto ist irgendwie Europa, schließlich haben die Bewohner französische Pässe. Auf dem Weg durch luftige Palmenhaine offenbaren sich Satellitenschüsseln zwischen fetten Nestern von Kokosnüssen über den Dächern schmucker Bungalows am Strand. Viel zu schnell vergeht dieser Inseltraum, der zu den schönsten im Stillen Ozean zählt.

ROBERT LOUIS STEVENSON

Über die sogenannten »niedrigen Inseln« schrieb Robert Louis Stevenson in *Der gefährliche Archipel*: »Auf Karten ist kein Verlass mehr, ja, so zahlreich sind die Inseln, so groß ist die Ähnlichkeit, die zwischen ihnen herrscht, dass man, selbst wenn man irgendeinen Punkt genau identifiziert hat, mitunter um keinen Grad klüger ist. Der Ruf, der dieser Gegend vorausgeht, ist daher der denkbar schlechteste; Versicherungsgesellschaften schließen diesen Bezirk in ihren Policen ausdrücklich aus, und mein Kapitän wagte sich nicht ohne Besorgnis in diese Gewässer hinein.« Als der Autor der *Schatzinsel* 1888 in den gefährlichen Untiefen herumkurvte, hielt er fest: »Inseln sahen wir die Fülle, aber sie waren vom Stoff, aus dem die Träume sind, und schwanden im Handumdrehen dahin, nur um an anderer Stelle wieder emporzutauchen.«

WEITERE INFORMATIONEN

Tourismusinformation:
www.tahititourisme.de
Schiffsreisen von Papeete aus:
www.aranui.com

Auf Fatu Hiva kann man bis zur Hana-Vave-Bucht wandern und wird mit einem eindrucksvollen Blick über die einmalige Landschaft belohnt (oben). Auf den Marquesas wird Kopra, das getrocknete Fruchtfleisch von Kokosnüssen, per Hand hergestellt (rechts).

69 Eine zackige Inselwelt – Die Marquesas

Paul Gauguins Endstation

Einen der frappierendsten Eindrücke des Stillen Ozeans bieten die Marquesas, wohin das französische Malergenie Paul Gauguin 1901 aus Papeete geflüchtet war, weil ihm Tahiti damals schon viel zu zivilisiert erschien. Einige seiner schönsten Südseemotive entstanden hier. Heute ist sein Grab auf dem Friedhof von Atuona ein viel besuchter Pilgerort.

Nach dem Einbooten lichtet die »Aranui« sofort ihre Anker. Noch 36 Stunden bis zu den Marquesas. Noch lange ziehen draußen Atolle wie schwimmende Scheiben vorbei. Am nächsten Morgen ist es so weit: Bizarre Gebirgsskulpturen tauchen aus frühem Dunst, dräu und gewaltig wie die Felsen des Nordkaps. Mahalo, mit Tätowierungen auf Armen und Beinen, steht neben der Brücke. Als er das Fernglas absetzt, spricht der wortkarge Matrose, der seit 21 Jahren an Bord ist, nur zwei Silben: »ua pou«, die Zackige.

Felstürme und Kuppeln aus Stein

Riesige Basaltsäulen, die himmelwärts streben, bringen die Insel so beeindruckend wie ein turmbewehrtes Kirchenschiff aus der See, was den belgischen Chansonnier Jacques Brel zu seinem Liebeslied an die Marquesas, *La Cathédrale*, inspirierte. Beeindruckende Formen von Eruptivgestein brechen aus einer grün strotzenden Dschungellandschaft. Obeliske wie der Mont Oave (1203 Meter) – der Zuerstgrüßende –, der Poutetainui (970 Meter) – der hohe Große –, der Poumaka (979 Meter), von mutigen Alpinisten bereits bestiegen.
Die Marquesaner zählten zu den gewalttätigsten der für wilde Menschenfressereien berüchtigten Südseeinselbewohner, was das Schicksal der Mannschaft eines vor Ua Pou ausgeplünderten englischen Schiffes belegt, die hier im Erdofen zum Festschmaus langsam herangarte.

Ozeanien

Die Marquesas-Tattoos kamen mit den Seeleuten aus Polynesien einst nach Europa (unten). Allerlei Souvenirs im Gauguin-Stil werden auf Hlva Oa angeboten (ganz unten). In der Anaho bay auf Nuku Hiva findet sich ein großes Korallenriff (rechts oben).

Bei Pae Pae Tata Rosalies, die hoch betagt manchmal noch selbst in der Küche steht, kommt Langschwein (Menschenfleisch) jedoch nicht aufs Büfett. Auch wenn es ihren Vorfahren als besonderer Leckerbissen galt.

Die Kannibalen von Taipivai

Nach einer Reise durch die Nacht erwacht das Schiff am nächsten Morgen fest vertäut an der Hafenmole in Taiohae vor Nuku Hiva, dem Sitz der katholischen Kirche und der französischen Verwaltung. »Die Bucht von Nukuhiwa, in der wir damals lagen«, schrieb Herman Melville in seinem Roman *Taipi* im Jahr 1842, »ist hufeisenförmig. Von unserem Schiff aus gesehen, das in der Mitte der Bucht vor Anker lag, wirkte sie wie ein riesiges natürliches Amphitheater, das in Verfall geraten und mit wild rankenden Pflanzen überwachsen ist, und die tiefen Schluchten, die sie zerfurchten, ähnelten ungeheuren, durch die Verwüstungen der Zeit entstandenen Rissen.« Neben Melvilles Walfischfänger lagen bereits französische Kriegsschiffe vor Anker. Er lässt seinen Romanhelden desertieren und schildert dessen abenteuerliches Überleben bei den gefürchteten Taipi-Kannibalen im Taipivai-Tal. Der Blick von Nuku Hivas Bergkämmen hinunter zeigt auch heute noch, was der einst sah: den Fluss, der sich durch ein Naturparadies aus fruchtbaren Gärten hindurchschlängelt, umgeben von wilder Vegetation und steilen Berghängen. Staunend stellt Melvilles Protagonist fest: Niemand muss hier arbeiten. Üppig sorgt die Natur für schmackhafte Früchte, die den Eingeborenen geradezu in den Mund wachsen, für klares Wasser, Fische und Schweine, mit etwas Glück auch für Langschweine.

Endstation Sehnsucht

Als die »Aranui« die Taipivai-Bucht verlässt, steht die mächtige Silhouette Nuku Hivas shakespearehaft im blauschwarzen Himmel. Endlich läuft der Frachter in die heiß ersehnte Bucht von Atuona auf Hiva Oa ein. Gebirgsketten ziehen sich auf über tausend Meter, zahlreich sprudeln Bäche aus dem Inneren einer blühenden Oase, gewaltige Schluchten prägen eine Landschaft, die sich aus drei explodierten Vulkanen vor Jahrmillionen formte. Hierhin also hatte sich der französische Maler Paul Gauguin geflüchtet, hier also kreierte er seine letzten Südseeimpressionen, bevor ihm 1903 Alkoholexzesse und die Syphilis ins Grab brachten, was dem Friedhof von Atuona heute

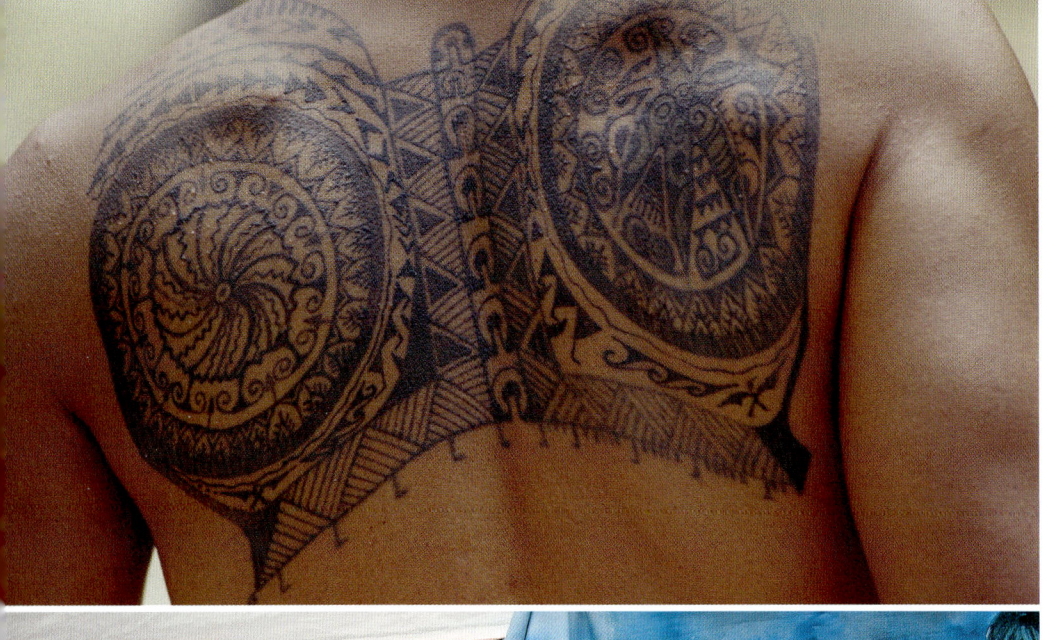

Eine zackige Inselwelt – Die Marquesas

zahlreiche Besucher aus aller Welt beschert. Seit 1976 ruht wenige Gräber weiter Jacques Brel. In der Brel-Gedenkstätte steht sein Flugzeug, gleich daneben eine Replika von Gauguins *Haus der Freuden*. Dort hatte der Maler seinem lustbaren Lebenswandel gefrönt, mit sehr jungen Polynesierinnen, was den Bischof von Atuona derart aufbrachte, dass die katholische Verwaltung das Original verbrannte. Nach Hiva Oa stehen die winzigen Küstenorte Vaitahu und Hapatoni in Tahuata, der kleinsten bewohnten Insel der Marquesas, auf der Lieferliste der »Aranui«. Vielstimmig und wehmütig wehen von dort polynesische Kirchgesänge aus den Sonntagsmessen zum ankernden Schiff, dessen Mannschaften ungerührt Frachtgüter aus den Ladeluken bringen. Nach der ersten Reisewoche wird es noch viele Ladestopps und Landgänge geben.

Unwirklicher Inseltraum

Natürlich gibt es auch einen Halt auf Ua Huka, der Insel der Wildpferde, Reiter und Bildhauer. Dann erneut auf Hiva Oa, wo im Puamau-Tal die Tiki-Götzen, megalithische Steinkolosse, als Zeugen kannibalischer Festmahlsgelage auf tuffsteinernen Plattformen im Dschungel stehen, als wäre keine Zeit vergangen. Und die »Aranui« macht auch halt auf Nuku Hiva in der Bucht vor Hatiheu, die mit ihren filmreifen Felsformationen der nächste *Herr der Ringe*-Drehort werden könnte. Zum ganz besonderen Erlebnis gerät Fatu Hiva: Über acht steile Kilometer führt die Trekkingtour mutige Landgänger von Omoa aus über den Pass tausend Meter hoher Gebirgskämme durch wildzerklüftete Landschaften bis zur nächstfolgenden Bucht, nach Hana Vave. Angenehme Kühle gibt es so weit oben, und Ausblicke vom Feinsten: weiß schäumende Buchten in der Tiefe und ringsum endlos das Blau des Pazifik. Hier heißt es Abschied nehmen von der märchenhaften Welt einer der letzten Naturgärten der Erde; als sich die Sonne senkt, stehen die Insulaner am Strand und blicken stumm dem Schiff hinterher von ihrer Dschungelbühne aus hochaufragenden Felsskulpturen, sprudelnden Flüssen und rauschenden Wasserfällen, mächtigen Brotfrucht- und leuchtenden Flamboyantbäumen inmitten fetter Palmenwälder.

THOR HEYERDAHLS EXPERIMENT

Fatu Hiva diente Thor Heyerdahl als Versuchslabor für sein »Zurück zur Natur«-Experiment. Hierher zog es 1936 den Forscher, der zusammen mit Ehefrau Liv für ein Jahr lang unter Verzicht aller Zivilisationshilfen lebte. »Wir fanden die vielfältigste Landschaft, die wir je gesehen hatten«, schreibt der Norweger, der durch seine späteren Expeditionen Kon-Tiki und Ra Weltruhm erlangte, in seinem Buch *Fatu Hiva*. »... friedliche Bergkuppen und Hügel auf welligen Ebenen, durchschnitten von wilden Schluchten und tiefen Spalten, während im Hintergrund ständig Klippen und Türme aufstiegen. Die Schluchten waren mit feuchtem, undurchdringlichem Dschungel gefüllt.« Für die Heyerdahls wurde das Paradies zur Hölle. Sie litten an schlimmen Eiterbeulen, Moskitos und Skorbut: »Mittlerweile warteten wir in unserer Hütte nur noch auf ein Schiff, das uns von der Insel wegbringen sollte.«

WEITERE INFORMATIONEN

Tourismusinformation:
www.tahititourisme.de
Schiffsreisen von Papeete aus:
www.aranui.com

Ozeanien

70 Tanz auf dem Vulkan – Hawaii

Surferparadies mit heißem Kern

Hawaii ist mehr als nur Waikiki. Hawaii ist wie eine Urgewalt. Auf Big Island dominiert der größte Vulkan der Welt, fließt die Lava knallrot und träge in den Pazifik. Auf Kauai bezaubert die atemberaubendste Küste weltweit. Und während auf Maui alles etwas ruhiger ist, knallen mächtige Wellen an die Strände Oahus, als wären sie von Monsterhand getrieben.

Makena Beach auf Maui erstreckt sich über eine Länge von 2,4 Kilometer und ist auch als »Big Beach« bekannt (unten). Die Hanakapiai-Wasserfälle auf Kauai kann man nur zu Fuß vom drei Kilometer entfernten Hanakapiai-Strand erreichen (rechts).

Es sind Monster. Unvermittelt zeigen sie ihre Zähne. Manchmal haben die schweren Brecher an der Nordküste von Oahu sogar schon nichtsahnende Strandspaziergänger geholt. Und nicht umsonst bekreuzigen sich die weltbesten Surfer und werfen Blumen ins Wasser, bevor sie für einen Ritt auf den höchsten Wellen der Welt aufs Board steigen. Den haushohen Wasserfall im Rücken, schießen sie mit 50 Kilometern pro Stunde der Küste entgegen. Da bleibt mit weichen Knien am Strand zurück, wer nicht zu den Surfprofis zählt. Surfen im Norden Oahus ist ein Tanz auf dem Vulkan, ist ein Spiel mit der Urgewalt des Meeres.

Die Wellen von Waikiki sind Schaumröllchen dagegen. »Wir bringen jeden in der ersten Unterrichtsstunde auf dem Brett zum Stehen«, verspricht eine Surfschule direkt am Strand. Das scheint den Versuch wert zu sein. Aber vor dem Spaß muss jeder Schüler vor allem eins: paddeln, und zwar gegen die Kraft der Wellen. Kein Wunder, dass echte Surfer die klassische V-Figur mit segmentierten Bauchmuskeln haben. Der Surflehrer ist so ein Athlet, dreht flugs das Board in die passende Welle: Ich rudere, was das Zeug hält, spüre, wie mich die Welle erfasst, mich hinausdrückt zum Strand. Jetzt das Board festhalten, mit beiden Händen,

Ozeanien

Feuertänze sind in ganz Polynesien verbreitet (unten). Auf Bootstouren vor Big Island lässt sich gut beobachten, wie die Lava in den Pazifik fließt (ganz unten). Auf Kauai lockt der natürlich Pool Queens Bath bei Ebbe zum Bad (rechts oben).

dann aufstehen. Beim zehnten Mal klappt's – ein Gefühl, wie es wohl David hatte, als er Goliath besiegte.

Ein bisschen Kitsch muss sein

Honolulu ist das Manhattan der Südsee, die einzige Großstadt im Archipel, die zudem den wohl bekanntesten Strand der Welt ihr Eigen nennen darf. Und morgens ist Waikiki auch noch richtig schön. Das Meer glitzert im klaren Licht und der Strand gehört ein paar wenigen Frühaufstehern. Dahinter erhebt sich eine Mauer von Hotels und am Ende der Bucht der Diamond Head, ein erloschener Vulkankrater. 1901 entstand das erste große Strandhotel, das Moana Surfrider, dem 1917 das Halekulani folgte, 1927 kam der türmchengekrönte rosafarbene Palast »Royal Hawaiian« im spanisch-maurischen Stil dazu. Der Mai Tai auf der Terrasse plus Sonnenuntergang mit orange-violett gefärbtem Himmel und dem kitschig mit Fackeln untermalten Setting ist einfach fantastisch. Honolulu ist für Oahu wie ein i-Tüpfelchen. Das passt zusammen wie der Mai Tai mit der Kirsche obendrauf.

Der schlafende Riese

Maui ist eher eine ruhige Insel, gediegen und vollgepackt mit tollen Hotels. Alles ist genau dort, wo es hingehört. Es ist sozusagen »mauisiert«. Papierschnipsel sind im Mülleimer, Geldscheine auf der Bank, Touristen in den Hotels und der hawaiianische Wohlstandsbauch steckt im Wickelrock. In einem »Grand Wailea« kann man schon einen Topurlaub machen, aber letztlich ist vieles austauschbar. Was aber nicht für das Revier der Windsurfer bei Ho'okipa gilt und noch weniger für den Haleakala: Mit 3055 Metern Höhe, 32 Kilometern Kraterumfang und 800 Metern Kratertiefe gehört dieser schlafende Riese zu den mächtigsten Vulkanen der Welt. 1790 hatte er seinen letzten Ausbruch. Ob bei Sonnenaufgang, bei den folgenden durchaus frischen drei Stunden Downhill Biken oder einer ausführlichen Tageswanderung im Krater: das Haus der Sonne – so heißt der Haleakala auf Deutsch – lässt keinen kalt …

Die 3-D-Küste

Das gilt auch für Kauai. Als wäre die Na Pali-Küste nach Maß angefertigt und liebevoll modelliert worden … Na Pali – das ist großes 3-D-Format. Was übersetzt schlicht »Klippen« heißt, besucht man am besten nicht nur ein-

Tanz auf dem Vulkan – Hawaii

DER ERFINDER DES SURFENS

Eine Statue sollte man auf Hawaii nicht einfach schnöde außer Acht lassen: die von Paoa Kahanamoku, den sie alle nur Duke nennen, in Waikiki. Er gilt als Vater des modernen Surfsports. Schon Anfang des 20. Jahrhunderts soll er mit seinem 50 Kilo schweren Board aus Koa-Holz auf einer zehn Meter hohen Welle fast zwei Kilometer weit gesurft sein. Zu dieser Zeit hatte kaum jemand außerhalb Hawaiis vom Surfen gehört, weder in Kalifornien noch in Australien, obwohl schon James Cook 1778 voller Begeisterung über das Wellenreiten auf Hawaii berichtet hatte. Duke kannte man als Schwimmer, weil er bei den Olympischen Spielen 1912 Gold und Silber gewann. Und als man ihn nach seinen Hobbys fragte, antwortete er: »Surfen!« Und keiner wusste, was das ist, dieses Surfen …

WEITERE INFORMATIONEN

Tourismusinformation:
www.hawaii-tourismus.com
Moana Surfrider Hotel:
www.moana-surfrider.com

mal, sondern dreimal. Zuerst zu Fuß: Der Kalalau Trail ist die Kurzversion und führt in drei Stunden gemütlichen Schrittes zum Hanakapiai-Strand. Dem Blick vom Land folgt der vom Boot aus: eine wackelige Angelegenheit und im übertragenen Sinne sogar umwerfend. Beim Helikopter-Flug kommen die bizarren Falten der Klippen, die bis obenhin dicht grün bewachsen sind, allerdings am besten zur Geltung. Drei Tage, drei Touren, drei völlig unterschiedliche Perspektiven auf Mutter Naturs Meisterstück der Kategorie Küste. Wenngleich auch die wilde Barking Sands Bay und Hanalei, die Sichelbucht im Norden, zu den schönsten Plätzchen des Archipels gehören. Barking Sands hat zwar äußerst turbulente Strömungen und selbst gute Schwimmer sollten ohne Brett nie den Boden unter den Füßen verlieren, aber es ist der einzige Platz, an dem man mit Blick auf die Na Pali-Küste surfen, wo man Urgewalten bezwingen und Urschönheit bewundern kann.

Das glutheiße Spektakel

Save the best for last: gemeint ist Big Island und der Hawai'i-Volcanoes-Nationalpark. Kein Mensch lässt sich die fließende Hitze der Lava und den größten Vulkan der Welt bei einem Besuch der Insel entgehen. Addiert man die 4205 Meter sichtbare Höhe des Mauna Kea mit den 5500 Metern Sockel, die im blauen Pazifik verschwinden, ist der Vulkan sogar der größte Berg der Welt. Zusammen mit dem nur 38 Meter kleineren Mauna Loa bedeckt der Mauna Kea fast drei Viertel von Big Island. Beide Vulkane gehören zu den aktivsten weltweit, besonders der Kilauea, der ein Nebenkrater des Mauna Loa ist.

Es ist stockdunkel. Und trotz der dicken Sohlen fester Bergsteigerstiefel spürt man die durchdringende Hitze, während die Augen versuchen dieses Naturspektakel zu verarbeiten, aber das Kleinhirn irgendwie nicht alles so gut wie sonst verarbeiten kann. Die rot glühenden Lavamassen, die im nachtschwarzen Ozean verschwinden, die Hitze von unten, die Frische der Nacht, die weißen Dampfwolken sind – ein Overkill für die Sinne! Wahrscheinlich behalten da nur Feuergöttin Pele und die aus Koa-Holz geschnitzten Götter von Pu'uhonua einen klaren Kopf …

Einen karibischen Traum bieten die Strände an der sogenannten Kokosküste in der Dominikanischen Republik (links). Die Steinmänner auf der Osterinsel stellen die Wissenschaft noch vor Rätsel (oben). Die Galapagos-Schildkröte ist nach dem gleichnamigen Archipel benannt, auf dem sie beheimatet ist (unten).

Bartolomé hat nur eine Fläche von einem guten Quadratkilometer und ist für seine Strände bekannt (oben). Auf Floreana finden sich viele skurrile vom Menschen bearbeitete Felsen wie ein großer Steinkopf (rechts).

71 Auf Darwins Spuren – Galapagos-Inseln

Ein einzigartiges Welterbe

Die Galapagos-Inseln formen einen einzigartigen Naturraum, der weit vor der Küste von Ecuador im Pazifik ausgestreut liegt. Der berühmteste Besucher im Archipel war der britische Naturforscher und Wissenschaftsrevolutionär Charles Darwin (1809–1882), dessen Name bis heute immer fällt, wenn es um die Galapagos-Inseln und die Entstehung der Arten geht.

Die sonnenverwöhnten Inselwelten von Galapagos stellen für viele Reisende das, was sie anderswo vielleicht bereits an Tierparadiesen erlebt haben, ohne große Mühe in den Schatten. Denn eine solche Vielfalt an Arten gibt es weltweit kein zweites Mal. Galapagos, das ist die Heimat von Riesenschildkröten und Meerechsen, Landleguanen, Blau- und Rotfußtölpeln, Meeresschildkröten, Fregattvögeln, Klippenkrabben, Darwin-Finken, Pinguinen, Flamingos und Albatrossen. Gleichzeitig hält der vulkanisch entstandene Archipel mit seinen fragilen, unschätzbar wertvollen Lebensräumen dem Betrachter ein Dilemma vor Augen. Es ist die ewige Kollision zwischen Ökologie und Ökonomie. Jeder will dorthin reisen, viele wollen daran Geld verdienen. Keine Ausnahme macht dabei der Staat Ecuador, der die Inselwelt 1832 annektierte und heute eine beträchtliche Eintrittsgebühr für die Touristen aus aller Welt erhebt.

Kontinuierlich steigende Besucherzahlen

Die Galapagos-Inseln, *Islas Galápagos*, liegen etwa tausend Kilometer von Ecuadors Festland entfernt. Je nach Quellen tauchen unterschiedliche Zahlen von Inseln und Inselchen auf. Die Umweltbehörde von Ecuador listet sieben größere Inseln auf (Isabela, Santa Cruz, Fernandina, Santiago, San Cristóbal, Floreana und Mar-

Am Bachas Beach auf Santa Cruz sind viele der typischen Arten der Galapagos-Inseln vereint: Flamingos, Schildkröten und Rote Klippenkrabben kann man hier beobachten (oben).

chena), 14 kleinere Inseln von Rang (Española, Pinta, Baltra, Santa Fé, Pinzón, Genovesa, Rábida, Seymour Norte, Wolf, Tortuga, Bartolomé, Darwin, Daphne Mayor und Plaza Sur), dazu zwölf weitere Inseln, 64 Eilande und 136 Felsensprenkel. Die höchste Erhebung markiert der Vulkan Wolf auf Isabela mit 1707 Metern über dem Meer.

Verwaltungshauptstadt ist Puerto Baquerizo Moreno auf San Cristóbal, größte Stadt ist Puerto Ayora auf Santa Cruz. Bei den Besucherzahlen zeigt die Kurve ständig nach oben und steuert auf eine Viertelmillion pro Jahr zu. Aus Deutschland, Österreich und der Schweiz kommen jährlich etwa 15 000 Besucher. Tendenz steigend. Aus den Aufstellungen der Nationalparkbehörde geht hervor, dass unter Touristen die durchschnittliche Aufenthaltsdauer bei sieben Tagen liegt. Die meisten Reisenden kommen mit dem Flugzeug auf dem Flughafen auf Baltra an. Bei Entdeckungen im Archipel, beim Hopping von Inselchen zu Inselchen, von Naturparadies zu Naturparadies ist das Boot unerlässlich. Es gibt öffentliche Verbindungen zwischen den wichtigen bewohnten Inseln oder organisierte Touren auf Motorjachten, Katamaranen und Segelschiffen. Das kann tageweise sein oder ein komplettes Wochenpaket umfassen. Jede dritte Besuchernacht im Archipel wird an Bord eines Schiffes verbracht, so die Statistik der Nationalparkbehörde. Ansonsten stehen natürlich auch zahlreiche Hotels, Gasthäuser und Pensionen auf festem Boden zur Verfügung.

Magnetkraft aus vielerlei Gründen

Bereits seit 1959 stehen die Galapagos-Inselwelten als Nationalpark unter besonderem Schutz. Dabei umfasst alleine die Landfläche knapp 8000 Quadratkilometer, ergänzt durch 133 000 Quadratkilometer Meeresreservat, *reserva marina*. Die außerordentliche Anziehungskraft des Archipels erklärt sich aus vielerlei Gründen.

Reiseveranstalter werben mit dem Satz »Eines der spektakulärsten Naturerlebnisse der Welt« und haben vollkommen recht. Der gewichtigste Grund ist die einzigartige Tierwelt, die sich hier in aller Abgeschiedenheit, großer Vielfalt und Menge entwickeln konnte. Ecuadors Umweltbehörde zufolge sind 17 Säugetier-, 22 Reptilien- und 152 Vogelarten bekannt, nebst 2000 Arten an Wirbellosen. In der Flora hat man es mit 560 ursprünglichen Pflanzenarten zu tun, darunter 180 endemischen, sowie weiteren 700 Pflanzen, die im Lauf der

Auf Darwins Spuren – Galapagos-Inseln

Zeit eingeführt wurden oder auf anderen Wegen hierher gelangt sind. Über die Tier- und Pflanzenwelt hinaus ziehen die Landschaften mit ihren wilden, Millionen Jahre alten Vulkankulissen in den Bann. Eines der besten Beispiele gibt das raue Inselchen Bartolomé ab. Untermeerisch teilen sich Taucher die Weiten des Pazifischen Ozeans mit Seelöwen, Delfinen, Pinguinen, Rochen und Schildkröten. Wer Glück hat, bekommt Hammerhaie oder sogar die riesigen Walhaie zu Gesicht. Unter Tauchern genießen die im Nordwesten des Archipels gelegenen Gegenden um die Inseln Darwin und Wolf einen fantastischen Ruf. Die vielerorts angebotenen Tauchsafaris haben allerdings natürlich ihren Preis.

»Verzauberte Inseln« und menschliche Eingriffe

Einst machten Seeleute, so es sich einrichten ließ, einen weiten Bogen um den Archipel. Sie hatten berechtigte Angst vor tückischen Strömungen und schwieriger Navigation rund um die Inseln. So kam der Name der »Verzauberten Inseln« auf, *Islas Encantandas*. Es steht zu vermuten, dass Tomás de Berlanga, Bischof von Panamá, bei einer Irrfahrt im Jahre 1535 als erster Weißer die Inseln sichtete. 1570 fand der Archipel erstmals Eingang in eine Karte. Weitab der Zivilisation und damals im Niemandsland des Pazifik gelegen, griffen später Piraten und Walfänger schließlich in die bis dahin vollständig isolierte Natur ein. Hier stockten sie ihre Vorräte auf. Die heimischen Schildkröten dienten ihnen als Proviant. Gleichzeitig verließ anderes Getier in Gestalt von Ratten die Schiffe und breitete sich in fremder Umgebung als lästige Plage aus. In die Geschichtsbücher ging der Ire Patrick Watkins ein, der 1807 als Erster im Archipel siedelte. Weitere Kolonisten folgten und brachten Hunde und Schweine mit. Anfang des 20. Jahrhunderts verloren sich einige Hundert Bewohner in den Inselwelten, die später vonseiten Ecuadors vorübergehend als Sträflingskolonien genutzt wurden. Ab Ende der 1920er-Jahre kamen Zivilisationsflüchtlinge aus Deutschland auf die Insel Floreana, darunter der Arzt Friedrich Ritter aus Berlin und Familie Wittmer aus Köln; bis heute viel beachtet geblieben ist Margret Wittmers Buch *Postlagernd Floreana*, das Zeugnis von der Robinsonade auf Floreana ablegt. Galapagos wurde darüber hinaus zum Thema von Büchern der Reiseschriftstellerin Carmen Rohrbach und des Evolutionsbiologen und Ver-

Die Inseln verfügen sogar über ihre eigene Robbenart, den Galapagos-Seelöwen (unten), und eine eigene Echsenart, die Meerechse (unten), die auch schwimmen kann.

Amerika

Der Blaufußtölpel kommt nicht nur auf Galapagos vor, er brütet aber vornehmlich hier (unten). Der Sierra-Negra-Vulkan ist aktiv: Der letzte Ausbruch fand im Juni 2018 statt (ganz unten). Aldabra-Schildkröten lassen mit Früchten locken (rechts oben).

haltensforschers Irenäus Eibl-Eibesfeldt. 2017 erschien das Theaterstück *Galápagos* des österreichischen Dramatikers Felix Mitterer, der mysteriöse, tödliche Vorkommisse unter den einstigen Floreana-Aussteigern um Friedrich Ritter thematisierte. Über die Jahrhunderte haben sich so immer mehr Heimatsuchende hier angesiedelt und heutzutage bewohnen etwa 30 000 Menschen die Inseln.

Auf den Spuren von Charles Darwin

1835 kam ein junger Mann auf die Inseln, den damals kaum jemand kannte. Er hieß Charles Darwin, war Mitte 20 und gehörte zum Team des Vermessungsschiffes »HMS Beagle«, das unter dem Kommando von Robert Fitz Roy vier Jahre zuvor auf Weltumsegelung gegangen war. Knapp fünf Wochen machte der Segler Station in der Inselwelt – und Naturforscher Darwin fühlte sich in seinem Element. Bei Landgängen und Experimenten entdeckte er den Archipel als »eine kleine Welt für sich«, wie er in seinem umfangreichen Buch *Reise eines Naturforschers um die Welt* bemerkte. Darwins Einträge sind chronologisch geordnet. Der erste zu Galapagos datiert vom 15. September 1835 und beginnt mit dem Versuch einer allgemeinen Skizzierung, wie einer deutschsprachigen Ausgabe aus dem Jahr 1910 in der Sprache und Schreibweise ihrer Zeit zu entnehmen ist: »Es besteht dieser Archipel aus zehn Hauptinseln, von welchen fünf die anderen an Größe übertreffen. Sie sind unter dem Aequator gelegen und sind fünf- bis sechshundert Meilen nach Westen von der Küste von America entfernt. Sie werden alle aus vulcanischen Gesteinen gebildet; wenige Fragmente eines verglasten und durch die Hitze veränderten Granits können kaum als eine Ausnahme betrachtet werden. Einige der die größeren Inseln überragenden Crater sind von ungeheurer Größe und erheben sich bis zu einer Höhe von zwischen drei- und viertausend Fuß.« Darwin mutmaßte, es müsse im Archipel »mindestens zweitausend Crater« geben.

Ein erster Landgang auf San Cristóbal, von Darwin als Chatham-Insel aufgeführt, verlief eher ernüchternd: »Nichts konnte weniger einladend sein als die erste Erscheinung. Ein zerklüftetes Feld schwarzer basaltischer Lava, welche in die verschiedenartigst zerrissenen Wellen geworfen und von großen Spalten durchsetzt ist, wird überall von verkümmerten, sonnverbranntem Buschholz bedeckt, welches nur wenige Zeichen von Leben gibt. Die trockene und ausgedorrte, von der Mittagssonne

erhitzte Oberfläche gab der Luft ein eingeschlossenes und drückendes Gefühl, wie ein Ofen, wir bildeten uns selbst ein, dass die Gebüsche unangenehm röchen. Obschon ich mit vielem Fleiß versuchte, so viele Pflanzen als nur irgend möglich zu sammeln, erhielt ich doch nur sehr wenige.« Nachdem Darwin die Pflanzen- und Tierwelt von Galapagos etwas besser kennengelernt hatte, schrieb er: »Noch habe ich den allermerkwürdigsten Zug der Naturgeschichte dieses Archipels nicht erwähnt; er besteht darin, daß von den verschiedenen Inseln in einem beträchtlichen Verhältnisse jede von einer verschiedenen Gruppe von Geschöpfen bewohnt wird.« Auch nach der Rückkehr in die Heimat gingen Darwin die Beobachtungen von seiner Reise nach Galapagos nicht mehr so schnell aus dem Kopf. Sie lösten in ihm Gedankenketten zur Selektionstheorie aus, für die der Wissenschaftler später berühmt werden sollte. 1859 erschien sein bahnbrechendes Werk zur Entstehung der Arten.

Wichtige Regeln für Besucher

Angesichts der immer weiter steigenden Besucherzahlen kann man nicht genug an das persönliche Verantwortungsbewusstsein von Travelern bei ihrer Erkundungstour durch die Inselwelten appellieren. Das eigentlich Selbstverständliche scheint dabei jedoch traurigerweise nicht jedem Besucher geläufig zu sein. Deshalb hat die Nationalparkbehörde Regeln erstellt, an die man sich unbedingt halten muss, um dieses einmalige Stück Natur auch für die kommenden Generationen zu bewahren. Das beginnt damit, dass nichts an Tieren, Pflanzen, Samen oder dergleichen eingeführt werden darf. Vor Ort auf Entdeckungstouren ist es verboten, Tiere anzufassen, zu streicheln oder gar zu füttern, denn dies kann deren Verhalten und damit die Population nachhaltig beeinträchtigen. Ebenso wenig darf man Tiere in Bedrängnis bringen oder ihnen den Weg versperren, um vielleicht ein noch besseres Fotomotiv zu erhaschen. Untersagt ist es, zu nah an Vögel heranzugehen, die dann womöglich ihre Nester verlassen und ihren Nachwuchs Feinden oder der gleißenden Sonne aussetzen. Vorgegebene Besucherwege auf den Inseln müssen eingehalten, den Anweisungen lokaler Guides muss Folge geleistet werden. Fischen an Bord von Touristenbooten ist verboten. Tabu an Land ist es, irgendetwas mitzunehmen, und sei es nur eine Muschelschale. Das Einzige, was man von Galapagos mitnehmen darf und wird, ist eine reiche Fotobeute.

GUT ORGANISIERT AUF TOUR

Die Galapagos-Inseln stehen in Form unterschiedlicher Insel-Hopping-Touren auf dem Programm des deutschen Reiseveranstalters Gateway Lateinamerika. Je nach Kundenwunsch lassen sich Reisebausteine kombinieren. Man übernachtet auf den bewohnten Inseln Santa Cruz, Isabela, Floreana oder San Cristóbal und unternimmt tagsüber Ausflüge, bei denen man auch unbewohnte Inseln im Zuge von Boots- und Wandertouren oder beim Schnorcheln erkundet. Königstour ist das Paket »Galapagos total«, doch es gibt auch Kombinationen aus Zentral- und Westinseln oder Zentral- und Ostinseln. Ebenso werden Tauchausflüge sowie Kreuzfahrten arrangiert, deren Kapazitäten zwischen Kleingruppen und einer Hundertschaft an Gästen schwanken.

WEITERE INFORMATIONEN
Gateway Lateinamerika:
www.gateway-lateinamerika.de
Parque Nacional Galápagos:
www.galapagos.gob.ec

Amerika

72 Im Bann der Steinskulpturen – Osterinsel

Freilichtmuseum zwischen Südamerika und Südsee

Moai, so heißen die kolossalen Steinkopfmänner, die sich über das Vulkaneiland verteilen. Es gilt als einer der entlegensten bewohnten Punkte unseres Planeten, heißt *Rapa Nui* in der Sprache der Urbesiedler, *Isla de Pascua* auf Spanisch, Osterinsel auf Deutsch. 1888 wurde die zwischen Südamerika und Südsee gelegene Insel von Chile annektiert.

Was für Gesichter sie haben, diese Moai! Tiefliegende Augen, gewölbte Nasen. Die Blicke gehen in die Weite, drücken Stärke und Weisheit zugleich aus. Still und erhaben ruhen sie in sich, umweht von den Winden des Pazifik und einer Aura voller Geheimnisse.

Statuen auf Zeremonialplattformen

Wem die Moai zu verdanken sind, ist ein Rätsel geblieben. Die verbreitetste These besagt, dass die Besiedlung der Osterinsel ab etwa dem fünften nachchristlichen Jahrhundert von Polynesien her einsetzte, bis es im 14. Jahrhundert von dort zu einem erneuten Besiedlungsschub kam. Die Menschen entwickelten sich inmitten des Stillen Ozeans in Isolation und lebten vorläufig friedvoll zusammen. Die Kultur erreichte ihre stärksten Ausdrücke in Form der Moai und der jeweiligen Zeremonialplattform, *ahu*, auf der sich die Statuen erhoben. Jede Sippe verfügte über ein politisch-kultisches Zentrum. Moai fungierten mutmaßlich als Symbole der vergöttlichten Ahnen, als Mittler zwischen Lebenden und Göttern; auch die Macht der Gemeinschaft dürften sie verkörpert haben. Aufgestellt auf den Plattformen, blickten sie immer landeinwärts – dorthin, wo sich der Platz und die Häuser des jeweiligen Sozialverbands befan-

Der größte ahu – ahu Tongariki – mit den berühmten Steinfiguren befindet sich in der Hotu-iti-Bucht an der Südküste (unten). Einmal im Jahr zum Inselfest Tapatí wird eine Bewohnerin zur Königin, Ariki, der Osterinsel gewählt (rechts oben).

Im Bann der Steinskulpturen – Osterinsel

IM SÜDWESTEN DER INSEL

Wie spektakulär Kultur und Natur ineinandergreifen, zeigt ein Ausflug, der ab der Hauptstadt Hanga Roa hoch über die Südwestküste führt: zunächst an den Rand des 1,6 Kilometer umspannenden Vulkankraters Rano Kau, dann zur Zeremonialstätte Orongo. Felsritzungen zeigen den Typus des Vogelmanns, eine Mischung aus Mensch und Fregattvogel. Überlieferungen erinnern an das sogenannte »Vogelmannritual«. Dabei mussten die von ihrem jeweiligen Clan entsandten Teilnehmer die Klippen hinabklettern, zur Felseninsel Motu Nui schwimmen und ein Ei der Rußseeschwalbe in einem Schilfkörbchen holen. Die siegreiche Partei genoss eine Zeit lang höchstes Ansehen. Die Aussichten von Orongo aufs Meer sind fantastisch. Draußen brodelt der Pazifik.

WEITERE INFORMATIONEN
Tourismusinformation:
www.easterislandtourism.com

den. Bei internen Kriegen im 17. Jahrhundert wurden viele der vormals 250 Altaranlagen zerstört und die meisten Moai niedergerissen. Hintergründe dürften Kämpfe um die Macht und die begrenzten Inselressourcen gewesen sein.

Entdeckung an Ostern
Der Name Osterinsel geht auf den niederländischen Seefahrer Jakob Roggeveen zurück, der sie an Ostern 1722 zu Gesicht bekam und entsprechend taufte. In Roggeveens Auftrag ging der Deutsche Carl Friedrich Behrens an Land und beschrieb die Bewohner und ihre steinernen »Götzenbilder«. Jahrzehnte später bekamen der Naturforscher Johann Reinhold Forster und sein Sohn Georg, Expeditionsteilnehmer unter Weltumsegler James Cook, die »riesenmäßigen Monumente« zu Gesicht, die ihnen wie »Überbleibsel vormaliger besserer Zeiten« erschienen. Bereits damals bezeugten die Monumente eine lange, zuvor versunkene Hochkultur. Hanga Roa ist die Hauptstadt der Osterinsel, der Anflughafen ab Chiles Hauptstadt Santiago de Chile, Dreh- und Angelpunkt von rund 6000 Inselbewohnern.

Zentrum der Bildhauerwerkstatt
Ganz in der Nähe eignet sich der Archäologische Komplex Tahai gut für den Einstieg, doch besonders prägnante Zeugnisse finden sich im Ostteil der Insel um den erloschenen Krater Rano Raraku. Fast alle Bildnisse wurden dort vor Jahrhunderten aus dem Tuffgestein geschlagen. Waren die Kolosse fertig, wurden sie selbst in entlegenste Inselteile transportiert. Als Untersätze dürften Balken und flache Steinplatten gedient haben.

Manche Steinkopfmänner sind meterhoch im Boden verankert um den Rano Raraku geblieben, doch Anlagen wie Ahu Akivi mit den Sieben Moai fesseln ihre Besucher ebenso. Ahu Tongariki heißt die größte, fast 200 Meter breite Plattform mit einer Reihe aus 15 wiederaufgerichteten Bildnissen. Im Inselnorden erhebt sich die Figurenreihe des Ahu Nau Nau beim Sandstrand von Anakena. Wind raschelt durch die Palmen, freudiges Kindergekreische dringt von der Bucht heran. Keine Frage, die Osterinsel ist eine der beeindruckendsten Weltkulturerbestätten der UNESCO. Diese Steingesichter – einmalig!

Die Landzunge Volunteer Point an der Ostküste ist einer der Brutplätze von zahlreichen Königspinguinen (oben). In der Hauptstadt Stanley erinnert die Architektur stark an die Großbritanniens (rechts unten).

73 Wärmer als gedacht – Die Falkland-Inseln

Tierparadies im Südatlantik

See-Elefanten, Seelöwen, Delphine, Albatrosse und Pinguine sind nicht die erste Assoziation, wenn die Falkland-Inseln erwähnt werden. Vielmehr werden zunächst Nachrichten und Bilder vom militärischen Konflikt zwischen Argentinien und England um den kleinen Archipel im Gedächtnis wach. Tatsächlich aber leben Tausende von Vögeln, Robben und Walen auf und um die Inselgruppe im Südatlantik.

Auf den etwa 740 Inseln und Inselchen mit einer Gesamtfläche von nur 12 713 Quadratkilometern wurden bisher 227 Vogelarten beobachtet. Mehr als 60 davon brüten auch dort. Und das in beeindruckenden Größenordnungen. Auf den Falkland-Inseln treffen sich zur Brutzeit Jahr für Jahr bis zu 250 000 Paare Schwarzbrauenalbatrosse. Das sind mehr als 70 Prozent des Weltbestandes. Allein auf den winzigen Jason Islands hocken dicht gedrängt 210 000 Brutpaare auf den Nestern in der größten Kolonie der Welt. Sie teilen sich die nicht mehr als 25 Quadratkilometer großen Inseln mit 140 000 Felsenpinguin- und 12 000 Eselspinguinpaaren.

Besuch bei Seelöwe und Co.

Aber nicht nur für Vogelfreunde sind die Inseln ein Eldorado. Drei Robbenarten sind regelmäßig an den Stränden zu finden. Besonders beeindruckend sind die See-Elefanten, die auf Saunders Island, Sealion Island und am Volunteer Point auf Ostfalkland regelmäßig beobachtet werden können. Die Bullen erreichen eine Körperlänge von mehr als sechs Metern und ein Gewicht bis zu fünf Tonnen. Auch die Weibchen sind bei einem Gewicht von »nur« 800 Kilogramm und einer Länge von vier Metern immer noch beeindruckende Geschöpfe. Seelöwen- und Pelzrobbenkolonien sind auf vielen Inseln des Archipels weit verbreitet.

Wärmer als gedacht – Die Falkland-Inseln

Nicht selten sind Seelöwen sogar im Hafen der Hauptstadt Stanley zu beobachten, wenn sie auf einem der Bootsstege schlafen und sich dabei selbst durch Menschen nicht stören lassen, die sie fotografieren.

In den Küstengewässern begegnet man häufig Delfinen und Walen. Die nur etwa zwei Meter langen Commerson- und Peale-Delfine dringen in Gruppen bis zu 20 Tieren bis in die flachen Uferbereiche ein, um dort zu jagen. Weiter im offenen Wasser suchen die schon neun Meter langen Zwerg- und die bis 20 Meter langen Seiwale nach Planktonschwärmen. Schwertwale halten sich häufig in der Nähe von Pinguin- und Robbenkolonien auf.

Eisfrei, aber windig

Die Falkland Inseln werden wegen ihrer Flora und Fauna gelegentlich schon zu den ansonsten viel weiter südlich liegenden subantarktischen Inseln gezählt. Streng genommen gehören sie jedoch nicht dazu, denn sie liegen noch nördlicher als Kap Hoorn. Nicht einmal längeren Frost kennen die Einwohner, denn die Durchschnittstemperatur im Juli, des kältesten Monats, beträgt 2,2 Grad. Allerdings weht ein beständiger Wind, der häufig auch Sturmstärke erreicht. Die wenigen Bäume auf den Inseln können daher nur im Windschatten von Mauern oder Häusern gedeihen. Die Falkland-Inseln sind seit den 1690er-Jahren dauerhaft bewohnt. Zwar waren die ersten Siedler Franzosen, doch seit 1833 beansprucht Großbritannien die Inseln für sich. In Stanley, der Hauptstadt des Archipels, fühlt sich der Besucher in eine Kleinstadt im englischen Mutterland versetzt. In den Pubs werden die besten Fish and Chips südlich des Äquators serviert, denn der Fisch kommt aus den nährstoffreichen Gewässern um die Falkland-Inseln absolut frisch auf den Tisch.

Mit dem Militärjet auf die Inseln

Es ist nicht leicht, auf die Inseln zu kommen. Die meisten Besucher legen mit Kreuzfahrtschiffen einen Zwischenstopp auf dem Weg in die Antarktis ein. Flugverbindungen bestehen von Santiago de Chile über Punta Arenas zum Militärflughafen Mount Pleasant. Dort landen auch die Flüge mit Maschinen der englischen Luftwaffe, die zweimal wöchentlich vom Flughafen Brize Norton in Oxfordshire starten. Wenn Plätze frei sind, können auch Zivilisten mitfliegen.

NATUR UND BRITISCHE LEBENSART

Wer mit einem Expeditions-Kreuzfahrtschiff die Falkland-Inseln besucht, hat sehr gute Chancen, ihre Tier- und Pflanzenwelt zu erleben. Diese Besuche dauern jedoch meist nicht länger als zwei Tage. Sehr viel mehr erlebt, wer sich zwei Wochen Zeit zur Erkundung der Inseln nimmt. Von Stanley aus werden die kleinen Settlements auf den Inseln per Flugzeug versorgt. Meist sind es Schafzüchter, die im Tourismus eine weitere Einkommensquelle gefunden haben. Sie bieten nicht nur Unterkunft und Verpflegung, sondern auch Führungen zu den Pinguin- und Robbenkolonien an. Auf Carcass Island, New Island, West Point Island, Sealion Island, Barren Island und einigen anderen Inseln sind Besucher willkommen und erhalten auch einen Einblick in das Leben der Bewohner. Ist die eine Insel erkundet, geht es mit dem Flugzeug weiter zur nächsten.

WEITERE INFORMATIONEN

Tourismusiformation:
www.falklandislands.com
Inselverwaltung: www.falklands.gov.fk/our-home/visit-us

Amerika

74 Das Alcatraz Brasiliens – Ilha Grande

Ein Paradies für Naturliebhaber

Mit 193 Quadratkilometern ist Ilha Grande die fünftgrößte und wohl eine der bekanntesten Inseln Brasiliens. Sie liegt in Sichtweite des Festlandes vor der Hafenstadt Angra dos Reis. Die Nähe zu Rio de Janeiro und dem beliebten Küstenstädtchen Paraty haben Ilha Grande in den letzten Jahren zu einer viel besuchten und geliebten Destination unter Urlaubern aus aller Welt gemacht.

Die autofreie Insel hat sich in kürzester Zeit zu einer Topadresse für Öko-Touristen entwickelt. Denn bis 1994 war Ilha Grande noch absolutes Sperrgebiet: An der südöstlichen Küste befand sich das berüchtigte Presídio Cândido Mendes, ein Staatsgefängnis, in dem seit 1931 Schwerverbrecher und während der Militärdiktatur auch politische Häftlinge interniert wurden. Der Zellentrakt wurde nach Schließung des Gefängnisses gesprengt. Doch das weiße, lang gestreckte Eingangsgebäude steht noch heute robust da und beherbergt eine Ausstellung über die Geschichte des Ortes.

Dunkle Vorgeschichte inmitten üppiger Vegetation

Die finstere Historie steht in krassem Gegensatz zur überwältigenden Natur. Die sanften Hügel sind vom satten Grün des atlantischen Regenwaldes überwuchert, der Strand Dois Rios ist nur wenige Meter entfernt. Es lohnt sich also doppelt, die etwa zwei Stunden lange Wanderung von der Inselhauptstadt Vila do Abraão zur Vila do Presídio zu unternehmen. Vila do Abraão ist der Fixpunkt der gerade mal 8000 Einwohner zählenden Insel. Hier legen die Fähren und Boote an, hier starten Insel-

Der Pico do Papageio hat den Namen von seiner Felsspitze, die dem Kopf eines Papageien ähnelt (unten). Der Aventureiro-Strand ist nur zu Fuß oder per Boot erreichbar, dementsprechend ruhig und entspannt geht es hier zu (rechts oben).

Das Alcatraz Brasiliens – Ilha Grande

touren, hier befinden sich Restaurants, Unterkünfte, Geschäfte und Tour-Agenturen. Bankautomaten gibt es dagegen keine und auch nach Autos hält man vergeblich Ausschau. Und das ist genau das, was die Besucher dieser Insel suchen: Abstand vom nahe gelegenen Zivilisationsstress, -lärm und -dreck.

Bevor Ilha Grande gewissermaßen zum Alcatraz Brasiliens wurde, war die Insel nicht weniger verschlossen. Während der Kolonisation durch die Portugiesen versteckten sich hier Piraten, dann diente sie als Zentrum des Sklavenhandels, dann als Leprakolonie. Positiver Nebeneffekt: Der atlantische Regenwald, der einst die ganze Küste Brasiliens bedeckte, blieb weitestgehend intakt. Im Südwesten der Insel wird er durch das Naturreservat Reserva Biológica da Praia do Sul besonders geschützt.

Urwald und Traumstrände

Sage und schreibe 86 Strände hat die Insel zu bieten, und einige zählen zu den schönsten ganz Brasiliens, gar der Welt: Lopes Mendes, Cachadaço und Aventureiro. Wer zu den Stränden gelangen will, muss sich auf längere Wanderungen durch den Regenwald einstellen oder bucht eine Bootstour. Beliebte Ziele sind neben den Stränden und Nachbarinseln die Lagoa Azul (Blauer See) und Lagoa Verde (Grüner See). Es handelt sich dabei um relativ geschlossene Meeresbuchten, die dank der geschützten Lage ein Tummelplatz für exotische Fische und Schildkröten sind. Ideal zum Schnorcheln. Auch für Tauchenthusiasten bietet die Insel viel. Die Bucht der Ilha Grande zählt zu den besten Tauchrevieren Brasiliens mit mehr als 900 verschiedenen Spezies und über einem Dutzend Schiffswracks.

Wer einen grandiosen 360° Rundumblick über die Bucht genießen möchte, muss sich auf die extrem anstrengende Besteigung des Pico do Papageio machen. 982 Meter ist der Berg, mit dem einem Papageienkopf ähnelnden Felsen auf der Spitze, hoch. Agenturen bieten geführte Nachtwanderungen an. Nach Erreichen der Bergspitze gibt's den spektakulären Sonnenaufgang gratis dazu. Eine Gelbfieberimpfung ist beim Besuch angeraten. In den letzten Jahren hat sich das Virus bedenklich ausgebreitet und Menschenleben gekostet.

UNTERKUNFT MIT BOOTSAUSFLUG

Übernachtungsmöglichkeiten gibt es zuhauf, von einfach bis luxuriös, von naturnah bis animiert, Wildnis oder sanfte Zivilisation, Regenwald, Strand oder im Ort, abgelegen oder angeschlossen. Ein ausgezeichneter Kompromiss ist das Holandês Hostel am oberen »Stadtrand« der Vila do Abraão. Es ist ruhig, international, stadtnah und bietet ein exzellentes Preis-Leistungs-Verhältnis, sowohl für Low-Budget- wie High-Budget-Reisende. Es gibt Gemeinschaftsquartiere sowie kleine Drei-Personen-Chalets am Übergang zum Regenwald. Morgens beim reichhaltigen Frühstück schaut ein ortsansässiger Guide vorbei, der zu einer Bootstour zur Lagoa Azul inklusive Mittagessen und Zwischenstopps einlädt. Der Preis ist absolut angemessen. *Have fun!*

WEITERE INFORMATIONEN

Holandês Hostel:
www.holandeshostel.com.br
Bootstouranbieter Jeronimo Tours:
www.facebook.com/tour.jeronimo

Den Blick auf die »Schweinebucht« prägen zwei markante Felsen, die Dois Irmãos, »zwei Brüder« (oben). In der schmucken Bar do Meio an der Praia da Conceição mitten in Cascais kann man Erfrischungen und die Aussicht aufs Meer genießen (rechts unten).

75 Vulkanisch – Fernando de Noronha

Tauchparadies, Nationalpark und UNESCO-Welterbe

Von den zahlreichen Naturparadiesen, die Brasilien zu bieten hat, gilt der Archipel Fernando de Noronha als das schönste – aber auch das exklusivste. Der Zugang zu den Inseln ist auf nur 246 Besucher pro Tag limitiert, und die Preise sind gesalzen. So bleibt das Reservat vor allem den Urlaubern vorbehalten, die über das nötige Kleingeld verfügen.

Fernando de Noronha liegt rund 350 Kilometer östlich vom Festland entfernt, umfasst 21 Inseln vulkanischen Ursprungs und gehört seit 2001 zum UNESCO-Welterbe. Damit würdigen die Vereinten Nationen die außerordentliche Bedeutung der artenreichen Gewässer für die Fortpflanzung und Aufzucht von Thunfischen, Haien, Schildkröten und Meeressäugern. Nirgendwo auf der Welt soll es so viele Delfine wie in der zur Hauptinsel gehörenden Baía dos Golfinhos geben. Die Inseln weisen zudem die größte Konzentration tropischer Seevögel im Westatlantik auf. Und von 18 in Brasilien vorkommenden Korallenarten sind ganze 15 hier vorhanden. Die Unterwasserwelt ist so atemberaubend, dass Fernando de Noronha als das beste Tauchrevier Brasiliens gilt. Die Sicht im kristallklaren Wasser reicht horizontal bis zu 50 Meter weit. Darüber hinaus belegen drei der zahlreichen Strände regelmäßig die ersten Plätze der Top Ten von Brasilien. Perfekte Wellen locken die Profi-Surfer aus aller Welt an. Das Klima ist mit durchschnittlichen 28 Grad konstant tropisch warm, die Wassertemperatur entsprechend auch. Doch in der Meeresbrise mit einem kühlen Drink in der Hand lässt es sich aushalten.

Wahrzeichen Morro do Pico

Fernando de Noronha ist als Einzige der 21 Inseln bewohnt, mit gerade mal 3500 Einwohnern aber nur dünn besiedelt. Die meisten

Vulkanisch – Fernando de Noronha

Häuser konzentrieren sich in der Vila dos Remédios, gewissermaßen die Hauptstadt der Insel. Von dort lassen sich die Strände Praia do Meio und Praia da Conceição gut zu Fuß erkunden. Letzterer erstreckt sich am Fuß des Morro do Pico, mit 321 Metern die markanteste Erhebung des Archipels. Einen großartigen Blick auf beide Buchten gewähren die Ruinen der Festung Nossa Senhora dos Remédios aus dem 18. Jahrhundert. Von dort lassen sich auch fantastische Sonnenuntergänge bestaunen. Kaum zu glauben, dass Fernando de Noronha Strände zu bieten hat, die dieses grandiose Panorama noch zu toppen verstehen. Am besten schließt man sich einer Bootsfahrt ab Porto de Santo Antônio an oder der Inseltour per Allradauto oder Buggy, um sich einen Überblick zu verschaffen. Die meisten Strände befinden sich an der nördlichen Längsseite, an der Mar de Dentro (»Innen-Meer«). Dort liegen ganze zwei der Top-Drei-Strände Brasiliens: die Praia da Baía dos Porcos (»Schweinebucht«) und die Baía do Sancho. Letztere ist eine halbmondförmige Bucht mit goldfarbenem Sand und türkisfarbenem Meer, die von steilen, üppig bewucherten Felsen begrenzt wird. Das kristallklare Wasser mit den breiten und farbenreichen Korallenbänken ist perfekt zum Schnorcheln. Dieser zauberhafte Strand rangiert unter den besten weltweit.

Von Schweinen und Schildkröten

Die Baía dos Porcos wiederum ist zwar nur 100 Meter breit, zeichnet sich aber durch Naturbecken aus, die bei Ebbe sichtbar werden. In diesen Becken tummeln sich unzählige Meeresbewohner. Unverwechselbares Wahrzeichen des Strandes ist der Morro Dois Irmãos, zwei zwillingsgleiche Felsformationen, die aus dem Meer aufragen. Schweine gibt es allerdings nicht, trotz des Namens.

Der Dritte im Bunde ist die Praia do Leão am Mar de Fora, dem »Außen-Meer«, der Südküste. Der Strand ist nach der ihm vorgelagerten Insel benannt, die einem liegenden Seelöwen gleicht. Die Praia do Leão ist der Lieblingseiablageplatz der dort beheimateten Meeresschildkröten. Es ist ein unvergleichliches Erlebnis, wenn man das Glück hat, die geschlüpften Babys ins Meer hasten zu sehen.

70 Prozent des Archipels gehören zum Nationalpark, wie die Praia da Atalaia und etliche andere Strände. Der Zugang ist nur mit Guide und zu bestimmten Uhrzeiten erlaubt.

IM SIEBTEN TAUCHERHIMMEL

Fernando de Noronha gilt als das beste Tauchrevier Brasiliens, hier muss man unbedingt die Unterwasserwelt erkunden. Besonders populär ist das Freitauchen ohne Schnorchel und Geräte, denn es verstärkt das Gefühl, mit der Natur eins zu sein. Eine verbreitete Variante des Apnoetauchens ist das Schlepptauchen: Der Taucher hält sich an einem Brett fest und lässt sich von einem Motorboot ziehen. Beim Schnorcheln ist man auf der sichereren Seite. Dafür vergisst man aber schnell die Zeit und die Sonne, die auf den Rücken brennt. Die macht sich umso stärker bemerkbar, wenn man aus Umweltschutzgründen wie an der Praia da Atalaia auf Sonnencreme verzichten muss. Eine Rash Vest schützt aber ohnehin besser. Wer mit Geräten tauchen will, kann sich an die ortsansässigen Tauchschulen wenden.

WEITERE INFORMATIONEN

Tauchschule Atlantis Divers:
www.atlantisdivers.com.br
Tauchschule Águas Claras:
www.aguasclaras-fn.com.br
Tauchschule Noronha Divers:
www.noronhadivers.com.br

Einen Moment der Besinnung kann der Urlauber in der ruhigen Parlatuvier-Bucht erleben (oben) und von hier aus sich auf eine Wanderung in das Main Ridge Forest Reserve aufmachen, um die Wasserfälle in Regenwaldatmosphäre zu bestaunen (rechts unten).

76 Easy going in der Karibik – Tobago

Tropische Idylle mit Traumstränden und Regenwald

Trinidad und Tobago liegen als südlichste der karibischen Inseln nur einen Steinwurf vom südamerikanischen Festland entfernt. Die Inseln, die 1889 vom britischen Empire zur Kolonie vereinigt wurden, haben dies 1976 als präsidiale Republik bestätigt – und könnten doch verschiedener nicht sein. Tobago hat dabei den Part der kleinen, stilleren Schwester übernommen und führt bereitwillig ein Aschenputteldasein.

Um zu verstehen, wie entspannt die Menschen auf Trinidad und Tobago sind, ist eine kleine Anekdote von der Fußballweltmeisterschaft 2006 in Deutschland hilfreich: Die *Soca Warriors*, wie die Nationalmannschaft im Volksmund nach der beliebten Steeldrum-Musik genannt wird, war sehr exklusiv im norddeutschen Rotenburg/Wümme untergebracht. Während andere Teams sich von Sicherheitskräften hermetisch abriegeln und schützen ließen, spazierten die *Socas* gelegentlich in Badelatschen durch den Ort, trugen auf einem Mittelaltermarkt ein Freundschaftsspiel gegen die Marktbetreiber aus. Und als ihr Staatspräsident Maxwell Richards sie besuchen wollte, fuhr er inkognito mit der Regionalbahn von Hamburg aus in die Provinz und ließ sich zum Schrecken der lokalen Prominenz, die von seiner Ankunft erst erfuhr, als er schon da war, am Bahnhof den Weg zum Hotel seiner Nationalmannschaft erklären.

Mehr als 30-mal wechselte Tobago seinen Besitzer

Dass diese Lockerheit auf die Tabakspfeife der indianischen Ureinwohner zurückgeht, nach der Tobago benannt ist, darf bezweifelt werden. Ebenso wie das Gerücht, es könnten regelmäßig auch andere Ingredienzen in diesen Pfeifen mitgeraucht werden. Da trifft schon

Easy going in der Karibik – Tobago

eher die Vermutung zu, dass die Bewohner des von Engländern und Franzosen, Spaniern, Holländern und Piraten heiß umkämpften Paradieses sich irgendwann erschöpft entschieden haben, an den Auseinandersetzungen der Europäer weder etwas ändern zu können noch daran teilnehmen zu wollen. Mehr als 30-mal wechselte Tobago seinen Besitzer, ehe das britische Empire es sich 1803 bis zur Unabhängigkeit einverleibte. Und da jede der kämpfenden Mächte glaubte, einen anderen Platz als den besten für eine Festung entdeckt zu haben, gibt es heute reichlich Ruinen zu besichtigen, die über die Insel verstreut sind.

Tropische Flora und Fauna

Viel angenehmer und magischer sind dagegen die Klischees, die sich durch Daniel Defoes berühmten Roman *Robinson Crusoe* begründet haben. Den Schauplatz für das Überlebensabenteuer des schottischen Matrosen Alexander Selkirk hatte der Autor auf Tobago angesiedelt, obwohl die Geschichte faktisch auf einer chilenischen Pazifikinsel stattgefunden haben soll. Angesichts einer überbordenden tropischen Vegetation, eines außerordentlichen Reichtums an schönsten Stränden wie der berühmten Englishman's Bay beim idyllischen Fischernest Castara im Norden, des Pigeon Point im Westen und einer fantastischen Unterwasserwelt wie des nicht minder bekannten vorgelagerten Buccoo Reef ist das für seine nur etwa 50 000 Bewohner auch kein Wunder. Auch nicht für deren Gäste, von denen behauptet wird, dass sie sich innerhalb eines Tages alle kennenlernen würden.

Die Bevölkerung Tobagos hat mehrheitlich ihre Wurzeln in Afrika. Vielleicht mit ein Grund, warum das multikulturelle Trinidad gegenüber dem nördlichen Mauerblümchen die Nase rümpft. Auch, weil seine Bewohner hauptsächlich vom Fischfang und der Plantagenwirtschaft leben. Damit das vorerst so bleibt, verweigert das heimische Parlament, das House of Assembly, den regelmäßig von Tourismuskonzernen gemachten Vorstößen, eines der Paradiese mit riesigen Hotelanlagen zu erschließen, die Zustimmung. Zum Glück der bezaubernden Insel, muss man sagen, denn so kann der um den 576 Meter hohen Pigeon Peak unter Naturschutz stehende dichte Regenwald noch ein Weilchen für die Nachwelt erhalten bleiben – und erst recht die fantastischen *Robinson Crusoe*-Strände.

BUCCOO REEF

Für Jacques Cousteau, den weltberühmten Meeresforscher und Entdecker, war das Buccoo Reef die Nummer drei in seiner ganz persönlichen Hitliste spektakulärer Korallenriffe auf der Welt. Von Buccoo Point, Pigeon Point und Store Bay fahren Glasbodenboote zu den Korallengärten; Schnorchler und Taucher können einen noch direkteren Blick auf die farbenprächtige Unterwasserwelt genießen. Elch- und Hirschkorallen haben verwirrend geformte Stämme und Äste gebildet, durch die bunte Rifffische schwimmen. An den Felsen wiegen sich gelbgrüne Fächerkorallen. Hirschhornkorallen haben sich über Felsen gezogen. Ein Glasfischschwarm bildet einen silbrigen Vorhang. Zwischen Felsen und Korallen wachsen gelb und braun gefärbte Röhren- und Vasenschwämme. Hier wird deutlich: Trotz der reichen Natur von Tobago liegen seine wahren Schätze unter der Wasseroberfläche.

WEITERE INFORMATIONEN

Reiseveranstalter und Touren mit dem Glasbodenboot:
www.tobago-bookings.com
Tourismusinformation:
www.visittobago.de, www.mytobago.info

Amerika

77 Im Zeichen der Muskatnuss – Grenada

Gewürzinsel der Karibik

Südlich der Hauptstadt erstrecken sich traumhafte Strandbuchten. Entlang der Küsten kultivieren Kleinbauern exotische Früchte und Gewürze. Im Inselinnern wächst tropischer Regenwald. Etwa 20 Prozent der Weltmarktproduktion an Muskatnüssen werden hier geerntet. Die Muskatnuss ist für Grenada so bedeutend, dass man sie ins Staatswappen aufgenommen hat. Außerdem gedeihen Bananen und Kakao, Pfeffer, Ingwer, Vanille und Zimt.

Nicht weit von St. George's liegt der Grand Anse Beach. Hier befinden sich die meisten Hotels (unten). Aber keine Angst, der lange Strand ist nicht überlaufen! Auf Grenada gedeihen Südfrüchte, Gewürze und die schönsten Blüten (rechts oben).

Für eine Umrundung Grenadas sind nur wenige Dutzend Kilometer zurückzulegen. Die haben es auf der mit US-Geldern ausgebauten Küstenstraße aber in sich. Es erwarten den wegen des Linksverkehrs möglichst im Uhrzeigersinn fahrenden Besucher kleine Dörfer wie Grand Mal, Happy Hill oder Beauséjour, Wasserfälle wie die Concord oder die Annandale Falls, Vulkanseen wie der Lake Antoine und südlich der Gewürzmetropole Grenville die zerklüftete Atlantikküste mit malerischen Stränden wie La Sagesse Bay.

Politische Turbulenzen

Vor weniger als 30 Jahren geriet Grenada plötzlich in die Weltpresse. Eine Union linker Organisationen und Gruppen mit dem Rebellen Maurice Bishop an der Spitze hatte den Despoten und Premierminister Grenadas, Eric Gairy, gestürzt und begonnen, soziale Reformen durchzusetzen. Als Bishop 1983 bei internen politischen Konflikten liquidiert wurde, ließ der damalige US-Präsident Ronald Reagan mit 6000 Marines die Inselmiliz kaltstellen und eine den USA genehme Regierung installieren.

Im Zeichen der Muskatnuss – Grenada

ROMANTISCHE ÜBERNACHTUNG

Das dekorative Hüttendorf des Maca Bana Resort in Point Salines blickt von einem Hügel aufs Meer. Jedes Häuschen ist individuell eingerichtet und korrespondiert mit Bäumen und Blumen der Gartenanlage. Die geschmackvolle Ausstattung schließt eine exzellente Küche und ein Bad mit privatem Whirlpool ein.
Karibik mit fernöstlichem Touch kann man im LaLuna Romantic Hotel in St. George's genießen. Das Hotel ist an der Südspitze der Insel mit dem herrlichen Strand bei Quarantine Point gelegen. Jedes der Cottages verfügt über einen privaten Pool und ein balinesisches Himmelbett. Das Hotelrestaurant liegt nur wenige Meter vom Meer entfernt.

Davon war 1498 nichts zu erahnen, als Christoph Kolumbus die Insel entdeckte und *Concepción* taufte. Eine Besiedlung durch die Engländer war am Widerstand der wehrhaften Kariben gescheitert. Als die Franzosen Mitte des 17. Jahrhunderts den Gastgeschenken Kugeln und Kanonen folgen ließen, stürzten sich die hoffnungslos unterlegenen Indianer wie Lemminge von der nördlichen Klippe Caribs Leap bei Sauteurs in den Tod.

Malerische Inselhauptstadt

Heute schätzen die Urlaubsgäste die Karibikinsel wieder ohne Einschränkungen. Besonders beliebt: das mehr als drei Kilometer lange, von Palmen beschattete Sandband der sichelförmigen Grand Anse Bay sowie die kleineren Morne Rouge und Portici Beach in direkter südlicher Nachbarschaft der etwa 10 000 Einwohner zählenden Hauptstadt St. George's. Deren malerischer und munterer Naturhafen Carenage rund um die Wharf Road und die Uferpromenade erfreut sich immer größerer Beliebtheit bei Kreuzfahrtschiffen und Segeljachten. Kurz hinter der öffentlichen Bibliothek, die bereits seit 1892 in einem ehemaligen Lagerhaus eingerichtet wurde, führen Straßen und Treppen hinauf zum Fort George. Auf dem Weg dorthin liegt das Grenada National Museum, in dem man sich über die wechselvolle Geschichte der Insel und ihrer Einwohner informieren kann. Reizvoll ist ein Besuch des bunten Markts zwischen Hillsborough und Granby Street, der besonders an Sonnabendvormittagen alles auffährt, was die Gärten, Plantagen und Werkstätten der Insel so hergeben. Vor allem Gemüse, Früchte und Gewürze türmen sich an den Ständen in einer unglaublichen Vielfalt und werden von selbstbewussten einheimischen Marktfrauen angepriesen.

Wege durch den Regenwald

Im Inselinneren lockt der Grand Etang National Park mit einem Kratersee, den dunkelgrüner tropischer Regenwald umgibt. Gut markierte Wanderwege führen zu spektakulären Aussichtspunkten, malerischen Wasserfällen und fischreichen Bächen. Ein Besucherzentrum am See informiert unter anderem über die seltenen Heilpflanzen, die im Urwald wachsen.

WEITERE INFORMATIONEN
Maca Bana Resort: www.macabana.com
LaLuna Romantic Hotel & Spa:
www.laluna.com
Tourismusinformation:
www.grenadagrenadines.com

Die Tobago Cays gehören zu St. Vincent. Auf einem Bootstrip kann man den fünf Mini-Eilanden einen Besuch abstatten (oben). Buchten mit türkisfarbenem Wasser und Palmenhainen laden zum Baden ein (rechts).

78 Grüner Smaragd – St. Vincent

Wanderung zum ruhenden Vulkan

Ein tropischer Regenwald bedeckt den »Edelstein der Antillen« fast vollständig. St. Vincent hat sich in jüngster Zeit einen Namen als Paradies für Öko-Touristen gemacht. Verschiedene Veranstalter bieten Wanderungen an, die bis zum Rand des 1234 Meter hohen, nur schlafenden Vulkans Soufrière führen können.

Im Südwesten der 346 Quadratkilometer großen Insel liegt Kingstown, die Hauptstadt von St. Vincent, in der mit 40 000 Einwohnern rund ein Drittel der gesamten Inselbevölkerung lebt. Etwa 90 Prozent von ihnen sind schwarzafrikanischer Herkunft. Im abgeschiedenen Norden siedeln noch einige Hundert sogenannte *black caribs*, mit zumindest teilweise indianischen Vorfahren. Kingstown bietet bis auf die beiden Kathedralen sowie einen quirligen Markt nur wenige Attraktionen. Im botanischen Garten wachsen die direkten Abkömmlinge des ersten Brotfruchtbaums, den Captain Bligh als Setzling mit der »Bounty« aus der Südsee hierhergebracht hat. Am neuen Kreuzfahrthafen kommen tagtäglich zahlreiche Touristen auf einem der gigantischen Schiffe an. Verschiedene versteckte Buchten und Strände wie die Wallilabou oder die Cumberland Bay werden meist von Booten angesteuert, die hier Rast machen oder über Nacht Anker werfen.

Am Nordende des Leeward Highway bei Richmond beginnt der Wanderweg zum Soufrière. Wer über eine gute Kondition verfügt, kann die Strecke mit einem örtlichen Führer in rund drei Stunden schaffen. Nach den Bambushainen an der Küste taucht man ein in den Regenwald. Später wird die Vegetation karger und von Bahnen längst erkalteter Lava unterbrochen. Am Kraterrand gedeihen nur noch Moose und Flechten. Rauchschwaden aus Bodenspalten zeigen, dass der Vulkan nur schläft.

Das Fischerdorf Bathsheba an der Ostküste zieht Surfer magisch an mit der wilden Brandung des Atlantiks vor seiner Tür (oben). In Saint Joseph, einer kleinen Gemeinde im Osten, schmücken bunte Wandmalereien das Gemeindezentrum (rechts).

79 Insel der Bärtigen – Barbados

»Little England« unter tropischer Sonne

Lange Sandstrände im Süden und Westen, dazu eine wilde Ostküste, an der sich die Wogen des Atlantik brechen, gehören zu Barbados Hauptanziehungspunkten. Über 300 Jahre britische Kolonialherrschaft haben deutliche Spuren hinterlassen: englische Sitten und Gebräuche sowie Zuckerrohrplantagen, auf denen immer noch das bekannteste Exportgut produziert wird – Rum.

Der portugiesische Kapitän Pedro a Campo gab dem bis zu 343 Meter hohen, zu den Küsten hin treppenartig abfallenden Korallenplateau am Rande des Atlantik 1536 den malerischen Namen *Isla de los Barbados*, Insel der Bärtigen. Nicht etwa, weil alle Bewohner der östlichsten Insel der Kleinen Antillen lange Bärte trugen, sondern weil die Luftwurzeln der Feigenbäume, die hier wachsen, ihm wie lang herunterhängende Bärte vorkamen. Bereits 1639 erhielt die damals seit gut einem Dutzend Jahren englische Insel ihr erstes Parlament, was sie zu den ältesten Demokratien im angloamerikanischen Raum überhaupt macht. So fortschrittlich war man jedoch nicht in allen Bereichen: Die Sklaverei, auf deren Grundlage riesige Zuckerrohrplantagen entstanden, wurde erst knapp 200 Jahre später, 1934, abgeschafft. Viele der heutigen rund 280 000 Einwohner sind Nachfahren der in die Freiheit entlassenen Leibeigenen westafrikanischer Herkunft. Sie nennen sich mit Stolz *Barbadian* oder *Bajan* und leben zu gut einem Drittel in der munteren und schönen Hauptstadt Bridgetown.

Bridgetown – Hauptstadt am Constitution River

Trotz mehrerer Hurrikans sowie eines Großbrands 1860 wurde Bridgetown an der Süd-

Amerika

Das Spago's am Settlers Beach bietet beim Abendessen eine absolute Traumkulisse (unten). Danach stellt der inseleigene Rum einen wunderbaren Digestif dar (ganz unten). Eine Institution ist das Hotel The Crane mit seiner Poolanlage (rechts oben).

westküste wegen seines geschützten Hafens bald wichtigster Ort auf der Insel. 30 Jahre früher als das englische Mutterland stellte man 1813 hier eine Skulptur des berühmten Marineoffiziers Horatio Nelson auf dem ehemaligen Trafalgar und heutigen National Heroes Square auf. Dem britischen Seehelden war es gelungen, Spanien und Frankreich daran zu hindern, sich die Insel einzuverleiben. Trotzdem wurde sein Standbild in jüngster Zeit als Symbol der ehemaligen Kolonialmacht immer wieder von den Bewohnern Barbados' infrage gestellt. Die angrenzende Broad Street ist schon seit dem 17. Jahrhundert die zentrale Shoppingmeile der Hauptstadt, heute für die Kreuzfahrttouristen ein großer Duty-free-Shop. Ein illustres Bild bietet die südlich gelegene Careenage mit ihrem Treiben. Früher wurden hier die Segelschiffe generalüberholt, heute gehen schmucke Jachten vor Anker, und Fischer vermarkten direkt vor Ort ihren Fang; früher wurden in den Lagerhäusern die Güter für den Inselbedarf angelandet, heute sind vom Südufer bis zum Pierhead Geschäfte und Restaurants aufgereiht. Nicht von ungefähr wurde Bridgetown 2011 zum UNESCO-Weltkulturerbe erklärt. Die alten Kolonialbauten in der Altstadt zeugen noch von der Zeit, als Barbados Teil der britischen Kolonialmacht war.

Die Strände gehören allen

Von Bridgetown führt der Spring Garden Highway Richtung Norden zu den silbrig weißen und feinsandigen Buchten der berühmten Platinküste, für die so viele Touristen den langen Weg nach Barbados überhaupt erst auf sich nehmen. Zwar liegen in den schönsten Badebuchten auch herrliche Villen und Anwesen hinter hohen Hecken und in gepflegten Parkanlagen versteckt, da die Küste auf Barbados jedoch der Allgemeinheit gehört und am Strand jeder überall Zutritt hat, nutzen viele die Möglichkeit, bei Strandwanderungen einen Blick auf die Domizile zu erhaschen. Wer das nötige Kleingeld hat, kann natürlich auch in einem der zahlreichen Luxusresorts direkt an der berühmten Küste absteigen und die Erfahrung der glücklichen Anwohner teilen, jeden Morgen mit Blick auf den kilometerlangen weißen Strand und die türkisblauen Wogen des Meeres zu erwachen.

Mit Schildkröten auf Tauchgang

Im »Folkestone Marine Park & Visitor Center« kann der abenteuerlustige Besucher nördlich

von Holetown einen Blick in die Unterwasserwelt der Karibik werfen und beim Schorcheln oder Tauchen durch das künstlich angelegte Riff in hautnahen Kontakt mit den Meeresbewohnern kommen, die auch außerhalb dieser Biosphäre heimisch sind. Wer nicht selber abtauchen möchte, kann im Museum des Parks die Unterwasserwelt trockenen Fußes entdecken. Ein großes Aquarium umfasst die zahlreichen Arten, die auch vor der Küste Barbados leben und zu beobachten sind.

Speightstown ist nach Bridgetown mit seinen bescheidenen etwa 2000 Einwohnern dennoch die zweitwichtigste Stadt der Insel. Es ist ebenfalls an der Westküste gelegen, allerdings weiter nördlich als die tummelnde Hauptstadt. Dank umfassender Restaurierung in den letzten Jahren ist Speightstown mit seiner exklusiven Wohnanlage und der privaten Marina Port St. Charles aber nicht nur wichtiger Anziehungspunkt für den gehobenen Tourismus, sondern generell zu einer stilvollen Attraktion herangereift, die von allen Besuchern geschätzt wird. Von den Briten 1630 gegründet, war die Stadt der erste bedeutende Hafen der Insel und wurde demnach immer auch »Little Bristol« genannt, analog zum Namen »Little England«, der für Barbados selbst reserviert ist.

Der zauberhafte Norden und der dagegen wilde Osten

Folgt man der Küste entlang weiter nach Norden, gelangt man an den nördlichsten Punkt der Insel und damit zu der beeindruckenden Animal Flower Cave. Die unmittelbar am Atlantik gelegene Grotte ist frei zugänglich und Abenteuerlustige können sogar in einem der natürlichen »Pools« im Inneren der Höhle baden, wenn das Meer ruhig ist. Die natürlichen »Fenster« im Gestein bieten einen zauberhaften Ausblick auf den Atlantik hinaus. So lässt es sich gepflegt und auf wahrlich karibische Art entspannen.

An Barbados' Ostküste finden sich die Surfer und diejenigen, die den Wellenkünstlern gerne zuschauen. Bathsheba wurde wegen der vom offenen Atlantik heranrollenden Wellen zur Surferhochburg erkoren und wegen der brodelnden Brandung *Soup Bowl* getauft. Hier wartet ein komplettes Kontrastprogramm zum schicken Westen der Insel auf den Besucher: Mondäne Resorthotels – Fehlanzeige. Dafür gepflegte Unterkünfte mit Panoramablick aufs Meer, einfache Herbergen und eine authentische Bajan-Küche mit Fliegenden Fischen (auf dem Teller) und anderen Köstlichkeiten des Meeres.

WO MAN SICH WOHLFÜHLT

The Crane, eines der ältesten Resorthotels der Insel von 1887, hat sich nach aufwendiger Renovierung neu erfunden. Geblieben sind der Charme der Anlage und die fantastische Lage: Hoch oben auf einer Klippe über dem traumhaften Strand und den wilden Wellen der Ostküste verbreitet das Anwesen mit seinen hohen, mit Antiquitäten eingerichteten Räumen luxuriöses Urlaubsfeeling. Und bezahlbar ist es auch noch.

Und wer schon einmal an der Ostküste ist, traut sich mutig auch selbst aufs Brett. Entlang der Ostküste finden sich zahlreiche Schulen, die gezielt für Urlauber und Surfneulinge Crashkurse anbieten. Dieser Sport hat einen Suchtfaktor, dem man sich nicht entziehen kann: Wer einmal stand, kommt immer wieder zurück ins Surfer-Paradies auf Barbados.

WEITERE INFORMATIONEN
The Crane: www.thecrane.com
Surfschule Barry's Surf Barbados: www.surfing-barbados.com

Ein Felsbrocken im Atlantik ist das Wahrzeichen des Surferstrandes Bathsheba. Hier bietet sich eine Auszeit vom Tourismustrubel.

Amerika

80 Insel der Blumen – Martinique

... mit französischem Flair

Martinique gilt vielen als das Herz der Kleinen Antillen. Es vereinigt alles, was den Reiz der Karibik ausmacht: Die überwiegend gebirgige Insel steigt bis zum noch aktiven Vulkan Mont-Pelée auf 1397 Meter an, verfügt durch diesen »Wolkenkratzer« im Norden über dichten Regenwald mit Gebirgsbächen, Wasserfällen und Schluchten. Martinique ist berühmt für seine Blumenpracht und die malerischen Buchten im Süden.

Der Fischerort Les Anses-d'Arlet im Süden besticht mit seinen kreolischen Häusern (unten). Die französische Kaiserin und Frau Napoleons Joséphine de Beauharnais wurde auf Martinique geboren. Ihr Geburtshaus kann man besichtigen (rechts oben).

Als Christoph Kolumbus 1493 die Insel sichtete, benannte er sie wie viele andere nach dem Tagesheiligen des katholischen Kalenders. Das ergänzte er auf seiner vierten Reise 1502, als er seinen sonst nüchternen Tagebucheintragungen hinzufügte, hier »... das fruchtbarste, süßeste, mildeste und zauberhafteste Fleckchen Erde ...« betreten zu haben. Kein Wunder, dass sich Engländer und Franzosen ab Mitte des 18. Jahrhunderts fast 50 Jahre lang um dieses Paradies stritten. Das war neben dem gewaltigen Ausbruch des Mont Pelée 1902 entscheidend für die Gründung der heutigen Hauptstadt. Denn zum einen legten die Franzosen mit dem kriegerischen Fort Royal an der Westküste quasi den Grundstein ihres bedeutendsten Karibikhafens Fort-de-France, und zum anderen vernichtete der Vulkanausbruch die damalige Metropole Saint-Pierre im Nordwesten so gut wie vollständig.

Flanieren in der Karibik

Ein Drittel der rund 450 000 Insulaner lebt im dicht besiedelten Fort-de-France, dessen wesentlicher Anziehungspunkt die mit Bäumen und Blumen bewachsene Place de la Savane

Insel der Blumen – Martinique

VON KLEIN-PARIS ZU KLEIN-POMPEJI

Am Himmelfahrtstag des 8. Mai 1902 begrub eine Aschewolke des Mont Pelée innerhalb von zwei Minuten Saint Pierre, die blühende, »Klein-Paris« genannte Hauptstadt von Martinique. Die drei gewaltigen Eruptionen des Vulkans waren 600 Kilometer weit zu hören. Eine glühende Hitzewelle raste die Bergflanken hinab und löschte in Minutenschnelle alles Leben aus. Drei Menschen von 30 000 Einwohnern überlebten. Nicht weit von der heutigen Uferpromenade sind noch Ruinen einiger Häuser auszumachen. Das Musée Volcanologique in der Rue Victor Hugo stellt die von der Hitze deformierte Glocke der Stadtkirche aus, dokumentiert die Katastrophe von 1902 und informiert über die Hintergründe der vulkanischen Aktivitäten entlang der karibischen Inselkette.

WEITERE INFORMATIONEN
Tourismusinformation:
www.martinique.org

zwischen dem alten Hafen Baie des Flamands und dem im 18. Jahrhundert errichteten Fort Saint Louis ist. In ihrem Umfeld haben sich die angesagtesten Restaurants und Bars angesiedelt, die die »schönsten Menschen der Karibik« anziehen. Ein unwirkliches Bild bietet die Kirche von Balata. Die Sacré-Cœur wurde 1928 nach dem Pariser Vorbild in die grünen Hügel bei Fort-de-France gebaut.

Ein kleines Juwel ist die Bibliothèque Schoelcher am nördlichen Zipfel der grünen Oase, die vom französischen Architekten Pierre-Henry Picq anlässlich der Pariser Weltausstellung 1889 als karibischer Pavillon gestaltet wurde. Minister Victor Schoelcher war Mäzen der Bibliothek und treibende Kraft bei der Abschaffung der Sklaverei Ende des 18. Jahrhunderts. Östlich davon liegt das Archäologische Museum mit einer respektablen Sammlung präkolumbianischer Exponate und von Dokumenten aus der Zeit der Sklaverei. Besonderes Augenmerk bei einem Abstecher verdient die alte Hauptstadt Saint Pierre, in der nach dem zerstörerischen Vulkanausbruch heute wieder etwa 10 000 Menschen in Hütten und Ruinen leben. Das Paradies der Surfer liegt an der Nordspitze Martiniques bei Grand' Rivière. Auf der bizarren Halbinsel Presqu'Île de la Caravelle, die sich im Osten mit dichter Vegetation und vielfältigen Küstenformationen in den Atlantik schiebt, sind die Ruinen des ehemaligen Plantagengutshauses Chateau Dubuc sowie das von schönen Stränden umgebene Nest Tartane einen Besuch wert.

Die schönsten Strände

Als hübschestes Dorf Martiniques gilt jedoch Trois-Îlets in der Nachbarschaft des künstlichen Touristenstädtchens Pointe du Bout auf dem Fort-de-France gegenüberliegenden Südzipfel der Baie de Fort-de-France. Und wer verständlicherweise auf Martinique einen Badeurlaub plant, hat die Qual der Wahl, kann aber im Grunde nichts verkehrt machen, wenn er sich geradewegs nach Süden wendet. Hier erstrecken sich – beginnend mit Grande Anse du Diamant und ihren für Taucher reizvollen Korallen sowie Grotten und endend mit Grande Anse des Salines – die mit Abstand schönsten weißen Sandstrände.

Auf der Landzunge bei Scott's Head befindet sich die Ruine von Fort Cashacrou. Hier ist der Blick jedoch auf das Dorf auf dem Inselfestland gerichtet (oben). Der Alte Markt in Roseau zieht viele Einheimische an, die hier einkaufen (rechts unten).

81 Die letzten Kariben – Dominica

Grüner Dschungel in der Karibik

Von den Inseln über dem Wind ist Dominica die gebirgigste und, weil der 1447 Meter hohe Vulkan Morne Diablotin mit seinen Kraterrändern die Wolken kratzt, auch die wasserreichste. Mit Wasserfällen, Seen und Regenwäldern ist das Paradies für Wanderer und Naturfreunde zwar kein Geheimtipp mehr, aber durch weiträumigen Naturschutz einstweilen gesichert.

Ein solcher Schutz war den Karib-Indianern leider nicht beschieden. Eigentlich hatten sich die großen Kolonialmächte England und Frankreich nach wechselvoller Geschichte 1748 im Aachener Frieden vertraglich geeinigt, die Insel den Ureinwohnern zu überlassen. Doch Frankreich brach diese Übereinkunft, besiedelte selbst das Terrain und musste es dann doch wieder den Engländern überlassen, die die Insel 1978 als Commonwealth of Dominica in die Unabhängigkeit entließen.

Eine Blockbuster-Kulisse

Im Gegensatz zu den anderen Inseln der Karibik findet man hier inmitten der 70 000 zumeist schwarzen Einwohner noch mehrere Hundert Nachkommen der ursprünglichen Kariben. Viele der 20 000 Einwohner der Hauptstadt Roseau im Südwesten leben vom Kreuzfahrttourismus. Jährlich werden hier im Schnitt 80 000 Touristen angespült. Vielleicht wurden sie zum Urlaub auf der kleinen Karibikinsel inspiriert durch die beeindruckenden Bilder des Hollywoodstreifens *Fluch der Karibik 2*, der hier vor einigen Jahren mit Johnny Depp in der Hauptrolle des berüchtigten Captain Jack Sparrow gedreht wurde. Dennoch ist die Zahl der Touristen vergleichsweise gering, Hotelbunker und überbordenden Tourismus gibt es hier nicht.

Die letzten Kariben – Dominica

Auf Tuchfühlung mit der karibischen Flora und Fauna

Vielmehr zieht es die überwiegenden Rucksack- und Wandertouristen schnell Richtung Osten und hinein in den üppigen Urwald, der ganze zwei Drittel der 746 Quadratkilometer großen Insel bedeckt.

Märchenhafter Anziehungspunkt ist der im Zentrum gelegene, 1997 zum Weltkulturerbe erklärte Morne Trois Pitons National Park mit seiner unvergleichlichen Flora und Fauna. Wer nicht so gut zu Fuß ist, kann den wild wuchernden grünen Dschungel mit einer Gondel der Rainforest Aerial Tram durchstreifen und dabei die 160 heimischen, oft bunten Vogelarten bestaunen. Auf so einer »Vogelsafari« gibt es auch mit etwas Glück die ein oder andere Kaiseramazone zu sehen. Diese Papageienart ist besser kletternd unterwegs als fliegend und kommt ausschließlich auf der Karibikinsel vor. Unglücklicherweise ist der Nationalvogel Domenicas vom Aussterben bedroht: Knapp 600 Exemplare leben noch. Außerhalb des dichten Regenwaldes im Inneren der Insel gibt es aber auch einiges zu sehen. Auf einem kleinen Bootstrip vor der Küste Domenicas ist Whalewatching ein beliebter Zeitvertreib für Touristen aus aller Welt. Pottwale, Schwertwale, Grindwale und noch viele andere Meeresbewohner mehr lassen sich hier immer wieder blicken. Die nahrungsreichen Gewässer der Karibik ziehen diese faszinierenden Riesen verlässlich an.

Im natürlichen Pool oder am »Blubberstrand« entspannen

Nach einem anstrengenden Tag im Dschungel kann der Tourist natürlich ganz klassisch am Strand entspannen mit dem Blick auf das türkisfarbene karibische Meer. Oder aber es geht wieder hinein ins Grün und in einen der zahlreichen Naturpools mit warmem Thermalwasser und idyllischem Wasserfall. Denn Dominica ist ebenfalls eine vulkanische Insel, ihre Berge lassen sich auf ehemalige vulkanische Aktivitäten zurückführen. Und unter ihr brodelt es noch immer. Das macht sich auch am sogenannten »Bubble Beach« von Soufrière bemerkbar: Sanft blubbert es hier aus dem Meeresboden und der ein oder andere Badegast macht es sich im natürliche Whirlpool gemütlich. So lässt es sich aushalten, in einem der wahren Naturparadiese mitten in der Karibik. Vom Fluch ist dabei nichts zu merken …

KALINAGO BARANA AUTÉ

Das Kulturzentrum der einst kriegerischen Karib-Indianer, nach denen die gesamte Inselkette benannt ist, liegt im Nordosten von Dominica. Im Jahr 1903 gingen die letzten Überlebenden der indianischen Bevölkerung auf das Angebot der britischen Kolonialmacht ein und lebten von da an in einem knapp 15 Quadratkilometer großen Reservat. Hier fischen sie seitdem, bauen Lebensmittel an und verkaufen Körbe, Matten und anderes Kunsthandwerk an Touristen. Das Kulturzentrum Kalinago Barana Auté gibt in einer Ausstellung Auskunft über die aktuellen Lebensbedingungen und die lange Geschichte, in der die Kariben einst die Inseln dominierten.

WEITERE INFORMATIONEN
Kulturzentrum:
www.kalinagobaranaaute.com
Tourismusinformation:
www.discoverdominica.com

Amerika

82 EU in der Karibik – Guadeloupe

Französischer Außenposten mit aktivem Vulkan

Guadeloupe wird von zwei durch einen Kanal getrennte Inseln gebildet, deren Gestalt von oben gesehen zwei Schmetterlingsflügeln ähnelt. Basse-Terre ist vulkanischen Ursprungs, bis zu 1467 Meter hoch, voller Wasserläufe und mit dichtem Regenwald bewachsen; Grand-Terre wurde aus Kalkablagerungen begründet, ist hügelig und trocken. Außenherum gruppieren sich Inselchen wie Marie-Galanté, Le Désirade und Les Saintes.

Die kleine Insel Terre-de-Haut beherbergt das Fort Napoléon. Von hier aus hat man einen wunderbaren Blick auf den Ort in der Bucht (unten). Zwischen Basse-Terre und Grande-Terre liegt das quirlige Point-à-Pitre mit einem bunten Markt (rechts oben).

Ausdauernde können bei einem Trip durchs Hinterland, ausgehend von der Hauptstadt Basse-Terre im Südosten der gleichnamigen Insel und vorbei an Bananenplantagen, den Vulkankegel des La Soufrière besteigen. Von hier erhält man eine fantastische Aussicht über die Insel und quasi nebenbei einen Einblick in einen aktiven Vulkan. Die zahlreichen Lavatümpel und Spalten sind aufgrund der Hitze und intensiver Schwefeldämpfe am besten bei einer Führung zu genießen. Basse-Terre ist Verwaltungs- und Bischofssitz, beherbergt jedoch nur rund 30 000 Einwohner.

Hauptgrund dafür ist La Soufrière. Der Vulkan ist auch in der jüngeren Vergangenheit mehrmals ausgebrochen. Erst 1956 und 1976 führte das zu verheerenden Zerstörungen, und die damals doppelt so große Einwohnerschaft kehrte nach der Evakuierung nur noch zur Hälfte zurück. 1979 legten zwei Hurrikans noch einmal nach. So blieben von der Pracht eines der ältesten kolonialen Zentren Frankreichs nur Reste wie die Kathedrale Notre-Dame-du-Mont-Carmel oder das Fort Louis Delgrès am Südrand. Das wurde nach einem mutigen Oberst benannt, der sich mit einem

EU in der Karibik – Guadeloupe

kleinen Heer aussichtslos den napoleonischen Truppen entgegenstemmte, die 1802 entsandt worden waren, um die abgeschaffte Sklaverei wieder einzuführen.

Rätselhafte Zeichen
Spannend ist ein Besuch des Hafenstädtchens Trois-Rivières und seines Parc Archéologique des Roches Gravées wegen seiner von den Ureinwohnern geritzten rätselhaften Felszeichnungen. Wer zu einer Rundfahrt aufbricht, kann in westöstlicher Richtung auf der Route de la Traversée den von der UNESCO zum Biosphärenreservat deklarierten wundervollen Parc National de la Guadeloupe durchqueren. Bei Bouillante an der Westküste locken die schwarzen Strände der Plage Malendure und das durch Exkursionen des Tiefseeforschers Jacques Cousteau geadelte Tauchrevier rund um die Eilande der Îlets Pigeon. Gemeinsam mit Martinique, Saint-Barthélemy und St. Martin bildet Guadeloupe das französische Übersee-Département d'Outre-Mer. Dank der Zugehörigkeit zur EU gilt in der fernen Karibik der Euro als Zahlungsmittel und gleichzeitig ein recht hohes Preisniveau. Wer sich aber trotzdem einmal auf Guadeloupe eingelassen hat, wird dies nie bereuen!

Eine abwechslungsreiche Küste
Guadeloupes heimliche Hauptstadt ist das auf der verbindenden Landzunge zwischen den beiden Inseln gelegene Pointe-à-Pitre. Dessen Freihafen bildet mit dem angrenzenden alten Fährhafen La Darse – von dort geht es zu den Inseln Marie-Galante und Les Saints – sowie seinen bunten Märkten das pulsierende Herz der Wirtschaftsmetropole. Wer Grand-Terre von hier aus erkunden möchte, sollte mit einem Auto für die etwa 120 Kilometer lange Umrundung einen Tag einplanen. Durch Gosier, das touristische Zentrum der Insel, führt die N4 nach Sainte-Anne, einem alten Fischerort mit aufstrebenden touristischen Ambitionen, und dann weiter nach Saint-François, das trotz einer vorangeschrittenen Entwicklung noch über viel nostalgischen Charme verfügt. Am östlichen Zipfel wartet der Pointe de Colibris mit einem fantastischen Blick über eine brandungsreiche, zerklüftete Atlantikküste.

MARINE RESERVE JACQUES COUSTEAU

Das 400 Hektar große Areal vor der Westküste von Guadeloupe wurde vom weltbekannten französischen Tiefseeforscher Jacques Cousteau gründlich erforscht und in mehreren seiner legendären Filme aus den 1950er-Jahren einem großen Publikum bekannt. Das Meeresschutzgebiet umschließt eine Reihe von Eilanden nicht weit vom Dörfchen Bouillante. An der Küste bei der Plage Malendure bieten Dive-Shops Ausrüstungen und begleitete Tauchgänge an. Mehrere warme Quellen auf dem Meeresgrund schaffen ein besonderes Ambiente für Korallen, Schwämme, Seeigel, Meeresschildkröten, Hummer und Papageifische sowie unzählige ihrer tropischen Artgenossen. Mit etwas Glück trifft man in den Wintermonaten Buckelwale in den Gewässern. Wer weder taucht noch schnorchelt, kann die Unterwasserwelt mit einem Glasbodenboot erkunden.

WEITERE INFORMATIONEN
Tauchtouren: www.atlantisformation-guadeloupe.com
Tourismusinformation: www.guadeloupe-inseln.com

Im Hafen von Cruz Bay gehen nicht nur kleine Boote vor Anker, auch die großen Kreuzfahrtschiffe laufen hier ein (oben). Einst Geheimtipp wird Salomon Beach immer beliebter bei Touristen, die hier im Schatten der Palmen entspannen (rechts).

83 Winzige Jungferninsel – Saint John

Karibikatmosphäre und viel Natur

Rund zwei Drittel der kleinsten der Jungferninseln wurden bereits Mitte der 1950er-Jahre zum Nationalpark erklärt. Der amerikanische Milliardär Laurance S. Rockefeller hatte große Teile der dänischen Zuckerrohrinsel aufgekauft und renaturieren lassen. Die Vegetation musste nach drastischen Rodungen zugunsten der Plantagenwirtschaft erst wieder heimisch werden.

Damit wurde Saint John etwas zurückgegeben, was anderen Inseln verloren ging: Ruhe! Kreuzfahrttouristen, die das Gleichgewicht auf vielen Eilanden durcheinanderbringen, sind hier Mangelware. Im Hauptort Cruz Bay gibt es wenige Sehenswürdigkeiten, von ein paar entspannten Restaurants und Bars einmal abgesehen. Und ein Visitors Centre, das Vorträge über die Entwicklung des Nationalparks anbietet, besonders nach dem Hurrikan Marilyn im September 1995.

Gleich mehrere idyllische Strände wie die Trunk Bay und Maho Bay garantieren Erholung. Ebenso die Strände von Hawk's Nest Bay, Caneel Bay, der Reef Bay mit ihren guten Schnorchelmöglichkeiten oder der Cinnamo Bay, an der Surfer beste Bedingungen finden.

Virgin Islands National Park

Bei der Trunks Bay haben Nationalpark-Ranger einen Unterwasserpfad für Schnorchler angelegt. Außerdem wird mehrmals die Woche von Rangern ein sogenannter Reef Bay Hike angeboten, der Flora und Fauna mehrerer Klimazonen durchquert. Nach 60 Jahren seit Gründung des Nationalparks hat sich die Natur recht gut vom Raubbau erholt. Wanderwege von mehr als 30 Kilometern Länge durchqueren den Park. Einige führen an den Überresten einer früheren Zuckerrohrmühle vorbei.

Amerika

84 Wer ist die Schönste? – Antigua

Perle der Karibik

Antigua und die Schwesterinsel Barbuda liegen im Zentrum der Antillen und bilden mit der unbewohnten Redonda seit 1982 einen unabhängigen Inselstaat innerhalb des Commonwealth. Ein Großteil der Einwohner leben auf der Hauptinsel Antigua, davon fast die Hälfte in der Hauptstadt Saint John's. Nur zwei Prozent der Bevölkerung sind europäischer Abstammung. Der überwiegende Teil besteht aus Nachkommen von Sklaven.

Das sonnige Jolly Harbour ist ein Urlaubsort an der Westküste inklusive Golfclub mit 18-Loch-Meisterschaftsplatz (unten). Hinter den Überresten von Fort James liegt Dickenson Bay, die mit Hotels und Wassersportangeboten aufwartet (rechts oben).

Sollte es jemals eine Schönheitskonkurrenz um den Titel »Perle der Karibik« geben, dann gehört Antigua auf jeden Fall zu den Aspiranten! Dabei hat die Vegetation der Antillen-Insel noch etwas Nachholbedarf. Sie wurde wie auf vielen Inseln der Karibik nach der Abholzung zum Aufbau großer Zuckerrohrplantagen beinahe vollständig zurückgedrängt und regeneriert sich erst allmählich auf dem bis zu 400 Meter hohen Eiland. Heute versucht man, mit Rückhaltebecken Wasser zu stauen und Landwirtschaft sowie auch die Wiederaufforstung voranzutreiben.

365 Strände – Für jeden Tag im Jahr einer

Das Ensemble von zahllosen Stränden entlang der zerklüfteten Küste macht den größten Schatz Antiguas aus. Stimmt das hartnäckige Gerücht, es seien genau 365, könnte man jeden Tag des Jahres an einem anderen Strand verbringen. Die von vielen Korallenriffen und -bänken umgebene Schönheit war schon vor beinahe 5000 Jahren begehrt, als zunächst die Siboney-Indianer begannen, die Insel zu besiedeln. Den friedlichen und kultivierteren Arawaks, die von Fischfang und Maisanbau lebten, folgten die Caribs, ein Volk mit kanni-

Wer ist die Schönste? – Antigua

balischen Neigungen. Da auch auf dieser karibischen Insel keine Reichtümer zu holen waren, überließen die Spanier, die zunächst einen Besitzanspruch geltend machten, den Franzosen das Feld, die die Insel 1667 an die Engländer weiterreichten. Die Briten bauten die Insel zu einem ihrer wichtigsten Flottenstützpunkte aus. Deren Kommandant war der später im Kampf gegen Napoleon berühmt gewordene Seeheld Horatio Nelson. Die Besiedlung brachte eine intensive Plantagenwirtschaft vor allem mit Rodungen für den Zuckerrohranbau mit sich, den längst der Tourismus beerbt hat. Nirgends wird das so deutlich wie im Hafen von Saint John's, wo fast täglich Kreuzfahrtschiffe festmachen. Der grell-bunte traditionelle Public Market und auch der moderne Heritage Quay sind indes nicht das einzige Ziel für Kreuzfahrt-Schnellshopper. Der Gebäudekomplex an der Wasserlinie mit seinem hohen Glockenturm beherbergt unter anderen ein Theater und ein Casino. Wer es lieber klassisch mag, bummelt durch den Redcliffe Quay mit seinen im Stil der Kolonialarchitektur restaurierten Gebäuden.

Bei Devil's Bridge pfeift die Brandung aus dem letzten Loch

Als Sehenswürdigkeiten in der unmittelbaren Umgebung der Metropole gelten die Ruinen des Fort James am nördlichen Zipfel der Bucht mit einem atemberaubenden Blick über die Stadt sowie die dahinterliegende Badebucht Dickenson Bay mit ihren exklusiven Hotelanlagen. In östlicher Richtung erstreckt sich eine raue zerklüftete Küste, wo die viel besuchte Devil's Bridge einen spektakulären Anblick bietet: eine von der starken Brandung in die Kalksandsteinfelsen gewaschene Naturbrücke mit umliegenden ausgehöhlten Röhren, durch die die Gischt pfeifend emporzischt. Antiguas bedeutendste Sehenswürdigkeiten liegen jedoch im Süden. Die malerisch in einen geschützten Naturhafen eingepasste Stadt English Harbour und das historische »Nelson's Dockyard« sind magische Anziehungspunkte für Segler und Touristen. Die imposanten Bauten der ehemaligen Schiffswerft des berühmten Namensgebers Horatio Nelson stehen für die Dominanz, die die englische Marine jahrhundertelang in den karibischen Gewässern ausübte.

BETTY'S HOPE

Seit mehr als 300 Jahren blickt die Plantagenvilla Betty's Hope nicht weit vom Dörfchen Pares im Osten Antiguas auf die Hügel der Umgebung. Die erste Zuckerrohrpflanzung von Antigua wurde schon um 1650 begründet. Sklaven schufteten auf den Feldern, schlugen das reife Zuckerrohr und verarbeiteten es. Die dekorativen Ruinen und restaurierte Teile der Anlage können besichtigt werden. Im Besucherzentrum wird die Zeit, in der König Zucker die Karibik regierte, wieder lebendig.

In den Resorts Carlisle Bay und Hermitage Bay auf Antigua lässt sich luxuriös Urlaub machen. Sie bieten alle Annehmlichkeiten: exzellente Restaurants, Pools, Wellnessangebote, Tennislehrer, Whirlpools in den großzügig geschnittenen Suiten.

WEITERE INFORMATIONEN
Betty's Hope: www.antiguahistory.net/Museum/bettyshope.htm
Carlisle Bay: www.carlisle-bay.com
Hermitage Bay: www.hermitagebay.com

In der Hauptstadt des niederländischen Sint Maarten, Philipsburg, laufen riesige Kreuzer ein (oben). Die Touristen nutzen die Gelegenheit steuerfrei zu shoppen. Karibische Trommelklänge gehören auch auf Saint Martin zum Alltag (rechts unten).

85 Über dem Wind – Saint Martin & Sint Maarten

Französisch-holländische Teilung

Südöstlich der Jungferninseln liegt die am Martinstag 1493 von Kolumbus entdeckte Insel Saint Martin oder Sint Maarten (»über dem Wind«) als Teil der Leeward Islands. Während im Süden das niederländische Hoheitsgebiet von Salzfeldern und zerklüfteten Landzungen geprägt ist, bietet die Grande Terre, der französische Norden, eine Landschaft von bewaldeten Hügeln.

Philipsburg, der niederländische Hauptort von Sint Maarten, liegt mit wie auf dem Reißbrett gezeichneten geometrisch klaren Strukturen auf einer anderthalb Kilometer langen Landzunge zwischen Great Salt Pond und Groot Baai oder Great Bay, wie die große Bucht zwischen dem Fort Amsterdam und Point Blanche gemeinhin genannt wird.
Die 1733 gegründete ehemalige Salzmetropole ist in den letzten Jahrzehnten zu einem beliebten Freihafen avanciert – weniger wegen seiner nur noch rudimentär vorhandenen Architektur aus dem 18. und 19. Jahrhundert mit dem nach einem schweren Hurrikan 1825 wiederaufgebauten ehemaligen Gericht und heutigen Stadhuis und Postamt am De Ruyterplein als wegen der auf Duty-free-Einkäufe ausgelegten Märkte, die von Kreuzfahrttagesgästen gern angesteuert werden. So verwundert es nicht, dass die südlich zum Meer hin gelegene Front Street wie eine vornehme, aber austauschbare Einkaufsstraße wirkt.
Ein buntes Nachtleben findet der Besucher in Pubs und Bars rund um den Jachthafen Bobby's Marina. Im Westen lockt die riesige binationale Simpson Bay Lagoon mit Wassersportvergnügen aller Art. Ab der Maho Bay, die nicht weit vom Juliana Airport liegt, erstrecken sich Richtung Westen bis zur Grenze nach Saint Martin die meisten Hotelanlagen der In-

Über dem Wind – Saint Martin & Sint Maarten

sel. Kein Wunder, finden sich hier doch auch mit Palmen gesäumte weiße und viel besuchte Strände wie Mullet Bay, Cupecoy Beach und die besonders schöne Long Bay. Nordöstlich von Philipsburg lohnen der illustre Hafen Oyster Pond und seine Dawn Beach mit erlesenen Restaurants und Hotels einen Ausflug. Für Surfer ist vorher ein Abstecher zur Guana Beach mit ihren Atlantikbrechern ein Muss.

Marigot, wo man lebt wie Gott in Frankreich

Im Gegensatz zum schlichteren Philipsburg verbreitet Marigot, der Hauptort von Saint Martin, mit seiner Kolonialarchitektur den Charme alter südfranzösischer Küstenbadeorte. Gourmets behaupten übrigens (leicht übertrieben), dass sich rund um den modernen Jachthafen Marina Port La Royale am Boulevard de France mehr Spitzenrestaurants versammeln als in dem Rest der Großen Antillen zusammengenommen. Kein Wunder, dass sich der Ort am nordöstlichen Zipfel des Grand Etang de Simsonbaai zu einem Hauptanziehungspunkt für das *savoir vivre* liebende Urlauber in der Karibik entwickelt hat. Außerhalb der Stadt gibt es auch Attraktionen: Westlich von Marigot liegen einige der schönsten Strände der geteilten Insel. Dazu gehört die Pflaumenbucht, die Baie aux Prunes, ebenso wie die Baie Rouge und Baie Nettlé, wo der Gast noch von der südlich gelegenen Lagune profitiert.

Grand Case ist ein Mekka der französisch-kreolischen Küche

Nördlich von Marigot ist trotz des nahen Flughafens die Bucht von Grand Case einen Besuch wert. An einem wundervollen, knapp zwei Kilometer langen Badestrand reihen sich 20 der besten Restaurants auf den karibischen Inseln mit französisch-kreolischer Küche aneinander. Von hier lohnt sich außerdem eine etwa einstündige Wanderung durch die Hügelketten um den mit 424 Metern höchsten Berg der Insel, den Pic du Paradis. Der Weg führt zum abseits gelegeneren Anse Marcel mit seinem malerischen Strand im Nordwesten, oder der Wanderer macht einen Abstecher nach Cul-de-Sac mit seinem idyllischen Jachthafen. Zudem werden Besucher mit einem fantastischen Blick auf die touristisch inzwischen stark frequentierte Baie Orientale mit ihren zahlreichen Hotelanlagen am wunderschönen Strand an der karibischen See belohnt.

SHOPPING IN PHILIPSBURG: ABER BITTE DUTY-FREE

Nicht nur, dass Sint Maarten ein Freihafen ist, auch örtliche Verkaufssteuern sind unbekannt. Spirituosen, Kameras, Parfüm, Zigaretten, selbst irische Bett- und Küchenwäsche liegen rund ein Drittel unter Verkaufspreisen in Europa. Allein in der Voorstraat und der Achterstraat in Philipsburg breiten Dutzende von Geschäften ihr Angebot aus. Dazu kommen Boutiquen in den kleinen *steegijes* genannten Gassen, die beide Hauptstraßen verbinden. Wer schon immer nach einer Schweizer Uhr oder kolumbianischen Edelsteinen suchte, kann hier zu einem Vorzugspreis fündig werden. Angeboten werden auch belgische Schokolade und Pralinen, die man bei den Temperaturen allerdings zügig verzehren sollte. Mit ein wenig Mühe lässt sich sogar etwas Inseltypisches auftreiben, beispielsweise der Guavenlikör, der auf Sint Maarten destilliert wird.

WEITERE INFORMATIONEN
Tourismusinformation:
www.stmartinisland.org

Die ersten Einwohner von Samaná, ehemals Santa Bárbara, stammten von den Kanaren. Die katholische Kirche trägt denselben Namen (oben). Der karibische Traum eines palmengesäumten Strandes bei Sonnenuntergang wird hier Wirklichkeit (rechts).

86 Kokoswälder – Dominikanische Republik

Die Halbinsel Samaná und die Costa del Coco

Zwei Drittel der Antilleninsel Hispaniola nimmt die östlich gelegene Dominikanische Republik ein, im westlichen Drittel schließt sich Haiti an. In dem nach Kuba zweitgrößten Staat der Karibik findet man das höchste Gebirge und mit dem Pico Duarte auch den mit 3150 Metern mächtigsten Berg der Westindischen Inseln. Aber natürlich ist auch Reiseprospektidylle geboten.

Kokoswälder, in denen man sich vor fallenden Nüssen in Acht nehmen sollte, ein versteckter Wasserfall und idyllische Buchten auf zierlichen Eilanden: All dies trifft auf die Halbinsel Samaná vollauf zu. Etwa 15 Kilometer nördlich vom Hafenstädtchen Sánchez liegen die charmanten Siedlungen Las Terrenas und El Portillo. Ihre kleinen Hotels an den insgesamt gut zehn Kilometer langen Stränden Cozón, Punta Bonita, Las Ballenas, Las Terrenas und Portillo sorgen für die idyllischen Reize eines nicht nur von bade- und schnorchelfreudigen Feriengästen genutzten Angebots. Musiker und Künstler, die hier komponieren und malen, kommen ebenso gern in die schönen Buchten wie zivilisationsgeschädigte Werber und Spitzenmanager sowie Ruhe und Erholung suchende Individualtouristen.

Pfeilhagel für Kolumbus

Ausflüge bieten sich vor allem zu Fuß, per Rad oder Pferd ins hügelige Hinterland an, einen Regenwald light. Oder zu dem von kanarischen Auswanderern 1756 gegründeten Hafenstädtchen Santa Bárbara de Samaná, wo 1493 Christoph Kolumbus vor Anker ging. Er wurde nicht mit naiver Neugier, sondern mit einem Hagel von Pfeilen und Wurfgeschossen begrüßt. Die hier lebenden Ciguayo-Indianer mochten geahnt haben, dass ihnen mit ihrer

Amerika

Das Rummuseum in Santo Domingo entführt den Besucher zu den Anfängen der Rumproduktion (unten). Viele Einheimische treffen sich in den Parks, um Domino oder Dame zu spielen (ganz unten). Die kleine Insel Cayo Levantado liegt vor Samaná (rechts oben).

Entdeckung durch die Spanier der Untergang drohte. Die Bucht vor der Provinzhauptstadt trägt seither den vielsagenden Namen Golfo de las Flechas, Bucht der Pfeile.

Bis weit ins 18. Jahrhundert blieb die Halbinsel quasi entvölkert, sieht man von ein paar Seeräubern und einigen Siedlern, die den nährstoffreichen Boden schätzten, ab. Wie Nero einst Rom ließ 1946 der Diktator Rafael Leónidas Trujillo die Holzhäuser Santa Bárbaras niederbrennen. Ausgerechnet die 1901 von amerikanischen Siedlern errichtete protestantische Holzkirche überstand das Feuer. Jedenfalls wurde Samaná in Rekordzeit neu errichtet: großzügiger und moderner als bisher. Präsident Balaguer wollte diesen Gestaltungsdrang in den 1970er-Jahren mithilfe von Bulldozern weiterführen, um die Stadt zu einem Magneten für den Massentourismus auszubauen. Zum Glück verlor er mitten in der Planung die Wahlen. Einen einstündigen Fußweg östlich von Las Terrenas entfernt liegt der Ort El Portillo, also kleiner Hafen, wo Riffe spannende Schnorchel- und Tauchmöglichkeiten bieten. Per Boot gelangt man zur Trauminsel Cayo Levantado. Nach einem hier gedrehten, weit verbreiteten Werbespot für Rum heißt sie im Volksmund nur »Barcadi-Insel«.

An der Kokosnussküste

Breite Sandstrände, gesäumt von Palmen, dazwischen elegante Urlaubsresorts, so präsentiert sich die Küste um das Cabo Engaño, den östlichsten Zipfel der Republik. Die Strände von Punta Cana sind der Nachbarinsel Puerto Rico zugewandt, die Costa del Coco zeigt nach Nordosten zum offenen Atlantik. Sie ist atmosphärisch und klimatisch geprägt vom Mittelgebirge der Cordillera Oriental, die die Küstenlandschaft nach Süden begrenzt. Kaum zu glauben, dass diese Region bis vor wenigen Jahren kaum besiedelt war und zu den weißen Flecken des Tourismus gehörte. Hinter dem über 30 Kilometer langen feinen Sandstrand wurde in Punta Cana eine voll ausgebaute Infrastruktur mit hochmodernem internationalem Flughafen, Golfplätzen, Casino und weitläufigen All-inclusive-Urlaubsresidenzen mit privaten Strandabschnitten quasi im Eiltempo aus dem von Palmenhainen umsäumten Boden gestampft. Hinzu kommt die gut 60 Kilometer lange und von Korallenriffen geschützte Costa del Coco. Wo sich früher Zuckerrohr im Wind wiegte, sind Paradiese für Urlauber entstanden, die vorwiegend am Was-

Kokoswälder – Dominikanische Republik

sersport sowie am Strand- und Nachtleben interessiert sind. Erstklassige Restaurants, Bars, Diskotheken reihen sich architektonisch elegant gestylt aneinander, mit farbenprächtig gestalteten Gartenanlagen. Kinderbetreuung ist überall selbstverständlich. Da überwiegend größere Hotelketten den Hauptteil der Küstenlinien aufgekauft haben, findet man hier nur vereinzelt privat geführte Unterkünfte. Die Urlauber kommen zu zwei Dritteln aus Europa. In Cabeza de Toro, nicht weit vom östlichsten Punkt der Insel am Cabo Engaño, werden an der Plaza Artesanal an diversen Ständen Kunst und Kunsthandwerk aus der Dominikanischen Republik und aus Haiti verkauft.

In Higüey fiel auch der Papst auf die Knie

Sollte sich jedoch ein Gast der Costa del Coco auch einmal im Hinterland verlustieren wollen, bieten sich ihm genügend Möglichkeiten. Im Nationalpark Los Haitises kann man sich auf die Suche nach den Spuren der Ureinwohner machen oder ab Sábana de la Mar mit dem Boot vorbei an aus dem Meer ragenden Kalksteinfelsen und Inselchen in die zahllosen Kanäle der Mangrovenküste schippern lassen. Anfang Mai, beim lebhaften Patronatsfest des heiligen Kreuzes, lohnt auf dem Rückweg ein Stopp im verschlafenen Örtchen El Seibo. Eine andere Wahl ist die etwa 40 000 Einwohner zählende Provinzhauptstadt Higüey. Deren erhaltener indianischer Name bedeutet übersetzt »Land der aufgehenden Sonne« und weist darauf hin, dass es hier bereits eine Siedlung gab, als die Spanier 1494 den Ort in Besitz nahmen. Bekannt ist Higüey mit seiner erst 1971 errichteten mächtigen Kathedrale Nuestra Señora de la Altagracia. Der futuristische Bau beherbergt das größte Glockenspiel des amerikanischen Kontinents und gilt mit seinem Marienheiligtum als einer der wichtigsten Wallfahrtsorte Lateinamerikas. Im Innenraum des mit Spannbetonbögen und farbigen Glaswänden beeindruckenden Baus ist das Gnadenbild der Jungfrau Maria, das 1540 von spanischen Edelleuten hierhergebracht wurde, ausgestellt. Alljährlich, so wie Papst Johannes Paul II. 1984, finden sich am 21. Januar Tausende Pilger und Touristen ein, um der Nationalheiligen Nuestra Señora de la Altagracia zu huldigen.

IM GEFOLGE DER BUCKELWALE

Von Januar bis März ziehen bis zu 3000 Buckelwale zu den Sandbänken vor der Küste Hispaniolas. Die Meeressäuger, die täglich etwa eine Tonne an Fischen, Krebsen und Plankton verspeisen und für ihre melodischen Gesänge bekannt sind, paaren sich in den warmen Gewässern der Samaná Bay, bis sie im Frühjahr wieder nach Norden aufbrechen. Im Folgejahr kehren sie zurück und bringen hier ihre Jungen zur Welt. Über 30 000 Besucher nutzen diese seltene Möglichkeit der Naturbeobachtung und begeben sich auf Booten auf die besten Beobachtungsposten, um die Meeresriesen hautnah erleben zu können. Es gibt zahlreiche Ausflugsboote, die Walbeobachtungstouren zu den Sandbänken unternehmen, darunter etwa »Whale Samana«.

WEITERE INFORMATIONEN
Wahlbeobachtungstouren:
www.whalesamana.com
Tourismusinformation Samaná:
www.samanaonline.com
Tourismusinformation Punta Cana:
www.punta-cana.info

Vor Montego Bay werden Austern gezüchtet, außerdem werden Rum und Zucker produziert. Natürlich gibt es auch zahlreiche Hotels entlang der Promenade (oben). In Negril trauen sich junge Einheimische und springen von den Klippen in die Tiefe (rechts).

87 Reggae, Strand und Lebensfreude – Jamaika

Von Montego Bay bis zu den Blue Mountains

Jamaika ist ein Mythos, mit dem viele den Zauber der Reggae-Musik, Strandparadiese, Regenwälder und Zuckerrohrfelder verbinden. Montego Bay, die touristische Metropole, hat in ihrer Bedeutung die Hauptstadt Kingston schon hinter sich gelassen. Urlauber finden hier Sandstrände in weiten Buchten und ein aufregendes Nachtleben. Aber auch der Rest der legendären Insel steht dem in nichts nach.

Montego Bay, von den Einwohnern knapp Mo-Bay genannt, hat viel zu bieten: einsame und lebhafte Strände, Wasserski und Parasailing vor der Küste, unzerstörte Korallenriffe, luxuriöse Resorts und einfache Herbergen im Stadtzentrum. Dazu gibt es exklusive Boutiquen, lebhafte Straßenmärkte, jamaikanische Gourmetrestaurants und urige Jerk-Food-Imbissstände am Wegesrand, Spuren lokaler Geschichte und das quirlige Treiben auf den Straßen im Zentrum. Im Hinterland finden Ausflügler ursprüngliche Landschaften mit bewaldeten Hügeln, Flüssen und Wasserfällen, einfache Dörfer und prächtige, alte Plantagenvillen.

Christoph Kolumbus, Jamaikas »Entdecker«, hatte bei seinen Expeditionen kein Auge für die landschaftlichen Schönheiten der Antilleninsel. Er war gegenüber den katholischen Königen in der Pflicht, das sagenumwobene Eldorado zu finden, und suchte nach Gold und Reichtümern. Nicht verwunderlich, dass die wenig an Kokosnüssen interessierte spanische Krone die Insel kaum nutzte und sie 1670 den Engländern fast kampflos überließ. Von den 100 000 in die Sklaverei verschleppten und von ansteckenden Krankheiten dahingerafften Arawak lebte da kein Einziger mehr.
Vor allem das Zuckerrohr verhalf Plantagenbesitzern zu märchenhaftem Reichtum. Kein

In Ocho Rios steppt der Bär: Vom karibischen Traumstrand über die schicksten Bars bis hin zu bunten Einkaufsmöglichkeiten an der Promenade ist hier alles geboten.

Wunder, dass Jamaika – und vor allem die Region um Montego Bay – im britischen Empire als die Zuckerinsel galt, auf deren Feldern ganz nebenbei Zehntausende afrikanischer Sklaven schufteten. Die Unabhängigkeit Jamaikas wurde erst nach drei Jahrhunderten voller Unruhen und Aufstände 1962 besiegelt. Auch wenn die inneren politischen Verhältnisse bis in die 1980er-Jahre in Kingston von blutigen Auseinandersetzungen rivalisierender Parteien geprägt waren, boomte in Mo-Bay der Tourismus und sorgte für Arbeitsplätze und Devisen. Schon Ende des 19. Jahrhunderts hatte der Arzt Alexander McCatty einen kleinen, feinen Tourismus in Montego Bay begründet. Seine Kurbehandlungen basierten auf Mineralquellen, die am Doctor's Cave Beach ins Meer sprudeln. Sein Sanatorium Caribee wurde Anziehungspunkt für wohlhabende Nordamerikaner und entwickelte sich zu einem der exklusivsten Badeclubs der Karibik.

In und um Montego Bay

Im bunten, turbulenten Stadtzentrum, rund um den nach einem hier hingerichteten Sklaven benannten Sam Sharpe Square, pulsiert jamaikanisches Leben mit lauter Reggae-Musik und Märkten, auf denen die Bauern der Umgebung ihre frisch geernteten Produkte verkaufen. Auf dem *craft market* beim Howard Cooke Drive bieten gut 200 Bambusstände Handgeschnitztes und -geflochtenes an. Auf der Freifläche des »Bob Marley Centre« findet alljährlich das bezaubernde »Reggae Sumfest« statt, auf dem die bekanntesten Musiker bis in den frühen Morgen hinein aufspielen.

Seit 30 Jahren stehen die umliegenden Korallenriffe und Seegrasfelder unter Naturschutz und werden als Montego Bay Marine Park von Rangern betreut. Um die Korallenbänke zu schützen, gibt es eine Reihe von Auflagen: Boote dürfen hier nur mit geringer Geschwindigkeit fahren; Ankern und Fischen sind verboten. Schnorchler und Taucher können in diesem Paradies unter acht Gebieten zwischen der sogenannten Arena im Südwesten und dem Rose Hall Riff wählen.

Urlaubsmetropole mit Wasserfällen

Das weiter östlich an der Küste gelegene Ocho Rios oder *Ochi*, wie die Einwohner ihr früher verschlafenes Fischerdorf nennen, hat in den vergangenen Jahren den größten Sprung zu einer Tourismusmetropole gemacht. Fischer sieht man am Fisherman's Beach keine mehr und am kostenpflichtigen Turtle Beach keine

Reggae, Strand und Lebensfreude – Jamaika

Schildkröten. Dafür aber alles, was das Herz des Wassersportlers höherschlagen lässt. Die Pier der malerischen, strandgesäumten Ocho Rios Bay wird mittlerweile wie kaum ein zweiter Hafen von den größten Kreuzfahrtschiffen angelaufen. Viermal in der Woche stürzen sich deren Passagiere bei kurzen Aufenthalten durch ein Spalier von heimischen Calypso- und Soca-Bands ins Island Village und zu den Attraktionen der Urlaubsmetropole. In dem im Kolonialstil errichteten Ortszentrum rund um den Pineapple Place reihen sich die meisten Geschäfte und Kunsthandwerkermärkte. Lohnenswert für eine Besichtigung sind in Ochi außerdem vor allem die anglikanische Kirche und die Geddes Memorial Church im südlichen peripheren Bereich. Ebenfalls im Süden der Stadt findet der Ruhesuchende im Trubel der Geschäftsstraßen eine Oase im Coyaba River Garden, einem botanischen Garten mit Mineralwasserpools, kleinen Bächen, einem Wasserfall und einem dem Park angeschlossenen völkerkundlichen Museum zur indianischen Geschichte. In einer Galerie sind Werke jamaikanischer Künstler ausgestellt.

Hand in Hand durch die Dunn's River Falls

Zwar münden in die türkisfarbene Bucht von Ochi nicht acht Flüsse, wie der übersetzte spanische Name fälschlicherweise verheißt, sondern nur drei, doch die Wasserfälle der Dunn's River Falls, die westlich der Bay 200 Meter tief in wilden Kaskaden an einem der schönsten Strandabschnitte ins Meer stürzen, machen das in jedem Fall wett. Allerdings steht man inzwischen bei jährlich rund einer Million Besuchern nicht selten in einer Schlange, um über die Sinterterrassen Hand in Hand wie bei einem Schulausflug nach oben zu gelangen. Wer kann, sollte diese märchenhaften Fälle in Zeiten besuchen, wenn keine Kreuzfahrtschiffe in der Bucht liegen.
Eine besondere Aura entwickeln die etwa einen Kilometer weiter westlich gelegenen kleineren Laughing-Waters-Wasserfälle, in deren erfrischender Gischt sich 1962 im ersten 007-Film *James Bond jagt Dr. No* die Schweizer Schauspielerin Ursula Andress ungewöhnlich dekorativ räkelte.
Im Westen führt die Küstenstraße weiter nach St. Ann's Bay. Kolumbus hatte sie einst auf den verheißungsvollen Namen *Bahía de Santa Gloria* getauft. Der früher wichtige Zuckerrohrhafen hat seine ehemalige Bedeutung nicht wiedererlangen können. Nur einige Kilometer

Endemisch und typischer ist die Jamaika-Amazone. Jedoch machen die beiden Kerlchen wohl mehr her als ihr einheimischer eher unscheinbarer Cousin (unten). Den Jamaikanern liegt der Rhythmus im Blut, und das zeigen sie nur allzu gerne (ganz unten).

Amerika

Sam Sharpe Square in Montego Bay gibt mit Skulpturen einen Einblick in die Historie Jamaikas (unten). Im Hinterland der Blue Mountains wird Kaffee angebaut (ganz unten). Der berühmte Sohn des Landes, Bob Marley, begegnet einem überall (rechts oben).

westlich ließ Diego, der Sohn von Christoph Kolumbus, 1515 Sevilla la Nueva, die erste Hauptstadt der spanischen Kolonie Jamaika, gründen. Von der Kirche und einem Gouverneursgebäude sind noch dürftige Spuren erhalten. Das Hinterland hat zwei bedeutende Söhne des heutigen Jamaika hervorgebracht: Der vor rund 30 Jahren verstorbene Reggae-Superstar Bob Marley wurde 1945 in Nine Miles geboren, und im August 1986 kam im Dörfchen Sherwood Content der Sprinterstar Usain Bolt zur Welt.

Im Osten von Ocho Rios lohnt ein Stopp bei der »Prospect Plantation«. Hier werden Piment und Limetten für den Export angebaut. Auf kleineren Anbauflächen gedeihen Kassava, besser bekannt als Maniok, Otaheiti-Äpfel, Ananas, Zuckerrohr, Kaffee, Kakao und Bananen. Im Garten einer kleinen interkonfessionellen Kirche kann man für ein paar Dollar einen Setzling pflanzen und befindet sich damit in der Gesellschaft von Charlie Chaplin, Winston Churchill oder Henry Kissinger.

Port Antonio und die Blue Mountains

Üppige Vegetation, bewaldete, bis zum Meer reichende Ausläufer der Inselgebirge, eine dramatische Felsenküste mit sichelförmigen, von Sandstränden gesäumten Buchten, klare Bergbäche, die in Kaskaden über steile Felsklippen stürzen und nach kurzem Lauf in die karibische See münden, dazu vorgelagerte Inseln mit farbenprächtiger Unterwasserwelt – Port Antonio und Umgebung gehören zu den reizvollsten Landschaften der Karibik.

Der höchste Gebirgszug Jamaikas, die Blue Mountains, zieht sich über den Nordosten der Insel und steigt bis auf eine Höhe von 2256 Metern an. Seine südlichen Ausläufer erreichen die Außenbezirke von Kingston, in denen sich wohlhabende Jamaikaner mit Blick über die Hauptstadt niedergelassen haben.

Im Norden der Berge erstreckt sich bis Port Antonio eine der spektakulärsten Regenwaldregionen der Insel. Port Antonio verfügt gleich über zwei Hafenbuchten. Sie sind von Hügeln umsäumt und lediglich durch die Landzunge Titchfield Peninsula voneinander getrennt. An deren nördlicher Spitze liegt das im 18. Jahrhundert errichtete Fort George. Von hier aus hat man einen schönen Blick auf East Harbour und die vorgelagerte Navy Island, die früher die Marine nutzte. Der Hafen war bis in die 1920er-Jahre Bananenumschlagplatz in die USA.

Port Antonio war auch bei Berühmtheiten beliebt. Neben Harry Belafonte, der sein berühmtes *Day-O, Mr. Tallyman* den Hafenarbeitern widmete, zog es auch den Hollywoodstar Errol Flynn hierher. Der Haudegen in Piratenfilmen wie *Unter Piratenflagge* und *Der Herr der sieben Meere* hatte sich bei einem Besuch in die Stadt verliebt. Angeblich waren er und seine Gäste wie Bette Davis und Ginger Rogers nicht nur für feuchtfröhliche Partys bekannt, sondern auch Pioniere für den Floßfahrttourismus auf dem Rio Grande.

Badeträume und Regenwaldromantik

Östlich von Port Antonio reihen sich malerische Badebuchten wie die halbkreisförmige Turtle Crawle Bay, der smaragdfarbene Frenchman's Cove, das weite Rund von San San Beach mit Pelew Island sowie die tiefblauen, von dichter Vegetation gesäumten Buchten von Blue Lagoon und Dragon Bay mit ihrem fantastischen Korallenriff aneinander. An Wochenenden gehören die gebührenfreien Strände Winnifred Beach bei Fairy Hill und Boston Beach zu den großen Anziehungspunkten einheimischer Familien. Letztere ist berühmt für ihre Surferwellen und die Stände mit pikantem Jerk-Food beiderseits der Hauptstraße.

Schwimmer sollten wegen gefährlicher Strömungen hier besonders vorsichtig sein. Anders als an den viel besuchten Dunn's River Falls sind am Fuß der John Crow Mountains im Osten nahe dem Fischerort Manchioneal die imposanten Reach-Falls-Wasserfälle frei von Kreuzfahrttouristen. Die Kaskaden und Whirlpools des Drivers River bevölkern vor allem jamaikanische Besucher.

Auf dem Rio Grande westlich von Port Antonio werden Fahrten mit Bambusflößen angeboten: Rund 70 verschiedene Orchideen, 500 Baumarten, zehn Meter hohe Baumfarne, bis zu 20 Meter hoher Jamaika-Bambus und wilder Kaffee wachsen in dem dichten Regenwald und den Ausläufern der Blue Mountains. Und auf hoch gelegenen Plantagen an den Südhängen wird hier der den Lesern der James-Bond-Romane vertraute vollaromatische »Blue Mountain Coffee« angebaut, für den Gourmets Fantasiepreise ausgeben. Der Weg durch die dicht bewaldete Bergwelt zum 2256 Meter hohen Blue Mountain Peak ist einer der aufregendsten Pfade, die wanderbegeisterte Urlauber auf der Insel begehen können. Allerdings nur unter kundiger Führung. Angeblich haben Scharfäugige vom höchsten Punkt aus an klaren Tagen schon die Südküste Kubas gesehen.

NINE MILES: BOB MARLEYS GEBURTSSTÄTTE

Bob Marley, Reggae-Musiker und Rastafari, hat Jamaika und die jamaikanische Musik in den 1970er-Jahren weltweit populär gemacht. Er war der erste Superstar der sogenannten Dritten Welt. Als er 1981 an einem Gehirntumor starb und nach Nine Miles überführt wurde, war der Trauerzug 80 Kilometer lang. Neben der Hütte, in der Bob seine Kindheit verbrachte, errichtete seine Familie ein kleines Mausoleum mit dem Bild des früheren äthiopischen Kaisers Haile Selassie und einem Marmorsarg, in dem der Musiker mit seiner Gitarre beigesetzt ist. Am 6. Februar jedes Jahres ehrt ein Reggae-Konzert die jamaikanische Legende.

WEITERE INFORMATIONEN

Tourismusinformation Jamaika:
www.visitjamaica.com
Tourismusinformation Montego Bay:
www.montego-bay-jamaica.com
Tourismusinformation Ocho Rios:
www.ochorios.com

Amerika

88 Schildkröteninseln – Cayman Islands

Von Briefkästen und Korallenriffs

Klar, viele haben schon von den Cayman Islands gehört, vor allem als Sitz von Briefkastenfirmen. Das Inseltrio aus Grand Cayman, Little Cayman und Cayman Brac bildet die Spitze einer dramatischen Tiefseegebirgslandschaft. Dabei lässt sich in den kristallklaren Küstengewässern der flachen Inseln die vielfältige Fisch- und Pflanzenwelt in fantastischen Korallenriffen besonders gut beobachten.

Little Cayman ist nur 16 Kilometer lang und 1,5 Kilometer breit, dennoch gibt es einen Flughafen und Strandhäuser (rechts oben). Die Bewohner der Caymans wünschen sich ihre Schildkröten zurück. Zumindest auf Hausfassaden tummeln sie sich (unten).

In der Hauptstadt George Town auf Grand Cayman leben mehr als die Hälfte der etwa 35 000 sogenannten Caymanians. Hierher kommen die Besucher jedoch kaum der unspektakulären Architektur wegen, sondern weil es sich dort wunderbar einkaufen lässt. Und auch ein Besuch des Cayman Islands National Museum im restaurierten Gerichtsgebäude von 1833 oder des Cayman Maritime Treasure Museum sind es wert, in der Inselmetropole vorbeizusehen. Das Wichtigste ist jedoch der weiche Sand, den man zum Beispiel am tatsächlich nur fünf Meilen langen Strand des Seven Mile Beach genießen kann, wo 1993 im und um das Hyatt Regency Hotel der John-Grisham-Roman *Die Firma* mit Tom Cruise verfilmt wurde.

Wappentier Schildkröte

Als Kolumbus 1503 an den Inseln vorbeisegelte, gab es noch so viele Schildkröten, dass er sie *Islas Tortugas*, Schildkröteninseln, taufte. Inzwischen wurde das Meer nahezu leer gefischt. Frei lebende Meeresschildkröten stehen deshalb unter strengem Schutz. Doch ein Zuchtbetrieb auf Grand Cayman zieht seit mehr als

Schildkröteninseln – Cayman Islands

30 Jahren Tausende der gepanzerten Reptilien in Bassins und Tanks auf. Doppelziel ist es die Restaurants mit dem delikaten Fleisch zu versorgen und gleichzeitig mit dem jährlichen Aussetzen von rund 1000 Schildkröten zur Stabilisierung ihres Wildbestands beizutragen. Mit etwas Glück, kann die ein oder andere frei lebende Schildkröte erspäht werden.

Little Cayman und Cayman Brac

Die beiden kleineren Schwesterninseln Little Cayman und Cayman Brac sind nur per Boot oder mit einem Kleinflugzeug erreichbar. Das von Mangroven und Palmen umsäumte Little Cayman, auf dem nur ein Dutzend Einheimische leben und sieben Hotels ein gediegenes Angebot an Unterkünften bieten, hat zwischen Jackson's Point und Spot Bay mit seiner berühmten drei Kilometer langen und jäh von etwa acht auf fast 2000 Meter abfallenden Bloody Bay Wall eines der schönsten Tauchparadiese der Welt. Siedler aus Schottland tauften Cayman Brac mit dem gälischen Wort für Klippe. Die östlichste der Caymans ist nur unwesentlich größer als Little Cayman, beherbergt hauptsächlich an der Nordküste etwa 1500 Einwohner und bietet neben von tropischer Fauna umsäumten einsamen Stränden verzweigte Tropfsteinhöhlen wie Rebecca's, Peter's oder die Bat Cave. Berühmt sind beide Inseln für ihre außergewöhnliche Zahl an Seevögeln, darunter Fregattvögel und die rotfüßigen Boobies sowie wild lebende Papageien. Die zahlreichen Tauchgründe wurden 1996 um ein künstliches Riff reicher, als vor der Nordwestküste eine russische Fregatte versenkt wurde. Ein 80 Hektar großes Areal des »Cayman National Trust« auf Cayman Brac schützt den nur hier vorkommenden Brac Parrot. Rund 400 Exemplare des knallbunten Papageis leben in dem Gelände. Ein Wanderweg, der in Teilen den Charakter einer Kletterstrecke annimmt, durchquert das Areal in einer großen Runde. Infotafeln erläutern Flora und Fauna und vor allem die Lebensweise des Papageis, dessen grün-gelb-rot-blaues Federkleid ihn erstaunlicherweise tagsüber in den Blättern der Bäume fast unsichtbar werden lässt. Am ehesten macht sich der seltene Vogel frühmorgens und in der Abenddämmerung bemerkbar.

AUF TAUCHGANG

Wer schon auf Grand Cayman ist, sollte sich dieses einmalige Erlebnis nicht entgehen lassen: Vom Strand aus geht es mit dem Jetski oder einem Boot zu den berühmten Sandbänken von Stingray City. Zahlreiche Stachelrochen sind hier heimisch und fühlen sich auch durch die regelmäßig stattfindenden Fütterungen angelockt. Sie können sogar gestreichelt werden.

Außerdem kann man am der Insel vorgelagerten North Sound – der weltgrößten Salzwasserlagune – auf Tauchgang gehen. Die Cayman Wall, eine Tausende Meter steil abfallende Wand, lockt zahlreiche Tauchbegeisterte an. Dabei gibt es einiges zu sehen: natürlich neben bunten Korallen auch Tarpune, Makrelenschwärme, Rochen und Schildkröten. Nicht ohne Grund gilt die Meereswelt um die Caymans als eine der schönsten Tauchgegenden der Welt.

WEITERE INFORMATIONEN
Tourismusinformation:
www.visitcaymanislands.com

Kuba und Tabak lassen sich nicht trennen. Bei Viñales im Westen der Insel wird seit dem frühen 19. Jahrhundert Tabak angebaut (oben). Das Straßenbild von Havanna ist durch die schicken Straßenkreuzer geprägt, wie hier vor dem Kapitol (rechts).

89 Nostalgie in der Karibik – Kuba

Brüchiger Charme im Weltkulturerbe

Keine andere Insel der Karibik polarisiert so sehr wie Kuba. Für die einen ist es Heimat eines stolzen und freundlichen Volks, der besten Zigarren der Welt und der rührend gepflegten US-Oldtimer. In den Augen der anderen ist es bemitleidenswert verarmt, mit einem traurigen Spitzenplatz bei der Unterdrückung ungeliebter Einflüsse durch andere Kulturen. Und das selbst in der ehemals offenen Weltstadt Havanna.

Kuba, die größte Antilleninsel, erstreckt sich rund 200 Kilometer südlich von Florida in westöstlicher Richtung auf einer Länge von 1250 und in einer Breite zwischen 50 und 200 Kilometern. Tatsächlich gehören zu Kuba neben der Hauptinsel noch die kleinere Isla de la Juventud und darüber hinaus über 4000 kleinere und kleinste Inseln. Die gesamte Landfläche des Archipels beträgt knapp 110 000 Quadratkilometer.

Die Hauptstadt Havanna an der Nordküste der Hauptinsel liegt nur 150 Kilometer vom US-amerikanischen Key West entfernt. Von den etwa zwölf Millionen Einwohnern – Kuba ist die bevölkerungsreichste karibische Insel – leben ganze 2,5 Millionen in der Hauptstadt, gefolgt von Santiago de Cuba mit knapp 511 000 und Camagüey mit 323 000 Einwohnern. Ihrer Herkunft nach sind sie zu zwei Dritteln Weiße, ein Drittel machen Schwarze und Mulatten aus. Mehr als 30 Prozent der Kubaner sind unter 16 Jahre alt.

Havanna und der Buena Vista Social Club

Wer auf die Festung El Morro steigt – eigentlich Castillo de los Tres Reyes del Morro –, wird mit einem Blick auf die viel Atmosphäre ausstrahlende Altstadt Havannas mit ihren dicht beieinanderstehenden klassizistischen Häusern belohnt. Von hier aus hat man auch einen fan-

Zwischen den Bergen der Escambray liegt Trinidad. Die koloniale Geschichte der Stadt ist omnipräsent – einst war sie Hochburg des Zuckerrohranbaus.

tastischen Blick auf die Kathedrale aus dem 18. Jahrhundert und natürlich auf den berühmt-berüchtigten Malecón, die lang gestreckte Uferpromenade. Tagsüber bevölkern lange Maxibusse und alte Autos diese pulsierende Lebensader, aber abends erobern zumeist junge Havaneros und viele Touristen in einem bunten Gemisch aus Livemusik und Tanz die Küstenstraße, bevor es nachts in einen der zahlreichen Clubs oder in eine der bunten Bars geht. Hier wird noch zu sehr später Stunde Musik gespielt, auch der Son, für den Kuba um die 1950er-Jahre weltberühmt war. Der Gitarrist Ry Cooder hat dieser Musik in den 1990er-Jahren in dem Wim-Wenders-Dokumentarfilm *Buena Vista Social Club* ein einmaliges Denkmal gesetzt.

Hauptstadteleganz im Nobelviertel Miramar

Vedado, das moderne Stadtzentrum, war in den *roaring fifties* ein wild wuchernder Kiez von Casinos, Clubs und Prostitution, in dem vor allem die italoamerikanische Mafia ein brutales Regime führte. Mit dem Castro-Guevara-Putsch änderte sich das schlagartig. Die Atmosphäre zwischen Jugendstil- und Artdéco-Bauten ist inzwischen gelassener und gleichzeitig morbider geworden. Das ehemalige Nobelviertel Miramar am westlichen Ende des Malecón, in dem vor allem in den 1930er-Jahren die internationale Prominenz repräsentative Villen mit prächtigen Gärten errichten ließ, boomt heute wieder. Vor allem die Ansiedlung internationaler Firmen und Botschaften, nachdem die Gebäude zuvor jahrelang lediglich von privaten Gruppierungen aus der Bevölkerung und halbstaatlichen Initiativen genutzt worden waren, spielt dabei eine entscheidende Rolle.

Ein trauriges Bild liefert das zwischen der Altstadt und Vedado gelegene verslumte Centro Habana, dessen Name missverständlich erscheint. Der Verfall von Warenhäusern und Mietskasernen ist derart fortgeschritten, dass das Bild an die Trümmerlandschaften der South Bronx im New York vor 50 Jahren erinnert. Alte Planungen sahen sogar den Abriss von Altstadt und Centro und stattdessen den schnellen Aufbau mit Plattenbauten vor. Geld- und Investorenmangel ließen diesen Plan (glücklicherweise) scheitern.

Heute konzentrieren sich viele Kräfte darauf, das von der UNESCO zum Weltkulturerbe kanonisierte Alt-Havanna zu restaurieren. Wie in Dresden oder anderen Städten im Osten

Nostalgie in der Karibik – Kuba

Deutschlands erstrahlen ganze Straßenzüge daher wieder in altem Glanz. Dank der Unterstützung durch die UNESCO und des unermüdlichen Einsatzes des Stadthistorikers Eusebio Leal. Kubas eigenwilliger Weg ist noch nicht an einem Punkt angelangt, der Betroffene und Beteiligte nur ansatzweise zufriedenstellen könnte. In dieser Ambivalenz, die in Havanna ihren stärksten Ausdruck findet, liegt eine Spannung, die fesselnd wirkt.

Valle de Viñales – Der beste Tabak der Welt

In einer Zeit durchgesetzter Rauchverbote in den Industrieländern mögen sich die Geister inzwischen wohl an einem Besuch des für Kubas Wirtschaft bedeutenden Valle de Viñales scheiden. Von Havanna aus geht es über die Autobahn A4 nach Westen, und vor Pinar del Rio zweigt man nach Norden in Richtung der Sierra de los Organos ab. Bizarre, bewaldete Kalksteinkegel, die Mogotes, weisen auf ein erdgeschichtliches Kapitel hin, das hier riesige Höhlen schuf, deren Decken später durch Erosion einstürzten. Übrig blieben ebene, fruchtbare Flächen, auf denen der grün-silbrig schimmernde, wohl beste Tabak der Welt wächst, der schließlich in Pinar zu den besten Zigarren der Welt verarbeitet wird.

In dem von der UNESCO unter Denkmalschutz gestellten Städtchen Viñales leben etwa 15 000 Einwohner. Flache, mit Veranden umsäumte Holzgebäude prägen das Ortsbild. Erstaunlich viele Häuser mit Inschriften von Freimaurerlogen zeugen vom Selbstbewusstsein der früheren Tabakpflanzer. Viñales ist ein guter Ausgangspunkt, um einige Täler und Höhlen der Umgebung zu erkunden. Im Valle de las dos Hermanas, dem »Tal der zwei Schwestern«, malte Leovigildo Gonzales, ein Schüler des berühmten mexikanischen Malers Diego Rivera, die Evolutionsgeschichte der Erde auf einen Felsen.

Unterirdisches Kuba

Das verwinkelte Höhlensystem Cuevas de Santo Tomás befindet sich ebenfalls beim Valle de Viñales am Rand des kleinen Ortes El Moncada. Das größte Höhlensystem Kubas besteht aus zahlreichen miteinander verbundenen Kavernen, Tunneln, kleinen Kammern, Dolinen und Galerien und erstreckt sich über 45 Kilometer. Die mächtigen Stalagmiten und Stalaktiten kann man nur mit Führern, vorhandener Fitness und entsprechender Ausrüstung (Lampe, Helm werden verliehen) erkunden, da das

Das Monumento Memorial Che Guevara in Santa Clara ist ein nationales Denkmal und wurde zum 30. Gedenktag der Schlacht von Santa Clara erbaut (unten). Echte kubanische Zigarren sind Handarbeit und werden als die besten der Welt gehandelt (ganz unten).

Amerika

Hinter den pittoresken Fassaden (unten) beherbergt Havanna viele Geschäfte und Bars wie El Floridita, die Lieblingsbar Hemingways (ganz unten). Auf der schmalen Halbinsel Hicacos befindet sich der den USA am nächsten gelegene Punkt (rechts oben).

Tunnelsystem nicht asphaltiert und mit Geländern versehen ist. Ein kleinerer Teil wurde zumindest für Gruppenbesichtigungen präpariert und dieser kann nun jederzeit bestaunt werden. Buchungen für Führungen durch das unterirdische System nimmt das Centro de Visitantes an der Straße nach Viñales entgegen, das gleich beim Hotel Los Jazmines liegt. Dieses verfügt über kein Telefon.

Varadero – Seebad mit internationalem Flair

Das bekannteste und populärste Seebad Kubas liegt 140 Kilometer östlich von Havanna auf der nach einem stacheligen Kaktus Hicacos benannten schmalen Halbinsel an der Nordküste der Antilleninsel. In spanischen Kolonialzeiten ging es hier ausschließlich um Zuckerrohranbau, Sklavenhandel und Viehzucht. Heute steht Varadero vor allem für den 20 Kilometer langen, feinsandigen weißen Strand, der als der schönste Kubas gilt.

Am Topziel des Tourismus räkelt sich seit Jahrzehnten das *who's who* der internationalen Prominenz, jedoch bis zur Revolution 1959 ganz exklusiv. Mit der Machtübernahme Castros wurde das Strandidyll der Bevölkerung zugänglich gemacht. Aufmerksam wurde die Öffentlichkeit gegen Ende des 19. Jahrhunderts auf diesen Ort, als zunächst die Schönen und Reichen aus Kuba, dann aus den USA hier lustwandelten. Der Chemiefabrikant DuPont ließ sich 1928 seinen prachtvollen Sommersitz Xanadú errichten, Golfplatz und private Landebahn für Flugzeuge inklusive. Er kaufte das umliegende Land für einen Spottpreis und verhökerte das Schnäppchen an Investoren. Später folgten andere Berühmtheiten, der verhasste Diktator Fulgenico Batista und eine Reihe von Gangstern, darunter der Mafioso Al Capone aus Chicago.

Heute ist Varadero Kubas Ferienplatz schlechthin. Allerdings hat sich die Entwicklung erneut in Richtung exklusiverer internationaler Kundschaft gedreht. Dringend benötigte Devisen veranlassten die Regierung, wieder auf Gäste zu setzen, die Luxus bevorzugen und auf die höhere Preise eher eine anziehende denn eine abstoßende Wirkung haben. Von den Luxushotels, Boutiquen, Märkten, Diskotheken und Bars können die Durchschnittskubaner nur träumen, leisten können sie sich deren Preise nicht. Fast jedes größere Hotel in Varadero unterhält seine Gäste mit abendlichen Revuen und Tanzkapellen. Im Tropicana Matanzas, in den Außenbezirken der Provinzmetropole et-

Nostalgie in der Karibik – Kuba

was weiter im Westen gelegen, wird allabendlich die beste Show mit internationaler und kubanischer Musik und Tanzeinlagen auf die Bühne gestellt.

Die Unterhaltungsindustrie läuft auf vollen Touren

Unterwasserexpeditionen, »Seafaris« genannt, Reiten und Golfen, ein Delfinario mit gelehrigen Meeressäugern, Fallschirm-Tandemsprünge und Flüge mit Ultraleichtflugzeugen gehören zu Varaderos touristischem Beiprogramm, das zugegeben recht sportlich ausfällt, aber auch Ausflüge zu den Wurzeln der indianischen Vorfahren. Sie hinterließen auf der Halbinsel Hicacos einige der wenigen Belege ihrer Kultur wie Felszeichnungen, Keramik und bearbeitete Muscheln. In der Höhle Cueva de Ambrosio fand man allein 72 Zeichnungen. Auch die Anwesen des gestürzten Diktators Batista an der Avenida Primera, auf deren Gelände heute der luxuriöse Vergnügungspark Parque Retiro Josone eingerichtet ist, sowie die Villa DuPont, für die eine Anmeldung erforderlich ist, sind einen Besuch wert.

Zwischen April und Juni bieten die hier lebenden Landkrabben Jahr für Jahr ein Naturschauspiel der besonderen Art, das traurigerweise für die Landkrabben oft tödlich endet. In dieser Zeit suchen die Weibchen der kubanischen Landkrabben zu Hunderttausenden die Küstengewässer auf, um zu laichen. Auf den dazwischenliegenden Landstraßen kommt es dabei regelmäßig zu einem Gemetzel und bei vielen Autos zu platten Reifen. Nach dem Zweiten Weltkrieg wuchsen auch die Touristenströme zu den exklusiven Urlaubsplätzen der Prominenz stark an. Varadero mutierte zum Mallorca der US-Amerikaner. Doch nach der Revolution und der verhängten Wirtschaftsblockade riss der Strom amerikanischer Urlauber jäh ab. Sie suchten sich auf den Bahamas oder Jamaika neue Urlaubsziele. Seit sich die USA und Kuba unter dem amerikanischen Präsidenten Barack Obama wieder angenähert haben, steigt jedoch die Zahl der Touristen aus den USA erneut stetig. Kanadier, Mexikaner und Europäer haben in der Zeit ihrer Abstinenz jedoch kräftig in die touristische Infrastruktur investiert.

CARDENAS

Der kleine ruhige Ort mit Kolonialarchitektur liegt an der gleichnamigen Bay, nur knapp 20 Kilometer südlich von Varadero. Hier wehte vor rund 160 Jahren erstmals Kubas Nationalflagge. Nicht weit von der Catedral de la Concepción Inmaculada mit wunderbaren Buntglasfenstern gibt das Museo Casa Natal José Antonio Echeverría Einblicke in das Leben der Revolutionshelden. Auch das Museo Batalla de Ideas in einem bestens restaurierten Gebäude widmet sich der jüngeren Geschichte und dem Kampf der Ideologien aus kubanischer Sicht. Die Statue eines jungen Pioniers, der eine Superman-Figur wegzieht, macht deutlich, worauf es hinausläuft. Die Rum-Manufaktur Fábrica Arrechabala an der Küste der Cardenas-Bucht gilt als Geburtsort des berühmten Havana-Club-Rums. Auch heute wird hier das geschmackvolle Zuckerrohrdestillat hergestellt, das man nach einer Besichtigung verkosten kann.

WEITERE INFORMATIONEN
Museo Batalla de Ideas:
www.museobatalladeideas.cult.cu
Tourismusinformation: www.cubainfo.de

Die vielen Besucher kommen vermutlich nicht wegen der Fauna nach Kuba, dennoch lohnt sich ein genauer Blick: Kolibris, Krokodile und Flamingos gibt es hier.

Die dunkle Farbe des »blauen Lochs« lässt es erahnen: im Dean's Blue Hole geht es über 200 Meter in die Tiefe. Es ist die zweitgrößte Unterwasserhöhle der Welt (oben). Neben Höhlen ist die Unterwasserfauna für Taucher interessant (rechts unten).

90 Eine magische Unterwasserwelt – Long Island

Kolumbus' Fußspuren am Cape Santa Maria

Long Island war nach San Salvador und Rum Cay die dritte Insel der Neuen Welt, auf deren Strand Christoph Kolumbus 1492 seinen Fuß setzte. Der Wendekreis des Krebses durchschneidet die etwa 100 Kilometer lange, maximal fünf Kilometer schmale grüne Insel. Die zahlreichen Riffe vor den herrlichen Stränden bilden nicht nur beste Tauch- und Schnorchelgründe, sondern wurden bereits vielen Schiffen zum Verhängnis.

Einer der schönsten Punkte, die Besucher auf den Bahamas ansteuern können, ist das Cape Santa Maria ganz im Norden. Vom Denkmal, das an Kolumbus' Landung erinnert und mit einer Inschrift die Liebenswürdigkeit der schnell ausgerotteten Indianer preist, bietet sich ein herrlicher Ausblick über die See und die Insel, der für den kurzen, steilen Aufstieg mehr als entschädigt. In der Ferne lassen sich die Ruinen der »Adderley Plantation« ausmachen. Englische Royalisten, die nach der amerikanischen Revolution auf die Bahamas ausgewandert waren, hatten auch auf Long Island versucht, mit Sklavenarbeit Baumwollplantagen zu betreiben.

Nach dem Scheitern ihrer Träume zogen sie weiter und ließen die Sklaven zurück. So überwiegt auf Long Island eine Selbstversorgungswirtschaft mit Gemüse, Süßkartoffeln, Mais und Hülsenfrüchten. Die roten Böden im fruchtbaren Süden werfen Überschüsse ab für den Export von Mangos, Ananas und Bananen nach Nassau. Auch die Garnelenzucht in den alten Salzteichen bei Salt Pond hat die großen Hotelanlagen von New Providence und Grand Bahama im Auge.

Tauchen zu Wracks und Korallenriffen

Das Stella Maris Resort mit luxuriösen Ferienvillen, eigenem Flugplatz und wenige andere

Eine magische Unterwasserwelt – Long Island

kleinere Hotelanlagen im Norden verschaffen auch einigen Hundert der rund 4000 Inselbewohnern Jobs. Von hier aus starten Tauchexkursionen in die magische Unterwasserwelt aus Korallenbänken und Unterwasserhöhlen oder zu gesunkenen Wracks. Allein in den Gewässern vor Conception Island, die einige Seemeilen nördlich von Long Island gelegen ist, liegen über 30 gesunkene Schiffe, die erkundet werden können.

An der raueren Westküste türmen sich Kalksteinklippen, zwischen denen sich vereinzelt einsame Sandbuchten verstecken. An der ruhigen Ostküste laden kilometerlange, einsame, blassrosa bis weißgelbe Sandstrände und das flache, türkisfarbene Wasser der Bahama Bank zum Plantschen, Baden und Segeln ein. Taucher und Schnorchler sind begeistert von den Korallenriffen vor Ort.

Kirchen und ein »Blaues Loch«

Salt Pond, etwa in der Mitte zwischen Stella Maris und der Inselmetropole Deadman's Cay gelegen, ist mit der alljährlich im Mai stattfindenden Long Island Regatta für Sloop-Segler ein magischer Anziehungspunkt für Hobbysegler und Profis auf dem Gebiet, und das aus der ganzen Welt. In der Nähe lassen sich – mithilfe von einheimischen Führern – weit verzweigte und verwinkelte Kalksandsteinhöhlen mit beeindruckenden indianischen Felzeichnungen erkunden. Einige von ihnen sind noch nicht einmal vollständig erschlossen.

Im idyllischen Clarence Town stehen kurioserweise gleich zwei Kirchen in unmittelbarer Nähe, beide von John Hawes erbaut. Zunächst errichtete der Kirchenarchitekt und Geistliche die anglikanische St. Paul's Church und nach seinem Glaubenswechsel die katholische St. Peter's Church. Später zog es den auch als Pater Jerome bekannten Geistlichen in eine Einsiedlerklause auf Cat Island.

Zwischen Deadman's Cay und Clarence Town liegt eines der tiefsten Blue Holes der Bahamas, der etwa 70 Meter im Durchmesser messende, über 200 Meter tiefe dunkelblaue Schlund von Dean's Blue Hole, der erst jüngst von Tauchern komplett erkundet wurde. Bei Mortimers entdeckte ein Fischer 1988 in einer versteckt liegenden Höhle drei hölzerne *duhoos*, zeremonielle Hocker der längst untergegangenen Lucaya-Indianer. Wer weiß, was es noch in den Tiefen des Ozeans vor Long Island zu entdecken gibt?

AUSFLUG ZUM BAHAMISCHEN DRACHEN

Auf Guana Cay bei Long Island leben noch einige Exemplare des Curly Tail Lizard, Leguane, deren Kringelschwanz wie aufgerollt erscheint. Doch wer mehr und größere Iguanas sehen will, sollte einen Bootsausflug von Nassau, Long Island, oder den Exumas nach Allan's Cay buchen. Auf drei Inseln leben drei Dutzend der kleinen bahamischen Drachen, gefährlich aussehende und bis zu 150 Zentimeter große Felsleguane. Doch Menschen gehören nicht zu ihrem Beutemuster, eher Insekten oder Obst. Wer den scheuen Tieren etwas näher kommen möchte, um sie zu fotografieren, sollte einige Äpfel oder Weintrauben dabeihaben. Eine Tour von Nassau dauert je nach Bootstyp zwischen einer und drei Stunden. Die Tiere sind längst unter Naturschutz gestellt. Wer sie jagt und tötet, riskiert einen bis zu sechs Monate langen Aufenthalt hinter »bahamischen Gardinen«.

WEITERE INFORMATIONEN

Tourismusinformation:
www.bahamas.com/islands/long-island
Stella Maris Resort:
www.stellamarisresort.com

Insel 17, so heißt das kleine Eiland in der Nähe von Norman's Cay (oben). Erfinderisch gestaltete sich die Namensgebung der über 300 Inselchen verständlicherweise nicht.

91 Schillernde Inselwelt – Exuma

Eine beinahe endlose Inselkette

Jeden Tag auf einer anderen Insel? Bei den Exumas südwestlich von Eleuthera ist das möglich. Geschätzte 365 meist unbewohnte Eilande reihen sich auf einer Länge von etwa 160 Kilometern wie die Perlen einer Kette aneinander.

Aus der Reihe tanzen die Inseln Great Exuma und Little Exuma, die im Vergleich zu ihren Kollegen riesige Ausmaße annehmen. Sie liegen nahe beieinander und sind sogar durch eine Brücke verbunden. Auf Great Exuma liegt auch, wie könnte es bei dem Namen anders sein, die Hauptstadt George Town. Wer sich George Town mit dem Flugzeug nähert, blickt von oben auf eine ganz unwirklich illustre, von grün-, blau-, jade- und türkisfarbenem Wasser und Korallenbänken umgebene Inselwelt herab.

Im 19. Jahrhundert ließ Lord John Rolle, ein Plantagenbesitzer, 350 Sklaven Baumwolle anbauen. Nach dem Ende der Sklaverei zog er sich enttäuscht zurück, und die früheren Sklaven nahmen Grund und Boden in Besitz.

Zum Glück, denn heute kann man diese Idylle aus zahlreichen Inselchen ungestört genießen. Ob mit dem eigenen Boot oder dem Postschiff, nichts ist so (ent-)spannend, wie von einer zur anderen Insel zu fahren und sich das kleine Archipel so zu eigen zu machen.

Regatta ahoi!

Zumindest einmal im Jahr – nämlich im Frühjahr – erwachen die Exumas aus dem Dornröschenschlaf. Seit 1954 wird in den Gewässern vor George Town die »National Family Island Regatta« ausgetragen. Sloop-Segler von den ganzen Bahamas finden sich dazu am Elizabeth Harbour in George Town zusammen, um in verschiedenen Disziplinen gegeneinander anzutreten.

92 Mit einem Bein in der Karibik – Key West

Auf den Spuren Hemingways

Der Overseas Highway erstreckt sich über 42 Brücken und verbindet 31 Koralleninseln vom Südzipfel Floridas bis in die karibische See. Key West, Insel und Stadt mit 25 000 Einwohnern, liegt am Endpunkt dieser Straße über dem Meer.

Der sogenannte Conchstil stammt aus Key West: Der im 19. und Anfang des 20. Jahrhunderts gepflegte Architekturstil wurde von Einwanderern von den Bahamas entwickelt. Die Häuser stehen auf Stelzen, sodass die Luft darunter zirkulieren kann (oben).

Eine Zuflucht für Künstler, Bonvivants und Abenteurer war Key West schon immer. Einst ernährten sich seine Bewohner vom *ship wrecking*, dem Ausplündern gestrandeter Schiffe; nach dem Bau von Leuchttürmen traten bald Urlauber an deren Stelle. Schließlich ist Key West, dessen berühmtester Einwohner einst Ernest Hemingway war, schon ein ganz besonderes Fleckchen. Nette Strände gibt es hier und noch bessere Bars. Gute Restaurants, gepflegte Hotels und Pensionen. An vielen von ihnen weht die Regenbogenflagge und signalisiert: *gays are welcome*.

Der Pelican Path, ein ausgeschilderter Fußweg, führt zu den wichtigsten Sehenswürdigkeiten der Insel, vorbei an Museen, den Lieblingsbars von Hemingway und vielen der im stabilen Conchstil erbauten und in weichen Pastellfarben gestrichenen Holzhäusern aus dem 19. Jahrhundert. Wichtigstes Inselritual ist das allabendliche Ballyhoo am Mallory Square, wenn sich Gaukler, Musikanten und Urlauber mit Blick auf das Meer versammeln, um der untergehenden Sonne zu huldigen.

Die Dry Tortugas Ferry, ein Highspeed-Katamaran, flitzt von Key West 120 Kilometer durch den Golf von Mexiko nach Fort Jefferson auf Garden Key. Der Tagesausflug zum historischen Bürgerkriegsfort führt in den Mittelpunkt des Dry Tortugas National Park. Park-Ranger bieten Führungen durch die alte Seefestung an und erklären die Ökologie des vorgelagerten Korallenriffs und der kleinen Eilande, auf denen Tausende Vögel brüten.

Amerika

93 Durch die rosafarbene Brille – Eleuthera

Tauchen vom Feinsten

Herrliche rosafarbene Strände, Tauchabenteuer und für Surfer traumhafte Wellen – das bietet die sichelförmige Insel östlich von New Providence. Im Norden trifft man Nachfahren englischer Siedler. Sie hatten die mächtigen Wellen Mitte des 17. Jahrhunderts zu spüren bekommen und erlitten Schiffbruch. Kurz darauf gründeten sie die erste Republik der Neuen Welt und gaben ihr ihren Namen: Insel der Freiheit.

Das Nordende der Insel erhebt sich in Form von Klippen aus dem Atlantik (unten). Im flachen Süden und Südosten tummeln sich dagegen die Touristen, um an den schönen Stränden zu entspannen wie hier in Princess Cays (rechts oben).

Weit ist man hier nie vom Meer entfernt, schließlich geht die 160 Kilometer lange Insel selten mehr als drei Kilometer in die Breite. Und die Dünen, Kalksteinklippen und Höhlen, die einst die indianischen Ureinwohner – sie nannten ihre Insel *Cigatoo* – und später englische Siedler und deren Sklaven zu Gesicht bekamen, haben sich bis heute nicht wesentlich verändert. Die Korallengärten und Riffe, dazu viele längst überwucherte Schiffswracks stehen bei Schnorchlern und Tauchern hoch im Kurs. Und Sportfischer kommen von weit her nach Eleuthera, um hier mit Motorbooten auf die Jagd nach den großen Fischen wie Blauen und Weißen Marlins zu gehen oder die Angel von einem gemieteten »Boston Whalers« nach Rifffischen auszuwerfen.

Spanish Wellians gelten als die Querköpfe der Bahamas

Rund 11 000 Menschen verteilen sich auf Eleuthera und ihren beiden nördlichen Anhängseln Harbour Island und Spanish Wells, das einst spanische Frachtsegler als letzte Station vor ihrer Atlantiküberquerung angelaufen haben sollen, um hier aus einem Brunnen

Durch die rosafarbene Brille – Eleuthera

OCEAN HOLE

Rund zwei Kilometer östlich des verschlafenen Örtchens Rock Sound liegt Ocean Hole, ein runder Salzwassersee mit einem Durchmesser von 100 Metern. Der Legende nach soll er keinen Grund haben, doch moderne Messmethoden haben eine Tiefe von gut 200 Metern ermittelt. Durch verborgene Kanäle und Wege ist er vermutlich mit dem über einen Kilometer entfernten Meer verbunden. Zumindest senkt und hebt sich seine Oberfläche mit Ebbe und Flut. Viele Seevögel leben an diesem Fleckchen und reichlich tropische Fische tummeln sich im Wasser. Baden ist an diesem ungewöhnlichen See erlaubt, nach den Fischen zu angeln nicht. Die lassen sich lieber fotografieren. Zumindest wenn man sie mit Brotstückchen aus den Tiefen des Sees an die Oberfläche lockt.

WEITERE INFORMATIONEN
Tourismusinformation:
www.discover-eleuthera-bahamas.com
Karten zur Insel:
www.eleuthera-map.com

(englisch = *well*) ihre Frischwasservorräte zu ergänzen. Besucher fühlen sich heute eher wie in einem alten englischen Fischerdorf, das wie von Zauberhand in die Tropen versetzt wurde. Bei den Bewohnern anderer Inseln der Bahamas gelten die hiesigen Pinders, Higgs und Malcolms, alles Nachfahren der Puritaner, als starrköpfig und einsilbig. Sie betreiben Landwirtschaft und sehr lukrativen Hummerfang. Auf der winzigen Harbour Island erstreckt sich der malerische Hauptort Dunmore Town von einer kleinen Anhöhe hinunter bis zur Küste. Das sehenswerte Clapboard-Gebäude der Commissioner's Residence steht auf dem früheren Grundstück der Sommerresidenz des vierten Earl of Dunmore, eines als Schürzenjäger berüchtigten einstigen Gouverneurs.

Strände und Gemüseplantagen
Doch nicht die Weißen, sondern die Nachfahren afrikanischer Arbeitssklaven machen den Hauptteil der Bewohner von Eleuthera aus. Sie leben überwiegend vom Obst- und Gemüseanbau, vom Ertrag ihrer Rinder- und Geflügelfarmen sowie vom Fischfang. Eleuthera gilt auch als »Bauch der Bahamas«, doch eigentlich wäre der Titel als Garten, der den Bauch der anderen füllt, geeigneter!

Da die Insel an ihrer Ostseite über exzellente Strände und nicht minder hinreißende Tauchreviere verfügt, entwickelte sich ein lukrativer Fremdenverkehr. Verantwortlich dafür sind unter anderem auch die drei Flughäfen North Eleuthera, Governor's Harbour und Rock Sound, die die Insel mit New Providence und Miami verbinden, sowie eine lange Inselstraße, an der alle Orte liegen. Sie kommt, zum Stolz der Insulaner, ganz ohne Ampel aus.
In der Inselmitte schmiegt sich das Hafenstädtchen Governor's Harbour in eine idyllische Bucht. Der größte Ort ist das südlich gelegene Rock Sound. Wreck Sound wurde er früher genannt, weil die Bewohner ihr Geld mit dem Ausplündern der Wracks gestrandeter Schiffe verdienten. Heute warten hier bei Cotton Bay und dem Cape Eleuthera neue Ferienzentren mit einem der schönsten Golfplätze der Welt auf Gäste. Und das nördlich von Rock Sound gelegene Fischerdorf Tarpum Bay ist Treffpunkt von Malern und Musikern.

Vor dem lang gestreckten Eleuthera liegen kleine grüne Inselchen, die man aus der Vogelperspektive bestaunen kann.

Das Hotel Atlantis Paradise Island ist nicht dezent gestaltet und dominiert den Süden der vorgelagerten Paradise Island (oben). An der Westspitze derselben ragt dagegen der Nassau-Harbour-Leuchtturm in die Höhe, der nicht mehr in Betrieb ist (rechts).

94 Paradiesische Vorsehung – New Providence

Vom Piratennest zum Urlaubsparadies

New Providence und seine attraktive Metropole Nassau beherbergen gut zwei Drittel der Gesamtbevölkerung der Bahamas. Den einst bedeutenden Piratenschlupfwinkel der Karibik zeichnet koloniale Architektur aus. Die Hauptstadt der Bahamas ist beliebt mit ihren Sehenswürdigkeiten, den wunderbaren Stränden von Cable Beach sowie dem Casino auf Paradise Island.

Paradise Island liegt nur einen Brückenschlag von Nassau entfernt und schützt durch seine Lage den wichtigen Tiefwasserhafen mit seinen Kreuzfahrtterminals. Palmen, weiche Badestrände – so weich, dass die Füße etwas einsinken – und diverse Hotel- und Apartmentanlagen säumen die Küste. *Hog Island*, Schweineinsel, hieß das wahrhaft paradiesische Eiland einst, als hier noch Borstenvieh gezüchtet wurde. Im Jahr 1939 leitete der schwedische Industrielle Axel Wenner-Gren die Wende ein, ließ auf der kurz zuvor gekauften Insel Gärten anlegen und einen Kanal bauen. 20 Jahre später veräußerte er seine Latifundien an den US-Amerikaner Huntington Hartford, Erbe einer Supermarktkette, der der Insel ihren paradiesischen Namen gab und wechselnden Ehefrauen und Freundinnen mit imposanten Bauten zu gefallen suchte. Noch heute können Urlauber in seinen »Versailles Gardens« samt dem hierher verpflanzten mittelalterlichen Kreuzgang eines Augustinerklosters aus der Nähe von Lourdes wandeln oder sich sogar das Ja-Wort geben.

In der und um die Hauptstadt

Ein gigantisches, mit Motiven der Legende vom untergegangenen Atlantis erbautes Casinohotel dominiert die Südhälfte des »Paradieses«, eine Fantasiewelt mit abenteuerlichen

Amerika

Auf dem Strohmarkt in Nassau gibt es handgefertigte Hüte und Körbe (unten). In der Hauptstadt der Bahamas haben viele Firmen und Banken ihren Sitz (ganz unten). Neben den Resorts gibt es auch kleine Unterkünfte wie das Graycliff Hotel (rechts oben).

Hoteltürmen und Kuppeln, mit einer Acrylröhre, die Besucher mitten durch ein Haifischbecken führt, einem künstlichen Wildwasserbach, diversen Bars und Restaurants.

Wer vermutet, dass in der Inselhauptstadt Nassau Hochhäuser in den Himmel ragen, in denen die vielen Tausend hier registrierten Unternehmen residieren, täuscht sich gewaltig. Schließlich existieren die meisten Firmen nur als Briefkasten. Die Statue der britischen Queen Victoria am Parliament Square der Hauptstadt schaut vielmehr auf ein eher britisch-koloniales Ambiente.

Die Treppen der Queen's Staircase von der Stadt zum Fort Fincastle haben einst Sklaven in den Felsen geschlagen. Doch diese Zeiten sind längst vorbei. Heute fühlen sich Familien in großen Resorts an den weißen Stränden von Cable Beach nicht weit von der Hauptstadt Nassau wohl. Abseits der Strände lädt das »Piraten-von-Nassau«-Museum zu einem unterhaltsamen Ausflug in die Geschichte ein. In der National Gallery of the Bahamas sind farbenprächtige Kunstwerke zu besichtigen, das Pompey Museum erinnert an die dunkle Zeit der Sklaverei und an die Befreiung von der Fronarbeit. Die zentrale Bay Street, der International Bazaar mit über 30 kleinen Shops für Kunsthandwerk und Reisemitbringsel sowie eine Kette von Duty-free-Geschäften verführen die meisten Urlauber und Kreuzfahrttouristen zusätzlich zu einem ausgedehnten Hauptstadtbummel. Auch das Nachtleben kann sich sehen und hören lassen, mit Beach-Partys und Cabaret-Shows, mit Musik- und Tanzclubs auf Paradise Island, in Nassau und am Cable Beach.

Schlupfwinkel von Captain Blackbeard

Die Piraten des 17. und 18. Jahrhunderts schätzten New Providence wegen seiner idealen Lage und machten die Insel zu einer ihrer Hochburgen in der Karibik. Wegen des Golfstroms mussten die voll beladenen Transportschiffe Spaniens den Weg nach Europa durch die Gewässer der Bahamas nehmen. Dazu verfügt die Insel vor ihrer Hauptstadt Nassau durch die vorgelagerte Paradise Island über einen günstig gelegenen, geschützten, natürlichen Hafen. Außerdem sammelt sich in Seen wie dem Lake Killarney und dem nicht weit entfernten Lake Cunningham kostbares Süßwasser.

Einer der berüchtigtsten Seeräuber seiner Zeit, Captain Blackbeard, dessen Name zum Mythos wurde für List und Grausamkeit, nutzte

Paradiesische Vorsehung – New Providence

die Insel lange als Unterschlupf und Rückzugsgebiet. Dabei hätte die Karriere von New Providence zunächst einen anderen Weg nehmen sollen. Puritaner hatten Mitte des 17. Jahrhunderts damit begonnen, die Insel zu besiedeln. Nassau, das damals nach dem englischen König Charles II. *Charles Towne* genannt wurde, sollte ein Hauptumschlagplatz für exotische Früchte und Rohstoffe werden. Was der Einfall von vielen Hundert Freibeutern für die Entwicklung des beabsichtigten Warenaustausches zunächst bedeutete, lässt sich durch die Folgen der heutigen Piraterie im Nordosten Afrikas und den Meerengen Indonesiens nur erahnen. Spanien und Frankreich reagierten mit der Entsendung von schwer bewaffneten Kriegsschiffen, die Nassau belagerten und unter Beschuss nahmen. Einnehmen konnten sie den Hafen jedoch nie. Erst als die englische Krone, die der Schwächung ihrer europäischen Konkurrenten wohlwollend zugesehen hatte, Seeräuber per Amnestie zu ehrbaren Bürgern erklärte und den bekehrten Piraten Woodes Rogers zum ersten Gouverneur der Bahamas ausrief, entspannten sich die Verhältnisse peu à peu.

Die Sklaverei geht zu Ende, der Tourismus beginnt

Einen wichtigen Auslöser für einen Aufschwung lieferte ausgerechnet der Befreiungskrieg der Amerikaner vom Joch der englischen Kolonialherrschaft. Eine Flüchtlingswelle von englandtreuen Siedlern schwappte von den USA über die Bahamas und bescherte den Inseln die Plantagenwirtschaft und damit die Verdopplung der Bevölkerung durch eingeführte afrikanische Sklaven. Bevor die Leibeigenschaft 1838 endgültig abgeschafft wurde, wuchs der Bevölkerungsanteil der Schwarzen auf über zwei Drittel. Doch der zeitweilige Erfolg der Bahamas als Lieferant von Gewürzen, Obst und Zuckerrohr war an Sklavenarbeit gekoppelt, und die Ausbeutung der kargen Böden durch intensive Landwirtschaft erwies sich auf Dauer als untragbarer Raubbau. Die Herrschaft der Bay Street Boys genannten weißen nassauischen Pfeffersäcke endete allerdings erst mit der Unabhängigkeit der Kronkolonie im Jahr 1973, und der Tourismusboom sorgte für eine kleine Beteiligung der farbigen Bevölkerungsmehrheit am wachsenden Wohlstand.

PIRATES OF NASSAU

Besucher finden sich im Bauch des Piratenschiffes »Revenge« wieder und hören, wie die Freibeuter ihren nächsten Coup planen. Sie riechen die ungesunde modrige Luft in einem Gefängnis und hören das letzte Gebet eines zum Tode verurteilten Gefangenen auf dem Weg zu seiner Exekution. Kinder lieben die gruselige Atmosphäre, die zuweilen an Geisterbahnen auf Jahrmärkten erinnert. Das 2003 im Zentrum von Nassau eröffnete interaktive Museum erzählt auf seine Weise über das goldene Zeitalter der Piraterie in der Karibik, das Ende des 17. Jahrhunderts begann. Hierher brachten die Buccaneers ihre von spanischen Schiffen geraubte Beute, Gold und Gewürze, hier verprassten sie das meiste wieder in wüsten Kneipen und Bordells.

WEITERE INFORMATIONEN
Pirates of Nassau:
www.pirates-of-nassau.com
Tourismusinformation Bahamas:
www.bahamas.com
Tourismusinformation Paradise Island:
www.nassauparadiseisland.com

Amerika

95 Wie ein Bumerang – Die Abaco-Inseln

Von Seglern und Regatten

Die Inselwelt der Abacos im Nordosten der Bahamas gilt mit ihren türkisfarbenen Gewässern als eines der schönsten Segelparadiese der Welt. Wie ein Bumerang geformt, zieht sich die Kette mit den beiden Hauptinseln Great Abaco und Little Abaco sowie vielen Dutzenden kleinerer Eilande 220 Kilometer von Süden nach Norden.

Auf Man-O-War Cay leben vor allem Nachfahren der Royalisten. Die kleine Insel ist bekannt für ihre Bootbauer (unten). Der berühmteste unter ihnen war William H. Albury, doch seine Nachkommen stehen ihm in nichts nach (rechts oben).

Als der spanische Edelmann Ponce de León zu Beginn des 16. Jahrhunderts die Bahamas besegelte, fand er weder Jungbrunnen noch Reichtümer. Viele der heutigen Bewohner stammen von Royalisten ab, der Krone treu ergebene Flüchtlinge, die die USA nach der erfolgreichen Revolution gegen das britische Mutterland verlassen haben. Doch auch hier hat sich die Qualität des Bodens als ungeeignet für ein Plantagensystem erwiesen. So wurden aus Landwirten Bootsbauer und Fischer, denen zudem die angeschwemmten Ladungen derjenigen Schiffe, die auf die scharfen Korallenriffe vor der Küste aufliefen, höchst willkommen waren. Die hier handgefertigten *dingis* – Jachten aus Holz und Glasfiber von den Werften auf Man-O-War Cay und anderen Eilanden – genießen übrigens heute noch weltweit einen legendären Ruf. In Marsh Harbour und anderen Orten auf Great Abaco leben etwa 5000 Einwohner und damit rund die Hälfte der Bevölkerung aller Abaco-Inseln. Mittlerweile wachsen vereinzelt wieder Wälder, werden auf extensiv genutzten Feldern mithilfe von Kunstdünger Gurken, Tomaten und Zitrusfrüchte angebaut. Wichtigster Motor für eine florierende Wirtschaft ist jedoch auch hier der Tourismus. Modernste Jachthäfen, hochwerti-

Wie ein Bumerang – Die Abaco-Inseln

INTERNATIONALE REGATTAWOCHE VON MARSH HARBOUR

Vor mehr als 100 Jahren wurde der erste Segelwettbewerb auf den Bahamas ausgetragen, heute findet kaum ein Wochenende ohne Regatta auf einer der Inseln statt. Meist sind es lokale Wettbewerbe, Rennen bahamischer Sloop-Boote; aber zu den großen Regatten kommen sogar Jachten aus Schweden, Kanada oder den USA. Das zehntägige Rennereignis Regatta Time in Abaco wird schon seit 40 Jahren Ende Juni, Anfang Juli ausgetragen. Mit großer internationaler Beteiligung, aber auch vielen einheimischen Seglern und Booten sowie einem überaus fachkundigen Publikum. Auch wer nicht zu den Spitzenseglern gehört, dürfte die Regattatage bestens genießen, die nicht nur den Bahamen als willkommene Ausrede für ausgelassene Partys dienen.

WEITERE INFORMATIONEN
Webseite des Inselmagazins
Abaco Life: www.abacolife.com
Regatta Time in Abaco:
www.regattatimeinabaco.com

ge Hotelanlagen, verschlafene Fischerorte und einsame Strände sind zu einem Magneten für Segler und andere Urlaubsgäste geworden.

Loyal zur Krone – Ganz ohne Alkohol

In seiner Blütezeit im 19. Jahrhundert siedelten auf Green Turtle Cay und in seinem Hauptort New Plymouth rund 1800 Einwohner. Heute verlieren sich gerade einmal rund 400 Menschen auf der an Buchten und Stränden reichen Schildkröteninsel. Das über zehn Kilometer lange Great Guana Cay verfügt über einen der schönsten Strände von Abaco. Mangels geeigneter Straßen besuchen sich die Bewohner mit dem Boot. Wie auf Man-O-War Cay, wo es Farbigen lange Zeit verboten war zu übernachten, leben hier Nachfahren der Royalisten in klassischen weißen oder pastellfarbenen Clapboard-Häusern, mit schmucken weißen Zäunen um die Vorgärten, in denen Hibiskus und Bougainvillea blühen. Die Lebensführung der brillanten Bootsbauer ist noch immer gezeichnet von ihren puritanischen Vorfahren, mit rigidem Antialkoholismus und Prüderie.

Dennoch gibt es auf einigen Inseln geradezu legendäre Seglerkneipen wie den Green Turtle Club, dessen Wände und Decke zufriedene Barbesucher mit Dollarnoten gepflastert haben. Das wichtigste Gebäude von Hope Town auf Elbow Cay ist für alle Seeleute und Freizeitkapitäne der 40 Meter hohe und wie eine Zuckerstange rot-weiß gestreifte Leuchtturm. Schon 1838 wurde mit seinem Bau begonnen, doch fertig war er erst 25 Jahre später. Sabotageakte empörter Insulaner zögerten die Inbetriebnahme immer wieder hinaus. Schließlich sahen sie sich um ihre wichtigste Einnahmequelle, das Ausplündern gestrandeter Schiffe, gebracht.

Das von Buschwäldern und Palmen bewachsene Walker's Cay heißt dank seiner peripheren nördlichen Position auch »Top of the Bahamas«. Sportangler können hier fast sicher üppige Beute erwarten, schließlich sorgt der nahe Golfstrom für reiche Fischgründe. Und das vorgelagerte Barriereriff mit seinen Korallen, Schwämmen, Muscheln, Krebsen und bunten Fischschwärmen ist ein ausgewiesenes Paradies für Schnorchler und Taucher.

Eine vierspurige Straße trennt den Strand von der Stadt Galveston. Sie dient gleichzeitig als Damm (oben). Eine der Attraktionen ist der Galveston Island Historic Pleasure Pier (rechts unten).

96 Wellen und Dampfer – Galveston Island

Wo sich einst Piraten versteckten, bummeln heute Touristen

Der legendäre Freibeuter Jean Lafitte (vermutlich 1776–1823) soll einer der Piraten gewesen sein, die sich Anfang des 19. Jahrhunderts nach Galveston »zurückgezogen« haben. Die Insel gehört zu einer Reihe von Barriereinseln, die am Golf von Mexiko dem Festland vorgelagert sind. Einerseits gleicht sie einem Paradies, andererseits sind hier Stürme und Überflutungen keine Seltenheit.

Die strategisch wichtige und zugleich traumhafte Lage von Galveston Island am Golf von Mexiko, genauer, an der Zufahrt zur Houston Bay Area, hat eine Schattenseite: Galveston Island, die benachbarten Inseln an der Küste des US-Bundesstaates Texas sowie die Stadt Galveston selbst waren und sind aufgrund ihrer Exponiertheit Stürmen schonungslos ausgesetzt. Der bis dato verheerendste Hurrikan im September 1900 kostete mehreren Tausend Menschen das Leben. Auch die Stürme 2008 und 2017 setzten die Region unter Wasser und das trotz der 16 Kilometer langen und fünf Meter hohen *seawall* – einer Flutmauer, auf der heute die Strandstraße verläuft.

Anlaufpunkt für Kreuzfahrtschiffe und Immigranten

Galveston, der zentrale Ort, der bis auf einige Naturschutzgebiete fast die ganze gleichnamige Insel einnimmt, mauserte sich im Laufe des 19. Jahrhunderts zu einem der wichtigsten Häfen der USA. Besonders nachdem 1845 Texas, das sich zuvor von Mexiko losgelöst hatte, als unabhängiger Staat den USA beigetreten war, diente der Hafen auch als wichtiger Anlaufpunkt für Einwanderer, darunter viele Deutsche. Dank seiner Funktion als Verkehrs- und Handelszentrum entwickelte sich das Piratennest zu einer der wohlhabendsten und bedeutendsten Städte an der Golfküste. Heute dient die

Wellen und Dampfer – Galveston Island

alte Hafenstadt weniger als Anlaufpunkt für Frachtschiffe denn als Kreuzfahrtschiffhafen: Galveston gilt sogar als viertgrößter *cruise ship terminal* in den USA.

»The Strand« und die »Broadway Beauties«

Trotz aller Naturkatastrophen hat sich eine sehenswerte Altstadt, der Historic Downtown Strand Seaport District, erhalten. Besonders »The Strand«, wie die zentrale Strand Street genannt wird, ist einen Bummel wert. Historische Bauten, in die Lokale, Galerien und Cafés, aber auch Souvenirshops eingezogen sind, lassen sie wie eine Mischung aus New Orleans und karibischer Beachtown wirken. In der nahen Postoffice Street steht noch ein Architekturjuwel: die Grand 1894 Opera.

Ebenfalls beeindruckende Bauten, alle zu besichtigen, stehen am Broadway, der Hauptverkehrsachse, die als I-45 die Stadt mit Houston verbindet. Besonders sehenswert sind die »Broadway Beauties«: der Bishops Palace von 1892 oder, drei Jahre jünger, die Moody Mansion, der luxuriöse Wohnsitz einer reichen texanischen Familie. Ein paar Blocks weiter südlich ist in ein historisches Waisenhaus von 1895 das Bryan Museum eingezogen.

Strandfeeling

Jenseits des Harborside Drive befindet sich der Hafen und Pier 21 mit dem Texas Seaport Museum und dem historischen Schiff 1877 Tall Ship ELISSA sowie dem Ocean Star Offshore Drilling Rig & Museum. Am Pier legen Krabbenfischer ebenso an wie Sportboote, die Touren anbieten. Auf Höhe der 25th Street bietet der Galveston Island Historic Pleasure Pier Vergnügungen aller Art.

Die weißen und langen Sandstrände machen die Stadt zum beliebten Naherholungsziel. An die 50 Kilometer Strand laden zum Relaxen und Baden ein. Ein Stück weiter auf dem Seawall Boulevard nach Südosten, stößt man am Offatts Bayou aber auf die absolute Hauptattraktion von Galveston: die Moody Gardens, unübersehbar aufgrund der drei ungewöhnlichen Glaspyramiden. Die blaue Pyramide beherbergt das Aquarium, in der weißen befindet sich ein Regenwald mit entsprechender Flora und Fauna und in der pinkfarbenen sind Wechselausstellungen unter dem Motto »Entdecken« zu sehen. Auf dem Areal verteilt sind außerdem ein botanischer Garten, ein Golfplatz, ein Wasserpark, ein Hotel und ein historischer Raddampfer.

EINBLICK IN DIE TEXANISCHE GESCHICHTE

In einem historischen *orphans home*, einem Waisenhaus von 1895, ist 2015 das Bryan Museum eingezogen. J. P. Bryan brachte in diesem mustergültig renovierten alten Gebäude seine umfangreiche und überaus sehenswerte Sammlung an Kunst und Dokumenten aus der Geschichte von Texas und dem amerikanischen Westen unter. Bryan stammt aus einer der alteingesessenen Familien von Texas und ist sogar ein Nachkomme von Stephen F. Austin, einem der Gründerväter der texanischen Republik. Besonders interessiert an der frühen Geschichte von Texas, umfasst Bryans Sammlung um die 70 000 Stücke, wobei nur ein Teil davon ausgestellt werden kann. Interessant sind besonders die Abteilungen zur deutschen Einwanderung und zum Ranching.

WEITERE INFORMATIONEN

Bryan Museum:
www.thebryanmuseum.org
Tourismusinformation Galveston:
www.galveston.com
Tourismusinformation Texas:
www.traveltexas.de

Amerika

97 Zwischen den Fluten – Martha's Vineyard

Eine abgelegene Insel mausert sich zur »Sommerfrische«

Der wilde Wein war Bartholomew Gosnold, Abenteurer und Mitgründer der Virginia Company, die 1607 mit Jamestown die erste britische Kolonie Nordamerikas gründete, gleich aufgefallen, als er fünf Jahre zuvor erstmals die Insel vor der Südküste Cape Cods im heutigen US-Bundesstaat Massachusetts betrat. Also nannte er sie »Martha's Vineyard«, nach seiner Tochter oder Schwiegermutter – genau weiß man es nicht.

Dank strenger Naturschutzgesetze sind große Areale auf Martha's Vineyard fast unberührt geblieben (unten). Die Gingerbread Cottages sind beliebte Ferienunterkünfte (rechts oben), der »Black Dog« (rechts unten) ist das Inselmaskottchen.

Martha's Vineyard – kurz »MV« oder »Vineyard« – ist bis heute Heimat der Wampanoag-Indianer, die die Insel *Noepe* (»Land zwischen den Fluten«) nennen. Schon 1642 war hier die erste europäische Siedlung, das heutige Edgartown, entstanden, und seither lebten Siedler und Indianer nebeneinander. Im 19. Jahrhundert entwickelte sich die abgelegene Insel ebenso wie das benachbarte Nantucket zu einem Zentrum des Walfangs. Das Ende dieser Industrie brachte für kurze Zeit die Beschaulichkeit wieder zurück, aber im Laufe des 20. Jahrhunderts mauserte sich die Insel dann zur Urlaubsdestination, vor allem für die Oberschicht. Die *gingerbread cottages*, Holzhäuschen im verspielten viktorianischen Stil in Oak Bluffs, waren einst als Sommertreff der Methodisten, einer protestantischen Religionsgruppe, entstanden.

Eine beliebte »Sommerfrische«

Heute liegt die Einwohnerzahl der Insel bei gut 15 000, im Sommer erhöht sie sich auf über 100 000. »MV« ist von New Bedford aus gut und schnell mit der »Seastreak«-Schnellfähre aber auch mit Autofähren von Cape Cod aus

Zwischen den Fluten – Martha's Vineyard

erreichbar. Oak Bluffs fungiert als saisonaler Fährhafen für Auto- und Schnellfähren, das benachbarte Vineyard Haven wird hingegen ganzjährig von einer Autofähre angelaufen. Auf der Insel angekommen, glaubt man sich in eine andere Welt versetzt, ein Idyll von robuster natürlicher Schönheit. »MV« war und ist Anziehungspunkt für Reiche und Politiker – die Kennedys, Clintons oder Obamas besitzen hier Häuser –, aber auch Musiker, Schauspieler, Filmproduzenten und Künstler. Dennoch wirkt sie nicht exklusiv und mondän. Noch heute spielen Landwirtschaft und Fischfang eine Rolle. Die Lokale auf der Insel sind bekannt für *farm to table* – für Fisch, Meeresfrüchte, aber auch Gemüse und Fleisch direkt vom Boot oder von der Farm auf den Teller.

Es gibt drei Küstenorte – Oak Bluffs, Vineyard Haven und Edgartown –, drei Inlandsgemeinden, drei erhaltene historische Leuchttürme, endlose Strände und mehrere Fischerei- und Jachthäfen. Über ein Drittel der Insel ist als *state forest* ausgewiesen und damit vor Bebauung geschützt. Was ebenfalls zur Einsamkeit und Ruhe beiträgt ist, dass ein Großteil der Stadthäuser oder der in den Wäldern dezent verborgenen Domizile als klassische *summer homes* nur einen Teil des Jahres bewohnt werden.

Hummer zum Sonnenuntergang

Hauptort mit etwa 4000 Einwohnern ist Edgartown. 1642 gegründet, lebte Edgartown lange vom Walfang. Viele historische Gebäude belegen den so erlangten Wohlstand. Im Westen der Insel liegt West Tisbury, das landwirtschaftliche Zentrum der Insel, und die Gemeinde Chilmark. Teil davon ist das Fischerdorf Menemsha, direkt am Atlantik gelegen, mit kleinen Fischmärkten. Dort gibt es Fisch und Meeresfrüchte frisch zum Kaufen oder, fertig zubereitet, als Imbiss. Eine besondere Spezialität sind die warmen Lobster Rolls oder gefüllte Jakobsmuscheln – bevorzugt genossen bei Sonnenuntergang, stilecht auf Hummerkäfigen sitzend. Hier befindet sich nämlich der einzige Strand an der Ostküste, an dem man einen Sonnenuntergang sehen kann. Das »Gay Head Light«, ein Leuchtturm von 1856, markiert die äußerste Westspitze der Insel und den Siedlungsschwerpunkt des Wampanoag-Volkes.

»BLACK DOG« UND »BAD MARTHA«

Vineyard Haven ist Heimat eines modernen Wahrzeichens der Insel, des »Black Dog«. Es geht auf die gleichnamige Taverne direkt am Hafen zurück, das erste ganzjährig geöffnete Lokal auf der Insel. Der schwarze Labrador von Wirt Captain Robert Douglas schaffte es nicht nur zum Maskottchen der Kneipe und des Ausflugsboots, er wird inzwischen als eigenes Logo vermarktet. Es sind Cafés, eine Bäckerei und ein Souvenirshop dazugekommen und es gibt sogar Kinder- und Kochbücher mit dem »Black Dog«.

In Edgartown ist »Bad Martha« beheimatet, eine Kleinbrauerei mit Pub. Zu den Bieren gehören das Vineyard Ale oder das 508 IPA, deren besonderer Geschmack den aus eigenem Garten stammenden Weinblättern und Hopfen zu verdanken ist.

WEITERE INFORMATIONEN

The Black Dog: www.theblackdog.com
Bad Martha's Beer: www.badmarthabeer.com
Tourismusinformation: www.mvy.com
Hobnob Boutique Hotel: www.hobknob.com
Seastreak-Fähre: www.seastreak.com

»Thousand Islands« ist untertrieben – es sind genau genommen 1864 Inseln (oben)! Auf vielen davon haben sich vermögende Kanadier und die High Society aus New York oder Chicago Ferienhäuser gekauft (rechts unten).

98 Von Insel zu Insel – Die Thousand Islands

Insel-Hopping am Lake Ontario

Den Namen Thousand Islands kennt jeder zumindest aus Supermarktregalen oder von Speisekarten. Als Salatdressing haben die »Tausend Inseln« Einzug in die Küchen der Welt gehalten. Dass sich dahinter jedoch eine traumhafte Inselandschaft im Ostteil des Lake Ontario, einem der fünf sogenannten Great Lakes oder Großen Seen, verbirgt, ist vielen nicht bekannt.

Dort, wo der Lake Ontario immer enger wird, muss sich der Sankt-Lorenz-Strom seinen Weg durch die Thousand Islands fast wie durch ein Sieb bahnen, ehe er seinen Weg aus den Great Lakes zum Atlantik fortsetzen kann. Der Name stimmt aber nicht ganz: Genau genommen sollen es sogar 1865 Inseln und Inselchen sein, die sich auf einer Länge von rund 80 Kilometern von Kingston flussabwärts aufreihen. Es gibt dabei Inseln, die über 100 Quadratkilometer groß sind, aber auch Felsbrocken, auf denen gerade einmal eine *cabin* (Hütte) Platz hat. Würden sich nicht immer wieder riesige Ozeanfrachter auf ihrem Weg von den Großen Seen in den Atlantik durch die engen Inselpassagen quälen, wäre das Robinson'sche Naturparadies perfekt.

Sommerfrische der High Society

Immer schon haben sich Menschen hierher zurückgezogen, um sich zu erholen, zu baden, Boot zu fahren oder zu angeln. Seit jeher gilt: Wer etwas auf sich hält und das nötige Kleingeld hat, kauft sich gleich eine eigene Insel und baut sich ein Ferienhaus darauf. In den Jahrzehnten um 1900 tummelten sich hier nicht nur reiche Kanadier, sondern besonders die High Society aus New York, Chicago oder Pittsburgh. So kann man heute auf einer der beliebten Dampferfahrten nicht nur Insel-Hop-

Von Insel zu Insel – Die Thousand Islands

ping praktizieren, sondern auch die noblen Ferienvillen entlang der Millionaires' Row um Alexandria Bay, schon auf amerikanischer Seite gelegen, bewundern. Unübersehbar sind hier unter den Luxusvillen die berühmten Towers, das sogenannte Singer Castle auf Dark Island oder das an eine Burg im Rheintal erinnernde Boldt Castle auf Heart Island. Hier ließ der deutschstämmige George C. Boldt (1851–1916) aus Liebe zu seiner Frau ein 120-Zimmer-Schloss als Ferienhaus errichten. Als sie 1904 überraschend starb, ließ er die Bauarbeiten einfach stoppen. Boldt, Hotelbesitzer in New York und Philadelphia, hatte das Rezept eines Salatdressings in die Hände bekommen, das sich bei den Sommerfrischlern großer Beliebtheit erfreute. Dieses eroberte als Thousand-Island-Dressing erst sein Waldorf-Astoria-Hotel, dann die ganze Welt.

Schutz für die »Tausend Inseln«

Geologisch gesehen sind die Thousand Islands ein Ausläufer des kanadischen Schilds, der hier auf den Sankt-Lorenz-Strom und die Bergkette der Appalachen trifft. Die als Frontenac-Arch bekannte geologische Formation wurde nach Louis de Buade, Comte de Frontenac et de Palluau, benannt, der zwischen 1672 und 1682 sowie von 1689 bis 1698 Gouverneur von Neu-Frankreich war. Er ließ eine Reihe befestigter Handelsposten wie Fort Frontenac in Kingston, einem der Ausgangspunkte zu den Thousand Islands, errichten. Damit versuchte er den französischen Anspruch auf die Great Lakes gegenüber Briten und Irokesen zu untermauern. Auch wenn viele der Inseln privat genutzt werden, war und ist dem kanadischen Staat ihre Besonderheit bewusst. So wurde ein Areal von über 20 Inseln bereits 1904 unter Naturschutz gestellt. Dieser St. Lawrence Islands National Park of Canada mag zwar der kleinste kanadische Nationalpark sein, ist dafür aber der älteste östlich der Rocky Mountains. 2002 erklärte die UNESCO die Thousand-Islands-Frontenac-Arch-Region zum Biosphärenreservat. Ein Großteil der Inseln liegt dabei bereits im US-Bundesstaat New York. Doch auch dort bemühte man sich, Teile unter Schutz zu stellen. Den besten Überblick über die Inselwelt der Thousand Islands erhält man vom 1000 Islands Tower aus weit oben. Dort bietet sich von der 130 Meter hohen Aussichtsplattform bei schönem Wetter ein atemberaubender Rundblick über die Inseln.

MIT DEM BOOT UNTERWEGS

Zahlreiche Bootsunternehmer bieten verschiedene Fahrten durch die berühmte Inselwelt an. Beispielsweise können bei »1000 Islands & Seaway Cruises« Fahrten unterschiedlicher Länge und Thematik gebucht werden, von einer oder drei Stunden bis hin zur ganzen Tagestour auf dem Rideau-Kanal. Die Boote verkehren normalerweise von Mitte April bis Ende Oktober und starten in Brockville. Beinahe noch schöner, vor allem aber abenteuerlicher, sind die geführten Kajaktouren, die zum Beispiel die »1000 Islands Kayaking« von Gananoque aus anbietet und die auch für Unerfahrene geeignet sind. Man hat die Wahl zwischen Halbtages- und Tages- sowie Spezialtouren, wobei bei den Tagestouren ein kleiner, aber netter Lunch inklusive ist.

WEITERE INFORMATIONEN

1000 Islands & Seaway Cruises:
www.1000islandscruises.com
1000 Islands Kayaking:
www.1000islandskayaking.com
Tourismusinformation: www.visit1000islands.com, www.thousandislands.com

Amerika

99 Willkommen – Cape Breton Island

Malerische Route zwischen Land und Meer

Noch liegt das Salz der Brandung in der Luft, dann taucht die Straße plötzlich in den dichten Wald ein, und man hat das Gefühl, hoch über dem Atlantik zu schweben. Der sogenannte »Cabot Trail« folgt der zerklüfteten, rauen Küste des wildromantischen Nordteils von Cape Breton Island und zählt zu den schönsten Routen in den Maritimes.

Der Cabot Trail schmiegt sich an die Küstenlinie im Nordteil von Cape Breton Island (unten). Malerische Fischerdörfer prägen die Insel (rechts oben), ebenso aber die schottischen Bevölkerung (rechts unten).

Ciad mile failte (»hunderttausendmal willkommen«), mit diesem gälischen Gruß empfängt man auf Cape Breton Island Besucher. Auch wenn die Insel durch eine Brücke mit dem Festland, der Provinz Nova Scotia, verbunden ist, scheint gerade hier das keltische Erbe besonders lebendig zu sein. Gelegentlich vernimmt man sogar den Klang von Dudelsäcken. Das Meer war schon immer der alles bestimmende Faktor in Nova Scotia – kein Wunder bei über 7400 Kilometern zerklüfteter Granitküste! Die Scenic Route im Norden erinnert an den legendären Seefahrer John Cabot. Geboren in Italien als Giovanni Caboto war er einer der ersten Europäer, die 1497 auf dem nordamerikanischen Kontinent gelandet waren. In Diensten der britischen Krone erkundete und kartierte er die Küste zwischen dem heutigen Nova Scotia und Neufundland. 1499 machte sich Cabot erneut von Bristol auf den Weg nach Kanada, doch von dieser Reise sollte er nicht zurückkehren. So blieben die hier lebenden Mi'kmaq-Indianer und einige portugiesische Fischer, die zwischen 1522 und 1570 ein Dorf unterhielten, lange unter sich, bis die Franzosen erste Siedlungen gründeten. 1629 entstand Fort Sainte Anne als erster bedeutender französischer Posten, 1719 wurde die

Willkommen – Cape Breton Island

GANZ IM ZEICHEN DER KELTEN

Dudelsäcke und Schottenröcke, Highland Games und Fiddler, Square Dance und warmes Bier – während des »Celtic Colours International Festival« auf Cape Breton Island steht Mitte Oktober neun Tage lang alles im Zeichen der Kelten. Vor allem ihre Musik ist zu dieser Zeit überall zu hören. In 32 Gemeinden auf Cape Breton Island finden an die 50 Konzerte statt. Es gibt zahlreiche Ausstellungen, verschiedenste Workshops und andere interessante Veranstaltungen. Besonders beliebt sind die Darbietungen im »Gaelic College of Celtic Arts and Crafts« in Saint Anns, der 1938 gegründeten Hochschule, die sich ganz den Studien der gälischen Kultur und Lebensweise widmet.

mächtige Fortress of Louisbourg errichtet. 1759 von den Briten zerstört, wurde die Festung 1961 als Freiluftmuseum wiederaufgebaut.

Neue Heimat der Schotten

Vielleicht waren es die sanften Hügel im Süden und das karge Hochland im Norden, die vor allem schottische Siedler anlockten. Schließlich erinnerte diese Landschaft sie an ihre Heimat. Nachdem auch Cape Breton Island 1763 an die Briten fiel, siedelten sich mehr und mehr Schotten und Iren hier an. Sie stellen noch heute die Bevölkerungsmehrheit auf der etwa 1000 Quadratkilometer großen Insel. Der für Besucher interessante Teil liegt im Norden, wo sich auch der Cape Breton Highlands National Park ausbreitet. Über fast 300 Kilometer schlägt der Cabot Trail einen großen Bogen um den Nordteil von Cape Breton Island. Vom größten Ort Sydney folgt er zunächst im Osten der Atlantikküste, bevor er im Norden den 950 Quadratkilometer großen Highlands National Park passiert. Die Route knickt dann nach Westen um, zur Sankt-Lorenz-Golfküste. Es geht vorbei an kleinen Fischerdörfern wie Chéticamp oder Belle Côte, in denen noch heute Französisch gesprochen wird. Schließlich führt der Cabot Trail bei Margaree Harbour zurück ins Landesinnere; die Straße folgt dem gleichnamigen Fluss zum Bras d'Or Lake und dem dort liegenden kleinen und idyllischen Ferienort Baddeck.

Besuch bei Mister Bell

Hier lebte zwischen 1893 und 1922 Alexander Graham Bell, der Erfinder des Telefons. Über ihn erfährt man mehr in der »Alexander Graham Bell National Historic Site«. In anderen Ortschaften entlang des Cabot Trail lernt man dafür mehr über die ethnische Herkunft der Bewohner. So ist Saint Anns Heimat des »Gaelic College of Celtic Arts and Crafts«, der einzigen keltischen Hochschule Nordamerikas. In Chéticamp dagegen leben bis heute französische Sprache und Musik weiter, besonders während des »Festival de l'Escaouette« Ende Juli. Über die Geschichte der Region und ihrer Siedler informiert das North Highlands Community Museum in Cape North.

WEITERE INFORMATIONEN
Celtic Colours International Festival:
www.celtic-colours.com
Gaelic College of Celtic Arts and Crafts:
www.gaeliccollege.edu
Cabot Trail: www.cabottrail.com

Vancouver Island ist noch weitgehend urtümliche Natur. Der Pazifik tost fotogen mit mächtigen Wogen (oben) und entlang der Küste lassen sich gut Wale beobachten (rechts oben). Die größte Pazifikinsel Nordamerikas ist Heimat mehrerer Nordwestküsten-Indianervölker (rechts unten).

100 Wildnisparadies – Vancouver Island

Entdeckungen auf der größten Pazifikinsel

Vancouver Island erstreckt sich über fast 500 Kilometer entlang der Küste und gilt als die größte Pazifikinsel Nordamerikas. Immergrüne Wälder im Norden, zerklüftete Küsten mit Regenwäldern im Westen, über 2000 Meter hohe Berge im Zentrum, beliebte Badestrände im Osten und Farm- und Gartenland im Süden prägen Vancouver Island, deren städtischer Mittelpunkt die Hauptstadt von British Columbia, Victoria, ist.

Der Japanstrom ist für die einzigartige Vegetation auf Vancouver Island verantwortlich. Er sorgt für gemäßigtes Klima weitgehend ohne Frost oder Schnee und mit selten extremer Sommerhitze. Dafür ist die Regenhäufigkeit, vor allem an der Westküste, groß und die Wassermengen sind ergiebig. Die wärmste und trockenste Ecke ist die Region um Victoria im Südosten – dort konzentriert sich auch die Besiedlung. Die Ostküste ist ebenfalls begünstigt durch eine hohe Bergkette, die vor Weststürmen schützt. Daher reihen sich auch hier, entlang des Trans-Canada Highway und des Highway 19, der nach Port Hardy im Nordwesten führt, größere Orte wie Duncan, Nanaimo, Parksville, Courtenay oder Campbell River aneinander. Nordwärts verringert sich dann die Bevölkerungsdichte zunehmend. Auch entlang der Westküste sind Orte eher rar, dafür gibt es hier mehrere Naturparks, wie den Pacific Rim National Park. Sie waren ein Zugeständnis an die Naturschützer, die auf Vancouver Island seit Jahrzehnten im Clinch mit der Holzindustrie liegen.

Outdoor-Paradies und Insel-Hopping

Vancouver Island ist ein Outdoor-Paradies: Wasserfälle wie die 440 Meter hohen Della Falls, Berge, Wälder, Strände, Alpenwiesen und Höhlen wie jene im Horne Lake Caves Provinci-

Wildnisparadies – Vancouver Island

al Park, die Upana Caves oder das Quatsino Cave System sorgen für unvergessliche Erlebnisse. Dazu kommt, dass die Insel Ausgangspunkt der berühmten Inside Passage ist und vom West Coast Trail (Port Renfrew bis Bamfield), einem 78 Kilometer langen Wanderweg, durchzogen wird, der 1915 zur Rettung Schiffsbrüchiger angelegt worden war. Vancouver Island ist außerdem ein beliebtes Anglerziel: Lachse und Regenbogenforellen können gefangen werden. Selbst Skifahrer kommen auf ihre Kosten, und Wassersportler können Sea Kayaking oder Tauchen betreiben. Zwischen Vancouver Island und dem Festland gibt es traumhafte Inseln: die Gulf Islands. Sie sind von den etwas südlicher liegenden San Juan Islands nur durch die amerikanische Grenze getrennt. Zu den bekanntesten zählen Salt Spring mit dem 590 Meter hohen Mount Maxwell, North und South Pender, Saturna, Galiano, Mayne und Gabriola, alle leicht mit Fährschiffen von Swartz Bay oder Tsawwassen aus erreichbar.

Einblick in die Welt der Indianer

Vancouver Island hat neben Natur auch etliche malerische Hafenstädtchen und einige kulturelle Attraktionen zu bieten. So erinnert die Ansammlung von etwa 60 Totems in Duncan, im Südosten der Insel, an die lokalen Cowichan-Indianer. Im Quw'utsun' Cultural and Conference Centre sind mehrere Langhäuser vereint, in denen es neben Informationen und Darbietungen zu Kultur, Handwerk und Traditionen auch Kunsthandwerk zu kaufen gibt. Vom Imbiss bis zum sechsgängigen Mahl im »Big House« mit Theatervorführung und Demonstrationen bietet das Open-Air-Dorf instruktiven Anschauungsunterricht. Nanaimo, ein Stück weiter nördlich, ist mit seinen über 83 000 Einwohnern die zweitgrößte Stadt auf Vancouver Island. Weil Vancouver am nächsten gelegen ist, entstand hier auch der große Fährhafen, der die Verbindung zum Festland gewährleistet. Wie wichtig hier neben dem Tourismus die Holzwirtschaft ist, belegt eine große (stinkende) Zellulosefabrik, die die Schönheit der Stadt etwas schmälert. Dazu kommt als tragende Säule der lokalen Wirtschaft die kommerzielle Fischereiflotte. Die meisten Besucher bleiben jedoch nicht, sondern setzen von Nanaimo die Fahrt weitere 400 Kilometer nordwärts nach Port Hardy fort, um dort die Inside Passage anzutreten.

WHALE WATCHING

Auf Vancouver Island besteht die einmalige Gelegenheit, mit erfahrenen Seeleuten aufs Meer hinauszufahren und die hier lebenden und vorbeiziehenden Wale aus nächster Nähe und hautnah zu beobachten. Orcas (Schwertwale), das Wahrzeichen der Region, gemeinhin zu Unrecht als Killerwale bekannt, leben teilweise auch ganzjährig an der Westküste von Vancouver Island und können mit etwas Glück von den Fähren zwischen dem Festland und der Insel aus gesichtet werden. Die Grauwale dagegen wandern zwischen Baja California und Alaska hin und her, im Frühjahr nordwärts und im Herbst südwärts. Besucher können zum Beispiel von Ucluelet oder Tofino aus auf einem der kleinen Boote live dabei sein.

WEITERE INFORMATIONEN

Whale Watching: www.vancouverislandwhalewatch.com
Tourismusinformation: www.vancouverisland.com, www.vancouverisland.travel

Nirgends sonst kann man im Sommer so gut Orcas beobachten wie um die kanadische Insel Vancouver Island.

Register

Abaco-Inseln 302f.
Adam's Peak 149
Admirals Arch 197
Ágios Nikólaos 98
Agrigent 93
Aitutaki 217
Akaiami 217
Åland-Inseln 46f.
Alicudi 89
Allinge 51
Amrum 62ff.
Amsterdamøya 39
Anacapri 85
Animal Flower Cave 255
Antigua 266f.
Apataki 221
Aratika 221
Atiu 217
Azoren 110f.

Baddeck 311
Bahamas 287, 290ff., 294f.,
   298ff., 302f.
Bajawa 188ff.
Bali 180ff.
Ban Houa Det 166ff.
Barbados 252ff.
Barbuda 266
Basse-Terre 262
Bastia 76
Bathsheba 255
Batur 180, 183, 185
Belfast 34
Belle Côte 311
Bena 190f.
Big Island 226, 229
Binz 54
Black Cuillins 30
Blue Mountains 274, 278f.
Boldt Castle 309
Bonifacio 76f.
Bora Bora 218f.
Bornholm 50f.
Bratan-See 184
Bridgetown 252ff.
Bromo 178f.
Buccoo Reef 247
Budelli 78ff.
Burano 69

Cabeza de Toro 273
Cabot Trail 310f.
Caldera de Taburiente 118
Cape Borda 196
Cape Breton Island 310f.
Cape Cod 306
Cape Eleuthera 295
Cape Santa Maria 290
Caprera 78ff.
Capri 84f.
Cardenas 287
Cayman Brac 280f.
Cayman Islands 280f.
Cayo Levantado 272

Chaweng 162f.
Chéticamp 311
Chorá 102
Ciutadella 105
Clarence Town 291
Codfish Island 205
Colombo 146, 149
Con Dao 176f.
Con Son 176f.
Cookinseln 216f.
Cork 37
Costa del Coco 270ff.
Costa Smeralda 82
Côte d'Azur 66
Cruz Bay 264
Cuevas de Santo Tomás 285

Deadman's Cay 291
Disko-Bucht 16f.
Dominica 260f.
Dominikanische Republik 270ff.
Dom San Bartolomeo 89
Don Det 166ff.
Don Khon 166ff.
Don Khong 169
Dublin 37
Duncan 312f.
Dunluce Castle 34
Dunn's River Falls 277
Dunvegan Castle 33
Duong Dong 174
Dzaoudzi 134

Edgartown 307
Edgeøya 39
Elba 70f.
Eleuthera 292, 294f.
Ellenbogen 58
English Harbour 267
Ernst-Moritz-Arndt-Turm 53f.
Étang d'Urbino 77
Exuma 292

Falkland-Inseln 240f.
Färöer-Inseln 26f.
Fatu Hiva 225
Fernando de Noronha 244ff.
Fidschi 208f.
Filicudi 88
Finnsnes 40f.
Fira 101
Floreana 232ff.
Flores 188ff.
Fogo 124f.
Föhr 65
Fort-de-France 258f.
Forte Falcone 72
Forte Stella 73
Fort James 267
Fortress of Louisbourg 311
Fossil Cliffs 201
Fraser Island 198f.
Frégate 143
Freycinet 200f.

Fugloy 27
Funchal 112ff.

Galapagos-Inseln 232ff.
Galveston Island 304f.
George Town
   (Cayman Islands) 280
George Town (Exuma) 292
Ghar Dalam 97
Giglio 74f.
Giglio Porto 75
Goa Gajah 182f.
Göhren 54
Gotland 48f.
Gotska Sandön 49
Gozo 97
Graciosa 110f.
Gran Canaria 120f.
Grand Cayman 280f.
Grand-Terre 262f.
Great Abaco 302
Great Exuma 292
Great Guana Cay 303
Grenada 248f.
Grönland 14ff.
Guadeloupe 262f.
Guana Cay 291
Gudhjem 51
Gulf Islands 313
Gunung Batur 185
Gunung Catur 184

Ha'apai 215
Hagar Qim 96f.
Haiti 270, 273
Haleakala 228
Halfmoon Bay 202, 205
Hanga Roa 239
Harbour Island 294f.
Haukadalur 21
Havanna 282ff.
Hawaii 226ff.
Heart Island 309
Heraklion 99
Hiddensee 55
Higüey 273
Hispaniola 270
Hiva Oa 224f.
Honolulu 228
Hörnumer Odde 60
Hoy 28

Île de Port-Cros 66f.
Îles d'Hyères 66f.
Ilha Grande 242f.
Ingólfshöfði 23
Irland 34ff.
Isabela 232ff.
Island 18ff.
Isle of Skye 30ff.
Isola Piana 83

Jamaika 274ff.
Java 178f.

Jökulsárgljúfur 21
Jungferninseln 264, 268

Kampen 58ff.
Kangaroo Island 194ff.
Kap Arkona 55
Kap Enniberg 27
Kapverdische Inseln 124f.
Kap Willoughby 196
Kauai 226ff.
Kaukura 221
Keitum 61
Kelimutu 188ff.
Key West 293
Khong-Phapeng-Wasserfall 169
Kilmuir 33
Kingscote 196
Kingstown 250
Kirkwall 28
Klippen von Moher 36
Knossos 99
Ko Adang 158f.
Ko Chang 164f.
Kökar 47
Ko Kut 164
Königsstuhl 55
Ko Phi Phi 156f.
Ko Rang 165
Ko Rong 170
Ko Rong Samloen 171
Korsika 76f., 78
Ko Russei 171
Ko Samui 160ff.
Ko Surin 152ff.
Ko Surin Noi 152
Ko Surin Yai 152
Ko Ta Kiev 171
Ko Tarutao 158f.
Ko Thmei 171
Kreta 98f.
Kuba 270, 279, 282ff.

La Digue 142f.
Lagoa Azul 243
Lagoa Verde 243
Lake Cunningham 300
Lake Killarney 300
Lake McKenzie 199
Lake Ontario 308
La Maddalena 78ff.
Lancken-Granitz 52
La Palma 118f.
Las Palmas 120f.
Látrabjarg 22
Laughing-Waters-
   Wasserfälle 277
Le Désirade 262
Le Levant 66f.
Lenvik 41
Le Sable Blanc 135
Les Saintes 262
Lipari 88f.

Little Abaco 302
Little Cayman 280f.
Little Exuma 292
Lofoten 42ff.
Long Island 290f.
Longyearbyen 38f.

Madagaskar 130f., 132
Madeira 112ff.
Mahé 142f.
Mainland 28
Mallorca 106f.
Malta 94ff.
Mamoudzou 134
Man-O-War Cay 302f.
Maó 104
Marciana 73
Maria Island 200f.
Marie-Galanté 262
Mariehamn 47
Marigot 269
Markree Castle 36
Marquesas 220, 222ff.
Marsala 90ff.
Marsh Harbour 302f.
Martha's Vineyard 306f.
Martinique 258f.
Mason Bay 204
Matacawa Levu 209
Matafao 213
Matara 149
Maui 226ff.
Mauna Kea 229
Mauritius 130, 138ff.
Mayotte 132ff.
Mazara del Vallo 92
Mekong 166ff.
Menorca 104f.
Mnemba 127
Monte Argentario 74
Monte Capanne 73
Montego Bay 274ff.
Monte Solaro 85
Mont Oave 222
Mont Pelée 258f.
Moody Gardens 305
Morro do Pico 244f.
Mount Vaea 212
Moskenesøy 42
Murano 68f.
Mykines 27
Mykonos 102f.
Mývatn 20f.

Nam Tok Khlong Piu 165
Nam Tok Na Muang 163
Nam Tok Than Mayom 165
Nanaimo 312f.
Na Pali 228f.
Nassau 298ff.
Nebel 64
New Providence 294, 298ff.
Nexø 51
N'Gouja 134f.

Norddorf 65
Nosy Be 131
Nuuk 16f.
Nuwara Eliya 149

Oahu 226ff.
Oak Bluffs 307
Oban 202ff.
Ocean Hole 295
Ocho Rios 276f.
Old Man of Storr 33
One Foot Island 217
Oneroa 207
Orkney-Inseln 28f.
Ornós 103
Osterinsel 238f.
Ostfalkland 240
Otemanu 218f.

Pahia 218
Painted Cliffs 201
Palermo 75, 90
Pamandzi 134
Panarea 85f.
Papeete 218, 220, 222
Paradise Island 298ff.
Penneshaw 194ff.
Philipsburg 268f.
Phuket 156f., 172
Phu Quoc 172ff.
Pic du Paradis 269
Pico Alto 111
Pico do Papageio 243
Pico Duarte 270
Pico Ruivo 114
Platinküste 254
Pointe-à-Pitre 263
Porquerolles 66f.
Port Antonio 278f.
Port Louis 138ff.
Porto Ercole 74
Portoferraio 72f.
Porto Santo 112, 115
Porto Santo Stefano 74
Porto Torres 83
Poumaka 222
Poutetainui 222
Praslin 142f.
Prora 54f.
Psaroú 103
Puerto Ayora 234
Puerto Baquerizo Moreno 234
Pura Ulu Watu 183
Puri Anyar 183
Putbus 52ff.

Rainmaker 213
Rakiura 204f.
Rambut Siwi 183
Rangiroa 221
Rano Raraku 239
Rarotonga 216f.
Razzoli 78ff.
Reykjavík 18ff.

Ring of Brodgar 29
Rio de Janeiro 242
Rio Grande 279
Rio Marina 73
Rock Sound 295
Rønne 51
Roseau 260
Rossøya 38
Rügen 52ff.
Rum Cay 290
Rytterknægten 51

Saint-Denis 136f.
Saint John 264f.
Saint John's 266f.
Saint Martin 268ff.
Saint Pierre 258f.
Sal 124
Salt Pond 291
Samaná 270ff.
Samaria-Klamm 99
Samoa 212f.
San Cristóbal 232ff.
San Juan Islands 313
Sankt-Lorenz-Strom 308f.
San Pantaleo 90ff.
San Salvador 290
Sansibar 126f.
Santa Cruz 232ff.
Santa Maria 78ff.
Santiago 124f.
Santo Antão 124
Santorin 100f.
Santo Stefano 78ff.
São Miguel 111
São Nicolau 124f.
São Vicente 124f.
Sardinien 70, 78, 82f.
Sassnitz 55
Saunders Island 240
Savai'i 213
Sealion Island 240f.
Seliunt 92f.
Senja 40f.
Sermeq Kujalleq 17
Sevilla la Nueva 278
Seychellen 142f.
Shannon River 37
Sihanoukville 170f.
Silhouette 142f.
Sint Maarten 268f.
Si Phan Don 166ff.
Sizilien 70, 90ff.
Skara Brae 29
Skógafoss 21
Snæfellsjökull 18, 22
Spanish Wells 294
Spargi 78ff.
Speightstown 255
Spitzbergen 38f.
Sri Lanka 146ff.
Stanley 241
Stewart Island 202ff.
St. George's 249

Stintino 82
Strokkur 21
Stromboli 86f., 88
Stromness 28
St. Vincent 250f.
Svaneke 51
Svolvær 44f.
Sylt 58ff.

Tad Somphamit 169
Taiohae 224
Takapo 221
Tanah Lot 180, 183
Tapu 216
Tarutao-Archipel 158f.
Tempel von Tarxien 96
Tengger-Vulkanmassiv 178f.
Thousand Islands 308f.
Thule 17
Toau 221
Tobago 246f.
Tonga 214f.
Tongatapu 214f.
Tórshavn 27
Trinidad und Tobago 246f.
Trois-Îlets 259
Trois-Rivières 263
Tuamotu-Archipel 220f.
Tutuila 213

Ua Huka 225
Ubud 180, 182, 185
Ummanz 54
Upana Caves 313
Upolu 213

Vaitape 218
Valle de Viñales 285
Valletta 96
Vallon de la Solitude 67
Vancouver Island 312
Varadero 286f.
Værøy 44f.
Vatnajökull 21
Venedig 68f.
Vestvågøy 42
Victoria 312
Vila do Abraão 242f.
Visby 48f.
Viti Levu 208f.

Waiheke Island 206f.
Waikiki 226ff.
Ward Hill 28f.
Wawo Muda 190
Wenningstedt 58ff.
West Coast Trail 313
Westerland 58ff.
Wineglass Bay 200f.
Wittdün 64
Wittlow 54
Wriakhörn 62

Yasawa-Inseln 208f.

Text- und Bildnachweis

Textnachweis: Monika Baumüller: Kap. 29; Andrea Behrmann: Kap. 22, 23; Margit Brinke / Peter Kränzle: Kap. 96 bis 100; Andreas Drouve: Kap. 71, 72; Thomas Sebastian Frank: Kap. 61; Elke Homburg: Kap. 45; Roland F. Karl: Kap. 38 bis 44, 63, 64, 65, 68, 69; Dagmar Kluthe: Kap. 25, 26, 27; Thomas Krämer: Kap. 10, 11; Christine Lendt: Kap. 15, 21; Julia Lorenzer / Fabian Marcher: Kap. 20, 24; Kay Maeritz: Kap. 46 bis 52, 55, 56, 57; Hans-Günther Meurer: Kap. 12; Thomas Migge: Kap. 17, 18; Jochen Müssig: Kap. 30, 37, 66, 70; Michael K. Nathan: Kap. 36; Peter V. Neumann: Kap. 32, 33; Axel Pinck: Kap. 13, 14, 67, 76 bis 95; Gregor Rabe: Kap. 74, 75; Peter Sahla: Kap. 4, 5; Dörte Saße / Andrea Lammert: Kap. 34, 35; Bernd Schiller: Kap. 53, 54; Franziska Sorgenfrei: Einleitung; Hans-Joachim Spitzenberger: Kap. 1, 3, 7, 8, 9, 73; Herbert Taschler: Kap. 19; Erik Van de Perre: Kap. 2; Klaus Viedebantt: Kap. 58, 59, 60, 62; Thomas Winzker: Kap. 6, 28, 31; Jürgen Zichnowitz: Kap. 16

Bildnachweis: S. 32 o. Petra Woebke, 125 o., 133, 134, 148 u., 149 o., 224 o., 258, 261 o., 263 o., 272 u. Stephan Engler, 140 u., 222 Roland König, 154 u., 166, 182 u. Kay Maeritz, 254 u., 272 o., 275, 281 o., 285 o., 300 u., 301 o., 303 o. Christian Heeb, **Bildagentur LOOK:** S. 41 o., 147, 159 o., 161, 193 u., 201 o., 203, 218, 225, 228 u., 235 u., 241 o., 249 o., 260, 265, 267 o., 269 o., 273 o., 279, 290, 330 o. (age fotostock), 41 o. (ClickAlps), 44 u. (Andreas Strauß), 49 u. (NordicPhotos), 50 (Thomas Roetting), 52 (Lukas Wernicke), 53, 54 o., 60, 61 o., 62, 63, 64 u., 65 (Sabine Lubenow), 54 u. (Christian Bäck), 56/57 (Heinz Wohner), 59, 61 u. (Arnt Haug), 64 u. (Ulf Böttcher), 67 u. (Hemis), 74, 121 u. (Juergen Richter), 77 o., 247 u. (Konrad Wothe), 101 u., 157 u. (Photononstop), 131 o., 239 o. (Brown Cannon), 137 u., 215 o. (Franz Marc Frei), 145 u., 178 u. (Hauke Dressler), 149 u. (Aurora Photos), 159 u. (Florian Stern), 174 o., 221 o., 224 u. (Page Chichester), 175, 202 (Thomas Stankiewicz), 179 u. (Martin Siering), 204 u., 236 o., 240 (Minden Pictures), 208, 210/211, 221 u., 241 u., 253 (robertharding), 215 u., 220, 226, 227, 229 o., 254 o., 311 o. (Design Pics), 219 o., 249 u., 278 o. (Holger Leue), 223 (Ulla Lohmann), 250 (N. Eisele-Hein), 255 (Ingolf Pompe), 259 u. (Bethel Fath), 266 (Jörg Reuther), 283 u. (Reinhard Dirscherl), 291 u. (Cedric Angeles), **Shutterstock:** S. 10, 20 (Andrew Mayovskyy), 11, 274 (Lucky-photographer), 12 (Jaroslav Sekeres), 13 o. (Rulan), 13 u. (Georgia Carini), 14 (BMJ), 15 o. (Robert Szymanski), 15 u. (Vadim Nefedoff), 16 o. (Lee Jorgensen), 16. u. (Yongyut Kumsri), 17 (Vadim Petrakov), 18, 21 o. (Zhukova Valentyna), 19 (Supreecha Samansukumal), 21 u. (Ververidis Vasilis), 22, 130 (Dennis van de Water), 23 o. (Jay Yuan), 23 u. (Andrea Quartarone), 24/25 (Fabio tomat), 26 (Polhansen), 27 o. (Nick Fox), 27 u. (Attila JANDI), 28, 29 u. (johnbraid), 29 o. (Christy Nicholas), 30 (YuriFineart), 31 (Stephan Smit), 32 u. (Shaiith), 33 (Nataliya Hora), 34 (shutterupeire), 35 (grafxart), 36 o. und u. (Patryk Kosmider), 37 o. (Thomas Bresenhuber), 37 u. (Monicami), 38 (Steve Allen), 39 u. (Incredible Arctic), 39 o. (Gail Johnson), 40 (Nordicyigit), 42 (IM_photo), 43 (Maria Uspenskaya), 44 o. (LouieLea), 45 (Andrey Tirakhov), 46 (Andrej Maculskij), 47 o. (Popova Valerija), 47 u. (Yuriy Shmidt), 48 (Olga Miltsova), 49 o. (Albert Fedchenko), 51 u. (Milosz Maslanka), 51 o. (Bartosz Nitkiewicz), 55 (elxeneize), 58, 60 u., 148 (Pawel Kazmierczak), 66, 76, 124 (Samuel Borges Photography), 67 o. (Victor Mukherjee), 68 (Yasonya), 69 (Olga Gavrilova), 70 (StevanZZ), 71, 72, 108/109 (Balate Dorin), 72 u. (Stefano_Valeri), 73 (travelpeter), 75 u. (jackbolla), 75 o. (Marco Sardi), 77 u. (Lisovskaya Natalia), 78 (Igor Tichonow), 79, 93 u. (Roman Babakin), 80 o. (D.Bond), 80 u. (francesco de marco), 81 o. (Paolo Omero), 81 u. (ife_in_a_pixel), 82 (Gabriele Maltini), 83 u. (GIANFRI58), 83 o. (s74), 84 (S-F), 85 o., 85 u. (mikolajn), 86 (Alfiya Safuanova), 87 u. (EugeniaSt), 87 o. (funkyfrogstock), 88 (JohnKruger), 89 o., 173 (Diego Fiore), 89 u. (duchy), 90 (T. Slack), 91 (cge2010), 92 (Gandolfo Cannatella), 92 u. (Corrado Pravisano), 93 o. (Landscape Nature), 94 (steve estvanik), 95 (In Green), 96 o. (trabantos), 96 u. (Alizada Studios), 97 o (yu-jas), 97 u. (Nejdet Duzen), 98 (photoff), 99 u. (Heracles Kritikos), 99 o. (volkova natalia), 100 (Circumnavigation), 101 u. (Neirfy), 102 (Stavros Argyropoulos), 103 u., 143 u. (fokke baarssen), 103 o. (WHYFRAME), 104 (Marques), 105 o., 106 (Sebas Adrover), 105 u. (Constantin Stanciu), 107 u. (pixelliebe), 107 o. (Wild Drago), 110 (Benjamin van der Spek), 111 o., 115 u. (Mikadun), 111 u. (Karol Kozlowski), 112 (Dziewul), 113 (RubenRebelo Photo), 114 o. (Cicero Castro), 114 (andre van de sande), 115 o. (Alberto Loyo), 116/117 (lukaszsokol), 118 (Jacinto Marabel Romo), 119 u. (Henner Damke), 119 o. (Shebeko), 120 (Mike), 121 o. (canadastock), 122 (javarman), 123 o. (Luca Bertall), 123 u. (info-grafick), 125 u. (Guido Amrein Switzerland), 126 (EXPLORER), 127 o. (Sun_Shine), 127 u. (Pearl-diver), 128/129 (Andy Troy), 131 u. (Eric Valenne geostory), 132, 171 u. (Stefano Ember), 135 o. (Coralie Mathieu), 135 u. (esfera), 136 (Sebastien Burel), 137 o. (Seb c'est bien), 138 (leoks), 139 (boivin nicolas), 140 o. (photosounds), 141 o. (Myroslava Bozhko), 141 u., 295 o. (byvalet), 142 (haveseen), 143 o. (LRPhotographies), 144 (Curioso), 145 o. (Utopia_88), 146 (SamanWeeratunga), 148 o. (maheshg), 150/151 (PhilipYb Studio), 152 (Miki Studio), 153 (Jamoo), 154 o. (ultrapok), 155 (Shuttertong), 156, 209 u. (Don Mammoser), 157 o. (Tanachot Srijam), 158 (photographer lek), 160 (Muzhik), 162 o. (Preto Perola), 162 u. (Yulia Grigoryeva), 163 o. (nimmersatt), 163 u. (Tanate Phueakkwannak), 164 (birdpits), 165 u. (Laborant), 165 o. (Cocos.Bounty), 167 (Jean-Philippe BABU), 168 o. (Gabor Kovacs Photography), 168 u. (saravutpics), 169 (suttisak_inp), 170 (JM Travel Photography), 171 o. (Davdeka), 172 (gg-foto), 174 u. (DPRM), 176 (Tonkinphotography), 177 o. (Tappasan Phurisamrit), 178 (Sugrit Jiranarak),179 u. (panlertb), 180 (PONGPIPAT.SRI), 181 (Gekko Gallery), 182 o. (Cezary Wojtkowski), 183 o. (LeStudio), 184 o. (NaughtyNut), 184 u. (Takashi Images), 185 o. (Tropical studio), 185 u. (saiko3p), 186/187 (Mr.Piya Meena), 188 (Sarinee58), 189 (Julius Budianto), 190 o. (aaabbbccc), 190 u. (Tony Prince), 191 (Sirintra Pumsopa), 192 (wilar), 193 o. (Simon Maddock), 194 (kwest), 195, 196 (Andrea Izzotti), 196 u. (ymgerman), 197 o. (Marvin Minder), 197 u. (alybaba), 198 (Almazoff), 199 o. (Nadezda Zavitaeva), 199 u. (Pawel Papis), 200 (Tom Jastram), 201 u. (ian woolcock), 204 o. (LizCoughlan), 205 o. (Milan Sommer), 205 u. (Jon C. Beverly), 206 (Christina Fink), 207 u. (Fotos593), 207 o. (Michele Rinaldi), 209 o., 213 u., 217 o. (ChameleonsEye), 212 (emperorcosa), 213 o. (corners74), 214 (Michael Durinik), 216 (Juergen_Wallstabe), 217 u., 281 u. (Richard Whitcombe), 219 u., 244 (Marcelo Alex), 228 u. (Deborah Kolb), 230, 271 (Valentin Valkov), 231 o. (Tero Hakala), 231 u. (Longjourneys), 232, 234, 236 u. (Jess Kraft), 233 (Bildagentur Zoonar GmbH), 235 o. (FOTOGRIN), 237 (Matej Kastelic), 240 (Ahu Tongariki), 242 (vitormarigo), 243 o. (Daniel W. Xavier), 243 u. (DC_Aperture), 245 u., 283 (Diego Grandi), 245 o. (fenkieandreas), 246 (Claudio306), 247 o. (Anna Jedynak), 251 (mbrand85), 252 (Randy Stedwell), 256/257 (Simon Dannhauer), 259 o. (Damien VERRIER), 261 o. (travelview), 262 (Oliver Hoffmann), 264 (ESB Professional), 267 u. (evenfh), 268 (Sean Pavone), 269 u. (Iris van den Broek), 270 (Tomas Konopasek), 273 u. (Kit Korzun), 276 (Ovidiu Curic), 277 o. (Viktoriana), 277 u. (Yevgen Belich), 278 u. (Photo Spirit), 280 (Sandarina), 282 (Agatha Kadar), 284 (rphstock), 285 u. (Lena Wurm), 286 o., 287 o. (Kamira), 286 u. (possohh), 287 u. (Sunny Forest), 288/289 (GUDKOV ANDREY), 291 u. (Fiona Ayerst), 292 (Daniel Sockwell), 293 (Fotoluminate LLC), 294 (Szilard Szasz Toth), 298 (mariakraynova), 299 (Ruth Peterkin), 301 u. (dnaveh), 302 (Marco Borghini), 303 u. (Mariano Villafane), 304 (Cire notrevo), 305 u. (Carlos Bruzos), 305 o. (IrinaK), 306 (GJS), 307 o. (jiawangkun), 307 u. (Raymond Douglas Ewing), 308 (FlorianKunde), 309 u. (Victoria Lipov), 309 o. (kay roxby), 310 (David P. Lewis), 311 u. (GRSI), 312 (Edmund Lowe Photography), 313 u. (Chantal de Bruijne), 313 o. (Monika Wieland Shields), 314/315 (JuRitt), 319 (Bule Sky Studio)

Tempel gibt es auf Bali wie Sand am Meer oder besser am See: Der Pura-Bratan-Tempel wurde mitten im Bratan-See errichtet.

Impressum

Verantwortlich: Linda Weidenbach
Redaktion: Franziska Sorgenfrei
Korrektorat: Britta Mümmler
Layout: Elke Mader
Repro: LUDWIG:media
Umschlaggestaltung: Frank Duffek
Kartografie: Huber-Kartographie, Heike Block
Herstellung: Bettina Schippel
Printed in Italy by Printer Trento

Sind Sie mit diesem Titel zufrieden? Dann würden wir uns über Ihre Weiterempfehlung freuen.
Erzählen Sie es im Freundeskreis, berichten Sie Ihrem Buchhändler oder bewerten Sie bei Onlinekauf. Und wenn Sie Kritik, Korrekturen oder Aktualisierungen haben, freuen wir uns über Ihre Nachricht an: Bruckmann Verlag, Postfach 40 02 09, D-80702 München oder per E-Mail an lektorat@verlagshaus.de

Unser komplettes Programm finden Sie unter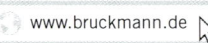

Alle Angaben dieses Werkes wurden von den Autoren sorgfältig recherchiert und auf den neuesten Stand gebracht sowie vom Verlag geprüft. Für die Richtigkeit der Angaben kann jedoch keine Haftung übernommen werden. Sollte dieses Werk Links auf Webseiten Dritter enthalten, so machen wir uns die Inhalte nicht zu eigen und übernehmen für die Inhalte keine Haftung.

Umschlag Vorderseite: oben: Ortsansicht am Hang über der Caldera, Santorin (Günter Gräfenhain/mauritius images), Mitte: Granitfelsen am Strand Anse Source d'Argent Reinhard Schmid/HUBER IMAGES, unten: Strand von Baie Lazare auf der Insel Mahe (Cornelia Dörr/HUBER IMAGES; Klappe vorne: Mauritius von oben (Myroslava Bozhko/shutterstock); **Rückseite:** oben v.l.n.r.: Seljalandsfoss auf Island (Fabio tamat/shutterstock), Chamäleon auf Nosy Be (Luca Bertalli/shutterstock), Moai-Statuen auf der Osterinsel (Tero Hakala/shutterstock), unten: Sonnenuntergang auf Sansibar (Andy Troy/shutterstock); Klappe hinten: Tänzerin auf Bali (LeStudio/shutterstock)

S. 1: Muri Lagune, Motu Taakoka, Cookinseln (robertharding/Lookphotos)
S. 2/3: Aitutaki, Cookinseln (Andrea Izzotti/shutterstock)

Die Deutsche Nationalbibliothek verzeichnet diese Publikation in der Deutschen Nationalbibliografie; detaillierte bibliografische Daten sind im Internet über http://dnb.d-nb.de abrufbar.

© 2019 Bruckmann Verlag GmbH, München
ISBN 978-3-7343-1149-9